Rolf Zimmermann
Utopie – Rationalität – Politik

Rolf Zimmermann

Utopie – Rationalität – Politik

Zu Kritik, Rekonstruktion und Systematik
einer emanzipatorischen Gesellschaftstheorie
bei Marx und Habermas

Verlag Karl Alber Freiburg/München

Als Habilitationsschrift auf Empfehlung der Philosophischen
Fakultät der Universität Konstanz gedruckt mit Unterstützung
der Deutschen Forschungsgemeinschaft.

CIP-Kurztitelaufnahme der Deutschen Bibliothek

Zimmermann, Rolf:
Utopie – Rationalität – Politik: zu Kritik,
Rekonstruktion u. Systematik e. emanzipator.
Gesellschaftstheorie bei Marx u. Habermas /
Rolf Zimmermann. – Freiburg (Breisgau); München:
Alber, 1985.
  (Alber-Broschur Philosophie)
  ISBN 3-495-47588-5

Satz und Druck: Presse-Druck Augsburg
ISBN 3-495-47588-5

Meiner Mutter

Am wenigsten darf bei einer Philosophie auf
Autorität und guten Glauben angenommen
werden, daß sie eine Philosophie sei, sei auch
die Autorität ein Volk und der Glaube der von
Jahrhunderten. Der Beweis kann aber nur
durch Exposition ihres Wesens geliefert werden; denn diese beiden trennt ja jeder, der die
Geschichte der Philosophie schreibt, Wesentliches und Unwesentliches, Darstellung und
Inhalt, er dürfte sonst nur abschreiben, kaum
übersetzen, noch weniger dürfte er selbst mit-
sprechen oder ausstreichen etc. Er wäre bloßer Kopist einer Kopie.

Karl Marx, Texte zu Methode und Praxis I,
Hamburg 1966, S. 125

Vorwort

Die vorliegende Abhandlung stellt die leicht überarbeitete und stilistisch geglättete Fassung meiner Habilitationsschrift dar, die von der Philosophischen Fakultät der Universität Konstanz im Wintersemester 1982/1983 angenommen wurde.

Einige Literaturangaben wurden aktualisiert, andere neu hinzugefügt.

Für fruchtbare Diskussionen während des Entstehens der Arbeit danke ich Albrecht Wellmer.

Konstanz, im April 1985   R. Z.

Inhalt

Einleitung

Kann es eine überzeugende Gesellschaftskritik geben, die ohne den Entwurf eines alternativen gesellschaftlichen Modells auskommt? Und wenn nein, steht dann die Emanzipationsperspektive, die gegen das Bestehende aufgeboten wird, nicht immer schon als Utopie vor der Schwierigkeit einer nur allzu schemenhaften Antizipation von zukünftigen Möglichkeiten? Dem Versuch der Utopie wäre so ihr eigener Pejorativ, die „bloße Utopie" zwangsläufig beigegeben.[1] Die Rationalität einer Gesellschaftstheorie, die sich eines utopischen Horizonts bedient, könnte grundsätzlich in Frage gestellt werden. Vorausgesetzt also, eine kritische Gesellschaftstheorie braucht eine utopische Perspektive, muß sie dann nicht alles daran setzen, Utopie und Rationalität in Einklang zu bringen und ihr gesellschaftliches Gegenmodell so beweiskräftig wie möglich zu entfalten?

Mit der Frage nach dem Zusammenhang von Gesellschaftskritik, Utopie und Rationalität fällt der Blick wie selbstverständlich auf die Theorie von Marx. Kann diese Theorie nicht nach wie vor als Paradigma dafür angesehen werden, wie gesellschaftsstrukturelle Analyse, Kritik und rationale Utopie zur Einheit gebracht werden können?[2]

Kein Zweifel, diese Elemente sind faktisch in der Marxschen Theorie vorhanden, doch ist es eine ganz andere Frage, ob sie

---

[1] Vgl. zu Begriffsgeschichte und Soziologie den repräsentativen Band mit Einleitung von Neusüss 1972. Für die hier interessierende systematisch orientierte Fragestellung kann der dort (S. 269 f.) von Mannheim gebrauchte Begriff der „relativen Utopie" genauso wie natürlich die Rede von „konkreter Utopie" bei Bloch 1963, S. 128 als Leitlinie dienen.

[2] Vgl. die Kennzeichnung von Marx' Theorie als „rationale Utopie" bei Heller 1978, S. 148 ff. Ihre Sichtweise des damit aufgeworfenen Rechtfertigungsproblems erscheint mir zu relativistisch.

sich auch in schlüssiger Weise ineinanderfügen. Wenn wir dieser Frage im Interesse der Systematik einer emanzipatorischen Gesellschaftstheorie nachgehen, stoßen wir auf große Probleme. Die Marxsche Theorie scheint auf Anhieb von einer ungelösten Spannung gekennzeichnet. Einerseits ist sie Analyse der kapitalistischen Gesellschaft, die zugleich die Deformationen benennt, die sich in dieser Gesellschaft finden. Andererseits beansprucht sie das Telos einer klassenlosen Gesellschaft, eines „Vereins freier Menschen", in den der Kapitalismus transformiert werden kann und soll. Da die normative Konzeption eines solchen alternativ-utopischen Modells offenbar nicht aus einer rein immanenten Kritik des Kapitalismus zu gewinnen ist, entsteht zum einen das Problem, wie konsistent Marx' Utopie in sich ausformulierbar wird, und zum zweiten, in welchem Verhältnis der utopische Horizont zu Analyse und Kritik des Kapitalismus steht.

Sobald diese Probleme nicht vorschnell auf Antworten verkürzt werden, die entweder Gesellschaftskritik ohne Utopie oder Utopie ohne Gesellschaftsanalyse zu betreiben vorschlagen, öffnet sich der Blick für die eigentlich relevanten Fragen in der Theorie von Marx.[3] Denn dann zeigt zunächst einmal eine erste Aneignung der Grundbestimmungen der Marxschen Utopie, daß die am Leitbegriff der Arbeit orientierte freie Vereinigung von Menschen ein *politisches* Vermittlungsproblem der Gesellschaft aufwirft, um den gesellschaftlichen Verkehr der „Republik der Arbeit" überhaupt denken zu können (vgl. § 1).

Ob die Marxsche Theorie Mittel besitzt, dieses Problem zu lösen, wird jedoch wesentlich davon abhängen, was mit der „freien Assoziation der Produzenten" an *gesellschaftsstruktureller Formation* gemeint sein kann. Und dies wiederum ist nicht davon zu trennen, wie genau der Kontrast zum Kapitalismus hervortritt. Dieser Kontrast kann jedoch nur in dem Maße sichtbar werden, in dem wir nachvollziehen, wie Marx den Kapitalismus analysiert, so daß er dazu geführt wird, einen

---

[3] Entsprechendes gilt für Engels. „For the sake of argument" lasse ich im folgenden Unterschiede zwischen Marx und Engels außer acht.

prinzipiellen „Fetischismus" zu diagnostizieren, der strukturelle gesellschaftliche Unfreiheit bedeutet. Ohne ein klares Verständnis dessen, was sich hinter diesem Fetischismus verbirgt, wird auch dessen Überwindung im Sinne einer freien Vergesellschaftung unbestimmt bleiben müssen. Gerade im Interesse der emanzipatorischen Perspektive von Marx' Utopie und deren möglicher Rationalität gilt es daher zu prüfen, wie rational ihrerseits die Marxsche Analyse des Kapitalismus ist. Dies begründet, warum ich im folgenden zunächst den Zusammenhang von Utopie und Rationalität im Kontext der Kapital-Analyse untersuche (Kapitel I).

So wie faktisch das Fetisch-Theorem im 1. Band des „Kapital" in direkter Abhängigkeit von Marx' Grundbegriffen der Kapitalanalyse entwickelt wird und als Fortsetzung der Entfremdungsthematik des frühen Marx angesehen werden muß, so gehört systematisch der Kapitalanalyse deshalb der Vorrang, weil in ihr die Interpretation des Kapitalismus die theoretisch anspruchsvollste Gestalt gefunden hat und es abwegig wäre, das Potential der Marxschen Theorie nicht in seiner stärksten Version aufzunehmen.

Der Versuch freilich, aus diesem Potential das Beste zu machen, stößt rasch auf Schwierigkeiten. Denn die begrifflichen Grundlagen der Marxschen Theorie, wie sie insbesondere im 1. Kapitel des „Kapital" zu finden sind, vermitteln den Eindruck eines Gewirrs an gesellschaftstheoretischen Einsichten, metaphysischen Versatzstücken und ungeklärten Beweisfragen. Dieses Gewirr gilt es zu entflechten, wenn sich eine durch Marx motivierte Emanzipationstheorie nicht von Anfang an etwas vormachen will. Um so deutlicher kann dann auch hervortreten, welche Analyse-Elemente bei Marx eine adäquate Problematisierung des Kapitalismus erlauben.

Daß nur eine sorgfältige Trennung des Falschen und Richtigen bei Marx fruchtbare Perspektiven eröffnet, zeigt sich, wenn wir die Klarstellungen zur Werttheorie und abstrakten Arbeit (§§ 2, 3) sowie zur Wertform und zum Geldbegriff (§§ 4, 5) in eine genaue Interpretation dessen umsetzen, was „Fetischismus" in haltbarer Weise bedeuten kann. Erst die Unterscheidung dreier möglicher Verständnisse des Fetischismus drängt die Einsicht auf, daß eine Kritik der Tausch-Arbeit-Struktur der kapitalistischen Warenproduktion objektiv auf den Maßstab einer gesellschaftsstrukturellen Alternative angewiesen ist, der mit dem Grundgedanken der Marxschen Utopie zusammenfällt (§ 7). Die Utopie der personalen Vergesellschaftung der Arbeit, denn das ist die Grundidee, in der auch der frühe Marx im „Kapital" weiterlebt, und in der die Alternative zu den sachlich-gegenständlichen Verhältnissen des Kapitalismus gipfelt, hätte daher aus systematischen Gründen bei Marx viel intensiver zum Thema werden müssen, als dies tatsächlich der Fall ist. Der Beweis dafür liegt nicht zuletzt in der Unterscheidung verschiedener alternativer Modelle und der Rettung des eigentlich emanzipatorischen Entwurfs vor einer technizistischen Scheinlösung, die auf Marx' Szientismus einerseits und ein unhaltbares Postulat gesellschaftlicher Unmittelbarkeit andererseits verweist, das unser politisches Ausgangsproblem verschärft. Wird dann aber auch nicht die Konsequenz unausweichlich, daß Marx' gleichfalls utopische Perspektive der Überwindung von Politik in einer befreiten Gesellschaft aus grundsätzlichen Erwägungen falsch ist (§ 8)?

Da die Dimension der Politik im weitesten Sinne die Dimension gesellschaftlicher Interaktion ausmacht und da Marx' Idee der personalen Vergesellschaftung nur unter Bedingungen optimal interaktiver Vermittlungen von Selbstbestimmung einen haltbaren Entwurf abzugeben in der Lage ist, ergibt sich an dieser Stelle im Grunde schon die Frage, ob nicht die von Habermas am Leitbegriff der Interaktion entfaltete Theorie gerade dann für den utopischen Horizont der Marxschen Theorie fruchtbar gemacht werden müßte, *wenn wir zunächst gar keine kategoriale Distinktion zwischen Arbeit und Interaktion einführen*, sondern die Orientierung am Marxschen Arbeitsbegriff mit seiner interaktiven Dimension bestehen lassen und so die radikale Idee bewahren, quasi durch die gesellschaftlich dominanten Handlungen und Bereiche hindurch zu einer umfassenden Emanzipationsperspektive zu kommen.

Ich hätte diese Art und Weise, das Verhältnis von Marx und Habermas zu problematisieren, dadurch noch stärker betonen können, indem ich bei der Auseinandersetzung mit Marx ganz auf das Wort „Interaktion" verzichtet hätte, um nur Wendungen zu gebrauchen, die Analogiebildungen zur von Marx aufgenommenen Idee der personalen Vergesellschaftung dargestellt hätten. Das wäre jedoch von einer Künstlichkeit gewesen, die in keinem sinnvollen Verhältnis mehr zur Vermeidung von Mißverständnissen stünde. Ich beschränke mich also vorab auf den Hinweis, daß die Diskussion zu Marx völlig unabhängig zu irgendwelchen spezifischen Thesen verläuft, die sich bei Habermas zur Interaktion finden. Alles, was im Marx-Teil der Untersuchung in Anspruch genommen wird, ist die auf Marx zurückgehende Konzeption der personalen Vergesellschaftung als solcher und ihre natürliche Entfaltung in einer Interaktionsterminologie. Wer damit Probleme hat, mag die explizite Problematisierung zu Habermas abwarten (Zweiter Teil).

Die vorgezeichnete Frage, ob die Konzeption der personalen Vergesellschaftung als leitendes Utopie- und Kritik-Prinzip der Marxschen Theorie nicht wie von selbst die Untersuchung interaktiver Bedingungen der Vergesellschaftung auf verschiedenen Ebenen hervortreiben müßte (unmittelbare Produktion, Distribution, gesamtgesellschaftliche Organisation), enthält freilich erst dann ihr volles Gewicht, wenn sich zeigen läßt, daß Marx keine überzeugenden systematischen Möglichkeiten besitzt, um eventuell die Verdrängung dieser Frage zu rechtfertigen. Eine solche Möglichkeit wäre dann gegeben, wenn Marx nachweisen könnte, daß das „Wertgesetz" die Tausch-Arbeit-Struktur des Kapitalismus tatsächlich beherrscht *und* im Prinzip die gesellschaftliche Interaktionsdimension der kapitalistischen Gesellschaft (soziale Konflikte, Politik) auf ein durch das Wertgesetz geregeltes sachlich-gegenständliches Vergesellschaftungsschema zurückgebunden bleibt. In diesem Fall gäbe es ein Argument für das Zurücktreten der Idee der personalen Vergesellschaftung hinter die Erfassung der immanenten Gesetzmäßigkeiten des Kapitalismus und letztlich auch ein Argument für eine andere Konzeption von Utopie, die Emanzipation primär an Gesetzen der „Zeitökonomie" und eher technischen Vermittlungen der Gesellschaft ausrichten würde.

Tatsächlich stoßen wir dabei auf das zentrale Problem der Marxschen Konzeption von gesellschaftlicher Rationalität. Wir scheinen nämlich vor die unausweichliche Alternative gestellt, entweder einem Pseudo-Szientismus in Gestalt der Werttheorie und einem dazu leitenden Ideal technischer Transparenz oder aber einer sinnvollen Perspektive von Emanzipation die Gefolgschaft aufkündigen zu müssen. Tertium non datur. Auch hegelianisierende Rettungsversuche zu Marx helfen uns da nicht weiter (§§ 9, 10).

In dem Ausmaß, in dem der deterministisch-objektivistische Grundzug der Marxschen Theorie sich hervorkehrt, um nur noch kritisch beiseite gesetzt werden zu können, wirft das Kritik-Prinzip der personalen Vergesellschaftung die Frage nach einer angemessenen Interpretation der interaktiv-politischen Dimension des Kapitalismus selbst auf, damit das anvisierte alternative Gesellschaftsmodell in genaueren Kontrastbestimmungen greifbar werden kann. Es gilt daher zu sehen, was die Ideologiekritik hierzu beiträgt und welche politischen Transformationsbedingungen in Richtung auf eine postkapitalistische Gesellschaft Marx ins Auge faßt (Kapitel II).

Dies führt uns auf die zwiespältige Theorie der Politik, die bei Marx anzutreffen ist. Das Defizit von Marx' Emanzipationstheorie verweist immer stärker auf einen systematischen Mangel an politischer Theorie, je mehr wir uns auf die Diskussion der politischen Bedeutung der Ideale der Französischen Revolution (§ 12), der bürgerlichen Demokratie (§ 13) und die Marxsche Revolutionstheorie (§ 14) einlassen. Im Interesse einer durch Marx' Utopie selbst induzierten politischen Theorie der Emanzipation vermag daher kaum der, wenn auch lange, Abschied von Marx vermieden zu werden.

Wenn überhaupt, dann könnte der Utopie der personalen Vergesellschaftung allein dann ein Hoffnungsschimmer aufleuchten, wenn sie in eine politische Theorie transformiert würde, die den Leitbegriff der Arbeit mit akzeptablen Emanzipationskriterien zu verbinden erlaubt. Diese zunächst unabhängig von Habermas entwickelte Problemkonstellation legt so die Frage nahe, welche Verbesserungen Habermas gegenüber Marx erreicht, um den offenbar für eine Emanzipationstheorie konstitutiven Zusammenhang von Utopie, Rationalität und Politik aufzuklären.

Daß wir mit dieser Frage an die Theorie von Habermas herangehen, ist genauso naheliegend wie die Entfaltung des vorausgehenden Problemrahmens im Anschluß an Marx. Nicht nur, daß Habermas seinen Begriff der Interaktion bzw. des kommunikativen Handelns in bewußter Abgrenzung zu Marx formuliert und mit seiner 1981 vorgelegten „Theorie des kommunikativen Handelns" die derzeit anspruchsvollste gesellschaftstheoretische Gesamtkonzeption erreicht hat – der Zugang zu Habermas' Theorie muß vor allem aus systematischen Gründen erfolgen, die, wie ich glaube, anhand der Marx-Diskussion hinreichend argumentativ ausgewiesen worden sind.

Denn so wie bereits die Marxsche Idee der personalen Vergesellschaftung auf Begriffe einer interaktiven gesellschaftlichen Praxis verweist (§§ 7, 8), so deutlich wird aus den Defiziten an politischer Theorie bei Marx (Kapitel II), daß wir überhaupt nicht erwarten können, geeignete Begriffe von Praxis in Termini von Interaktion bei Marx zu finden. Da jedoch solche Begriffe nötig sind, auch wenn wir konstatieren, daß bei Marx der Arbeitsbegriff durchaus eine interaktive Dimension aufweist, folgt unmittelbar die Hinwendung zur Theorie von Habermas. Dies bedeutet dann freilich, daß es zunächst darum geht, den Marxschen Arbeitsbegriff vor einer Reduktion auf zweckrational-instrumentelles Handeln zu bewahren, aber zugleich die adäquate Distinktion in kommunikatives und zweckrationales Handeln anzuerkennen (§ 16). Diese Klarstellung eröffnet die Chance, am Leitbegriff des kommunikativen Handelns ein Grundschema interaktiv-politischer Rationalität zu gewinnen, das für die Idee einer emanzipatorischen Vergesellschaftung unerläßlich erscheint.

Wie ein solch radikaldemokratisches Prinzip („herrschaftsfreie Diskussion") dann seinerseits begrifflich fundiert werden müßte, ist die Streitfrage, die es in Auseinandersetzung mit Habermas zu klären gilt. Folgt aus der Annahme des radikaldemokratischen Prinzips eine konsensrationale Emanzipationsnorm oder genügt es, mit der Annahme dieses Prinzips zugleich einen diskursiv vermittelten politischen Dezisionismus in Kauf zu nehmen (§§ 17, 18)?

Der Beantwortung dieses Problems dient die Analyse von Habermas' Wahrheitstheorie und den gesellschaftstheoretischen Konsequenzen, die sich aus deren Kritik nahelegen (§§ 19, 20).

Diese Kritik ist deshalb ähnlich detailliert wie im Fall der Marxschen Werttheorie zu führen, weil der Wahrheitstheorie bei
Habermas ein vergleichbar fundamentaler Stellenwert zukommt. Doch auch das Scheitern von Habermas' Wahrheitstheorie würde nichts an der fruchtbaren Einführung eines expliziten Prinzips interaktiver Vergesellschaftung ändern, an dem
wir die Transformation der Marxschen Utopie festmachen können, ohne deswegen auf den Begriff der Arbeit verzichten zu
müssen. Könnte dieser nicht vielmehr zu einer gesellschaftsstrukturellen Problematisierung derart herangezogen werden,
daß wir fragen, wie radikal grundsätzlich eine interaktive Vergesellschaftung greifen könnte, ohne daß wir dabei die Gegebenheiten *nicht*-interaktiver Vergesellschaftungsschemata (ökonomische, technische) übersehen, und ohne daß wir das bei Marx
ungelöste Problem einer Verhältnisbestimmung von Ökonomie
und Politik aus dem Blick verlieren (§§ 14, 16, 18)?

Die gesellschaftliche Proportionalität zwischen interaktiver und
nicht-interaktiver Rationalität liefert so als Problem der – wie wir
sagen können – vertikalen interaktiven Rationalisierung einen
Problemrahmen, der eine fruchtbare Rezeption von Habermas'
neueren Untersuchungen erlaubt (Zweiter Teil, Kapitel II). Die
„Theorie des kommunikativen Handelns" ist einerseits als Ver-
tiefung des Grundbegriffs des kommunikativen Handelns zu
lesen, die schon deshalb interessieren muß, weil wir einen solchen Begriff für ein Prinzip der interaktiven Vergesellschaftung
brauchen. Freilich folgt daraus nicht, daß wir Habermas' starke
konsensrationale Thesen oder die „formalpragmatische" Fundierung eines kommunikativen Handlungsmodells teilen müssen, genauso wie bezweifelt werden kann, ob die Einheit von
Rationalität unter dem Titel der Diskursivität unbedingt gewahrt
werden muß (§ 21).

Was jedoch alle Aufmerksamkeit beanspruchen darf, weil damit
der utopische Horizont einer gewissermaßen rein personalen,
interaktiv-kommunikativen Vergesellschaftung angesichts der
Wirklichkeit auch des 20. Jahrhunderts aufrechterhalten werden
könnte, ist die in Einklang mit Einsichten von Durkheim und
Mead vorgetragene Interpretation der Moderne in Richtung auf
die gesellschaftsstrukturelle Notwendigkeit eines Prinzips kom-

munikativer Vergesellschaftung. Habermas kann so unser zunächst aus der Fragestellung der politischen Vermittlung gewonnenes Vergesellschaftungsprinzip wirklich vertiefen. Zugleich läßt sich das Problem der vertikalen interaktiven Rationalisierung im Anschluß an Max Weber auf einen Antagonismus verschiedener Prinzipien der Vergesellschaftung beziehen, der schließlich als Gegensatz und Spannungsverhältnis zwischen systemisch a-personalen Mechanismen (Geld, Macht) und kommunikativ orientierter Sozialintegration ausdrückbar wird.

Damit tritt in einer neuen Begrifflichkeit jedoch unser altes Problem auf den Plan, wie radikal ein interaktives Prinzip der Vergesellschaftung gegenüber systemischen Mechanismen greifen können müßte. Das objektive Problem, eine adäquate Proportionalität zwischen System- und Sozialintegration zu finden, bleibt so zwar in Habermas' Begrifflichkeit formulierbar, aber, so scheint es, in dem Maße unterbestimmt, in dem Habermas einem lebensweltlichen Begriff von Arbeit und damit dem Radikalismus der Marxschen Utopie keine Chance mehr einräumt (§ 22). Angesichts der Schwierigkeit, die hinter diesem Problem steht, nicht nur wenn wir auf fehlende Lösungen bei Marx, sondern auch auf die Wirklichkeit des RGW-Bereichs blicken, sollte dies jedoch weniger Anlaß zu einer Kritik an Habermas sein als zu dem Versuch, für die richtigen Fragen bessere Antworten zu erarbeiten.

Erster Teil
Die Utopie der Arbeit und das Problem
der personalen Vergesellschaftung: Marx

I. Utopie und Rationalität im Kontext
   der Kapital-Analyse

§ 1   Die sich-selbst-transparente Produktionsgemeinschaft,
das „Fetisch-Theorem" und das politische Grundproblem
einer emanzipierten Gesellschaft

Marx entwickelt seine Theorie der kapitalistischen Gesellschaft
im erklärten Interesse ihrer revolutionären Überwindung. Daher
muß es unsere besondere Aufmerksamkeit erregen, wenn er
ausgerechnet zu Ende des ersten Kapitels des „Kapital" (Bd. 1)
auf die Vorstellung einer revolutionär befreiten Gesellschaft,
eines „Vereins freier Menschen" (S. 92)[1], zu sprechen kommt.
Zuvor nämlich war es ihm darum gegangen, die Elementarform
der kapitalistischen Produktionsweise in Gestalt der Ware auf
ihre begrifflichen Bestimmungen zu bringen (Gebrauchswert-
Tauschwert-Wert-Arbeit-Wertform-Geld), um dann zu zeigen,
daß der so analysierten Grundstruktur der kapitalistischen Produktionsweise ein unvermeidlicher „Fetischismus" anhaftet.
Dieser stellt die Menschen unter einen Zwang, der ihre gesellschaftliche Unfreiheit zur Folge hat.
Zwar gelingt es, so der Anspruch von Marx, das „Geheimnis"
dieses Zwangs theoretisch zu lüften, doch bleibt der Fetischismus als dominantes gesellschaftliches Verhältnis bestehen,
solange die kapitalistische Warenproduktion existiert. Fetischismus und Warenproduktion sind „unzertrennlich" (S. 87). Wenn

---

[1] Seitenzahlen ohne weitere Angabe beziehen sich im Ersten Teil auf den
1. Band des „Kapital": MEW 23. Für die übrigen Quellen lege ich
ebenfalls die MEW-Ausgabe zugrunde. Die Problemsituation verändert
auch nicht die neue MEGA-Edition (Berlin/O. 1975 ff.).

also eine Chance bestehen soll, die gesellschaftliche Unfreiheit nicht nur zu durchschauen, sondern sie zu überwinden, dann verlangt dies offenbar ein alternatives Produktionsmodell, das den Fetischismus der bisherigen Produktionsweise systematisch ausschließt. Dies formuliert zugleich die Beweislast, die Marx abzutragen hat, wenn die Überwindung des Kapitalismus nicht nur als vielleicht wünschenswertes Postulat dastehen soll. Wie, so fragt sich also, wird Marx dieser Anforderung gerecht?

Vergegenwärtigen wir uns zunächst, wie Marx die Auflösung des Fetischismus allgemein thematisiert:

> „Der religiöse Widerschein der wirklichen Welt kann überhaupt nur verschwinden, sobald die Verhältnisse des praktischen Werkeltaglebens den Menschen tagtäglich durchsichtig vernünftige Beziehungen zueinander und zur Natur darstellen. Die Gestalt des gesellschaftlichen Lebensprozesses, d. h. des materiellen Produktionsprozesses, streift nur ihre mystischen Nebelschleier ab, sobald sie als Produkt frei vergesellschafteter Menschen unter deren bewußter planmäßiger Kontrolle steht. Dazu ist jedoch eine materielle Grundlage der Gesellschaft erheischt oder eine Reihe materieller Existenzbedingungen, welche selbst wieder das naturwüchsige Produkt einer langen und qualvollen Entwicklungsgeschichte sind." (S. 94)

Wenn Marx hier von „religiösem Widerschein" und „mystischen Nebelschleiern" spricht, so deshalb, weil er zuvor (S. 86) das Charakteristikum des Fetischismus als „gegenständlichen Schein der gesellschaftlichen Arbeitsbestimmungen" (S. 97) interpretiert hat. Diese „phantasmagorische Form eines Verhältnisses von Dingen" (S. 86) hat nach Marx ihre Analogie in der „Nebelregion der religiösen Welt" (S. 86), in der „die Produkte des menschlichen Kopfes mit eignem Leben begabte untereinander und mit dem Menschen in Verhältnis stehende selbständige Gestalten (scheinen)" (S. 86). Vergleichbar selbständige Gestalt gewinnen „in der Warenwelt die Produkte der menschlichen Hand" (S. 86).

Soweit der Vergleich von Religion und Fetischismus, der uns einen ersten Eindruck in die noch genauer zu analysierende Fetisch-Thematik gibt. Weit klarer als deren eigentlicher Gehalt selbst erscheinen zunächst die Bedingungen seiner Aufhebung: durchsichtig vernünftige Beziehungen der Menschen untereinander und zur Natur, Produktion von frei vergesellschafteten Menschen unter deren planmäßiger Kontrolle. Die „freie bewußte" Beziehung der Menschen zueinander in der Arbeit läßt sich nach den Erläuterungen von Marx auch als *unmittelbare* Vergesellschaftung (vgl. S. 87) oder *gemeinschaftliche* Produktionsweise (vgl. S. 92, 350; Gr, S. 88 f.) bezeichnen. Damit haben wir das Grundmodell des „Vereins freier Menschen" in programmatischer Allgemeinheit vor uns. Es handelt sich um die Idee einer sich-selbst-transparenten Produktionsgemeinschaft. Gemessen daran läßt sich die kapitalistische Warenproduktion als sich-selbst-verdeckender Produktionszwangsverband charakterisieren.

Wenn wir uns nun der etwas genaueren Beschreibung zuwenden, die Marx dem „Verein" gibt, so werden wir auf eine Parallele zur Warenproduktion verwiesen, die zugleich das Verständnis des alternativen Vereins verdeutlichen soll:

„Nur zur Parallele mit der Warenproduktion setzen wir voraus, der Anteil jedes Produzenten an den Lebensmitteln sei bestimmt durch seine Arbeitszeit. Die Arbeitszeit würde also eine doppelte Rolle spielen. Ihre gesellschaftlich planmäßige Verteilung regelt die richtige Proportion der verschiedenen Arbeitsfunktionen zu den verschiedenen Bedürfnissen. Andererseits dient die Arbeitszeit zugleich als Maß des individuellen Anteils des Produzenten an der Gemeinarbeit und daher auch an dem individuell verzehrbaren Teil des Gemeinprodukts. Die gesellschaftlichen Beziehungen der Menschen zu ihren Arbeiten und ihren Arbeitsprodukten bleiben durchsichtig einfach in der Produktion sowohl als in der Distribution." (S. 93)

Nach Marx handelt es sich bei diesem Modell um die gesellschaftliche Wiederholung einer Robinsonade, die er zuvor entwickelt hat. Robinson verrichtet zur Befriedigung seiner verschiedenen Bedürfnisse Arbeiten und stellt verschiedene Gebrauchsgegenstände her. Er verausgabt seine Gesamtarbeitskraft also in verschiedener Weise. „Als guter Engländer" (S. 91) führt er darüber Buch und gibt sich so Rechenschaft über das Verhältnis seiner Arbeiten zueinander:

> „Sein Inventarium enthält ein Verzeichnis der Gebrauchsgegenstände, die er besitzt, der verschiedenen Verrichtungen, die zu ihrer Produktion erheischt sind, endlich der Arbeitszeit, die ihm bestimmte Quanta dieser verschiedenen Produkte im Durchschnitt kosten. Alle Beziehungen zwischen Robinson und den Dingen, die seinen selbstgeschaffenen Reichtum bilden, sind hier ... einfach und durchsichtig... Und dennoch sind darin alle wesentlichen Bestimmungen des Werts enthalten." (S. 91)

Hier wie auf der Vereinsebene begegnen wir dem näher konkretisierten Postulat der Selbst-Transparenz, der durchsichtigen Einfachheit der gesellschaftlichen Beziehungen. Wenn wir jedoch die Robinsonade mit dem Verein vergleichen, dann muß das zentrale Problem in die Augen springen, das Marx hier offenbar mit leichter Hand übergeht. Dieses Problem liegt in der Frage, wie denn im Verein die „planmäßige Verteilung" der Arbeitszeit funktionieren soll, wie denn die „richtige Proportion der verschiedenen Arbeitsfunktionen zu den verschiedenen Bedürfnissen" eigentlich ermittelt und festgelegt wird.[2] Verschiedene Menschen sind in der Regel durchaus verschiedener Meinung darüber, wie Arbeit planmäßig zu verteilen ist, einfach deshalb, weil sie in der Regel unterschiedliche Bedürfnisse haben und selbst bei ähnlichen oder gleichen Bedürfnissen sehr verschiedene Vorstellungen ihrer arbeitsfunktionalen Umsetzung entwickeln können.

Für Robinson gibt es ein solches Problem natürlich nicht. Er

---

[2] Vgl. Fritsch 1968, S. 34, der das Problem als ökonomisches betont. Dies geschieht ansonsten selten genug.

erwägt offensichtlich seine Planungen im Einklang mit seinen Bedürfnissen und trifft dementsprechend unstrittige Entscheidungen. Selbst wenn sich seine Bedürfnisse ändern, ist die dann entstehende erneute Entscheidungssituation für seine Arbeitsaufteilung unproblematisch. Einmal unterstellt, Robinson sei nicht gerade schizophren, so bewegt sich sein planmäßiges Verhältnis zu seinen Bedürfnissen im Rahmen möglicher Selbst-Korrekturen und Kontrollen, die keine erkennbaren prinzipiellen Schwierigkeiten aufwerfen. Kurz: Robinson kann keine politischen Probleme haben, weil seine Lebensform keine gesellschaftliche ist.

Demgegenüber müssen wir das von Marx überspielte Problem auf der Vereinsebene als von vornherein eminent politisches verstehen. Das Wort „politisch" mag hier Verwunderung auslösen, wenn man in pauschaler Weise die Aufhebung einer selbständigen Sphäre der Politik und ihre Zurücknahme in den Alltag im Ohr hat und mit „Politik" Begriffe von staatlicher Machtpolitik und Geheimdiplomatie assoziiert. Solche Vormeinungen, denen noch nachzugehen sein wird, sollten wir an dieser Stelle beiseite lassen, um uns nicht den klaren Blick für das Problem zu trüben, das sich in Marx' eigenen Worten ergibt, wenn wir uns wirklich um ihre Verdeutlichung bemühen. Marx' Worten nach geht es um die vernünftige Transparenz einer Gemeinschaft von arbeitenden Menschen zur Regelung der Produktion und Distribution von Gütern (früher: Waren) nach Maßgabe ihrer Bedürfnisse.

Wenn es darum geht, dann können wir uns eine solch gesellschaftliche Vernünftigkeit nur so verständlich machen, daß sie als freie bewußte Teilnahme eines jeden Menschen an der gesellschaftlichen „planmäßigen Kontrolle" vollzogen wird. Die vernünftige Transparenz des Ganzen muß offenbar vermittelt sein mit der freien bewußten Teilnahme eines jeden einzelnen, ja wir können überhaupt von keiner vernünftigen Transparenz des Ganzen sprechen, wenn sich diese nicht durch die einzelnen Teilnahme-Akte der Mitglieder der Gesellschaft hindurch herstellt. Eine Vernunft, die, aus welch prinzipiellen Gründen auch immer, mir nicht zugänglich ist, ist für mich keine und daher auch keiner sinnvollen Anerkennung fähig.

Das heißt, daß die vernünftige Transparenz nicht als vorgegeben gedacht werden kann. In diesem Fall hätte sie den Status eines quasi-vernünftigen Automatismus oder würde einen durch Autorität oder Vorsehung einzelner oder kleiner Gruppen gestifteten Zusammenhang darstellen. Um nicht hinter solch neuerliche „mystische Nebelschleier" zu geraten, müssen wir, so ist zu schließen, die Fähigkeit eines jeden Mitglieds der Gesellschaft zur Teilnahme an der vernünftigen Transparenz unterstellen. Das aber verlangt erstens die Voraussetzung, daß wir einem jeden die Fähigkeit zurechnen können müssen, sowohl bezogen auf seinen unmittelbaren Tätigkeitskreis als auch bezogen auf das damit verbundene Ganze, in angemessener Weise die Frage stellen und verfolgen zu können, was im besonderen und allgemeinen „planvoll" zu tun vernünftig ist.

Zweitens verlangt dies die Möglichkeit, verschiedene Antworten auf diese sich immer wiederholende praktische Vernunftfrage gesellschaftlich so zu sortieren, daß die Entscheidungen darüber, welchen vorgeschlagenen Antworten jeweils im besonderen und allgemeinen zu folgen sei, ihrerseits so transparent-vernünftig wie irgend möglich getroffen werden können. Damit aber haben wir nichts anderes als das politische Grundproblem des „Vereins freier Menschen" umschrieben: Wie ist die geforderte praktische Vernunftkompetenz eines jeden gesellschaftlich möglich und wie ist die Ausübung der so verstandenen „politischen Kompetenz" in gesellschaftlich geregelter Weise so möglich, daß das Ziel der sich-selbst-transparenten Produktionsgemeinschaft im Vollzug der tätigen Menschen erreichbar wird?

An dieser Fragestellung entscheidet sich, ob die rationalen Ansprüche der Marxschen Utopie einlösbar sind. Um ihre Relevanz zu unterstreichen, wende ich mich einer Scheinlösung des Problems zu, die man in Marx hineinlesen kann. Diese besteht darin, die „planmäßige Kontrolle des materiellen Produktionsprozesses" auf ein technisches Problem zu reduzieren, indem man von einer allgemein geteilten Bedürfnisstruktur der Gesellschaftsmitglieder ausgeht, die allenfalls nebensächliche Bedürfnisdifferenzen zuläßt und außerdem in ihrer arbeitsteiligen Befriedigung kein prinzipielles Problem sieht. In diesem Fall würde sich die Frage nach der „richtigen Proportion der verschiedenen Arbeitsfunktionen zu den verschiedenen Bedürfnissen" auf die zweckrationale Organisation des Verhältnisses von Bedürfnissen und Arbeitsfunktionen beschränken. Die Bedürfnisse sind vorgegeben und stehen als solche nicht zur Debatte, dasselbe gilt für die Arbeitsfunktionen – alles, was dann noch zur Debatte steht, besteht in der optimalen Auswahl von Arbeitsfunktionen als Mittel zur Befriedigung der vorgegebenen Bedürfnisse. Eine solche Auswahl aber, so scheint es, wirft allenfalls noch ein Entscheidungsproblem zwischen technisch besseren oder schlechteren Alternativen auf. Die Teilnahme-Akte der Menschen am Organisationsprozeß der Gesellschaft wären wesentlich solche der technischen Beratung und Überwachung. Die Konsequenz: der „Verein freier Menschen" wird zu einem sich-selbst-transparenten technischen Überwachungsverein.

Es sollte evident sein, daß dies eine Travestie möglicher gesellschaftlicher Freiheit darstellt. Genauso wenig wie wir uns eines quasi-vernünftigen Automatismus von außen bedienen können, um die postulierte gesellschaftliche Vernünftigkeit zu denken, genauso wenig macht es Sinn, auf einen quasi-vernünftigen inneren Bedürfnisapparat der Gesellschaft zu rekurrieren, der nur noch an einen seinerseits schon eingespielten Mechanismus von Arbeitsfunktionen angeschlossen zu werden braucht. Als „frei vergesellschafteter Mensch" muß ich zunächst einmal meiner Bedürfnisse und der Bedürfnisse anderer so inne werden können, daß wir uns auf der Grundlage gegenseitiger Verständigung über Bedürfnisse an deren arbeitsfunktionale Befriedigung machen können. Naturwüchsig vorgegeben und instinktiv anerkannt sind hierbei nur die sogenannten Grundbedürfnisse (Essen, Kleidung etc.). Wie diese befriedigt werden und in welcher Präferenzbewertung ist schon nicht mehr vorgegeben. Alternativen sind möglich, sowohl was mich als Individuum betrifft als auch, was meine offenbar nötige gesellschaftliche Einigung mit anderen angeht.

Wenn dem so ist, dann muß jedes Individuum in ein reflektiertes Selbstverhältnis zu seinen eigenen Bedürfnissen im Wechselspiel mit einem reflektierten Verhältnis zu den Bedürfnissen anderer treten können. Da Bedürfnisse zugleich die unmittelbaren

Antriebe der tätigen Menschen darstellen, bedeutet das gelebte Verhältnis von bedürftig handelnden und sich gegenseitig als solche reflektiert anerkennenden Menschen zunächst einmal nichts anderes als ein reflektiertes Leben mit realen Alternativen und Konflikten an Bedürfnissen. Entsprechendes gilt für die Umsetzung der Bedürfnisse in unterschiedliche arbeitsfunktionale Interessen. Wir brauchen nur mögliche Gegensätze zwischen Konsum- und Produktionsgütersektor, Wachstum und Energieverknappung, automatischer Produktion und Arbeitsbeschaffung, Arbeits- und Freizeit zu nennen, um Konflikte greifbar zu haben, denen im Hinblick auf das gesellschaftliche Ganze wie für die jeweiligen Tätigkeitskreise der Individuen so Rechnung getragen werden muß, daß noch sichtbar bleibt, wie die beanspruchte vernünftige Transparenz der Gesellschaft sich vollziehen soll.

Damit liegt das negative Resultat unserer Überlegungen auf der Hand. Die auf der Vorstellung eines inneren Bedürfnismechanismus und seiner zweckrationalen Ausgestaltung in Arbeitsfunktionen beruhende Idee eines sich-selbst-transparenten technischen Überwachungsvereins ist kein mögliches Modell einer vernünftigen Produktionsgemeinschaft. Sie lebt von einer entscheidenden petitio principii: sie ignoriert das Konfliktpotential an Bedürfnissen und Interessen handelnder Menschen als Problem der praktischen Vernunft, insofern auch nur handelnde Menschen die Möglichkeit haben, in ein reflektiertes Verhältnis zu sich und anderen zu treten. Eine vergleichbare Lösung eines erst noch zu bewältigenden Problems, so haben wir gesehen, setzt auch die Idee einer von außen vorgegebenen gesellschaftlichen Vernunft voraus, da sie die Frage ignoriert, wie Vernunft sich als praktische in der Tätigkeit freier bewußter Menschen gesellschaftlich herstellen kann.

Positiv nicht als Resultat, aber als präzisierte Fragestellung, ergibt sich daraus die Wiederholung des politischen Grundproblems, mit dem uns die rationale Utopie von Marx konfrontiert. Wie ist die praktische Vernunftkompetenz eines jeden und ihre Ausübung so möglich, daß die Menschen in wechselseitig reflektierten Selbstverhältnissen ihrer Bedürfnisse und Interessen mögliche Konflikte, die sich allein daraus ergeben, daß sie

Menschen sind, die bedürftig tätig sind, daß sie also mögliche Konflikte so regeln, daß die Gesellschaft sich als sich-selbst-transparente Produktionsgemeinschaft vernünftig vollziehen kann?

§ 2 *Auf dem Weg zum „Fetisch-Theorem" – Tausch-Arbeitswert-Gleichung und Ableitung des Werts*

Aus der Perspektive der so gewonnenen Fragestellung gilt es, Marx' kritische Analyse der kapitalistischen Produktionsweise genauer zu betrachten. Marx' These ist ja einerseits, daß die kapitalistische Warenproduktion gesellschaftliche Freiheit systematisch verhindert, weil von ihr der Fetischismus unzertrennlich ist (vgl. oben § 1). Andererseits sollen aus dem Kapitalismus heraus die Bedingungen seiner eigenen Überwindung so sichtbar werden, daß revolutionäre „Sprengversuche" keine bloße „Donquichotterie" darstellen (Gr, S. 77). Diese Überwindung aber, so haben wir gesehen, hat als ihr Telos den „Verein freier Menschen". Dieser Verein wiederum hat uns mit einem politischen Grundproblem konfrontiert, an dessen Lösung offenbar die Möglichkeit gesellschaftlicher Freiheit hängt.

Die Leitfrage muß daher lauten, wie sich die kritische Analyse des Kapitalismus zur Möglichkeit der rationalen Utopie verhält. Ist die kritische Analyse unabhängig von einem Begriff von Utopie als Gegen-Entwurf zum Bestehenden überhaupt durchführbar? Wenn ja, woher nimmt sie dann ihre kritischen Maßstäbe und wie verhalten sich diese ihrerseits zur Utopie? Wenn nein, welchen Stellenwert hat dann eine zunächst selbst in ihrer Möglichkeit noch offene Utopie bei der Kritik des Kapitalismus und wie können umgekehrt Elemente dieser Kritik den utopischen Entwurf erhellen?

Um Antworten hierauf zu finden, müssen wir die begrifflichen Mittel untersuchen, mit denen Marx die Aufklärung des Fetischismus der kapitalistischen Produktionsweise betreibt. Das bedeutet zunächst, die entscheidenden Schritte der ersten drei Unterabschnitte des 1. Kapitels des „Kapital" aufzunehmen, die der Enthüllung des Fetischismus vorangehen, denn diese bilden die Grundlage der Analyse. Wir sind somit gezwungen, uns durch das Dickicht einer der schwierigsten wie umstrittensten Textpassagen der Marxschen Theorie durchzuschlagen, jedenfalls soweit dies unsere Fragestellung erfordert.

Hierbei werde ich mir allerdings die Freiheit nehmen, die Sache unbeeindruckt von einigen gängigen Dogmen abzuhandeln. Erstens halte ich nichts von hegelianisierenden Marx-Interpretationen. So verständlich eine historische Aufarbeitung der Beziehung Marx–Hegel ist, so fragwürdig erscheint aus systematischer Sicht das Zurückspielen der Kapital-Analyse auf Hegelsche Strukturen, insbesondere der „Logik". Der Grund ist einfach. Die Beweislast wird verschoben und zugleich immens erschwert, da man sich kaum ein schwierigeres Unternehmen vorstellen kann, als die Hegelsche Theorie transparent und auch begründbar zu machen.[3] Zweitens finde ich es falsch, mit einem szientistischen Vorurteil an Marx' Theorie heranzugehen, auch wenn er diesem Vorschub geleistet hat. Solange viel dafür spricht, daß eine angemessene Sozialwissenschaft zugleich immer Philosophie des Sozialen wird sein müssen[4] und solange Philosophie als „reine Wissenschaft" schlüssig noch nicht entwickelt wurde, sollte man der Marxschen Theorie nicht Positionen unterlegen, die sie eher schwächen. Drittens schließlich ist die häufig anzutreffende autoritär-scholastische Zugangsweise zu Marx einfach grotesk. Wer einer Theorie, an deren Anfang sozusagen der Schrei der Freiheit steht, nicht in „freier bewußter Tätigkeit" gegenübertreten und sich auch zu ihr in antiautoritäre Distanz bringen kann, dementiert von vornherein seine theoretische und politische Glaubwürdigkeit. Damit zur Sache.

Marx will zeigen, daß der Fetischismus von der kapitalistischen Warenproduktion unzertrennlich ist.[5] Was aber ist dies über-

---

[3] Vgl. hierzu unten § 10.
[4] Vgl. hierzu insbes. Taylor 1975.
[5] Vgl. zur Problemorientierung insbes. Lange 1978. Im Unterschied zu ihm beschränke ich mich allerdings nicht auf die Betrachtung der „Wertform". Daß dadurch eine adäquatere Interpretation und Kritik möglich wird, zeigt sich unten in §§ 6, 7, 8. Im übrigen ist Wort und Sache des „Fetischismus" auch in der Erstauflage des „Kapital" nicht auf den

haupt für eine Art von Produktion? Was und wie wird dabei produziert?

Marx beginnt mit der trivialen Antwort auf das „Was?". Der gesellschaftliche Reichtum der kapitalistischen Produktionsweise erscheint als „ungeheure Warensammlung" (S. 49; MEW 13, S. 15). Waren sind die äußeren, allen sichtbaren Resultate der Produktion. Jeder, der in einer kapitalistischen Gesellschaft lebt, kann unabhängig von seiner sozialen Stellung diesen Sachverhalt aus der Perspektive eines potentiellen Konsumenten von Waren tagtäglich konstatieren. Wenn aber Waren das Resultat und damit der Zweck der Produktion sind, dann ist zu vermuten, daß ein genaues Verständnis ihres Charakters und ihrer gesellschaftlichen Funktion wesentlich zum Begreifen der kapitalistischen Produktionsweise beiträgt. Soweit die unproblematische Überlegung, die Marx' Einstieg in die Warenanalyse umschreibt.

Ich gebe nun eine gedankliche Ordnung der Marxschen Analyse, wie sie sich darstellt, wenn man angreifbare oder fehlerhafte Teile zunächst übergeht.

Waren dienen zur Befriedigung irgendwelcher menschlichen Bedürfnisse. Sie sind nützliche Dinge mit einer Vielzahl an Eigenschaften, die unterschiedliche Gebrauchsweisen ermöglichen (S. 49 f.). Daher läßt sich definieren: Der Gebrauchswert eines Dinges besteht in seiner Nützlichkeit. Trivialer: Waren haben Gebrauchswert, insofern sie nützliche Dinge für den verbrauchenden Gebrauch (Konsum) sind (S. 50). Sie haben jedoch noch ein anderes Charakteristikum, insofern sie untereinander ausgetauscht werden. Das führt auf eine gleichfalls tautologische Definition: Der Tauschwert einer Ware besteht in ihrer Tauschbarkeit oder Verfügbarkeit für den Tausch. Eine Ware, so zeigt sich, kann Gegenstand zweier grundverschiedener menschlicher Handlungsweisen sein, des Verbrauchs und des Tauschs. Dies läßt sich so ausdrücken, daß die Ware zugleich Gebrauchswert und Tauschwert hat (S. 50).

„Wertform"-Anhang beschränkt, vgl. Marx 1867/1980, S. 38 ff. Zur Sachdiskussion genügt der Text von MEW 23.

Nun stellt der Austausch von Waren uns aber vor folgendes Problem. Irgendeine Ware x kann mit beliebigen anderen Waren w, y, z getauscht werden, wobei es sich jeweils um unterschiedliche Mengen dieser Waren handeln mag (1 Karton Stiefelwichse: 1 m Seide: 1 Unze Gold: 1 Sack Weizen). Sind solche Tauschproportionen völlig beliebig oder folgen sie einer erkennbaren Regel? Anders gefragt, wechseln die jeweiligen Tauschgrößen der Waren ganz unregelmäßig, so daß einmal die oben angeführte Tauschreihe angenommen werden kann, ein andermal eine andere, in der die Größen der Waren ganz andere Verhältnisse zeigen? Wenn dem so wäre, könnten wir immer nur relativ zu einer bestimmten Tauschreihe von der Ersetzbarkeit der Tauschgrößen der Waren untereinander sprechen. Jede Ware hätte eine Vielzahl von Tauschgrößen, je nachdem, in wie viele verschiedene Tauschgrößenreihen bzw. Tauschgrößengleichungen (für zwei Waren) sie eingehen würde. Kurz, es gäbe keine allgemeine Tauschgrößenreihe und die Möglichkeit für irgend zwei verschiedene Waren ihre allgemeine Tauschgrößengleichung anzugeben, wäre nicht vorhanden. Daher die Frage: Gibt es eine allgemeine Regel des Tauschs, eine allgemeine Tauschgrößengleichung (S. 51)?

Ja, so antwortet Marx (S. 52), wenn wir erkennen, daß erstens den Tauschgrößengleichungen in Wirklichkeit Arbeitsgrößengleichungen zugrundeliegen und daß sich zweitens für diese die gesuchte allgemeine Gleichung angeben läßt, die daher zugleich den Tausch reguliert, als seine allgemeine Regel zu gelten hat (S. 53).

Der erste Schritt der Überlegung teilt sich auf in einen unbestreitbaren Tatbestand und eine zu begründende Behauptung. Der Tatbestand besteht darin, daß Waren die Resultate von aufgewendeter menschlicher Arbeit darstellen, wie immer diese im einzelnen aussehen mag. Von jeder Ware kann man sagen, daß sie als Resultat menschlichen Arbeitsaufwand repräsentiert. Daher läßt sich auch definieren: Der Wert einer Ware besteht in dem zu ihrer Herstellung erforderlichen Arbeitsaufwand. Damit ist klar, daß sich Waren nicht nur nach Tauschgrößen, sondern auch nach Arbeitsaufwand quantitativ vergleichen lassen. Was noch keineswegs klar ist, betrifft die Stimmigkeit der Überlegung, die sich von daher für die Erklärung des Tauschgrößenvergleichs von Waren nahelegt. Wenn Waren Arbeitsprodukte sind, die getauscht werden und wenn nicht aus dem Tausch allein eine allgemeine Regel des Tauschgrößenvergleichs gewonnen werden kann, dann müssen wir den Versuch machen, aus dem Vergleich von Arbeitsaufwand für Waren, ihrem Wertvergleich, ihren Tauschgrößenvergleich zu begründen. Dies ist als Vermutung formuliert die These, die es zu beweisen gilt.

Nun wären die Aussichten für die Begründung dieser These schlecht, wenn nicht für den Wertvergleich das parallele Problem einer allgemeinen Wertgleichung gelöst werden könnte, die uns für den Tausch als Tauschgrößengleichung fehlte. Dies führt auf den zweiten wichtigen Schritt der Marxschen Überlegung, der Aufstellung einer allgemeinen Wertgleichung. Diese enthält folgende Elemente:

1) Der jeweilige Arbeitsaufwand zur Herstellung von Waren läßt sich in Zeit messen (S. 53).
2) Unterschiede in der individuellen Verausgabung von Arbeitskraft können vernachlässigt werden, weil sich der Begriff einer gesellschaftlichen Durchschnittsarbeitszeit bilden läßt, die unter normalen Bedingungen mit einem Durchschnittsgrad an Geschick und Intensität zur Herstellung der Ware erforderlich ist (S. 53).
3) Der Begriff der Durchschnittsarbeitszeit oder gesellschaftlich notwendigen Arbeitszeit gilt zunächst für einfache Handarbeit. Komplizierterte Arbeit, die zusätzliche Ausbildungszeit erfordert, kann in ihrer Wertgröße auf ein Multiplikat an einfacher Arbeit reduziert werden (S. 59).

Die allgemeine Wertgleichung lautet daher:

(1) „Der Wert einer Ware verhält sich zum Wert jeder andren Ware, wie die zur Produktion der einen notwendigen Arbeitszeit zu der für die zur Produktion der andren notwendigen Arbeitszeit." (S. 54)

Hieraus läßt sich dann die gesuchte Tauschgrößengleichung als *Tausch-Arbeitswert-Gleichung* gewinnen:

33

(2) Die Tauschgröße jeder Ware verhält sich zur Tauschgröße jeder anderen Ware wie ihr jeweiliger Arbeitswert zum Arbeitswert der anderen Ware.

Wenn (2) gilt, dann herrscht in der warenproduzierenden Gesellschaft das, was wir wertäquivalenten Tausch nennen können.
Freilich, wir sehen jetzt, daß damit noch völlig offen ist, *ob* in der
kapitalistischen Warenproduktion der Tausch dem Kriterium
der Wertäquivalenz folgt. Dies erscheint als eine empirische
Frage, die aus der Möglichkeit (2) und (1) aufzustellen, keineswegs geschlossen werden kann.
Andrerseits lassen sich natürlich mit dem bisherigen Gedankengang normative Feststellungen verbinden. Man kann der Meinung sein, nur wenn (2) gültig sei, könne der Tausch von Waren
überhaupt rational verstanden werden. In diesem Fall müßte
erörtert werden, warum die Annahme eines sich selbst einpen-
delnden durchschnittlichen Tauschgrößenvergleichs am Markt
ohne die Unterstellung von (2) *in Termini von Rationalität*
unterlegen ist. Nun ist ganz evident, daß ein solches Resultat
erzielbar scheint, wenn wir uns der Idee bedienen, die Marx beim
Entwurf des „Vereins freier Menschen" entwickelt, der Idee
nämlich, die durchsichtige Einheit von Produktion und Distribution für eine Gemeinschaft arbeitender Menschen zu erreichen
(vgl. oben § 1). Im Interesse eines solchen Ziels ist es unverzicht-
bar, nach dem konstitutiven Zusammenhang von Tausch und
Arbeit in der kapitalistischen Warenproduktion zu fragen, aus
der ein „Verein freier Menschen" hervorgehen soll. Die durchsichtige Vernünftigkeit dieses Vereins würde so eine Rationalitätsnorm darstellen, die der Kapitalismus aus angebbaren Gründen nicht oder nur unzureichend erfüllen kann.
Um zu klären, ob Marx eine solche Sichtweise, sei es bewußt
oder unbewußt, nahelegt, brauchen wir freilich nähere Anhaltspunkte. Diese liegen insofern vor, als die rein hypothetische
Verbindung zwischen Tauschgrößen von Waren und ihren
Wertverhältnissen, die Marx bislang bestenfalls erreicht hat, die
Möglichkeit einer normativen Interpretation dieser Verbindung
offen läßt. Zweitens enthält die obige Gleichung (1) die rein
postulatorische Lösung eines allgemeinen Wertvergleichs so-

wohl in theoretischer wie in empirischer Hinsicht. Und auch dies läßt eine normative Interpretation offen.

Mit der näheren Erforschung dieser Sachverhalte betreten wir die Ebene der Marx-Kritik. Der soweit vorgetragene Gedankengang ist in seiner Fragestellung wie in seinem Lösungsvorschlag klar nachvollziehbar gewesen, was immer seine Folgeprobleme sein mögen. Leider gilt dies für wichtige Teile der Marxschen Argumentation nicht, mit denen er verwoben ist und die für Marx mit Beweisansprüchen besetzt sind, die sich nicht halten lassen. Indem wir versuchen, diese Teile abzutrennen, müßte sich auch größere Klarheit über die Funktion der Tausch-Arbeitswert-Gleichung erreichen lassen.

Es wird vielleicht schon aufgefallen sein, daß in der obigen Darstellung der Terminus ‚Tauschwert‘ nur für die triviale Definition benutzt wurde, die lautet: „der Tauschwert einer Ware besteht in ihrer Tauschbarkeit oder Verfügbarkeit für den Tausch". Dies ist der *qualitative* Tauschwertbegriff, der kein Problem aufwirft. Von ihm zu unterscheiden ist, so liegt inzwischen klar, der *quantitative* Tauschwertbegriff, die Tauschgröße von Waren, die sich im einfachsten Fall in einer Tauschgrößengleichung zweier Mengen von Waren darstellt. Diesen quantitativen Tauschwertbegriff hat Marx von vornherein im Auge, wenn er das Problem verfolgt, wie das Tauschgrößenverhältnis der Waren untereinander zu bestimmen ist. Dieses Problem jedoch treibt ihn zunächst in eine Sackgasse (vgl. Steinvorth 1977, S. 28 ff.; Nanninga 1975, Kap. I; 1979). Ich zitiere das Wesentliche jener kryptischen Passage:

„Eine gewisse Ware, ein Quarter Weizen z. B. tauscht sich ... mit andern Waren in den verschiedensten Proportionen. Mannigfache Tauschwerte also hat der Weizen statt eines einzigen. Aber da x Stiefelwichse, ebenso y Seide, ebenso z Gold usw. der Tauschwert von einem Quarter Weizen ist, müssen x Stiefelwichse, y Seide, z Gold usw. durch einander ersetzbare oder gleich große Tauschwerte sein. Es folgt daher erstens: die gültigen Tauschwerte derselben Ware drücken ein Gleiches aus. Zweitens aber: Der Tauschwert kann überhaupt nur die

Ausdrucksweise, die ‚Erscheinungsform' eines von ihm unterscheidbaren Gehalts sein.

Nehmen wir ferner zwei Waren, z. B. Weizen und Eisen ... ihr Austauschverhältnis ... ist stets darstellbar in einer Gleichung ... z. B. 1 Quarter Weizen = 1 Ztr. Eisen. Was besagt diese Gleichung? Daß ein Gemeinsames von derselben Größe in zwei verschiedenen Dingen existiert ... Beide sind also gleich einem Dritten, das an und für sich weder das eine noch das andere ist. Jedes der beiden, soweit es Tauschwert, muß also auf dies Dritte reduzierbar sein ...

Dies Gemeinsame kann nicht eine geometrische, physikalische, chemische oder sonstige Eigenschaft der Waren sein. Ihre körperlichen Eigenschaften kommen überhaupt nur in Betracht, soweit selbe sie nutzbar machen, also zu Gebrauchswerten. Andererseits aber ist es grade die Abstraktion von Ihren Gebrauchswerten, was das Austauschverhältnis der Waren augenscheinlich charakterisiert ...

Als Gebrauchswerte sind die Waren vor allem verschiedner Qualität, als Tauschwerte können sie nur verschiedner Quantität sein, enthalten also kein Atom Gebrauchswert. Sieht man vom Gebrauchswert der Warenkörper ab, so bleibt ihnen nur noch eine Eigenschaft, die von Arbeitsprodukten. Jedoch ist uns auch das Arbeitsprodukt in der Hand verwandelt ... Mit dem nützlichen Charakter der Arbeitsprodukte verschwindet der nützliche Charakter der in ihnen dargestellten Arbeiten, es verschwinden also auch die verschiednen konkreten Formen dieser Arbeiten, sie unterscheiden sich nicht länger, sondern sind allzusamt reduziert auf gleiche menschliche Arbeit, abstrakt menschliche Arbeit." (S. 51 f.)

Unproblematisch ist der Ausgangspunkt der Überlegung. In ihm nämlich erkennen wir das Problem wieder, eine allgemeine Tauschgrößengleichung zu finden. Marx stellt zunächst fest, daß eine Ware „mannigfache Tauschwerte" haben kann. Das heißt für uns in anderen Worten, daß sie in mannigfachen, beliebigen

Tauschgrößengleichungen erscheinen kann, so wie jede andere Ware auch. Und für eine beliebig fortsetzbare Verkettung von Tauschgrößengleichungen gilt das, was Marx danach ausspricht, daß die solcherart gleichgesetzten Waren „durch einander ersetzbare oder gleich große Tauschwerte" darstellen, was wiederum in anderen Worten nur heißt, daß ihre quantitativen Tauschwerte alias Tauschgrößen gleich sind. Soweit die Ausgangslage.

Nun zur ersten Folgerung, die Marx zieht. Sie läßt sich als trivial richtig verstehen, wenn wir sie lesen als „die gültigen quantitativen Tauschwerte derselben Ware drücken sich in ihren Tauschgrößengleichungen aus". Selbst der zweiten Folgerung können wir eine nachvollziehbar einfache Lesart geben, wenn wir sagen: „der quantitative Tauschwert einer Ware hat die ‚Erscheinungsform' der Gleichsetzung mit dem quantitativen Tauschwert einer davon unterschiedenen Ware". Dies sind trivial richtige Feststellungen, die in etwas umständlicher Form das Phänomen charakterisieren, daß sich der quantitative Tauschwert von Waren in Tauschgrößengleichungen repräsentiert. Daß Marx jedoch mehr im Sinn hat, lassen bereits die substantivischen Wendungen „ein Gleiches" bzw. „unterscheidbarer Gehalt" ahnen. Dies wird explizit bei einem neuen Anlauf zur Interpretation einer einfachen Tauschgrößengleichung zwischen zwei Waren. Jetzt nämlich soll eine solche Gleichung auf einmal besagen, daß ein irgendwie dinglich Gemeinsames, ein Drittes, das von beiden Waren unterschieden ist, aber dieselbe Größe hat, *in* beiden Waren zugleich existiert. Hier steckt der Denkfehler, den Marx begeht, um der Vermutung, auf die er hinauswill, die Dignität einer begrifflichen Ableitung zu verschaffen.

Was ist passiert? Nach allem, was wir bisher wissen, könnte „ein Drittes", das von den beiden vorigen Waren unterschieden ist und dieselbe Größe hat, nichts anderes sein als eine dritte Ware von derselben Tauschgröße der übrigen beiden Waren. Von einer solchen aber zu sagen, sie existiere *in* den beiden anderen Waren, wäre eine Absurdität. Was also soll dies ominöse Dritte sein?

Offenbar, so zeigt die Fortsetzung der Überlegung, eine Eigenschaft allgemeiner Art, die den Waren gemeinsam ist. Anstatt nun aber diese Eigenschaft als eine solche zu bestimmen, die den

Waren gemeinsam ist, *insofern* sie gleiche Tauschgrößen haben, denn dies ist das Ausgangsproblem, fragt Marx auf einmal, was den Waren als Waren gemeinsam ist, *insofern* sie überhaupt getauscht werden, was auch immer ihr Tauschgrößenvergleich sein mag. Der Bezug auf das eigentlich quantitative Problem des Tauschgrößenvergleichs wird stillschweigend fallengelassen und nach einer allgemeinen Eigenschaft von Waren „in Abstraktion von ihren Gebrauchswerten" gefragt. Doch nicht nur das. Die so unterschobene veränderte Frage wird auch falsch beantwortet. Das Absehen vom Gebrauchswert der Waren läßt nämlich keineswegs nur eine Eigenschaft übrig, die von Arbeitsprodukten. Die allgemeine Eigenschaft, die zutage kommt, wenn wir die Gebrauchswertseite ignorieren, ist zunächst einmal die Seite ihres qualitativen Tauschwertes selbst, der ganz allgemeinen Eigenschaft von Waren, für den Tausch verfügbar zu sein. Daneben freilich können wir auch ganz allgemein feststellen, daß Waren Arbeitsprodukte darstellen. Von welchem Begriff in der Trias Gebrauchswert-Tauschwert-Arbeitswert wir auch immer absehen, es bleiben jeweils zwei Begriffe übrig, durch die Waren allgemein charakterisiert sind.[6]

Der Fehler der Marxschen Überlegung besteht also darin, daß er mit einem Tauschgrößenproblem beginnt, hinter dem die Frage nach einer allgemeinen Interpretation der Tauschgrößenverhältnisse, nach einer allgemeinen Tauschgleichung steht. Anstatt aber dies Problem explizit zu machen, verwechselt er es zwischendurch mit der Frage nach einer allgemeinen Tauschbarkeitsbedingung für Waren überhaupt. Er übersieht, daß er diese Bedingung schon hat, den qualitativen Tauschwert von Waren. So betrachtet verfolgt Marx ein Scheinproblem. Doch dieses Problem verfolgt er so, daß er zugleich den Gesichtspunkt einführt, aus dem sich für das Tauschgrößenproblem etwas machen läßt, den Gesichtspunkt nämlich, daß Waren nicht nur Gebrauchswert und Tauschwert haben, sondern als Produkte

---

[6] Daneben gibt es übrigens noch andere allgemeine Eigenschaften, so z. B. die, daß Waren als „Produkte von Kapitalen" gelten (MEW 25, S. 184). Hieraus entwickelt z. B. Pareto 1963, p. 494 eine analoge Kritik.

von Arbeit auch Arbeitswert darstellen. Alles, was dies bringt, ist jedoch zunächst eine Definition des Arbeitswerts von Waren qua Arbeitsaufwand, die selbstredend sinnvoll ist.

Genauso selbstverständlich müssen wir konstatieren, daß von Marx nichts bewiesen wurde. Insbesondere wurden die Tauschwerte weder qualitativ noch quantitativ auf irgend etwas „Drittes", auch nicht Arbeitswerte „reduziert". Ebenso unhaltbar ist die daraauffolgende Rede von der Reduktion der konkreten auf die abstrakte Arbeit. Indem wir die allgemeine Eigenschaft von Waren zum Ausdruck bringen, daß sie Arbeitswerte repräsentieren, tun wir nichts anderes als in der vergleichbar allgemeinen Rede über Gebrauchswerte oder Tauschwerte. So richtig es ist, daß solch allgemeine Eigenschaften auf jeden Einzelfall, auf den sie zutreffen können, *gleichermaßen* zutreffen, so wenig folgt daraus, daß ein solcher Vorgang die Reduktion eines Konkretums auf ein Abstraktum bedeutet.

Marx treibt seine merkwürdige Begriffsbildung noch weiter, wenn er schließlich die in der Definition des Werts enthaltene Tatsache als eine Verwandlung der Arbeitsprodukte in eine „gespenstische Gegenständlichkeit", in eine „Gallerte unterschiedsloser menschlicher Arbeit", in „Kristalle... dieser... gesellschaftlichen Substanz" (S. 52) beschreibt. Begründungen sind hierin nicht zu erkennen, eher werden die relevanten Sachverhalte verdunkelt.[7]

Blicken wir noch einmal zurück, so wäre die an eine einfache Tauschgrößengleichung angeschlossene Marxsche Frage nach wie vor offen: „Was besagt diese Gleichung?" Offen freilich nur nach der gescheiterten Erklärung, die Marx gegeben hat. Der Sache nach müssen wir schließen, daß die eigentliche Frage nach der Bedeutung von Tauschgrößengleichungen darin liegt, ob die jeweiligen Tauschgrößen nach Belieben gleichgesetzt werden oder gemäß einer Regel, die den quantitativen Verhältnissen des Tauschs zugrunde liegt. Das „Gleiche", das wir suchen, ist die Frage nach einer allgemeinen Tauschgrößengleichung selbst.

---

[7] So auch bei Rancière 1972, S. 53, der die Ware einfach für „theologisch" erklärt.

Daß Marx sich diese Frage hätte explizit stellen müssen, um sie dann im Rückgriff auf seine allgemeine Wertgleichung zu beantworten, zeigt sein weiteres Vorgehen. Denn nun bekommen wir in strikter Analogie zum Tauschgrößenproblem die Behandlung des Wertgrößenproblems (S. 53). Damit nimmt die Analyse wieder Richtung auf ihr ursprüngliches Ziel und wird dementsprechend auch leicht nachvollziehbar. Vorausgesetzt wird, wie im Fall des Tauschwerts, ein qualitativer Begriff von Arbeitswert qua Arbeitsaufwand pro hergestellter Ware. Hinzu kommt die Unterstellung, daß ein Wertvergleich zwischen Waren möglich ist. Dann folgt in ganz analoger Weise zu den Tauschgrößen die Frage, nach welchem quantitativen Maßstab Wertgrößen vergleichbar und als gleiche darstellbar sind. Marx' Antwort:

> „Es ist... das Quantum gesellschaftlich notwendiger Arbeit oder die zur Herstellung eines Gebrauchswerts gesellschaftlich notwendige Arbeitszeit, welche seine Wertgröße bestimmt." (S. 54)

Die Antwort kennen wir bereits, denn sie formuliert den Grundgedanken, auf dem die in Marx' Text gleich anschließend gegebene allgemeine Wertgrößengleichung beruht. Diese Gleichung und die den Begriff der gesellschaftlich notwendigen Arbeitszeit bestimmenden Elemente hatten wir oben angeführt, um klar zu machen, worin die sinnvolle, wenngleich noch unbegründete Vermutung besteht, die Marx zur Lösung des allgemeinen Tauschgrößenproblems verfolgt. Wir landen also nach dem mißlungenen Versuch der Ableitung des Werts als des „gemeinsamen Dritten" beim Tausch zweier Waren wieder da, wo das systematisch interessierende Problem wirklich zu suchen ist. Freilich hat sich kein Fortschritt in der Sache ergeben, sondern nur die Wiederaufnahme der Marxschen Beweislast, die an keiner Stelle des ersten Unterkapitels (S. 49–55) weiter abgetragen wird. Wenn wir also fragen, worin die „Werttheorie" soweit besteht, dann bleiben uns zwei Behauptungen. Die erste Behauptung besteht in der Angabe der allgemeinen Wertgrößengleichung, die zu ihrer Rechtfertigung vor allem einer Klärung des Verhältnisses von komplizierter und einfacher Durchschnittsarbeit bedarf

(„Reduktionsproblem"). Die zweite Behauptung besteht in der These von einer allgemeinen Tauschgrößen-Wertgrößen-Äquivalenz, einer allgemeinen Tausch-Arbeitswert-Gleichung, die als Grundregel des Warentauschs anzusehen ist. Diese zweite Behauptung setzt die erste voraus, doch ist sie zugleich stärker, denn sie folgt nicht aus der Möglichkeit der Wertgrößengleichung.

Nun ist völlig evident, daß dieser zweiten Behauptung das entscheidende Gewicht zukommt, wenn es gilt, die kapitalistische Warenproduktion so zu charakterisieren, daß ihr spezifisches Verhältnis von Distribution und Produktion sichtbar wird. Auf dieses ist ja nicht nur die Kritik des Fetischismus, sondern auch die Alternative in Gestalt des „Vereins freier Menschen" bezogen (vgl. oben § 1). Für das Verständnis und die Bewertung beider Theoreme scheint daher die Frage zentral, ob es Marx gelingt, die Tausch-Arbeitswert-Gleichung zu begründen.

Wenn wir die Frage zunächst auf den Text des „Kapital" bis zum „Fetischkapitel" beschränken, so läßt sich weder eine weitere Begründung für diese Grundgleichung noch für die allgemeine Wertgrößengleichung finden. Statt dessen wendet sich Marx dem „Doppelcharakter der Arbeit" (S. 56–61) und der Analyse der „Wertform" (S. 62–85) zu. Dabei setzt er ganz offensichtlich die Behauptungen seiner „Werttheorie" voraus. Dieser Tatbestand unterstreicht die Relevanz der Frage, ob möglicherweise die Rationalitätsnorm des „Vereins freier Menschen" Marx dazu führt, ein Verhältnis von Distribution und Produktion für die kapitalistische Warenproduktion anzunehmen, das in Gestalt der Tausch-Arbeitswert-Gleichung ein Analogon zur geforderten Durchsichtigkeit des „Vereins" hat. Denn welch anderer Grund wäre für diese Gleichung noch nachvollziehbar, wenn sich herausstellen sollte, daß sie für den Kapitalismus nicht beweisbar ist? Und welch anderes Motiv als das einer rationalen Sichtweise des Kapitalismus aus dem Interesse seiner rationalen Transformation in einen befreiten Verein wäre dann noch plausibel, um überhaupt an einer solchen Gleichung festzuhalten?

Lassen wir diese Leitfragen vorerst stehen, um die übrigen begrifflichen Mittel zu untersuchen, die Marx auf dem Weg zur Bestimmung des Fetischismus entfaltet. Ihre Berücksichtigung ist eine weitere Voraussetzung, um zu einer klaren Beurteilung des Fetisch-Theorems zu gelangen. Dazu trenne ich wiederum die haltbaren oder zumindest diskutablen Momente von den unhaltbaren ab.

§ 3 Abstrakte und konkrete Arbeit –
eine schiefe Dichotomie

Wie schon erwähnt, handelt es sich als erstes um den „Doppel-charakter der in den Waren dargestellten Arbeit" (S. 56). Dieser ist nach Marx geradezu „der Springpunkt..., um den sich das Verständnis der politischen Ökonomie dreht" (S. 56). Diesem Doppelcharakter sind wir bereits bei der Kritik an Marx' Versuch begegnet, Tauschwerte durch eine begriffliche Operation auf Arbeitswerte zu reduzieren (vgl. oben § 2). Nach Marx nämlich sollte dieser – mißlungenen – Reduktion zugleich die Reduktion von konkret-nützlicher auf menschliche Arbeit schlechthin, abstrakt-menschliche Arbeit, entsprechen. Als Grund führte Marx an, daß dies aus der geforderten rein quanti-tativen Vergleichbarkeit zwischen Tauschwerten und damit Arbeitswerten folge. Ich habe oben festgestellt, daß dieses Argument auf einem non sequitur beruht, jedenfalls in der dort betrachteten Form. Es gilt daher jetzt von neuem zu prüfen, ob es nicht doch eine überzeugende Unterscheidung zwischen kon-kreter und abstrakter Arbeit gibt, die uns den „Springpunkt der politischen Ökonomie" aufschließt. In der Tat läßt sich eine Variante dieser Unterscheidung nachvollziehen:

> „Wenn also mit Bezug auf den Gebrauchswert die in der Ware enthaltene Arbeit nur qualitativ gilt, gilt sie mit Bezug auf die Wertgröße nur quantitativ, nachdem sie bereits auf menschliche Arbeit ohne weitere Qualität reduziert ist. Dort handelt es sich um das Wie und Was der Arbeit, hier um ihr Wieviel, ihre Zeitdauer. Da die Wert-größe einer Ware nur das Quantum der in ihr enthaltenen Arbeit darstellt, müssen Waren in gewisser Proportion stets gleich große Werte sein." (S. 60)

Der leitende Gesichtspunkt für den Begriff der abstrakten Arbeit und damit die Gegenüberstellung zur konkreten Arbeit ist der quantitative Wertgrößenvergleich zwischen Waren. Für diesen Vergleich interessiert nur, ob irgendein Arbeitsaufwand zur Herstellung irgendeiner Ware gleich einem anderen Arbeitsaufwand zur Herstellung irgendeiner anderen Ware ist. Insofern spielt die Qualität der jeweils verrichteten besonderen konkreten Arbeiten keine Rolle. Was allein zählt, ist menschliche Arbeit als solche, nicht freilich schlechthin „ohne weitere Qualität", sondern eben ohne weitere zusätzliche Qualität als die der menschlichen Arbeit. Der allgemeine Begriff der menschlichen Arbeit selbst ist der qualitative Aspekt, unter dem die einzelnen Arbeiten quantitativ verglichen werden. Diesen Sachverhalt betont Marx, indem er von der Arbeit als der „gesellschaftlichen Einheit" (S. 62) spricht, relativ zu der die Wertgrößen überhaupt „kommensurable Größen" (S. 64) darstellen. Wir könnten auch in einer terminologisch harmlosen Weise davon sprechen, daß Arbeit als solche die „Reduktionseinheit" des quantitativen Wertvergleichs verkörpert, wenn Marx mit dem Wort „Reduktion" nicht weit mehr meinen würde. Wie bereits die oben kritisierte Stelle (vgl. § 2) suggeriert und wie schließlich explizit deutlich wird, faßt Marx die „Reduktion" als so etwas wie einen realen Vorgang auf, der sich in der Arbeit selbst vollzieht.[8] Dies führt ihn dazu, von der „Verausgabung" (S. 61) abstrakter Arbeit auf der einen und konkreter Arbeit auf der anderen Seite zu sprechen. Abstrakte Arbeit wird so zur agierenden Wertsubstanz. Dieser über den quantitativen Wertgrößenvergleich hinausgehende Schritt ist so falsch wie unnötig, um den Phänomenen theoretisch gerecht zu werden.

Falsch deshalb, weil Marx eine Charakterisierung der abstrakten Arbeit gibt, die genau genommen die konkrete Arbeit in einem ganz allgemeinen Sinn beschreibt:

„Alle Arbeit ist einerseits Verausgabung menschlicher Arbeitskraft im physiologischen Sinn und in dieser Eigen-

---

[8] Vgl. zur Problematisierung und Kritik Arnason 1976, S. 200 ff.; Schaupel 1982, S. 48 ff.

schaft gleicher menschlicher oder abstrakt menschlicher Arbeit bildet sie den Warenwert. Alle Arbeit ist andererseits Verausgabung menschlicher Arbeitskraft in besonderer zweckbestimmter Form, und in dieser Eigenschaft konkreter nützlicher Arbeit produziert sie Gebrauchswerte." (S. 61)

Für den quantitativen Wertvergleich in Zeiteinheiten interessiert genauso wenig die physiologische Grundlage der Verausgabung von Arbeitskraft wie deren Verschiedenartigkeit qua konkreter Arbeitsfunktionen. Der physiologische Sinn von Arbeit ist die triviale Voraussetzung dafür, daß Arbeit überhaupt stattfindet, sich tatsächlich vollziehen kann.[9] Der tatsächliche Vollzug jedoch kann immer nur die konkrete Arbeit betreffen. Wenn überhaupt, dann bringt der Aspekt der Physiologie allenfalls etwas für die konkrete Arbeit, was Marx an anderer Stelle (S. 85) selbst ausdrückt. Mit der Möglichkeit des Wertvergleichs in Zeiteinheiten hat dies nichts zu tun. Wir müssen auch nicht annehmen, daß dieser Wertvergleich die Produktion des Werts via abstrakte Arbeit impliziert. Alles, was wir voraussetzen müssen, besteht in der Annahme eines Arbeitsaufwandvergleichs in Zeiteinheiten, der Möglichkeit von Wertgrößengleichungen. Im Grunde können wir damit die Rede von „abstrakter Arbeit" ersetzen durch die Rede vom quantitativen Arbeitswertvergleich und allenfalls noch von einem quantitativ-abstrakten Vergleich sprechen, um die Gegenüberstellung zu einem qualitativ-konkreten Arbeitsfunktionenvergleich zu betonen, der mit dem Begriff der konkreten Arbeit verbunden ist.

„Abstrakte Arbeit" steht in anderen Worten für eine Vergleichsrelation,[10] ganz im Unterschied zu dem allgemeinen Arbeitsbegriff den Marx später ausführlicher entwickelt (vgl. 192 ff.) und der natürlich an der konkreten Arbeit orientiert ist. Blicken wir

---

[9] Vgl. hierzu Rubin 1973, S. 92 ff. Rubins eigenen Vorschlag zum Verhältnis von konkreter und abstrakter Arbeit finde ich auch nicht überzeugend.

[10] Vgl. inbes. Krause 1979 a, Kap. V; 1979 b, S. 17 ff.

zurück, so scheint die Substanztheorie der abstrakten Arbeit auf einem entsprechenden Fehler zu beruhen wie die vermeintliche Ableitung des „Dritten" (vgl. oben § 2). Anstatt zu sehen, daß für das quantitative Wertproblem eine allgemeine Rede von Arbeitsaufwandvergleich ausreicht, unterlegt Marx diesem Vergleich eine zusätzliche Eigenschaft qua Arbeit im „physiologischen Sinn", um eine vermeintliche Gleichheit von abstrakter Arbeit zu demonstrieren, die er als begriffliche Unterstellung durch sein quantitatives Problem schon hat. Verbunden damit ist der Versuch, eine abstrakte Wirkungsmacht von Arbeit zu hypostasieren, die nicht nachvollziehbar ist. Oben hatte Marx übersehen, daß im Begriff eines qualitativen Tauschwerts die Tauschbarkeitsbedingung von Waren schon vorhanden war und es daher für den Tauschgrößenvergleich keines zusätzlichen „Dritten" bedurfte – jetzt übersieht Marx, daß für das parallele Problem des Wertgrößenvergleichs die Möglichkeit des Arbeitsaufwandvergleichs hinreicht und es keiner weiteren Anstrengung bedarf, um die Gleichsetzung von Einzelarbeiten zu erreichen.

Was folgt daraus für den „Doppelcharakter" der Arbeit als „Springpunkt" der politischen Ökonomie? Zunächst einmal, daß wir im Kontext der bisherigen Überlegungen eine Umformulierung vornehmen müssen, um eine haltbare Distinktion zu bekommen. Folgendes bietet sich an: Die zur Herstellung von Waren in einer kapitalistischen Gesellschaft aufgewendete Arbeit läßt sich systematisch unter einem qualitativen und quantitativen Aspekt analysieren. Die qualitative Seite betrifft Arbeit als zweckgerichtete Tätigkeit zur Produktion von Gebrauchsgegenständen. Hierin besteht die Grundcharakteristik von Arbeit überhaupt, für die in der kapitalistischen Warenproduktion die Gebrauchswertseite von Waren steht. Demgegenüber betrifft die quantitative Seite der Arbeit den Vergleich an Arbeitsaufwand, der auf die einzelnen Waren entfällt. Das objektive Maß für diesen Vergleich ist die Arbeitszeit, deren Größe die Wertgröße einer Ware relativ zur Wertgröße einer anderen Ware definiert.

Mit dieser Erklärung zeigt sich, daß die Rede von konkreter und abstrakter Arbeit eigentlich durch eine Beschreibung des qualitativen und quantitativen Aspekts von Arbeit ersetzbar ist. Marx kann daher – wie oben – auch sagen: „Dort handelt es sich um das Wie und Was der Arbeit, hier um ihr Wieviel, ihre Zeitdauer." Damit sind wir wieder auf den Ausgangspunkt unserer Überlegungen zurückverwiesen. Wenn wir nun noch in jenem bereits angeführten Zitat die „Reduktion" als terminologisch harmlos verstehen und in ihr nicht mehr als die unumgängliche Reflexion auf den „gemeinsamen Charakter menschlicher Arbeit" (S. 65) sehen, dann haben wir zugleich diejenige Variante vor uns, die in Marx' eigenen Worten die unproblematische Gegenüberstellung von „konkreter" und „abstrakter" Arbeit enthält.

Mit dieser Klarstellung schließt der Gedankengang wieder an die bereits bekannten Thesen an. Jetzt nämlich können wir fortfahren: Der quantitative Wertgrößenvergleich zwischen Waren führt auf eine allgemeine Wertgleichung als Grundbehauptung (vgl. oben § 2). Diese macht das Besondere der kapitalistischen Produktionsweise verständlich, wenn wir weiter erkennen, daß der Tauschgrößenvergleich zwischen Waren durch diese Gleichung reguliert wird und es daher möglich ist, eine Tausch-Arbeitswert-Gleichung aufzustellen, die das zunächst entstehende Tauschgrößenproblem zwischen Waren löst. Systematisch gesehen sind wir damit nicht weiter als bisher auch.

§ 4 *Substanz- und Relationstheorie des Werts –*
    die „einfache Wertform" als spekulative Verirrung

Als letztes Zwischenstück auf dem Weg zum Fetisch-Theorem bleibt nun noch die Analyse der „Wertform" (S. 62–85). Diese Analyse fordert nicht nur zu einer weiteren Kritik heraus, sie bestätigt auch in frappanter Weise die bisherigen Einwände und Klarstellungen. Marx' Ziel besteht darin, die „Genesis der Geldform" aus einer Betrachtung der „Erscheinungsform des Werts" (S. 62) zu gewinnen. Die Fragestellung entwickelt er über eine Thematisierung der Wertgegenständlichkeit der Waren:

> „Im graden Gegenteil zur sinnlich groben Gegenständlichkeit der Warenkörper geht kein Atom Naturstoff in

ihre Wertgegenständlichkeit ein. Man mag daher eine einzelne Ware drehen und wenden wie man will, sie bleibt unfaßbar als Wertding. Erinnern wir uns jedoch, daß die Waren nur Wertgegenständlichkeit besitzen, sofern sie Ausdrücke derselben gesellschaftlichen Einheit, menschlicher Arbeit, sind, daß ihre Wertgegenständlichkeit also rein gesellschaftlich ist, so versteht sich auch von selbst, daß sie nur im gesellschaftlichen Verhältnis von Ware zu Ware erscheinen kann. Wir gingen in der Tat vom Tauschwert oder Austauschverhältnis der Waren aus, um ihrem darin versteckten Wert auf die Spur zu kommen. Wir müssen jetzt zu dieser Erscheinungsform des Werts zurückkehren." (S. 62)

Dies verweist zugleich auf eine frühere Stelle, an der Marx zum Abschluß seiner vermeintlich begrifflichen Ableitung des Werts als des „Dritten" sagt:

„Das Gemeinsame, was sich im Austauschverhältnis oder Tauschwert der Ware darstellt, ist also ihr Wert. Der Fortgang der Untersuchung wird uns zurückführen zum Tauschwert als der notwendigen Ausdrucksweise oder Erscheinungsform des Werts..." (S. 53)

Worum es geht, ist also das Verhältnis von Tauschwert und (Arbeits-)Wert. Jetzt aber so, daß nicht – wie zuvor – der Versuch gemacht wird, Tauschgrößenverhältnisse auf Arbeitswertverhältnisse zurückzuführen, wie es der Tausch-Arbeitswert-Gleichung entspräche (vgl. oben §2), sondern so, daß umgekehrt an den Tauschproportionen die Repräsentation von Arbeitswerten festgemacht wird. Der Tauschwert wird verstanden als das *gesellschaftliche* Medium des Arbeitswerts. Machen wir uns klar, was dies voraussetzt und warum hier ein Problem liegt.

Marx betont den rein gesellschaftlichen Charakter der Wertgegenständlichkeit von Waren, um daraus zu schließen, daß diese „nur im gesellschaftlichen Verhältnis von Ware zu Ware erscheinen kann". Hieran stört zunächst die gegenständliche Auffassung des Werts, in der sich die Vorstellung von der abstrakten Arbeit als agierender Wertsubstanz fortsetzt und die dann eigentlich dazu führen müßte, auch von einer abstrakten Wertgegenständlichkeit der Ware zu sprechen. Der Sache nach tut dies Marx, wenn er später von der Ware als einem „sinnlich übersinnlichen Ding" (S. 85) spricht. Dies mag als rhetorische Floskel angehen, um die Betonung der gesellschaftlichen Eigenschaften zu akzentuieren, die den Waren zukommen und die selbstredend mit ihren raumzeitlichen Eigenschaften qua konkreter Gegenstände nichts zu tun haben. Wörtlich genommen aber ist die Vorstellung von Waren als einer irgendwie zu denkenden Kombination aus einer konkreten und abstrakten Gegenständlichkeit, einem Gebrauchs- und Wertgegenstand, einfach unsinnig. Die „gespenstische Gegenständlichkeit" oder „Wert-Gallerte" oder was dergleichen Formulierungen noch sein mögen, sind die Manifestationen einer metaphysischen Fata Morgana ohne begriffliche Grundlage.

Warum? Weil Wert das gesellschaftliche Verhältnis von Waren zueinander betrifft, inwiefern wir ihren Arbeitsaufwand vergleichen. Und für diesen Vergleich suchen wir nicht nach in den Waren irgendwie hausenden abstrakten Gegenständlichkeiten, um diese gegeneinander abzuwägen, sondern wir suchen unter dem allgemeinen – insofern: abstrakten – Vergleichsgesichtspunkt der menschlichen Arbeit nach einer Arbeitsaufwandgleichung in Zeiteinheiten. Wert ist, wie Marx ja in seiner Arbeitswert-Gleichung und auch sonst zutreffend sieht, ein relationaler Begriff. Wir müssen also scharf zwischen einer Relationstheorie des Werts, seiner eigentlich gesellschaftstheoretischen Auffassung, und einer Substanztheorie des Werts, seiner metaphysischen Auffassung, unterscheiden. Wenn wir dies tun, dann ist auch klar, daß nur die Relationstheorie ein ernsthafter Gegenstand der Diskussion sein kann.[11]

Dem widerspricht im übrigen nicht, daß es eine sinnvolle Rede

---

[11] Vgl. die Kritik der Substanzmetaphysik bei Weizsäcker 1974, S. 98 ff., und Castoriadis 1981, S. 223 ff. Letzterer geht in dem Maß zu weit, in dem er die Relationstheorie nicht berücksichtigt.

von der Vergegenständlichung der Arbeit in Waren oder Waren-
werten gibt. Denn diese Vergegenständlichung besagt ja nur, daß
die Produkte von Arbeit Waren sind und daß sich im Verhältnis
der Produkte zueinander Wertverhältnisse geltend machen.
Diese spezifisch gesellschaftlichen Verhältnisse sind mit der
konkreten Warengegenständlichkeit zugleich hervorgebrachte
Beziehungen, aber eben Beziehungen, keine abstrakten Gegenstände.

Was heißt nun, so können wir in revidierter Form den Ausgangspunkt wieder aufnehmen, daß die rein gesellschaftliche Wertbeziehung nur im „gesellschaftlichen Verhältnis von Ware zu Ware
erscheinen kann"? Dies klingt geradezu tautologisch, wenn wir
an das Verhältnis von Ware zu Ware als Wertgrößenverhältnis
denken, denn wie anders als im Verhältnis von Ware zu Ware
sollte sich dies darstellen? Marx, so ist aus dem Folgenden
deutlich, meint jedoch nicht dieses Verhältnis, sondern das
Austauschverhältnis der Waren. Was aber ist dann von der
keineswegs tautologischen Behauptung zu halten, daß das gesellschaftliche Wertverhältnis „nur" im gesellschaftlichen Tauschverhältnis erscheinen kann, ja darin seine „notwendige Ausdrucksweise" hat?

In dieser Direktheit liegt hierin ein Fehlschluß, da nach Marx'
eigenen Überlegungen die Wertbeziehung von vornherein in
einer doppelten Erscheinungsweise gedacht werden muß, nämlich als gesellschaftliches Arbeitsaufwandverhältnis und als gesellschaftliches Tauschverhältnis. *Daß* sie überhaupt als Tauschverhältnis gedacht werden kann, setzt die Gültigkeit der Tausch-
Arbeitswert-Gleichung voraus, die sich in formaler Weise so
fassen läßt (vgl. oben § 2):

$$(2)^* \qquad (x)\,(y)\,(x \overset{T}{=} y \;.\; \equiv \;.\; x \overset{A}{=} y)$$

Das heißt: für irgendeine Ware x und irgendeine Ware y besteht
eine Tauschgrößengleichheit oder Tauschmengenäquivalenz
$(x \overset{T}{=} y)$ dann und nur dann, wenn für x und y eine Gleichheit an
Arbeitsquanta besteht $(x \overset{A}{=} y)$.[12]

---

[12] Natürlich wird im 3. Band des „Kapital" die Striktheit dieser Behauptung für Marx zum Problem. Aber das ändert nichts daran, daß sie die

49

Die Gültigkeit dieser Gleichung ist die Voraussetzung dafür, daß das gesellschaftliche Tauschverhältnis als Repräsentation des gesellschaftlichen Wertverhältnisses gelten kann. Wenn wir uns diese Prämisse vergegenwärtigen, die allerdings der eigentlichen Begründung noch harrt, dann wird zweierlei klar. Erstens dürfen wir offenbar auch von der Wertform-Analyse keine zusätzliche Begründung dieser Gleichung erwarten. Das würde nämlich bedeuten, daß wir eine zunächst von den Tauschverhältnissen unabhängige Bestimmung der Arbeitswertverhältnisse zu gewärtigen hätten, die sich in den Nachweis fortsetzen müßte, daß Arbeitswertgleichungen die entsprechenden Tauschgrößengleichungen regulieren. Gemessen an diesem *Beweisproblem* für die Tausch-Arbeitswert-Gleichung ist natürlich eine Vorgehensweise zirkulär, die bereits so tut, als würden die quantitativen Tauschverhältnisse in unmittelbarer Weise die gesellschaftlich gültige Form der quantitativen Arbeitswertverhältnisse abgeben. Wenn wir also im Sinne einer solchen Begründung für die Gleichung (2)* nichts erhoffen dürfen, was dann?

Dies führt zweitens auf eine vorausblickende Klärung der eigentlichen Problemstellung, die Marx mit der Wertform-Analyse verfolgt. Die Frage ist nicht, ob das Tausch-Arbeitswertverhältnis in befriedigender Weise *theoretisch* lösbar ist, sondern *wie*, *wenn* sich Tauschgrößengleichungen als Wertgrößengleichungen verstehen lassen, die gesellschaftlich-praktische Lösung aussieht, für beliebige Tauschproportionen zwischen Waren eine *gesellschaftlich gültige Form* der Tauschvermittlung zu finden. Unter Voraussetzung von (2)* ist dann diese gesellschaftlich allgemeine Tauschgrößenform die gesellschaftlich allgemeine Wertgrößenform.

Auf das zunächst rein theoretische Problem, eine allgemeine Tauschgrößengleichung anzugeben (vgl. oben § 2), erhalten wir somit eine Darstellung der gesellschaftlichen Antwort, die in der kapitalistischen Warenproduktion enthalten ist. Das *Geld* als

---

Grundlage aller Fragestellung abgibt und daher auch als Ausgangspunkt für eine prinzipielle Problematisierung genommen werden muß (vgl. unten § 9).

allgemeines Tausch-Äquivalent, als allgemeines Tauschgrößenvergleichsmaß regelt die universelle Ersetzbarkeit irgendeiner Ware durch irgendeine andere Ware im Tausch. Zwei Waren sind genau dann tauschgrößenäquivalent, wenn dieselbe Menge Geld für beide Waren aufgewendet werden muß. Unter Voraussetzung von (2)* bedeutet dies die Erstellung eines allgemeinen Wertgrößenvergleichsmaßes und damit die Darlegung der Geldform als gesellschaftlich allgemeiner Tauschgrößen- und Wertgrößenform zugleich.[13]

So betrachtet wird deutlich, worauf Marx mit der Diskussion der „Einfachen Wertform" (S. 63), der „Entfalteten Wertform" (S. 77), der „Allgemeinen Wertform" (S. 79) und schließlich der „Geldform" (S. 84) abzielt. Freilich stellt uns die Durchführung seines Gedankengangs wieder vor beträchtliche Schwierigkeiten. Dies gilt vor allem für den ersten Teil, die „Einfache Wertform" (S. 63–76). Marx sieht hierin das „Geheimnis aller Wertform" und die „eigentliche Schwierigkeit" (S. 63). Diese Auffassung hält einer Prüfung jedoch nicht stand. „Schwierig" ist bei dieser Form nur, die Probleme zu entwirren, die Marx beschäftigen.

Als Ausgangspunkt dient eine Gleichung:

„x Ware A = y Ware B: x Ware A ist y Ware B wert.
(20 Ellen Leinwand = 1 Rock oder: 20 Ellen Leinwand sind 1 Rock wert.)" (S. 63)

Hieran bestätigt sich die vorab gegebene Charakterisierung der Problemstellung. Die ursprünglich (S. 51) als quantitative Tauschwertgleichheit, Tauschgrößengleichung, eingeführte Warenbeziehung wird nun verstanden als Arbeitswertgleichheit aufgrund der angenommenen Gültigkeit von (2)*. Dieses Repräsentationsverhältnis zwischen Tauschgrößen und Arbeitsgrößen ist nicht überraschend, wenn wir uns auf (2)* besinnen. Wir

---

[13] Insofern daher Sohn-Rethel 1970, S. 183 ff. nach dem Zusammenhang von Wertform und Arbeit fragt, benennt er ein wirkliches Problem. Seine eigene Analyse, beginnend mit der Rede von „Realabstraktion", halte ich für falsch. Vgl. hierzu Wohlrapp 1975.

können auch sagen, daß die Gleichheitsrelation „$\overset{T}{=}$" die Gleichheitsrelation „$\overset{A}{=}$" repräsentiert.

Wozu aber dient diese Transformation? Etwas merkwürdig ist bereits Marx' Formulierung „20 Ellen Leinwand sind 1 Rock wert". Hier kündigt sich eine im folgenden entwickelte Asymmetrie an, die auf den ersten Blick nur wie eine nuancierte Ausdrucksweise aussieht für „20 Ellen Leinwand sind arbeitswertgleich mit 1 Rock". Entgegen dieser sachadäquaten symmetrischen Formulierung sieht Marx jedoch eine Asymmetrie in den Rollen der beteiligten Waren:

> „Die erste Ware spielt eine aktive, die zweite eine passive Rolle. Der Wert der ersten Ware ist als relativer Wert dargestellt oder sie befindet sich in relativer Wertform. Die zweite Ware funktioniert als Äquivalent oder befindet sich in Äquivalentform.
> Relative Wertform und Äquivalentform sind ... Pole desselben Wertausdrucks; sie verteilen sich stets auf die verschiedenen Waren ... Ich kann z. B. den Wert der Leinwand nicht in Leinwand ausdrücken ... Der Wert der Leinwand kann also nur relativ ausgedrückt werden, d. h. in andrer Ware ... diese andre Ware, die als Äquivalent figuriert, kann sich nicht gleichzeitig in relativer Wertform befinden ... Sie liefert nur dem Wertausdruck andrer Ware das Material ... Dieselbe Ware kann also in demselben Wertausdruck nicht gleichzeitig in beiden Formen auftreten. Diese schließen sich vielmehr polarisch aus." (S. 63)

Erhellend in diesen Ausführungen ist die offenbar relationale Auffassung des Werts. Nachvollziehbar ist ferner die Fragestellung, wie eigentlich der Wertvergleich von Waren funktioniert, wenn wir uns der Ausgangsgleichung bedienen. Alles andere jedoch ist problematisch. Um dies zu sehen, müssen wir nur beschreiben, wie ein Wertvergleich vonstatten geht. Vorausgesetzt ist die Größe, die Menge, einer bestimmten Ware A (20 Ellen Leinwand). Für diese Ware werfen wir die Frage nach ihrem relativen Wert auf. Da der Wert eben ein relativer ist, heißt dies, daß wir fragen, ob die Ware A in einen Wertvergleich mit einer anderen Ware B zu bringen ist. Wir suchen, so läßt sich sagen, ein relatives Wertäquivalent für A in Gestalt von B. Was aber heißt dies? Nicht mehr, als daß wir prüfen, ob für die Ware A eine *Wertgleichung* erfüllbar ist, nach der gilt „x Ware A = y Ware B" oder „20 Ellen Leinwand sind arbeitswertgleich mit 1 Rock".

Diese Darstellung läßt die Unterscheidung von relativer Wertform und Äquivalentform als schief erscheinen. Da der Wert jeder Ware nur ein relativer Wert ist, müßte man eigentlich sagen, daß sich in einer Wertgleichung jede Ware in relativer Wertform befindet. Bezogen auf diesen grundlegenden Tatbestand ließe sich dann freilich differenzieren zwischen der Ware, deren Wert gesucht wird und der Ware, die herangezogen wird, um in eine Wertgleichung mit der anderen Ware einzugehen. Hierbei spielt dann ein spezifischer *Form*aspekt gar keine Rolle, so daß man sagen könnte, die erste Ware befinde sich in „primärer Wertposition", die zweite Ware dagegen in „Äquivalentwertposition". Insofern die erste Ware den Prozeß, eine Gleichung aufzustellen, motiviert, mag ihr auch eine „aktive", der anderen Ware eine „passive" Rolle zugesprochen werden. Schließlich ist es auch richtig, daß dieselbe Ware sich nicht zugleich in primärer Wertposition und Äquivalentwertposition befinden kann.

Was aber folgt aus diesen Umschreibungen des relativen Wertvergleichs von Waren? Die besondere Asymmetrie, um die es Marx geht, deutet sich bereits an in der Formulierung, die zweite Ware liefere für den Wertausdruck der ersten Ware „(nur) das Material" und wird explizit in der Behauptung, es werde „nur" der Wert der Leinwand ausgedrückt (S. 64). Wie kommt Marx zu dieser Sicht der Dinge, die absurd erscheint angesichts der Tatsache, daß wir es mit einer Wertgleichung zu tun haben, in der sich natürlich der relative Wert einer Ware nur im Hinblick auf den relativen Wert einer anderen Ware ausdrücken läßt und umgekehrt?[14] Der Grund liegt einerseits in der Wiederholung eines Fehlers, den wir schon kennen:

---

[14] Auch der Rekonstruktionsversuch von Krause 1978, S. 161 ff. setzt diesen Tatbestand voraus. Es erscheint mir daher künstlich, zunächst

„Um herauszufinden, wie der einfache Wertausdruck einer Ware im Wertverhältnis zweier Waren steckt, muß man letzteres zunächst ganz unabhängig von seiner quantitativen Seite betrachten. Man verfährt meist grade umgekehrt... Man übersieht, daß die Größen verschiedner Dinge erst quantitativ vergleichbar werden nach ihrer Reduktion auf dieselbe Einheit. Nur als Ausdrücke derselben Einheit sind sie kommensurable Größen... ob ein gegebenes Quantum Leinwand viele oder wenige Röcke wert ist, jede solche Proportion schließt stets ein, daß Leinwand und Röcke als Wertgrößen Ausdrücke derselben Einheit, Dinge von derselben Natur sind. Leinwand = Rock ist die Grundlage der Gleichung." (S. 64)

Wir fühlen uns erinnert an die „Reduktion" des Tauschgrößenvergleichs auf abstrakte Arbeit und die damit verbundene problematische Theorie der abstrakten Arbeit selbst (vgl. oben §§ 2, 3). Hinzu kommt die These von der völligen Unabhängigkeit des qualitativen vom quantitativen Vergleich. Erinnern wir uns dazu genauer. Der selbstverständliche Ausgangspunkt, den Marx betont, besteht darin, daß für einen Vergleich zwischen Waren eine qualitative Hinsicht nötig ist, unter der sie sinnvollerweise vergleichbar sind. Aus der obigen kritischen Diskussion sind *zwei* solcher Hinsichten, zwei Vergleichbarkeitsbedingungen, hervorgegangen, nämlich der Tauschvergleich und der Arbeitsaufwandvergleich. Es war jedoch evident, daß diese Bedingungen im Interesse des *quantitativen* Vergleichs zwischen Waren eingeführt wurden. Quantitativer und qualitativer Aspekt sind also konstitutiv verknüpft. Sobald wir z. B. Leinwand und Rock gleichsetzen, setzen wir sie unter einer bestimmten Vergleichbarkeitsrelation, also entweder $\overset{T}{=}$ oder $\overset{A}{=}$ gleich. Wir können sie gar nicht rein qualitativ gleichsetzen. Es ist also verfehlt, wenn Marx die Entsprechung „Leinwand = Rock" als qualitative Grundlage einer Gleichung versteht. „Grundlage" ist eine

---

von einer „Unsymmetrie der Wertrelation" zu sprechen, um dann hinterher doch die Symmetrie und Transitivität hinzuzufügen.

bestimmte Gleichheitsrelation $\overset{T}{=}$ oder $\overset{A}{=}$, die *Gleichung selbst* kann immer nur quantitativ sein, nämlich die Gleichsetzung einer bestimmten Warenmenge mit einer anderen Warenmenge oder die wechselseitige Gleichsetzung ihres Arbeitsaufwandes in Zeit.[15]

Der Sache nach kommt dies auch bei Marx zum Ausdruck, wenn er feststellt, die Leinwand sei auf den Rock nur qua Wert „als Gleichwertiges oder mit ihr Austauschbares bezüglich" (S. 64). Hier nennt Marx die Wertvergleichbarkeit und Austauschbarkeit als Bedingungen eines Vergleichs zwischen Waren, freilich ohne die beiden zu trennen, da er ja der Meinung ist, er habe seine Tausch-Arbeitswert-Gleichung schon bewiesen. Der Schritt zu der von Marx behaupteten Asymmetrie der einfachen Wertform ergibt sich nun daraus, daß er den Gesichtspunkt der Wertvergleichbarkeit mit seinem Reduktionstheorem der abstrakten Arbeit in der Variante einer Substanztheorie und eines Substanzvergleichs des Werts verbindet. Das vermeintliche Resultat fällt entsprechend aus:

> „Nur der Äquivalenzausdruck verschiedenartiger Waren bringt den spezifischen Charakter der wertbildenden Arbeit zum Vorschein, indem er die in den verschiedenartigen Waren steckenden, verschiedenartigen Arbeiten tatsächlich auf ihr Gemeinsames reduziert, auf menschliche Arbeit überhaupt.
> Es genügt indes nicht, den spezifischen Charakter der Arbeit auszudrücken, woraus der Wert der Leinwand besteht. Menschliche Arbeitskraft im flüssigen Zustand oder menschliche Arbeit bildet Wert, aber ist nicht Wert. Sie wird Wert in geronnenem Zustand, in gegenständlicher Form. Um den Leinwandwert als Gallerte menschlicher Arbeit auszudrücken, muß er als eine ‚Gegenständlichkeit' ausgedrückt werden, welche von der Leinwand selbst dinglich verschieden und ihr zugleich mit andrer Ware gemeinsam ist." (S. 65 f.)

---

[15] Vgl. ähnlich Nanninga 1975, Kap. III.

Bis hierher haben wir – zugleich als Bestätigung der obigen Klarstellungen – das Problem des Wertvergleichs wie es sich durch die Substanztheorie stellen muß, nämlich als Vergleich einer abstrakten Wertgegenständlichkeit mit einer anderen. Wenn wir uns die Perspektive des Quasi-Subjekts Leinwand zu eigen machen (vgl. Lange 1978, S. 21), das bei Marx die „Warensprache" (S. 66) spricht, so begibt sich die Leinwand sozusagen auf die Suche nach einem Wert-Pendant in Gestalt eines anderen abstrakten Wert-Gegenstandes, um in ein Wertverhältnis eintreten zu können. Ihr abstraktes Pendant kann sie jedoch nur in konkreter Gestalt antreffen:

> „Im Wertverhältnis der Leinwand gilt der Rock als ihr qualitativ Gleiches, als Ding von derselben Natur, weil er ein Wert ist. Er gilt hier daher als ein Ding, worin Wert erscheint, oder welches in seiner handgreiflichen Naturalform Wert darstellt... Im Wertverhältnis, worin der Rock das Äquivalent der Leinwand bildet, gilt also die Rockform als Wertform. Der Wert der Ware Leinwand wird daher ausgedrückt im Körper der Ware Rock, der Wert einer Ware im Gebrauchswert der andren. Als Gebrauchswert ist die Leinwand ein vom Rock sinnlich verschiednes Ding, als Wert ist sie ‚Rockgleiches' und sieht daher aus wie ein Rock... (S. 66). „Vermittelst des Wertverhältnisses wird also die Naturalform der Ware B zur Wertform der Ware A oder der Körper der Ware B zum Wertspiegel der Ware A. Indem sich die Ware A auf die Ware B als Wertkörper bezieht... macht sie den Gebrauchswert B zum Material ihres eignen Wertausdrucks." (S. 67)

Die Unstimmigkeit dieses Gedankengangs läßt sich mit Hilfe des folgenden Schemas beschreiben:

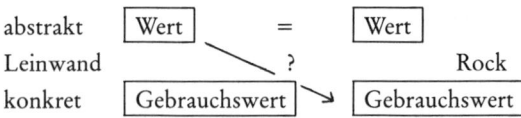

abstrakt		=	
Leinwand	Wert		Wert
konkret	Gebrauchswert	?	Gebrauchswert

Leinwand ... Rock

Die Leinwand ist auf der Suche nach einem Wertverhältnis, in dem sie ihren Wert darstellen kann. Gemäß der Voraussetzung der Substanztheorie bedeutet dies, daß ihr Wert als abstrakte Gegenständlichkeit zur Darstellung gebracht wird. Wie ist das möglich? Man sollte meinen, daß sie mit dem Wert des Rocks, der als solcher natürlich auch gegenständlich abstrakt ist, in einen Vergleich gebracht wird, der sich als Wertäquivalenz ausdrücken läßt. Wir hätten dann freilich nichts als eine symmetrische Interpretation der relativen Wertform in Termini der Substanztheorie, wobei wir eine unterschiedliche Rollenverteilung der Waren in einem unproblematischen Sinn anerkennen könnten. Dem entspräche dann das Gleichheitszeichen zwischen zwei abstrakten Wertgegenständen. Der Wert der Leinwand würde sich ausdrücken in der Wertgleichheit mit dem Rock.

Statt dieser einigermaßen nachvollziehbaren Überlegung schließt Marx jedoch auf ein Gleichsetzungsverhältnis zwischen dem Wert der Leinwand und dem Gebrauchswert des Rocks. Der Rock wird zur konkreten und abstrakten Gegenständlichkeit zugleich gemacht, um einerseits der unvermeidlichen sinnlichen Verschiedenartigkeit der Gegenstände Rechnung zu tragen, andererseits aber die Leinwand als „Rockgleiches" aufzufassen, um ihren Wert darzustellen. Hier liegt die Konfusion, die Marx unterläuft: als Wert ist die Leinwand nicht „rockgleich", sondern wertgleich mit dem Rock. Um diese Wertbeziehung allerdings auszudrücken, sind selbstverständlich die konkreten Gegenstände der Leinwand und des Rocks als das, was man „Wertträger" oder besser „Wertbeziehungsträger" nennen könnte, vorausgesezt. Aber das ist eine unproblematische Voraussetzung, die sich einfach aus dem Begriff der Ware als Einheit von Gebrauchswert und Wert ergibt.

Nicht der Gebrauchswert B ist so der Wertspiegel der Ware A, sondern die Gebrauchswerte A und B stellen *beide* das „Material" dar, das den Anlaß gibt, an einen Wertvergleich zwischen A und B zu denken. Indem wir einen Wertvergleich zwischen A und B anstellen, dienen uns die Gebrauchswerte, wenn man so will, als „Material" des Vergleichs. Auf der Gebrauchswertseite überhaupt von „Rockform" als „Wertform" zu sprechen, ist begrifflich unsinnig. Die Wert*form*, so haben wir gesehen, kann nur den Vergleich der relativen Werte der Waren betreffen. Diese freilich haben mit der Gebrauchswertseite nichts zu schaffen. Die „Naturalform" wird also auch nicht zur „Wertform". Damit bestätigt sich unser Verdacht, daß die vermeintliche Asymmetrie der „Einfachen Wertform" eine unhaltbare Sichtweise darstellt. Mit diesem Ergebnis werden Marx' weitere Überlegungen zur „Einfachen Wertform" gleichfalls erschüttert. Ich kommentiere in Kürze die wichtigsten Punkte.

Marx entwickelt unter dem Untertitel „Die Äquivalentform" (S. 70 ff.) drei Konsequenzen seiner Analyse. Die „Äquivalentform", so bleibt zu erinnern, bezeichnet den Stellenwert der Ware B relativ zu A. Konsequenz Nr. 1 brauchen wir nur zu erwähnen, um sie bereits als erledigt anzusehen:

> „Die erste Eigentümlichkeit, die bei der Betrachtung der Äquivalentform auffällt, ist diese: Gebrauchswert wird zur Erscheinungsform seines Gegenteils, des Werts." (S. 70)

Dies entspricht der These, die Naturalform werde zur Wertform (vgl. S. 71), die mit der obigen Kritik hinreichend charakterisiert wurde.

Konsequenz Nr. 2 ist eine Anwendung von Nr. 1 auf die Arbeitsbegriffe:

> „Es ist also eine zweite Eigentümlichkeit der Äquivalentform, daß konkrete Arbeit zur Erscheinungsform ihres Gegenteils, abstrakt menschlicher Arbeit wird." (S. 73)

Das war zu erwarten, denn:

> „Der Körper der Ware, die zum Äquivalent dient, gilt stets als Verkörperung abstrakt menschlicher Arbeit und ist stets das Produkt einer bestimmten nützlichen, konkreten Arbeit." (S. 72)

Die gewünschte Konsequenz ergibt sich rein analytisch aus der falschen Prämisse, daß Gebrauchswert zur Erscheinungsform des Werts wird, da ja Wert das Resultat der abstrakten und Gebrauchswert das Resultat der konkreten Arbeit repräsentiert. Wir benötigen nur noch einmal eine angemessene symmetrische Formulierung, um die Kritik zu verdeutlichen. Alles, was sich mit Sinn sagen ließe, wäre: Im Wertvergleich zweier Waren treten die Gebrauchswerte als Resultate der konkreten Arbeit, und somit die konkreten Arbeiten der Waren A und B, als Wertbeziehungsrepräsentanten des abstrakten Wertvergleichs in Arbeitsaufwandeinheiten auf. Im Kontext dieser Kritik ist folgende Stelle aufschlußreich:

> „In der Form der Schneiderei wie in der Form der Weberei wird menschliche Arbeitskraft verausgabt. Beide besitzen daher die allgemeine Eigenschaft menschlicher Arbeit und mögen daher in bestimmten Fällen, z. B. bei der Wertproduktion, nur unter diesem Gesichtspunkt in Betracht kommen. All das ist nicht mysteriös." (S. 72)

In der Tat! Genauso wenig mysteriös ist, daß beim Wertvergleich zwischen Waren ausschließlich der Gesichtspunkt zählt, ob ihr Quantum an menschlicher Arbeit, das sie jeweils repräsentieren, gleich groß ist. Marx fährt nach dieser Einsicht nun aber fort:

> „Aber im Wertausdruck der Ware wird die Sache verdreht. Um z. B. auszudrücken, daß das Weben nicht in seiner konkreten Form als Weben, sondern in seiner allgemeinen Eigenschaft als menschliche Arbeit den Leinwandwert bildet, wird ihm die Schneiderei, die konkrete Arbeit, die das Leinwand-Äquivalent produziert, gegenübergestellt als die handgreifliche Verwirklichungsform abstrakt menschlicher Arbeit." (S. 73)

Mitnichten! Bei der „handgreiflichen" Gegenüberstellung der Waren A und B kommt ausschließlich der „Gesichtspunkt in Betracht", ob die auf sie verwendeten Arbeitsquanta gleich sind, was immer ihre sonstige Gebrauchsgegenständlichkeit und ihre konkreten Arbeiten unterscheiden mag.

Kommen wir also zur Konsequenz Nr. 3:

> „Indem aber diese konkrete Arbeit, die Schneiderei, als
> bloßer Ausdruck unterschiedsloser menschlicher Arbeit
> gilt, besitzt sie die Form der Gleichheit mit andrer Arbeit,
> der in der Leinwand steckenden Arbeit, und ist daher,
> obgleich Privatarbeit, wie alle andre, Waren produzie-
> rende Arbeit, dennoch Arbeit in unmittelbar gesellschaft-
> licher Form. Eben deshalb stellt sie sich dar in einem
> Produkt, das unmittelbar austauschbar mit andrer Ware
> ist. Es ist also eine dritte Eigentümlichkeit der Äquiva-
> lentform, daß Privatarbeit zur Form ihres Gegenteils
> wird, zu Arbeit in unmittelbar gesellschaftlicher Form."
> (S. 73)

Wiederum ist die Folgerungskette klar: Die konkrete Arbeit
vollzieht sich in Form von Privatarbeit, weil Waren „Produkte
selbständiger und von einander unabhängiger Privatarbeiten"
(S. 57) sind. Wenn nun in der Wertform die konkrete Arbeit zur
Erscheinungsform der abstrakten Arbeit wird, bei der abstrakten
Arbeit aber nur die gesellschaftliche Vergleichbarkeit in Arbeitsquanta zählt und diese Vergleichbarkeit sich als unmittelbare
Austauschbarkeit darstellt, dann – so die Analogie zu den ersten
beiden Konsequenzen – wird Privatarbeit zur „Form ihres
Gegenteils..." Auf dieses Analogie-Argument, das nur die
schon kritisierte Struktur der anderen wiederholt, brauchen wir
also nicht mehr einzugehen.
Was gleichwohl interessieren muß, ist eine haltbare Formulierung des von Marx thematisierten Sachverhalts, und hier besonders deshalb, weil uns in der Rede von der Arbeit in „unmittelbar
gesellschaftlicher Form" eine parallele Formulierung zum
Modell der „unmittelbaren Gesellschaftlichkeit" begegnet, die
den „Verein freier Menschen" auszeichnen soll (vgl. oben § 1).
Hier also meine Explikation:
In der einfachen Wertform nimmt der abstrakte Arbeitswert-
Vergleich zwischen Waren, ihre Wertgleichheit, die Form der
unmittelbaren Austauschbarkeit zweier Waren untereinander
an. Dies ist die Form der unmittelbaren Gesellschaftlichkeit, die

der Kapitalismus erzeugt. Arbeit in unmittelbar gesellschaftlicher Form bedeutet im Kapitalismus: Arbeit repräsentiert sich in Tausch-Arbeitswert-Gleichungen. Da nun aber andererseits die kapitalistische Warenproduktion in Form einer Privatproduktion von Waren betrieben wird, zeigt sich die charakteristische Doppelstruktur des Kapitalismus im Verhältnis von Produktion und Distribution. Die Form der Warenproduktion ist privat, die kapitalistische Tausch-Arbeitswertform ist unmittelbar gesellschaftlich. Diese Darstellung gilt es, mit Blick auf den „Fetischismus" und den „Verein freier Menschen" festzuhalten.

Als Bestätigung dafür, wie bei Marx ein ohne weiteres nachvollziehbarer Gedankengang neben den als unhaltbar kritisierten Theoremen herläuft, kann schließlich die folgende Passage dienen:

> „Die einfache Wertform einer Ware ist enthalten in ihrem Wertverhältnis zu einer verschiedenartigen Ware oder im Austauschverhältnis mit derselben. Der Wert der Ware wird qualitativ ausgedrückt durch die unmittelbare Austauschbarkeit der Ware B mit der Ware A. Er wird quantitativ ausgedrückt durch die Austauschbarkeit eines bestimmten Quantums der Ware B mit dem gegebenen Quantum der Ware A." (S. 74)

Hier begegnen wir der Relationstheorie des Werts mit völlig unproblematischen rein symmetrischen Beschreibungen der Wertform! Darüber hinaus finden wir ein starkes Indiz für die Triftigkeit der obigen Kritik, daß der qualitative und quantitative Aspekt des Wertvergleichs zwar unterscheidbar aber konstitutiv aufeinander bezogen sind. Doch nicht nur das. Indem Marx hier von der Austauschbarkeit von Waren im qualitativen Sinn spricht, gebraucht er nichts anderes als jenen qualitativen Tauschwertbegriff, der ihm früher bei der Interpretation der Tauschgleichungen entgangen war und ihn auf die pseudo-begriffliche Ableitung des Werts und sein Reduktionstheorem der abstrakten Arbeit führte (vgl. oben § 2). Worum es also nur gehen kann, ist die Parallele zwischen dem qualitativ und quantitativ verstandenen Tauschwert und dem in diesem Doppelaspekt verstandenen

Arbeitswert. Und die systematische Regel für diese Parallele liefert die Tausch-Arbeitswert-Gleichung, die der Wertform zugrundeliegt. Insofern kann Marx seine Überlegung fortsetzen:

> „In andren Worten: Der Wert einer Ware ist selbständig ausgedrückt durch seine Darstellung als ‚Tauschwert‘." (S. 75)

Dem entspricht eine nachvollziehbare Rede über den Tauschwert als Erscheinungsform des Werts. Die Formulierungen von Marx weisen jedoch schon in die kritisierbare Richtung:

> „Wenn es im Eingang dieses Kapitels... hieß: Die Ware ist Gebrauchswert und Tauschwert, so war dies, genau gesprochen, falsch. Die Ware ist Gebrauchswert oder Gebrauchsgegenstand und ‚Wert‘. Sie stellt sich dar als dies Doppelte was sie ist, sobald ihr Wert eine eigne, von ihrer Naturalform verschiedene Erscheinungsform besitzt, die des Tauschwerts, und sie besitzt diese Form niemals isoliert betrachtet, sondern stets nur im Wert- oder Austauschverhältnis zu einer zweiten, verschiedenartigen Ware." (S. 75)

Wenn wir die Relationstheorie des Werts und die Entsprechung von Tauschwert-Arbeitswertverhältnissen zugrundelegen, können wir in einleuchtender Weise den Tauschwert die Erscheinungsform des Werts nennen. Was nun den Begriff der Ware angeht, so ist „genau gesprochen" auch falsch, daß die Ware Gebrauchswert und Wert ist. Sie ist Einheit von Gebrauchswert, Tauschwert und Wert. Diese drei Begriffe gehören analytisch zum Begriff der Ware, wobei es sich bei Tauschwert und Wert von vornherein um Relationsbegriffe handelt, die nur im Verhältnis mindestens zweier Waren Sinn machen. Es ist daher abwegig, die einzelne Ware für sich, außerhalb ihrer Beziehung mit anderen Waren, zu betrachten. Wenn man so will, dann stellt die Ware sich von Anfang an als das „Dreifache" dar, was sie ist, als Gegenstand des Gebrauchs, des Tauschs und der Arbeit.

Dies zeigt, daß es rein spekulativ ist wie Marx seine andere Variante der „Erscheinungsform" abschließend ins Spiel bringt:

„Der in der Ware eingehüllte innere Gegensatz von Gebrauchswert und Wert wird also dargestellt durch einen äußeren Gegensatz, d. h. durch das Verhältnis zweier Waren, worin die eine Ware, *deren* Wert ausgedrückt werden soll, unmittelbar nur als Gebrauchswert, die andre Ware hingegen, *worin* Wert ausgedrückt wird, unmittelbar nur als Tauschwert gilt. Die einfache Wertform einer Ware ist also die einfache Erscheinungsform des in ihr enthaltenen Gegensatzes von Gebrauchswert und Wert." (S. 75 f.)

Man mag hier Marx als Schüler Hegels wiedererkennen.[16] Wie die obige Kritik gezeigt hat, besteht sachlich zu dieser Sicht der Veräußerlichung eines zunächst monadisch Inneren kein Grund. Allgemein gesprochen besteht der Fehler von Marx darin, daß er die sinnvolle Voraussetzung der Wertform-Problematik, Tauschwertgleichungen als Wertgleichungen zu verstehen, nicht als solche beachtet, sondern sich auf den Nachweis verpflichtet fühlt, diese Voraussetzung nochmals einzuholen. Wie im Fall des ominösen „Dritten" (vgl. oben § 2) bedient er sich dabei einer begrifflichen Scheinlösung.

Unsere Kritik führt damit wieder zum Ausgangspunkt der Überlegung zurück und läßt erkennen, daß abgesehen von der Problemstellung das ganze Zwischenspiel zur „Einfachen Wertform" die Analyse nicht vorangebracht hat. Die zum Schluß von Marx aufgegriffenen haltbaren Formulierungen hätten genauso gut am Beginn des Wertform-Kapitels stehen können, da es ja um gar nichts anderes gehen soll, als unter Voraussetzung der Tausch-Arbeitswert-Gleichung die Tauschwertverhältnisse darzulegen, in denen sich Arbeitswertverhältnisse repräsentieren. Dazu bringt die einfache Tausch-Wert-Gleichung zwischen zwei Waren nicht mehr als den trivialen Einstieg. Deshalb beginnt der ernstzunehmende Teil der Wertform-Analyse erst mit der „Entfalteten Wertform".

---

[16] Vgl. hierzu Becker 1972, Kap. II.

§ 5 *Das eigentliche Wertform-Problem und
der Begriff des Geldes*

Die Thematik der „Entfalteten Wertform" (S. 77) nimmt im
Grunde nur das Tauschgrößenvergleichsproblem wieder auf,
mit dem Marx seine Warenanalyse überhaupt beginnt (vgl.
S. 51). Denn die Formel, die Marx angibt lautet:

„z Ware A = u Ware B
oder = v Ware C oder = w Ware D
oder = x Ware E oder = etc." (S. 77)

Hier handelt es sich um eine im Prinzip endlose Wertgrößenreihe
genauso wie wir zunächst beliebig fortsetzbare Tauschgrößenreihen hatten (vgl. oben § 2). Insofern geht es jetzt erst um das
„gesellschaftliche Verhältnis" jeder Ware zur „Warenwelt"
(S. 77). Die Beschreibung des Phänomens verbindet Marx mit
einer bezeichnenden Feststellung:

> „Der Wert der Leinwand bleibt gleich groß, ob in Rock
> oder Kaffee oder Eisen etc. dargestellt, in zahllos ver-
> schiednen Waren, den verschiedensten Besitzern angehö-
> rig. Das zufällige Verhältnis zweier individueller Waren-
> besitzer fällt fort. Es wird offenbar, daß nicht der Aus-
> tausch die Wertgröße der Ware, sondern umgekehrt die
> Wertgröße der Ware ihre Austauschverhältnisse regu-
> liert." (S. 78)

„Offenbar" wird dies natürlich nicht aus einem bloßen Betrachten der angeschriebenen Warenreihe, sondern ausschließlich aus
dem Beweis der Tausch-Arbeitswert-Gleichung, den wir freilich
noch vermissen. Um jedoch Marx' Gedankengang folgen zu
können, war die Gültigkeit dieser Gleichung vorauszusetzen
(vgl. oben § 4). „Offenbar" wird also zunächst Marx' Unsicher-
heit über seine eigene Prämisse. Da wir aber diese Prämisse
unterstellen müssen, müssen wir zugleich die Lösung unseres
alten Tauschgrößenproblems insoweit unterstellen, daß Arbeits-
wertgrößen den Regulator beliebiger Tauschreihen abgeben (vgl.

oben § 2). Damit ist freilich noch offen, *wie* diese Regulation gesellschaftlich funktioniert. Wie wird der Tauschgrößenvergleich und also der Wertgrößenvergleich tatsächlich gesellschaftlich gehandhabt? Welche Möglichkeit des *gesellschaftlich-praktischen* allgemeinen Tausch- bzw. Wertgrößenvergleichs gibt es, um der allgemeinen Tausch-Arbeitswert-Gleichung Rechnung zu tragen?

Marx' Antwort besteht in der Betrachtung der „Allgemeinen Wertform":

> „Wenn ein Mann seine Leinwand mit vielen andren Waren austauscht und daher ihren Wert in einer Reihe von andren Waren ausdrückt, so müssen notwendig auch die vielen andren Warenbesitzer ihre Waren mit Leinwand austauschen und daher die Werte ihrer verschiednen Waren in derselben dritten Ware ausdrücken, in Leinwand. – Kehren wir also die Reihe: 20 Ellen Leinwand = 1 Rock oder = 10 Pfd. Tee oder = usw. um, d. h. drücken wir die der Sache nach schon in der Reihe enthaltene Rückbeziehung aus, so erhalten wir:

C) Allgemeine Wertform

1 Rock	=	
10 Pfd. Tee	=	
40 Pfd. Kaffee	=	
1 Qrtr. Weizen	=	
....		20 Ellen Leinwand
x Ware A	=	
usw. Ware	=	

> ... Die Waren stellen ihre Werte jetzt 1. einfach dar, weil in einer einzigen Ware und 2. einheitlich, weil in derselben Ware. Ihre Wertform ist einfach und gemeinschaftlich, daher allgemein." (S. 79)

Die entscheidende Formulierung liegt darin, daß die Werte der verschiedenen Waren in „derselben dritten Ware" ausgedrückt werden sollen. Damit bestätigt Marx in unfreiwilliger Weise die obige Kritik (vgl. § 2), derzufolge ein „Drittes", das von zwei gegebenen Waren verschieden ist, aber dieselbe Tauschgröße hat, nichts anderes sein kann als eben eine dritte Ware, relativ zu der ein Tauschgrößen(-Wert)vergleich zwischen den beiden Waren möglich wird.

Marx geht in seiner Überlegung davon aus, es liege eine Tauschreihe vor, die mit 20 Ellen Leinwand beginnt und der Formel der oben angeführten „Entfalteten Wertform" entspricht. Vorausgesetzt wird weiter, daß zu jeder getauschten Ware ein Warenbesitzer gehört. Dann tauscht zwar jeder Warenbesitzer seine Ware gegen die 20 Ellen Leinwand des ersten Warenbesitzers, aber zugleich läßt sich feststellen, daß die verschiedenen getauschten Waren untereinander sich immer in einen Tauschgrößen(-Wert) vergleich mit der als Ausgangspunkt gewählten Ware des ersten Warenbesitzers bringen lassen. Diese Ware ist das Dritte, relativ zu dem zwei beliebig herausgegriffene Waren ihrerseits gleich sind. Wenn wir so von außen, „objektiv", auf das Geschehen des Tauschs blicken, dann ergibt sich eine einheitliche Wert-Darstellung in der von Marx intendierten Weise.

Aus der Perspektive der Warenbesitzer freilich ist dies *eine* beliebige mögliche Darstellung des Tauschgeschehens. Für den zweiten Warenbesitzer hat z. B. die Einheit „1 Rock" denselben Stellenwert wie für den ersten die „20 Ellen Leinwand". Es ist daher, so meine ich, weit erhellender aus der Perspektive der Tauschenden selbst das Tauschgrößen-Koordinationsproblem zu beschreiben, um zu einer genauen Würdigung der von Marx erreichten Ergebnisse der „allgemeinen Wertform" zu kommen. Wir können dann auch eine rein hypothetische Gedankenführung der folgenden Art zugrundelegen:

Wenn Tausch zwischen Waren zustande kommen soll, dann müssen irgend zwei Warenbesitzer (natürlich auch mehrere) sich über die Tauschgrößengleichheit ihrer Waren einig sein. Dies kann spontan geschehen, indem die Waren einfach getauscht werden. Dies ist jedoch nicht die Regel, weil bei entwickelter Warenproduktion die Beliebigkeit des Tauschgrößenvergleichs auf der Hand liegt und also auch die Strittigkeit möglicher Tauschproportionen. Wenn also irgend zwei Warenbesitzer das Problem haben, eine Tauschgrößengleichheit zwischen ihren Waren herzustellen, dann bietet sich als Ausweg an, eine dritte

Ware zu suchen, die von beiden als tauschgrößengleich mit jeder der ihnen jeweils gehörenden Waren betrachtet wird. Da beide tauschgrößengleich mit der dritten Ware sind, sind sie auch untereinander tauschgrößengleich. Das Tauschproblem ist gelöst.

Die Lösung bewegt sich jedoch noch auf einer vorläufigen ersten Stufe. Bisher war ja nur verlangt, daß für den Tauschvergleich irgendeine dritte Ware gefunden wird, die den beiden fraglichen Waren ihre Tauschgleichheit verschafft. Nun könnte aber diese dritte Ware jeweils von Tauschsituation zu Tauschsituation verschieden sein, so daß sich je nach Situation für verschiedene Warenbesitzer jeweils eine ganz andere Ware als das Gesuchte „Dritte" anbietet. Die Warenbesitzer müßten sich zwar auf dieselbe dritte Ware relativ zu ihrem jeweiligen Tauschproblem einigen, doch das hieße noch nicht, daß sie sich für irgend einen beliebigen Tauschvergleich in irgend einer beliebigen Situation *immer auf dieselbe* dritte Ware als Vermittlerin der Tauschgleichheit einigen.

Erst dieser zweite entscheidende Schritt begründet den Übergang zu dem, was wir als allgemeine Tauschgrößenvergleichsform oder allgemeine Tauschwertform oder – da die Prämisse der Tausch-Arbeitswert-Gleichung gilt – mit Marx als „allgemeine relative Wertform der Warenwelt" (S. 81) bezeichnen können. Dadurch ist die Wertform in der Tat „einfach und gemeinschaftlich, daher allgemein". Was Marx somit in seinem Schema zur „Allgemeinen Wertform" darlegt ist das als Warenverhältnis formulierte *Resultat* der *gesellschaftlich allgemeinen* Lösung des Koordinationsproblems, das der Tausch aufwirft. Eine und nur eine Ware erhält die gesellschaftliche Funktion, in jeder beliebigen Tauschsituation die Tauschgrößen(-Wert)gleichheit zwischen beliebigen Waren zu vermitteln. Auch dies freilich können wir in ein rein symmetrisches Schema bringen:

$$W_1 = \ddot{A}W = W_2 = \ddot{A}W = W_3 = \ddot{A}W = W_4 \ldots \text{etc.}$$

Wir brauchen die als Tauschvermittlerin ausgezeichnete „Äquivalentware" (im Beispiel: Leinwand) nur zwischen die jeweils qua Tauschgrößen(-Wert)vergleich zu vermittelnden einzelnen verschiedenen Waren zu schreiben, um die beschriebene gesellschaftliche Funktion dieser Ware zu verdeutlichen. Wenn wir mit Marx die Tausch-Arbeitswert-Gleichung zugrundelegen, erreichen wir das Resultat:

> „Die zahllosen Gleichungen, woraus die allgemeine Wertform besteht, setzen der Reihe nach die in der Leinwand verwirklichte Arbeit jeder in andrer Ware enthaltenen Arbeit gleich und machen dadurch die Weberei zur allgemeinen Erscheinungsform menschlicher Arbeit überhaupt." (S. 81)

Dies ist zunächst nichts anderes als die in Termini von Arbeitswerten gegebene Charakterisierung der prinzipiellen Austauschbarkeit jeder Ware mit jeder anderen nach einem allgemeinen Schema des Tauschs. Was wir damit vor uns haben, ist so die Antwort auf die Frage, wie eine allgemeine Tauschgrößenreihe bzw. Wertgrößenreihe in gesellschaftlich einheitlicher Weise möglich ist. Mit dieser Frage hatten wir als Tauschgrößenproblem begonnen und waren im Kontext von Marx' vergeblicher Ableitung des „Dritten" auf die bezeichnende Formulierung gestoßen, daß die verschiedenen Waren „durch einander ersetzbare oder gleich große Tauschwerte" (vgl. oben § 2) darstellen müßten. Für diesen quantitativen Tauschwertvergleich, der nach der Tausch-Arbeitswert-Gleichung zugleich immer ein quantitativer Wertvergleich ist, haben wir jetzt endlich über viele Umwege eine erste Erklärung seiner *gesellschaftlichen* Möglichkeit erreicht.

Da Marx andererseits im Bewußtsein seiner Theorie der „Einfachen Wertform" denkt, kommt er nun erst zu Ergebnissen, die eigentlich keine sind, sondern die Fragestellung kennzeichnen, mit der wir es von Anfang an zu tun hatten:

> „Als Leinwandgleiches ist der Wert jeder Ware jetzt nicht nur von ihrem eigenen Gebrauchswert unterschieden, sondern von allem Gebrauchswert, und eben dadurch als das ihr mit allen Waren Gemeinsame ausgedrückt. Erst diese Form bezieht daher wirklich die Waren aufeinander als Werte oder läßt sie einander als Tauschwerte erschei-

nen... Es kommt damit zum Vorschein, daß die Wertgegenständlichkeit der Waren, weil sie das bloß ‚gesellschaftliche Dasein‘ dieser Dinge ist, auch nur durch ihre
allseitige gesellschaftliche Beziehung ausgedrückt werden
kann, ihre Wertform daher gesellschaftlich gültige Form
sein muß." (S. 80 f.)

Wie bereits klarzustellen war (vgl. oben § 4), ist der Wert einer
Ware nicht „leinwandgleich" oder „rockgleich" etc., sondern
wertgleich mit der Leinwand oder dem Rock. Die Wertbeziehung ist von vornherein eine quantitative Relationsbeziehung
(vgl. oben §§ 3, 4), zu deren Sinn es gehört, daß der Gebrauchs-
aspekt keine Rolle spielt und das bedeutet natürlich, daß die
Wertbeziehung schon als solche unabhängig ist von „allem
Gebrauchswert". Genau dasselbe gilt von der Tauschwertbezie-
hung, die wir nach Marx als Repräsentanten der Wertbeziehung
aufzufassen haben. Durch den fehlgeleiteten Einstieg bei der
„Einfachen Wertform" betont Marx somit Verhältnisse, die wir
unterstellen müssen, sofern überhaupt kontinuierlicher Warentausch vorliegt und sofern überhaupt die Distinktionen in
Gebrauchswert, Tauschwert und Wert relativ zu dem Phänomen
des Warentausches Sinn machen.
Dementsprechend geht es auch nur um das „gesellschaftliche
Dasein" der Warenbeziehungen, nämlich um die Frage, wie ihre
allgemeine gesellschaftlich „gültige Form" aussieht. All dies sind
Charakterisierungen, die im Verständnis der Relationstheorie
des Werts Voraussetzungen dafür abgeben, den Schritt zur
Darstellung der „Allgemeinen Wertform" zu tun (vgl. oben § 4).
Daß Marx sie in der vorliegenden Form umschreibt, ist plausibel
dann, wenn man sieht, daß sie ständig von Überlegungen
gekreuzt werden, die sich der Substanztheorie des Werts und den
fragwürdigen Analysen zur „Einfachen Wertform" (vgl. oben
§ 4) verdanken. Marx hat sozusagen Mühe, sich des nachvollziehbaren Teils seines Gedankengangs immer wieder zu versichern. So finden wir im letzten Halbsatz des obigen Zitats (S. 81)
die unhaltbare These wieder, daß konkrete Arbeit (Weberei) zur
Erscheinungsform menschlicher Arbeit überhaupt wird; das
darauffolgende Zitat enthält die Rede von der „Wertgegenständ-

lichkeit der Waren", freilich, um im nächsten Atemzug diese Gegenständlichkeit qua gesellschaftliche Beziehung zu dementieren. Vor dem angeführten Zitat (S. 81) schließlich wird die Leinwand zur „sichtbaren Inkarnation" der „gesellschaftlichen Verpuppung aller menschlichen Arbeit", eine besonders starke Variante der Erscheinungsform des Abstrakten im Konkreten. Diese schon hinlänglich kritisierten metaphysischen Versatzstücke gilt es nur zu erwähnen, um sie sogleich wieder beiseite zu setzen. Erst dann, so haben wir inzwischen gesehen, besteht die Chance, Marx' Gedankengang als möglicherweise haltbare Argumentation zu verstehen.

Was bleibt, ist der nächste Schritt, den Marx an die „Allgemeine Wertform" anschließt:

> „Die spezifische Warenart nun, mit deren Naturalform die Äquivalentform gesellschaftlich verwächst, wird zur Geldware oder funktioniert als Geld. Es wird ihre spezifisch gesellschaftliche Funktion, und daher ihr gesellschaftliches Monopol, innerhalb der Warenwelt die Rolle des allgemeinen Äquivalents zu spielen. Diesen bevorzugten Platz hat unter den Waren... eine bestimmte Ware historisch erobert, das Gold." (S. 83 f.)

Damit wird der „Allgemeinen Wertform" nicht mehr hinzugefügt, als eine Definition der allgemeinen Äquivalentware als Geld und eine historische Feststellung. Der zunächst aufgewiesenen Möglichkeit einer allgemeinen Tauschgrößen(-Wert)vermittlung entspricht die historische Wirklichkeit, daß Geld qua Gold tatsächlich das Medium darstellt, das diese gesellschaftliche Vermittlung monopolistisch leistet. Daher kann Marx zurecht festhalten:

> „Die Schwierigkeit im Begriff der Geldform beschränkt sich auf das Begreifen der allgemeinen Äquivalentform, also der allgemeinen Wertform." (S. 85)

Schließlich wird nur noch eine Definition bemüht, um den Gedankengang vorläufig zu beenden:

„Der einfache relative Wertausdruck einer Ware, z. B. der Leinwand, in der bereits als Geldware funktionierenden Ware, z. B. dem Gold, ist Preisform." (S. 84)

Da uns die „Einfache Wertform" aus guten Gründen nicht mehr zu interessieren braucht, können wir die Preisform-Definition gleich auf der allein relevanten allgemeinen Ebene aufnehmen und zusammen mit der Geld-Definition auf das der allgemeinen Wertform entsprechende Schema beziehen:

$$W_1 = G-P = W_2 = G-P = W_3 = G-P = \text{etc.}$$

Das Resultat heißt: Zwei Waren sind genau dann tauschwert- bzw. arbeitswertgleich, wenn derselbe Geld-Preis für sie aufgewendet werden muß. Nach der im einzelnen vollzogenen kritischen Explikation zur „Wertform" bestätigt sich so die Charakterisierung des Marxschen Gedankengangs, die wir eingangs in einer klärenden Vorüberlegung entwickelt hatten. Auf der Basis der Tausch-Arbeitswert-Gleichung konnte es nur um die Darlegung der Geldform als der gesellschaftlich allgemeinen Tauschgrößen- und Wertgrößenform zugleich gehen (vgl. oben § 4).
Was aber ist mit diesem Resultat erreicht? Vergegenwärtigen wir uns dazu nochmals Marx' Ziel:

> „Jedermann weiß, wenn er auch sonst nichts weiß, daß die Waren eine mit den bunten Naturalformen ihrer Gebrauchswerte höchst frappant kontrastierende, gemeinsame Wertform besitzen – die Geldform. Hier gilt es jedoch zu leisten, was von der bürgerlichen Ökonomie nicht einmal versucht ward, nämlich die Genesis dieser Geldform nachzuweisen, also die Entwicklung des im Wertverhältnis der Waren enthaltenen Wertausdrucks von seiner einfachsten unscheinbarsten Gestalt bis zur blendenden Geldform zu verfolgen. Damit verschwindet zugleich das Geldrätsel." (S. 62)

Es könnte scheinen, daß das obige schematische Resultat nicht mehr ausdrückt als was „jedermann weiß". Insofern in ihm einfach die Beschreibung der Geldfunktion im Tausch enthalten ist, die jedermann als gesellschaftliche Praxis kennt, darf das Wiederkehren dieser Selbstverständlichkeit nicht überraschen. Doch da wir inzwischen besser verstehen, was Geld überhaupt ist, enthält das Ergebnis natürlich mehr. Es ist die über eine *Erklärung* der gesellschaftlichen Möglichkeit der Tauschvermittlung gewonnene Darstellung der Geldfunktion in begrifflich geklärter Weise. Nach Maßgabe unserer Rekonstruktion können wir diese Erklärung auch terminologisch unproblematisch als Aufweis der „Genesis der Geldform" bezeichnen. Gegen Marx freilich bleibt festzuhalten, daß seine „Genesis" mit den Fehlern der „Einfachen Wertform" behaftet ist (vgl. oben § 4).

Außerdem müssen wir uns darüber klar sein, daß die soweit entwickelte Theorie ein gravierendes Folge-Problem nach sich zieht. Denn da die Tauschwertverhältnisse – nach Voraussetzung – als Repräsentanten der Wertverhältnisse aufgefaßt werden sollen, inzwischen aber die Tauschwertform als Geldform bestimmt wurde, kann die ihrerseits noch nicht begründete Voraussetzung nurmehr so eingelöst werden, daß gezeigt wird, wie die Arbeitswerttheorie auf die sehr spezielle Ware Geld anwendbar ist. Das Problem, das hier besteht, ist an dieser Stelle nur zu nennen. Denn wenn im Tausch zwei Waren gleich derselben Menge Geldes gesetzt werden, so folgt noch nicht, daß die entsprechende Menge Gold tatsächlich denselben Arbeitsaufwand gekostet hat wie die beiden anderen Waren oder auch nur denselben Arbeitsaufwand einer der beiden Waren. Es fehlt also der Schritt, das Gold als „Maß der Werte" (S. 109 ff.) seinerseits der Arbeitswertbestimmung zu unterwerfen. Ob wir auf dieses Problem zurückkommen müssen, dürfte sich bei der weiteren Diskussion der Tausch-Arbeitswert-Gleichung zeigen (vgl. unten § 9).

§ 6 *Kritik des „Fetisch-Theorems"* –
Warenfetisch, Naturschein, Freiheitsschein

Die vielfältige Kritik, die aus der bisherigen Diskussion der Marxschen Theorie hervorgegangen ist, erzeugt bereits gemischte Gefühle für eine Untersuchung des „Fetisch-Kapitels", das Marx an die „Wertform" anschließt. Sehen wir also zu, was sich tatsächlich ergibt, wenn wir, wie bisher, eine vorbehaltlose Bestandsaufnahme vornehmen.

Zunächst gilt es jedoch an die beträchtlichen Erwartungen zu erinnern, die an dieses Kapitel vorausblickend zu knüpfen waren. Nicht nur, daß wir Klarheit über die unzertrennliche Verbindung von Fetischismus und kapitalistischer Warenproduktion erwarten konnten – auch die Perspektive der rationalen Utopie selbst, der „Verein freier Menschen", schien wesentlich aus einem prägnanten Gegensatz zum Fetischismus gedacht werden zu müssen (vgl. oben § 1).[17] Die Frage ist nun, ob sich diese Erwartungen tatsächlich erfüllen. Angesichts der soweit ausgeführten Interpretation und Kritik wird offenbar alles davon abhängen, ob Marx stärker auf diejenigen begrifflichen Mittel zurückgreift, die nachvollziehbar, wenn vielleicht auch noch nicht begründet sind oder aber seiner metaphysisch-spekulativen Theorie-Variante die Zügel schießen läßt.

Ich beginne mit dem leichter verständlichen Teil der Überlegung. Bei nüchterner Betrachtung besteht dieser darin, daß Marx die mit Hilfe der Tausch-Arbeitswert-Gleichung (vgl. oben §§ 2, 4) interpretierten Verhältnisse als solche kennzeichnet, die den handelnden Menschen in einer kapitalistischen Gesellschaft normalerweise unbekannt sind. In einer kapitalistischen Gesellschaft besteht ein permanenter Mangel an Aufklärung über die gesellschaftlichen Grundverhältnisse. Nachdem er nochmals an die Grundüberlegungen zum Verhältnis von Austausch und Wertbeziehung erinnert hat, sagt nämlich Marx:

> „Die Menschen beziehen also ihre Arbeitsprodukte nicht aufeinander als Werte, weil diese Sachen ihnen als bloß sachliche Hüllen gleichartiger menschlicher Arbeit gelten. Umgekehrt. Indem sie ihre verschiedenartigen Produkte einander im Austausch als Werte gleichsetzen, setzen sie

---

[17] Vgl. insbes. auch Sweezy 1970, S. 56, für den die Theorie des Warenfetischismus der „wesentliche Schritt der Marxschen Analyse des Kapitalismus" ist. Zur Kontinuität mit dem frühen Marx vgl. Rosdolsky 1972, Bd. 1, S. 157 ff., und insbes. Oppolzer 1974.

73

ihre verschiednen Arbeiten einander als menschliche Arbeit gleich. Sie wissen das nicht, aber sie tun es. Es steht daher dem Werte nicht auf der Stirn geschrieben, was er ist. Der Wert verwandelt vielmehr jedes Arbeitsprodukt in eine gesellschaftliche Hieroglyphe ..." (S. 88) „Es bedarf vollständig entwickelter Warenproduktion, bevor aus der Erfahrung selbst die wissenschaftliche Einsicht herauswächst, daß die unabhängig voneinander betriebenen ... allseitig voneinander abhängigen Privatarbeiten fortwährend auf ihr gesellschaftlich proportionelles Maß reduziert werden, weil sich in den zufälligen und stets schwankenden Austauschverhältnissen ihrer Produkte die zu deren Produktion gesellschaftlich notwendige Arbeitszeit als regelndes Naturgesetz gewaltsam durchsetzt, wie etwa das Gesetz der Schwere, wenn einem das Haus über dem Kopf zusammenpurzelt. Die Bestimmung der Wertgröße durch die Arbeitszeit ist daher ein unter den erscheinenden Bewegungen der relativen Warenwerte verstecktes Geheimnis. Seine Entdeckung hebt den Schein der bloß zufälligen Bestimmung der Wertgrößen der Arbeitsprodukte auf, aber keineswegs ihre sachliche Form." (S. 89)

In Kürze heißt dies: die in der kapitalistischen Warenproduktion tätigen Menschen handeln in Unkenntnis der Tausch-Arbeitswert-Gleichung. Die Gültigkeit dieser Gleichung ist jedoch der wissenschaftlichen Einsicht zugänglich, die sie als „regelndes Naturgesetz" erkennt. Dadurch entsteht Klarheit über die Wertgrößen der Arbeitsprodukte, ohne daß etwas an ihrer bestehenden sachlichen Form, ihrer gegenständlichen Gegebenheit geändert würde.

Diese Feststellungen sind zunächst wenig ergiebig. Es ist unvermeidlich, daran zu erinnern, daß das „Naturgesetz" bislang nicht über den Status einer interessanten Hypothese hinausgekommen ist. Die Emphase, mit der Marx seine Gültigkeit unterstellt, bestätigt erneut den Irrtum über ein erst noch zu erbringendes Beweisziel. Diese verstärkt zugleich die Skepsis, ob es bei der deutlich gewordenen Selbsteinschätzung überhaupt noch erreicht werden kann. Doch selbst wenn wir im Interesse der immanenten Verständlichkeit Marx' „Naturgesetz" einmal annehmen, bleibt kaum mehr als eine Aufzählung von Selbstverständlichkeiten.

Ist es nicht trivial, daß die Warenproduzenten einer kapitalistischen Gesellschaft normalerweise nicht die wissenschaftliche Einsicht in die Grundmechanismen dieser Gesellschaft haben, einfach deshalb, weil sie anderes – manche würden sagen: besseres – zu tun haben, als sich dieser Einsicht zu widmen? Wenn andererseits eine solche Einsicht wissenschaftlich entwickelt wurde, ist es dann nicht genauso trivial, daß daraus noch keineswegs eine Änderung der sachlichen Gegebenheiten folgt, die Thema der Einsicht sind? Bestenfalls gelingt es, vorhandene Meinungen über diese Gegebenheiten als „Schein" zu destruieren und eventuell durch Einsicht vermittelte kritische Einstellungen zu erzeugen. Dementsprechend wäre zwar das „Geheimnis", das in Gestalt der Tausch-Arbeitswert-Gleichung zutage kommt, eine wichtige theoretische Entdeckung, doch wohl kaum hinreichend, um die starke Formulierung zu motivieren, die dem Kapitel den Titel gibt: „Der Fetischcharakter der Ware und sein Geheimnis". Um welches zusätzliche „Geheimnis" also geht es?

Die oben angeführte Rede von Arbeitsprodukten als „gesellschaftlichen Hieroglyphen" und die Betonung, daß die „sachliche Form" der scheinbar zufälligen Bestimmung der Wertgrößen erhalten bleibt, weisen bereits in die von Marx intendierte Richtung. Die gegenständliche Gegebenheit der kapitalistischen Warenproduktion als solche ist fetischisiert. Der „gegenständliche Schein der gesellschaftlichen Arbeitsbestimmungen" (S. 97) – Marx' Kurzfassung des Fetischismus – ist es, der „den Arbeitsprodukten anklebt, sobald sie als Waren produziert werden, und der daher von der Warenproduktion unzertrennlich ist" (S. 87). Wie sollen wir das verstehen?

Hier zunächst die Auskunft von Marx:

„Woher entspringt also der rätselhafte Charakter des Arbeitsprodukts, sobald es Warenform annimmt? Offenbar aus dieser Form selbst. Die Gleichheit der menschlichen Arbeiten erhält die sachliche Form der gleichen Wertgegenständlichkeit der Arbeitsprodukte, das Maß der Verausgabung menschlicher Arbeitskraft durch die Zeitdauer erhält die Form der Wertgröße der Arbeitsprodukte, endlich die Verhältnisse der Produzenten, worin jene gesellschaftlichen Bestimmungen betätigt werden, erhalten die Form eines gesellschaftlichen Verhältnisses der Arbeitsprodukte.

Das Geheimnis der Warenform besteht also einfach darin, daß sie den Menschen die gesellschaftlichen Charaktere ihrer eigenen Arbeit als gegenständliche Charaktere der Arbeitsprodukte selbst, als gesellschaftliche Natureigenschaften dieser Dinge zurückspiegelt... Durch dieses Quidproquo werden die Arbeitsprodukte Waren, sinnlich übersinnliche oder gesellschaftliche Dinge." (S. 86)

Diese Auskunft zwingt erneut zu kritischen Klarstellungen, um eine möglicherweise haltbare Variante dessen zu bekommen, was Fetisch qua „gegenständlicher Schein" ist. Erster Stein des Anstoßes ist die hier wiederkehrende Rede von Waren als „sinnlich übersinnlichen" Dingen, die ich bereits früher kritisiert habe (vgl. oben § 4). Aus der Tatsache, daß zwischen Waren ein Tausch- und Wertgrößenvergleich stattfindet, der mit ihren raumzeitlichen, konkreten, Eigenschaften nichts zu tun hat, folgt nicht, daß Waren zu abstrakten Gegenständen, Wertdingen werden, in denen ihre gesellschaftlichen Eigenschaften hausen. Waren sind konkrete Gegenstände, die in bestimmten gesellschaftlichen Beziehungen, Tausch-Arbeitswert-Beziehungen, stehen, genauso wie etwa Personen als konkrete sinnliche Wesen in bestimmten Verwandtschafts- oder Identitätsbeziehungen stehen, ohne daß wir zum Beispiel sagen würden, die Relation „Vater von x" mache die betreffende Person zu einem übersinnlichen Wesen oder die Identität zwischen einer Person mit Namen ‚Hans' und einer mit Namen ‚Peter' sei Zeichen ihrer Übersinnlichkeit, Gespensterhaftigkeit oder was dergleichen Formulierungen mehr sein mögen. Daß wir solche Relationen nicht mit Händen greifen können, macht sie nicht schon zu einem Mysterium. Insofern hier „Geheimnisse", „metaphysische Spitzfindigkeiten", „theologische Mucken" vorliegen (vgl. S. 85 und oben § 4), handelt es sich um von Marx selbst produzierte Rätsel. Entsprechend weist der „rätselhafte Charakter" der Ware, auf die gleichfalls schon kritisierte Substanztheorie des Werts zurück (vgl. oben § 4). Die im obigen Zitat enthaltene erste Bestimmung lautet nämlich:

> „Die Gleichheit der menschlichen Arbeiten erhält die sachliche Form der gleichen Wertgegenständlichkeit der Arbeitsprodukte... "

Erinnern wir uns, was „die Gleichheit der menschlichen Arbeiten" bedeutet, dann sind wir auf die Vergegenwärtigung des Begriffes der „abstrakten Arbeit" verwiesen. Dieser Begriff, so hatte sich gezeigt, steht für die Gleichheit der menschlichen Arbeiten unter dem Gesichtspunkt ihres quantitativen Arbeitsaufwandvergleichs (vgl. oben § 3). Für diesen Vergleich, so war jedoch weiter zu sehen, bedarf es nicht der Annahme einer zusätzlichen abstrakten Gegenständlichkeit, der Wertgegenständlichkeit von Waren, in der sich diese Gleichheit quasi materialisiert. Die Wertgleichheit zwischen Arbeitsprodukten als Waren, die sich in Arbeitsaufwandeinheiten darstellt, impliziert nicht, daß für irgend zwei Waren eine Gleichheit an zwei abstrakten Gegenständen unterstellt werden müßte, die unabhängig von der konkreten Gegenständlichkeit der Waren das gegenständliche Korrelat zur Relation der Wertgleichheit abzugeben hätten. Plausibel wird dies allenfalls dann, wenn die abstrakte Arbeit in schiefer Analogie zum Vollzug der konkreten Arbeit als Agens aufgefaßt wird, um sich in Gestalt einer abstrakten Gegenständlichkeit eine „sachliche Form" zu geben (vgl. § 3). Diese falsche und unnötige Theorie, die metaphysische Substanztheorie des Werts (vgl. oben § 4), lebt also hier – wie bei der „Wertform-Analyse" – wieder auf. Sehen wir jedoch zu, ob dies alles ist.

Wenn wir zur zweiten Bestimmung übergehen, wird die Fragwürdigkeit einer substanztheoretisch motivierten Redeweise erneut deutlich:

> „das Maß der Verausgabung menschlicher Arbeitskraft

77

durch ihre Zeitdauer erhält die Form der Wertgröße der Arbeitsprodukte...".

Hier liegt im Grunde nichts anderes vor als die Bestimmung der Wertgröße durch die Arbeitszeit, die Marx im zunächst angeführten Zitat zum Ausdruck bringt, nur daß jetzt umgekehrt gesagt wird, das Zeitmaß erhalte die „Form der Wertgröße". Um die Parallele zur ersten Bestimmung durchzuhalten, müßte eigentlich „sachliche Form der Wertgröße" stehen. Dann aber wird offenkundig, daß der alleinige Grund das Zeitmaß der Arbeit in Termini einer sich in Wertgrößen vergegenständlichenden Form zu denken, darin besteht, daß sich die Vorstellung von Werten als Gegenständen fortsetzt in eine Vorstellung von Größenverhältnissen zwischen diesen Gegenständen.

Was bleibt, wenn wir diese Spekulationen beiseite lassen? Eine Formulierung, die nur noch wenig Rätselhaftes erkennen läßt und die systematische Priorität der Relationstheorie des Werts unterstreicht (vgl. oben § 4), denn wir können sagen: Wenn Arbeitsprodukte zu Waren werden, dann drückt sich die Gleichheit der zu ihrer Herstellung aufgewendeten verschiedenen Arbeiten darin aus, daß zwischen Waren ein quantitativer Arbeitsaufwandvergleich stattfindet, der sich in ihrer Tauschgrößengleichheit niederschlägt.

Anstelle einer Implikationsbeziehung zwischen Tauschwertgleichheit und Arbeitswertgleichheit haben wir deren Umkehrung und sind so wiederum bei nichts anderem als der durch diese wechselseitige Implikation gekennzeichneten Tausch-Arbeitswert-Gleichung gelandet. Da andererseits die Wertform-Analyse von der Annahme ausgeht, daß die gesellschaftlichen Tauschverhältnisse die Wertverhältnisse repräsentieren (vgl. oben § 4), entpuppt sich als „Geheimnis" der Warenform die Wertform. Dieses „Geheimnis" jedoch, so war jetzt wie schon früher zu sehen, ist nur dann das Geheimnis eines „gegenständlichen Scheins", wenn die Substanztheorie des Werts akzeptiert wird. Hierzu haben wir aber keinerlei Veranlassung mehr. Dies macht die Frage nur noch dringlicher, ob mit dem „gegenständlichen Schein" der Substanztheorie auch schon die Theorie des Fetischismus hinfällig geworden ist.

Daß dies nicht ohne weiteres der Fall ist, läßt sich an der dritten Bestimmung sehen, die Marx angibt:

> „... die Verhältnisse der Produzenten, worin jene gesellschaftlichen Bestimmungen betätigt werden, erhalten die Form eines gesellschaftlichen Verhältnisses der Arbeitsprodukte ...".

Die in Frage stehenden „gesellschaftlichen Bestimmungen" sind gegeben, so wurde eben deutlich, durch die Arbeitswert-Tauschwert-Beziehung. Was die „Verhältnisse der Produzenten" angeht, wissen wir bereits, daß diese einerseits als Privatproduzenten von Waren tätig sind, andererseits aber diese Produkte ständig in ein gesellschaftliches Verhältnis qua Tausch bringen müssen. Diese Austauschbarkeit war als Form der unmittelbaren Gesellschaftlichkeit des Kapitalismus zu bezeichnen (vgl. oben § 4). Insofern gehört das „gesellschaftliche Verhältnis der Arbeitsprodukte" qua Tauschgegenstände einfach analytisch zum Begriff der Arbeitswert-Tauschwert-Beziehung.

Was aber, so müssen wir nun wieder fragen, läßt sich mit diesen Sachverhalten unter dem Gesichtspunkt der „sachlichen Form", des „gegenständlichen Scheins" der Arbeitsverhältnisse anfangen? Im Unterschied zu den zuerst kritisierten Merkmalen des Fetischismus ergibt sich eine Chance weiter zu kommen, wenn wir uns Marx' zusätzlicher Auskunft zuwenden, das „Geheimnis der Warenform" bestehe darin,

> „daß sie den Menschen die gesellschaftlichen Charaktere ihrer eignen Arbeit als gegenständliche Charaktere der Arbeitsprodukte selbst, als gesellschaftliche Natureigenschaften dieser Dinge zurückspiegelt ...".

Für die schon kritisierten Merkmale bringt diese Erläuterung deshalb nichts, weil aus der einzig sinnvollen Auffassung des Werts und der Wertgröße im Verständnis der Relationstheorie gerade deren *nicht*-gegenständlicher Charakter folgt, so daß die für sie relevanten gesellschaftlichen Arbeitsbestimmungen gar nicht als „gegenständliche Charaktere" erscheinen können. Was gegenständlich erscheinen kann, weil immer schon gegenständlich vorhanden, sind Arbeitsprodukte als Tauschgegenstände. Das Verhältnis der Tauschgegenstände zueinander ist jedoch durch nichts anderes bestimmt als die gesellschaftliche Beziehung des Tauschs. Diese gesellschaftliche Beziehung hat andererseits nur die Funktion, die sie hat, weil Grundlage des Tauschs die Privatproduktion von Waren ist. Daß dieses Produktionsverhältnis in eins mit der Arbeitswert-Tauschwert-Beziehung an Tauschgegenständen als Tauschgegenständen „erscheint" oder „zurückgespiegelt" wird, kann dann aber darauf reduziert werden, daß die für die Warenproduktion charakteristischen Gegenstände, nämlich Waren, in den für sie charakteristischen gesellschaftlichen Beziehungen stehen. Das Gegenteil zu vermuten, einen anderen „gegenständlichen Schein", eine andere „sachliche Form" zu erwarten, wäre absurd.

Freilich nur absurd innerhalb der Warenproduktion. Denn angenommen, es gäbe eine andere gesellschaftliche Organisationsform mit anderen Produktions- und Verteilungsverhältnissen als denen von Privatarbeit und Tausch, dann wäre evident, daß Arbeitsprodukte nicht als Tauschgegenstände fungieren müßten. Gemessen an einer solchen alternativen Produktionsweise wäre also der „gegenständliche Schein" einer warenproduzierenden Tauschgesellschaft hinfällig und zwar einfach deshalb, weil sie von anderer Art wäre. Das aber würde zeigen, daß Arbeitsprodukte nicht von Natur aus Tauschgegenstände sein müssen. Tauschgegenstand, Ware, zu sein, bliebe auf ein bestimmtes gesellschaftliches Produkions-Verteilungs-Verhältnis beschränkt. Die Arbeitswert-Tauschwert-Beziehung wäre ihrerseits kein naturgegebener Sachverhalt, keine gesellschaftliche Naturtatsache, sondern historisch relativ.

Mit diesem hypothetischen Gedankengang erreichen wir einen ersten haltbaren Befund zum Fetisch-Problem. Er kommt zum Ausdruck in der obigen Rede von „gesellschaftlichen Natureigenschaften", die Marx allerdings auf undurchsichtige Weise mit den bisherigen Überlegungen verbindet. Für Deutlichkeit sorgt dann aber folgende Stelle:

„Die... wissenschaftliche Entdeckung, daß die Arbeitsprodukte, soweit sie Werte, bloß sachliche Ausdrücke der in ihrer Produkion verausgabten menschlichen Arbeit sind... verscheucht keineswegs den gegenständlichen Schein der gesellschaftlichen Charaktere der Arbeit. Was nur für diese besondre Produktionsform, die Warenproduktion, gültig ist, daß nämlich der spezifisch gesellschaftliche Charakter der voneinander unabhängig betriebenen Privatarbeiten in ihrer Gleichheit als menschliche Arbeit besteht und die Form des Wertcharakters der Arbeitsprodukte annimmt, erscheint, vor wie nach jener Entdeckung, den in den Verhältnissen der Warenproduktion Befangenen ebenso endgültig, als daß die wissenschaftliche Zersetzung der Luft in ihre Elemente die Luftform als eine physikalische Körperform fortbestehen läßt." (S. 88)

Hierdurch wird nicht nur unser hypothetischer Gedankengang eingeholt, sondern auch evident, daß zwei völlig verschiedene Verständnisse dessen, was Fetischismus qua „gegenständlicher Schein" heißen kann, unterschieden werden müssen. Der erste Satz enthält die auf der Substanztheorie des Werts beruhende Rede vom „gegenständlichen Schein", die dem metaphysischen Begriff der Ware als eines „sinnlich übersinnlichen" Gegenstandes entspricht. Er enthält außerdem die davon unabhängige und gleichfalls schon bekannte Feststellung, daß wissenschaftliche Einsicht als solche keine bestehenden Wirklichkeiten ändert. Mit diesen Komponenten der Fetisch-Theorie sind wir fertig. Die erste ist zu verwerfen, die zweite ist trivial richtig.
Um so deutlicher tritt dann aber hervor, daß Marx im zweiten Satz mit einem Begriff von „gegenständlichem Schein" operiert, der auf etwas ganz anderes als die Metaphysik der Substanztheorie abzielt. Für die in der Warenproduktion „Befangenen" erscheinen die grundlegenden gesellschaftlichen Sachverhalte (Privatproduktion – Tausch, Arbeitswert-Tauschwert-Beziehung) nicht als gesellschaftliche Sachverhalte einer besonderen Produktionsform, sondern in einer Gegebenheitsweise wie sie Naturtatsachen oder Gegenständen der Natur eigen ist. Diese Gegebenheitsweise ist „endgültig" in dem Sinn, daß es widersin-

nig wäre, Naturtatsachen aufheben zu wollen, da sie sich der Verfügungsmacht von Menschen entziehen. Der „gegenständliche Schein", um den es jetzt geht, ist also zu verstehen als falscher Naturschein gesellschaftlicher Verhältnisse. Dieser Schein ist jedoch gar nicht spezifisch „gegenständlich", sondern propositional, auf Sachverhalte bezogen. Weder „klebt" er den Waren einfach wie eine objektive Gegebenheit an, noch ist er von ihnen „unzertrennlich" (vgl. S. 87). Er kann von den „Befangenen", jedenfalls im Prinzip, durchschaut werden, wie ja die „wissenschaftliche Entdeckung" zeigt. Es handelt sich um einen Schein, der auf den Gegensatz von Irrtum und Wahrheit verweist.

Wenn dies klar ist, kann dahingestellt bleiben, von einer Vergegenständlichung, Fetischisierung gesellschaftlicher Verhältnisse in dem Sinn zu sprechen, daß sich durch den falschen Naturschein eine Verfestigung von Waren zu Naturgegenständen ergibt, zu „selbständigen Gestalten" (S. 86), die den Menschen als unaufhebbar erscheinen. Zum Naturschein der Verhältnisse gehören eben auch die Gegenstände dieser Verhältnisse. Nur „scheinen" diese Gegenstände nicht von sich selber her als Natur „auf", sondern es scheint den Menschen, daß sie Natur sind. Ein propositionaler und daher wahrer oder falscher Schein.[18]

Diese Klärung macht den Blick frei für ein zusätzliches Verständnis der Wendung vom „gegenständlichen Schein" oder der „sachlichen Form" der Arbeitsbestimmungen, das wir gesondert herausheben müssen. Hierbei handelt es sich um die gegenständlich-sachliche Form der Vergesellschaftung, die nach Marx für die Warenproduktion charakteristisch ist. Ihren Sinn gewinnt diese Kennzeichnung eines Typus von Vergesellschaftung qua Warenproduktion dadurch, daß ihr ein alternativer Typus

---

[18] Auch dieser propositionale Sinn von Fetischismus findet sich bei Marx; vgl. z. B. Marx 1969, S. 11. Erckenbrecht 1976, S. 87 unterscheidet daher einen „objektiven" und „subjektiven" Aspekt. Da jedoch der objektive Aspekt die starke These enthält und als Grund für den subjektiven Aspekt gilt, hängt alles an der Rechtfertigung des gegenständlichen nicht-propositionalen Sinns des Fetischs. Klar, wenn auch dogmatisch: Godelier 1973, S. 241 ff., 258 ff.

gegenüber gestellt wird, der sich als personale, ungegenständliche Form der Vergesellschaftung fassen läßt. In diesem alternativen Typus begegnet uns der „Verein freier Menschen" wieder, an dessen genaueren Bestimmungen wir komplementär zur Aufklärung des Fetischismus interessiert sind (vgl. oben § 1). Im Unterschied und in Ergänzung zum falschen Naturschein der gesellschaftlichen Verhältnisse geht es nun um den falschen Schein, als ob die Warenproduktion ohne gesellschaftliche Alternative sei.

Es ist erhellend, zunächst diejenige allgemeine Charakterisierung der Warenproduktion zu betrachten, die Marx mit der Aufdeckung des Naturscheins verbindet, weil auch sie sich in Termini der „gegenständlich-sachlichen" Form der Vergesellschaftung ausdrücken läßt. Als Konsequenz des Naturscheins ergibt sich nämlich:

> „ ... das gesellschaftliche Verhältnis der Produzenten zur Gesamtarbeit als ein außer ihnen existierendes Verhältnis von Gegenständen" (S. 86).

Wenn wir die für die Warenproduktion konstitutive Arbeitswert-Tauschwert-Beziehung sowie die Verfestigung dieser Beziehung zu einem Naturtatbestand zugrundelegen, dann gilt einmal, daß sich das Verhältnis der Produzenten zur Gesamtarbeit als ein Verhältnis ihrer je einzelnen Produkte qua Tauschgegenstände zur Gesamtheit der Produkte qua Tauschgegenstände darstellt, und daß zweitens der Naturschein dafür sorgt, dieses Verhältnis im Sinne einer unaufhebbaren Vorgegebenheit zu betrachten. Insofern existiert dieses Verhältnis „außer" den Produzenten, weil es ihrer Verfügungsmacht entzogen, von ihnen unabhängig scheint. Man könnte dann auch sagen, die gesellschaftliche Bewegung besitze für die Tauschenden „die Form einer Bewegung von Sachen" (S. 89), die außerhalb ihrer Kontrolle zu liegen scheine.

Nun formuliert aber Marx weit stärker, es gehe für die Tauschenden um

> „die Form einer Bewegung von Sachen, unter deren Kontrolle sie stehen, statt sie zu kontrollieren" (S. 89).

Hierin liegt der Anspruch zu einer alternativen Gesellschaftsform, die sich nicht als Konsequenz aus dem Theorem des
Naturscheins ergibt, sondern sich einem davon unabhängigen
und daher auch gesondert zu rechtfertigenden Postulat verdankt.
Machen wir uns dies klar, bevor wir uns weiteren Textstücken
zuwenden.

Dazu bedarf es nur der Überlegung, daß die Destruktion des
falschen Naturscheins gesellschaftlicher Verhältnisse zwar die
Möglichkeit eröffnet, eine andere Gesellschaftsform künftig ins
Auge zu fassen, doch die Gesichtspunkte, unter denen dies zu
geschehen hätte, völlig offen läßt. Wie Marx selbst bemerkt, hebt
die wissenschaftliche Einsicht die „sachliche Form" des Bestehenden nicht auf, insofern dieses Bestehende durch die Struktur
der Warenproduktion gegeben ist, die sich in der Tausch-
Arbeitswert-Gleichung repräsentiert. Was demgegenüber
durchaus einsichtig aufgehoben werden kann, ist der falsche
Naturschein, da dieser nichts anderes darstellt als eine falsche
Ansicht über die Wirklichkeit. Mit diesem Schein verschwindet
dann freilich auch jene „gegenständliche" Form der Vergesellschaftung, die sich als bloße Konsequenz des Naturscheins
verstehen ließ. Andererseits ist uns schon längst das erste Verständnis des „gegenständlichen Scheins" zusammen mit der Substanztheorie des Werts in ein begriffliches Niemandsland ent-
schwunden, das sich nicht weiter zu erkunden lohnt.

Was folgt daraus? Daß wir einen neuen Fetisch-Begriff brauchen, der die „gegenständlich-sachliche Form der Vergesellschaftung" an der Struktur der Warenproduktion als solcher
festmacht, die wir im Sinne der Tausch-Arbeitswert-Gleichung
(Relationstheorie des Werts) als interpretiert unterstellen (vgl.
oben § 4). Wie aber ist das noch möglich, nachdem wir aus den
Waren die vermeintlichen Gespenster ausgetrieben und mit
Marx den falschen Naturschein hinter uns gelassen haben? Und
zwar möglich so, daß nicht etwa die Trivialität herauskommt, die
gegenständlich-sachliche Form der Warenproduktion sei eben
Warenform bzw. Wertform der Arbeitsprodukte?

Wenn wir die Frage so stellen, und das müssen wir, dann wird
evident, daß der gesuchte Fetisch-Begriff nicht mehr aus einer
der Warenproduktion immanent bleibenden Aufklärungsbemü-

hung gewonnen werden kann. Es bedarf eines Vergleichsmaß-stabs, der die Warenproduktion als Gesellschaftstypus der gegenständlich-sachlichen Form von einem anderen Typus unterscheidet, den eine andere Formbestimmung auszeichnet. Ein bloß rückwärts gewandter Vergleich von Gesellschaftsty-pen, bei dem man auch nach Auflösung des Naturscheins noch stehen bleiben könnte, reicht jedoch keineswegs aus. Ihm würde die Dimension der Kritik fehlen, die auf Überwindung der gegenständlich-sachlichen Form zielt. Denn was läge für einen aufgeklärten Verfechter der kapitalistischen Warenproduktion näher, als in der strukturellen und historischen Diagnose mit Marx übereinzustimmen, aber zu bestreiten, daß es eine sinn-volle *nicht*-gegenständlich-sachliche Form der Vergesellschaf-tung für die Zukunft gebe? Wenn man eine solche Position nicht entkräften könnte, was wäre dann noch auf die Rede vom „Fetisch" zu geben?

Sehen wir also, welchen kritischen Maßstab Marx zur Beurtei-lung der Warenproduktion entwirft, indem er das Modell einer prospektiv-alternativen Gesellschaftsform zeichnet. Eine erste Bestimmung, die es genauer zu fassen gilt, kennen wir bereits unter dem Stichwort „Kontrolle": Die Struktur der Warenpro-duktion verhindert eine Kontrolle der gesellschaftlichen Verhält-nisse durch die Produzenten. Sie verhindert jedoch nicht Kon-trolle schlechthin, sondern eine bestimmte Art von Kontrolle:

> „Die Gestalt des gesellschaftlichen Lebensprozesses, d. h. des materiellen Produktionsprozesses, streift nur ihren mystischen Nebelschleier ab, sobald sie als Produkt frei vergesellschafteter Menschen unter deren bewußter plan-mäßiger Kontrolle steht." (S. 94)

Mit dieser Auskunft stoßen wir wieder auf das Programm eines „Vereins freier Menschen" (vgl. oben § 1). Sie bestätigt die Erwartung, daß der gesuchte kritische Maßstab zur Beurteilung der Warenproduktion nur noch in Gestalt einer alternativen Gesellschaftsform entwickelt werden kann. Was ergibt sich nun aber aufgrund dieses Maßstabs der „bewußt planmäßigen Kon-trolle"? Warum läßt sich die Warenproduktion als nicht kontrolliert oder kontrollierbar in diesem Sinn bezeichnen? Hier gilt es aufzupassen, um nicht auf eine zu einfache, aber falsche Antwort zu verfallen. Enthält nicht, so könnte man denken, der Begriff des Naturscheins schon ein Verständnis dessen, was die Unkontrolliertheit der Warenproduktion ausmacht?

Ja, doch mit jener falschen Ansicht, als ob die gesellschaftlichen Verhältnisse von einer naturhaften Vorgegebenheit wären und daher „außerhalb der Kontrolle" der Menschen stünden, läßt sich jetzt nicht operieren. Denn die Alternative zwischen der Warenproduktion und einer unter bewußt planmäßiger Kontrolle stehenden Gesellschaftsform stellt sich auch, nachdem wir eingesehen haben, daß die gesellschaftlichen Verhältnisse der Warenproduktion geschichtliches Menschenwerk sind. Diese Einsicht ist eine notwendige Bedingung, um die Alternativen qua Gesellschaftstypen überhaupt formulierbar zu machen, sie charakterisiert jedoch keine der Alternativen als solche. Welchen Sinn sollte es auch haben, einer Gesellschaftsform, die gemäß dem Naturschein als prinzipiell unkontrollierbar zu gelten hätte, eine bestimmte Art der Kontrolle gegenüber zu stellen? Was in diesem Sinn unkontrollierbar wäre, wäre es a fortiori auch in jeder anders bestimmten Weise, so daß eine solche Gegenüberstellung unsinnig würde.

Woran liegt es also im besonderen, daß die Warenproduktion als unkontrolliert zu gelten hat? Besteht nicht die Möglichkeit, so könnte man dagegen halten, auch in der Warenproduktion von bewußt planmäßiger Kontrolle zu sprechen? Läßt sich, prinzipiell jedenfalls, die Warenproduktion nicht im vollen Bewußtsein der Tausch-Arbeitswert-Beziehung als organisiert denken und wäre dann nicht die „planvolle Kontrolle" der Produktion insofern erfüllt, als die Tausch-Arbeitswert-Gleichung zum bewußten Prinzip der Produktion erklärt würde? Diese Überlegung ist nicht einfach mit dem Hinweis zu erledigen, es sei hier eine inadäquate Bedeutung von „bewußt planmäßiger Kontrolle" im Spiel, denn wir wissen eben noch nicht genau, was unter diesem Begriff zu verstehen ist. Vielmehr ergibt sich eher die Frage nach einem zusätzlichen Anhaltspunkt, um auf eine echte Alternative zur Warenproduktion zu kommen.

So gefragt, verbleibt nur das Postulat einer „freien Vergesellschaftung von Menschen" (S. 94), das darauf abzielt, die Tausch-Arbeitswert-Beziehung als solche aufgehoben zu denken. Allein dieses Postulat ermöglicht eine Charakterisierung der Warenproduktion, die deren gesellschaftliche Struktur nicht bloß beschreibt, sondern indem sie beschreibt eine grundsätzliche Alternative entwirft:

> „... die Privatarbeiten betätigen sich in der Tat erst als Glieder der gesellschaftlichen Gesamtarbeit durch die Beziehungen, worin der Austausch die Arbeitsprodukte und vermittelst derselben die Produzenten versetzt. Den letzteren erscheinen daher die gesellschaftlichen Beziehungen als das, was sie sind, d. h. nicht als unmittelbar gesellschaftliche Verhältnisse der Personen in ihren Arbeiten selbst, sondern vielmehr als sachliche Verhältnisse der Personen und gesellschaftliche Verhältnisse der Sachen." (S. 87)

Nur im Licht der entscheidenden Wendung von den „unmittelbar gesellschaftlichen Verhältnissen der Personen in ihren Arbeiten selbst" erfahren wir hier etwas Neues. Nur wenn wir hierin den thesenhaften Entwurf einer alternativen Gesellschaftsform erkennen, das Modell einer personalen Vergesellschaftung, überschreiten wir die Banalität, daß die „gegenständlich-sachlichen" Verhältnisse der Warenproduktion so sind, wie sie sind, nämlich Tausch- und Tauschgegenständlichkeits-Verhältnisse oder wiederholen nicht nur die kritische Selbstverständlichkeit des falschen Naturscheins, daß die Verhältnisse der Warenproduktion nicht ewig so waren oder bleiben müssen, wie sie sind. Als Resultat ergibt sich ein weiteres Verständnis dessen, was „gegenständlicher Schein" und somit Fetischismus der Arbeitsbestimmungen heißen kann. Dieses – inzwischen dritte – Verständnis ist definiert durch das Gegensatzpaar zwischen einer gegenständlich-sachlichen und einer personal-bestimmten Form von Vergesellschaftung. Das aber heißt: der „gegenständliche Schein" der Warenproduktion in diesem Sinn besteht in dem falschen Schein, als ob eine real mögliche Alternative nicht gegeben sei. Und da diese Alternative eine solche der „freien

Vergesellschaftung" sein soll, handelt es sich um nichts anderes als den falschen Schein existierender gesellschaftlicher Freiheit. Genau wie der Naturschein ist jedoch auch dieser Schein propositional zu verstehen. Er hängt von den Meinungen derer ab, die den kritischen Maßstab der personalen Vergesellschaftung nicht besitzen. Ganz entsprechend wiederum zum Naturschein, der sich aus fehlender Einsicht in die historische Relativität der Warenproduktion einstellt. Daran ändert nichts, daß es einen guten Sinn macht, die „gegenständlich-sachliche" Vergesellschaftung der Warenproduktion der „nicht-gegenständlichen" personalen Vergesellschaftung gegenüber zu stellen. Sobald klar ist, was dies heißt, wird offenkundig, daß auch der falsche Freiheitsschein keineswegs der Warenproduktion gegenständlich „anklebt" oder von ihr „unzertrennlich" ist. Denn unter „gegenständlich-sachlicher" Form müssen wir ja nun das Strukturmerkmal einer primär gegenstandsbezogenen Form der Vergesellschaftung verstehen, das sich erst in Abhebung zur personalen Vergesellschaftung erkennen läßt.

Gegenstandsbezogen ist die Warenproduktion zunächst einmal deshalb, weil die Form ihrer unmittelbaren Gesellschaftlichkeit im Austausch von Gegenständen, Waren, besteht und die gesellschaftliche Funktion der Arbeit – bislang jedenfalls – nur in Gestalt von Tausch-Arbeitswert-Gleichungen ins Spiel kommt. Die wechselseitigen Beziehungen der einzelnen Arbeiten zueinander und daher auch die jeweiligen Verhältnisse jeder der einzelnen Arbeiten zur Gesamtarbeit der Gesellschaft treten in greifbar geregelter Weise nur im Tausch auf. Im Warentausch liegt somit diejenige gesellschaftliche Handlungsweise vor, die zugleich das Grundschema der gesamtgesellschaftlichen Vermittlung repräsentiert. Beim Tausch interessieren jedoch nicht die Personen als solche, sondern nur die Personen, insofern sie in der Eigenschaft auftreten, Besitzer von Tauschgegenständen, Waren zu sein. Was interessiert, sind die gegenständlich-sachlichen Resultate der Personen und die Verhältnisse dieser Resultate zueinander. So betrachtet geht es um „sachliche Verhältnisse der Personen und gesellschaftliche Verhältnisse der Sachen". Weil es darum geht und weil der Tausch zugleich das Schema der gesamtgesellschaftlichen Vermittlung abgibt, läßt sich sagen, daß die gesamtgesellschaftliche Beziehung der Personen zueinander über Verhältnisse von Gegenständen, Waren, organisiert ist. Die gesamtgesellschaftliche Beziehung der Personen zueinander besteht also nicht als unmittelbar persönliches Verhältnis in Form einer Interaktion zwischen Personen als Personen. Gemessen an der Möglichkeit eines solchen Verhältnisses qua gesamtgesellschaftlichem Vermittlungsschema ist die Struktur der Warenproduktion daher von „gegenständlich-sachlicher" Form. Sie ist, so können wir sagen, primär gegenstandsorientiert und nicht primär interaktionsorientiert und deshalb liegen in ihr keine „unmittelbar gesellschaftlichen Verhältnisse der Personen in ihren Arbeiten selbst" vor. Gesetzt jedoch, die Möglichkeit einer solchen interaktionsorientierten Vergesellschaftung sei erkannt, zeigt sich, daß die existierende Struktur der Warenproduktion mögliche gesellschaftliche Freiheit im Rahmen einer alternativen Gesellschaftsform verhindert. Wer dies nicht sieht, unterliegt dem falschen Schein, als ob in der Warenproduktion gesellschaftliche Freiheit realisierbar sei.

Damit haben wir freigelegt, was Fetischismus qua „gegenständlicher Schein" der Arbeitsbestimmungen in seiner dritten Bedeutung heißen kann. Dies gibt Anlaß, eine Zwischenbilanz zu ziehen und die Probleme zu benennen, die sich nun aufdrängen.

§ 7 Utopie- und Kritik-Prinzip der Marxschen Theorie – Personale Vergesellschaftung

Wenn wir uns daran erinnern, daß die erste Bedeutung des „gegenständlichen Scheins" qua Warenschein nur auf der haltlosen Metaphysik der Substanztheorie des Werts basiert (vgl. oben § 6), wenn wir weiter konstatieren, daß der „gegenständliche Schein" qua Naturschein nachvollziehbar und in seinem kritischen Gehalt wohl begründet ist, und wenn wir dann das Gewicht dieser Einsicht mit dem sachlichen Anspruch vergleichen, der in der dritten Bedeutung des „gegenständlichen Scheins" qua falschem Freiheitsschein liegt, so wird evident, daß in dieser dritten Bedeutung das entscheidende kritische Potential des Fetisch-Gedankens zu sehen ist. Daraus jedoch entsteht eine theoretische Verlegenheit der Marxschen Theorie, die uns mit noch deutlicherem Bewußtsein auf die Ausgangsproblematik des „Vereins freier Menschen" zurückverweist (vgl. oben § 1).

Dies wird an den Resultaten klar, die sich inzwischen zu bislang noch offenen Fragen ergeben haben. Zum einen ist deutlich geworden, daß es falsch ist, wenn Marx die Unzertrennlichkeit von Fetischismus und Warenproduktion behauptet. Diese starke These, die im Vorgriff die Hauptkritik gegen die kapitalistische Warenproduktion abzugeben schien (vgl. oben § 1) und den Zielpunkt der genaueren Frage nach dem Fetischismus bestimmte (vgl. oben § 6), steht in ausschließlicher Abhängigkeit von der unhaltbaren Substanztheorie des Werts.

Was bleibt, sind die übrigen beiden Varianten des „gegenständlichen Scheins", die jedoch das starke Fetisch-Theorem aufgrund ihres propositionalen Charakters nicht stützen können. Daß eine falsche Ansicht über die Wirklichkeit vom Bewußtsein derer, die sie haben, „unzertrennlich" ist, stellt genauso eine Selbstverständlichkeit dar wie der Umstand, daß eine solche Ansicht vom Bewußtsein derer, die sie nicht haben, „zertrennlich" ist. So gesehen wäre also das Fetisch-Theorem ohne Interesse, weil trivial. Alles, was sich mit Hilfe der beiden propositionalen Varianten des Fetisch-Theorems unter Berücksichtigung zusätzlicher Argumente behaupten ließe, würde sich auf eine Erklärung zu konzentrieren haben, warum in der kapitalistischen Warenproduktion der falsche Naturschein und der falsche Freiheitsschein als dominant auftreten und woran es liegen kann, daß sie nicht ohne weiteres aufzulösen sind.

Eine solche Erklärung müßte dann freilich im Bewußtsein eines anderen Resultats unternommen werden. Dies betrifft das gleichfalls schon umschriebene problematische Verhältnis zwischen kritischer Kapitalismus-Analyse und rationaler Utopie (vgl. oben § 2). So sehr man nämlich die Kritik des falschen Naturscheins als aufklärende Theorie ansehen kann, die unabhängig vom Entwurf einer alternativen Gesellschaftsform Sinn macht, so wenig gilt dies für die Kritik des falschen Freiheitsscheins. Diese entscheidende Dimension der Kritik hat als konstitutive Sinnbedingung einen Begriff von rationaler Utopie. Wenn dem so ist, dann kann der falsche Freiheitsschein nur in dem Maße aufgelöst werden, als es entweder gelingt, die Meinungen der Menschen für die – unterstellte – bessere gesellschaftliche Gesamtalternative zu gewinnen oder aber, das Bewußtsein der Menschen steuert von selbst auf diese Alternative zu. Für beide Möglichkeiten ist jedoch offenbar wesentlich, daß die angestrebte Alternative nach deutlichen Kennzeichnungen ihrer Realisierbarkeit verlangt. Je verschwommener die Alternative, desto weniger Aussicht auf Erfolg, den falschen Freiheitsschein zu zerstören oder desto größer die Gefahr, einem neuen falschen Freiheitsschein zu verfallen, der seinerseits kritisch aufgelöst werden müßte.

Nach dieser Überlegung wäre also alles daran zu setzen, die Alternative der rationalen Utopie so transparent wie irgend möglich zu machen, um nicht irgendwann mit der fatalen Erklärung konfrontiert zu werden, der falsche Freiheitsschein der kapitalistischen Warenproduktion sei deshalb so dominant, weil die behauptete Alternative in sich unstimmig und zum Scheitern verurteilt sei. Nichts schlimmer, als wenn sich die rationale Utopie als pseudo-rational erweisen würde. Das aber zeigt, daß wir überhaupt kein Resultat erzielt haben, das dieser Forderung gerecht werden könnte. Denn was bislang an rationaler Utopie vorliegt, stellt nicht mehr dar als ein Postulat, das noch sehr weit davon entfernt ist, eine klar entwickelte Konzeption genannt werden zu dürfen. Was haben wir mehr als die Grundidee einer alternativen Gesellschaftsform, die im Gegensatz zur Warenproduktion primär interaktionsorientiert und an möglicher gesellschaftlicher Freiheit überlegen sein soll?

Daß diese Idee dringend der näheren Ausführung bedarf, ist klar schon angesichts der Frage, wie wir uns eine primär interaktionsorientierte Vergesellschaftung in ihrer positiven Ausgestaltung vorstellen sollen, so daß sie als real mögliche einsichtig wird. Ihre logische Möglichkeit, die sich negatorisch aus der Abgrenzung zur Warenproduktion ergibt, ist ein zu grobes Raster, um kritische Ansprüche zu befriedigen. Denn rein logisch ist es natürlich auch möglich, daß Menschen nicht mehr arbeiten müssen, daß ihnen die gebratenen Tauben in den Mund fliegen, oder daß sonstige Gegenstände ihrer Bedürfnisse wie von Geisterhand bewegt vom Himmel schweben.

Da Marx davon ausgeht, daß die Arbeit nicht aufhört, für Menschen eine „ewige Naturnotwendigkeit" (S. 57, 198) darzustellen, wird die Frage unausweichlich, wie interaktionsorientierte Vergesellschaftung und Arbeit zusammen zu denken sind. Dies nicht nur, um der intendierten Alternative zur Warenproduktion Transparenz zu verschaffen, sondern auch im Hinblick auf das allgemeine Verständnis von Arbeit, das Marx seinerseits unter dem Terminus der „Vergegenständlichung" begreift. Es ist aufschlußreich, an diesen Begriff der „Pariser Manuskripte" zu erinnern (vgl. MEW, Erg. Bd. 1, S. 512 ff.), weil er auf eine ganz andere Art von gegenständlicher Orientierung abhebt, die wir zur Vermeidung von Konfusion gegen die oben bestimmte Gegenstandsorientierung der Warenproduktion (vgl. § 6) absetzen müssen. Unter „Vergegenständlichung", und das wiederholt sich der Sache nach im anthropologischen Arbeitsbegriff des „Kapital" (vgl. S. 192 ff.), thematisiert Marx Prozeß und Resultat der Arbeit in dem ganz allgemeinen Sinn, daß es für Menschen von elementarer Bedeutung ist, sich in der zweckmäßigen Herstellung von Gebrauchsgegenständen zu verobjektivieren, zu vergegenständlichen. „Vergegenständlichung" meint so gegenstandsorientiertes Arbeitshandeln und die vergegenständlichten Resultate dieses Handelns.

Da es hierbei um den ganz allgemeinen Charakter der Gegenstandsorientierung in der Arbeit geht, ist klar, daß davon der gegenstandsorientierte Vergesellschaftungstypus der Warenproduktion als spezieller Fall der Organisation von Arbeit zu unterscheiden ist. Festzuhalten bleibt außerdem, daß „Vergegenständlichung" streng von „Verdinglichung" oder „Entäußerung" im Sinne von „Entfremdung" abgehoben werden muß. „Vergegenständlichung" geschieht in der Arbeit ganz unabhängig davon, ob sie entfremdet ist oder nicht (vgl. Magnis 1975, S. 89 ff.). Diese Klarstellung reicht hin, um das Problem genauer zu benennen, auf das eine entwickelte Theorie der alternativen Gesellschaftsform Auskunft geben müßte: Wie ist Vergegenständlichung durch Arbeit im Rahmen einer nicht primär gegenstandsorientierten Vergesellschaftung, einer interaktionsorientierten gesamtgesellschaftlichen Vermittlungsform möglich?

Im Vergleich zur Warenproduktion wäre die Nachforschung

zunächst auf die Frage zu konzentrieren, welches Schema der gesamtgesellschaftlichen Vermittlung im Unterschied zum Tausch, dem Schema der gegenstandsorientierten Vermittlung, angenommen werden sollte. Der Kürze halber nenne ich dies im folgenden den Gegensatz zwischen interaktivem und gegenständlichem (Grund-) Schema. Da nun aber das gegenständliche Schema des Tauschs die Tausch-Arbeitswert-Gleichung impliziert und diese in der Arbeitswert-Tauschwert-Beziehung nichts anderes als die Wertform repräsentiert (vgl. zuletzt oben § 6), stellt sich die Frage zugleich als theoretische Alternative zwischen Wertform und postulierter Interaktionsform. Da wir weiter gesehen haben, daß die Wertform-Thematik im Grunde die Frage nach der gesellschaftlich-praktischen Gestalt des gegenständlichen Schemas der Warenproduktion behandelt und zur Entwicklung des Geldbegriffs bzw. der Geldform führt (vgl. oben §§ 4, 5), folgt ganz parallel die Frage nach dem Gegensatz zwischen gesellschaftlich-praktischer Wertform qua Geldform und einer möglichen anderen gesellschaftlich-praktischen ungegenständlichen Interaktionsform.

Damit ist eine Umschreibung des Problems der alternativen Gesellschaftsform auf gesamtgesellschaftlicher Ebene erreicht. Auf diese Ebene, so sehen wir rückblickend deutlicher, sind Marx' Bestimmungen zu beziehen, die dem „spezifisch gesellschaftlichen Charakter" der Warenproduktion in der Wertbeziehung der Arbeitsprodukte gelten und die Form der „unmittelbaren Gesellschaftlichkeit" der Warenproduktion an der Tausch-Arbeitswert-Form und somit am gegenständlichen Schema des Tauschs festmachen.

Nun enthält aber die Idee der personalen Vergesellschaftung offenbar noch mehr als die systematische Perspektive der interaktiven Gesellschaftsform, die wir soweit verfolgt haben. Denn die Frage nach der alternativen Gesellschaftsstruktur fällt nicht ohne weiteres zusammen mit dem zusätzlichen Gesichtspunkt, der in der Wendung steckt, es gehe um „unmittelbar gesellschaftliche Verhältnisse der Personen in ihren Arbeiten selbst". Zwar läßt sich diese Wendung durchaus so verstehen, daß sie die gesamtgesellschaftliche Alternative meint, doch enthält sie mehr, wenn wir den Gesichtspunkt der jeweiligen *Einzel*arbeiten als solche betonen und nach den interaktiven Verhältnissen der Personen in diesen „ihren Arbeiten selbst" fragen. Demgegenüber betrifft das gesuchte interaktive Schema ja die Vermittlung aller möglichen Einzelarbeiten mit allen anderen und somit das jeweilige Verhältnis der Einzelarbeit zur Gesamtarbeit. Wie also sind die interaktiven Verhältnisse der Menschen in ihren Einzelarbeiten selbst zu bestimmen?

Diese Frage zeigt schon, daß unter Einzelarbeit hier nicht eine solche Art von Arbeit verstanden werden kann, die ein einzelner Mensch für sich allein ausführt. Worum es vielmehr gehen muß, ist Einzelarbeit im Sinne einer Produktionseinheit mehrerer Menschen, die von anderen Einzelarbeiten oder bloß individueller Arbeit abgegrenzt ist. So wie es durchaus sinnvoll sein kann, nach dem interaktiven Schema zwischen einer bloß individuellen Arbeit und der Gesamtarbeit zu fragen, so ist es andererseits nur sinnvoll, nach den interaktiven Verhältnissen der Menschen in ihren Einzelarbeiten relativ zu einer Produktionseinheit mehrerer Menschen zu fragen. Marx' Antwort findet sich unter dem Stichwort „Kooperation":

> „Die Form der Arbeit vieler, die in demselben Produktionsprozeß oder in verschiednen, aber zusammenhängenden Produktionsprozessen planmäßig neben- und miteinander arbeiten, heißt Kooperation." (S. 344)

Hierin liegt zunächst nicht mehr als das arbeitsteilig koordinierte Zusammenwirken mehrerer Menschen innerhalb einer Produktionseinheit. Dieses Zusammenwirken aber

> „einer größern Arbeiterzahl zur selben Zeit, in demselben Raum (oder... auf demselben Arbeitsfeld), zur Produktion derselben Warensorte, unter dem Kommando desselben Kapitalisten, bildet historisch und begrifflich den Ausgangspunkt der kapitalistischen Produktion" (S. 341).

Unabhängig davon, daß wir es mit kooperativen Produktionseinheiten innerhalb der kapitalistischen Warenproduktion zu tun haben, gilt jedoch:

„Im planmäßigen Zusammenwirken mit andern streift der Arbeiter seine individuellen Schranken ab und entwickelt sein Gattungsvermögen." (S. 349)

Sollen wir diese positive Bestimmung der Kooperation schon als zufriedenstellende Explikation der „unmittelbar gesellschaftlichen Verhältnisse" in den Einzelarbeiten verstehen? Wohl kaum, denn was wir brauchen, muß ja auf einen nicht-kapitalistischen Kooperationsbegriff führen, der möglicherweise vergleichbar, aber nicht ohne weiteres identisch mit der kapitalistischen Kooperation sein dürfte. Dies führt auf das Problem, wie sich Kooperation und „Direktion" zueinander verhalten:

„Alle unmittelbar gesellschaftliche oder gemeinschaftliche Arbeit auf größerem Maßstab bedarf mehr oder minder einer Direktion, welche die Harmonie der individuellen Tätigkeiten vermittelt und die allgemeinen Funktionen vollzieht, die aus der Bewegung des produktiven Gesamtkörpers im Unterschied von der Bewegung seiner selbständigen Organe entspringen. Ein einzelner Violinspieler dirigiert sich selbst, ein Orchester bedarf des Musikdirektors. Diese Funktion der Leitung, Überwachung und Vermittlung, wird zur Funktion des Kapitals, sobald die ihm untergeordnete Arbeit kooperativ wird." (S. 350)

So wie zunächst auf der gesamtgesellschaftlichen Ebene nach einem der Warenproduktion entgegengesetzten interaktiven Vermittlungsschema zu fragen war – von dem wir freilich noch keine konkrete Vorstellung gewonnen haben – so ergibt sich nun ein Vermittlungsproblem auf der Ebene der Einzelarbeiten. Wie vollzieht sich Arbeit als „unmittelbar gesellschaftliche oder gemeinschaftliche" dann, wenn nicht der Kapitalist oder einer seiner Vertreter „die Harmonie der individuellen Tätigkeiten vermittelt"? Da diese Art der Vermittlung von Marx als autoritär-despotisch bestimmt wird (vgl. S. 351 ff.), fragt sich, wie eine antiautoritäre Kooperationsform auszusehen hätte. Dies aber zeigt, daß das Wort ‚Kooperation' unter dem

Gesichtspunkt der Vermittlung der individuellen Tätigkeiten im Rahmen einer Produktionseinheit eine doppelte Bedeutung gewinnt, so daß wir von direktiver und interaktiver Kooperation sprechen können. Wenn wir dies tun und dabei mit ,interaktiv' in Parallele zum gesamtgesellschaftlichen Vorgriff auf eine alternative Produktionsweise nun eine mögliche alternative Vermittlung für Arbeiten innerhalb einzelner Produktionseinheiten anzeigen, dann wird deutlich, daß Kooperation in dem ganz allgemeinen Sinn eines arbeitsteilig koordinierten Zusammenwirkens von Menschen einen zunächst bloß technischen Sinn hat, der die spezifische Weise ihres Zusammenwirkens noch außer acht läßt. Die Rede vom „planmäßigen Zusammenwirken" der Arbeiter wird so ihrerseits doppeldeutig, je nachdem, ob wir hierunter die planmäßige Arbeitskoordination *ohne* Kennzeichnung der ihr eigenen Vermittlungsform der Tätigkeiten verstehen oder aber wir meinen damit etwa schon das „Zusammen" im Sinne interaktiver Kooperation. Dementsprechend müssen wir dann auch zwischen der Enwicklung des technischen und des interaktiven „Gattungsvermögens" unterscheiden.[19]

Für die Entwicklung des technischen Gattungsvermögens hat Marx einen eindeutigen Ausdruck im Begriff der Entwicklung der Produktivkräfte. Es ist an dieser Stelle nicht nötig, sämtlichen Verzweigungen dieses Begriffs nachzugehen.[20] Klar genug jedenfalls ist, daß Marx unter ,Produktivkraft' ganz allgemein das Verhältnis von Zeitaufwand und Arbeitsresultat versteht. Je geringer der Zeitaufwand pro Arbeitsresultat desto größer die Produktivkraft der Arbeit, so daß bei steigender Produktivkraft der Wert der Waren sinkt, da dieser ja in Arbeitszeitaufwand gemessen wird (vgl. S. 54 und oben § 2).

Wenig problematisch erscheint auch der Terminus ,gesellschaftliche Produktivkraft' (S. 349), um im Hinblick auf das arbeitsteilig koordinierte Zusammenwirken sowohl diesen allgemeinen Begriff anzuwenden als auch die besonderen Bedingungen zu

---

[19] Vgl. hierzu und zum Folgenden das m. E. aufschlußreichste Zitat, das die in Frage stehende Unterscheidung trifft: Gr, S. 373 f. Außerdem Gr, S. 584 ff., 596 ff.

[20] Vgl. hierzu Wildt 1977.

thematisieren, die sich für die Steigerung der Produktivkraft aus dem gesellschaftlichen Zusammenwirken der Menschen ergeben. Selbstverständlich auch, daß dabei die besondere Art der kooperativen Produktivkraftentwicklung im Zentrum steht, die der Kapitalismus hervorgebracht hat (vgl. S. 386).

Daß demgegenüber die Rede von der Entwicklung des interaktiven Gattungsvermögens nicht allzu deutlich ist, darf nicht verwundern. So wenig Marx selbst einen solchen Begriff heraushebt, obwohl dies sachlich geboten wäre, so wenig wissen wir positiv, auch wenn wir ihn explizit machen, wie das angesprochene Vermittlungsproblem auf der Ebene der Einzelarbeiten eine Lösung finden könnte. Was sich freilich aus dem Verhältnis von Kooperation und Direktion unter kapitalistischen Bedingungen in Richtung auf eine mögliche Alternative entnehmen läßt, kann jedoch für eine interaktive Weise der Kooperation nur heißen, daß die Direktion sozusagen in die Interaktion selbst hineingenommen wird, interaktive Kooperation als gemeinsame, kollektive Selbst-Direktion.

Wenn wir mit diesem Begriff, so postulatorisch er zunächst auch sein mag, weiterdenken, dann ergibt sich aber sofort eine Frage zum *Verhältnis* von interaktiver und technischer Kooperation. Entbindet die interaktive Kooperation die arbeitsteilige Koordination der Arbeit nur von ihrer autoritär-despotischen Direktion und läßt ansonsten das technische Zusammenwirken der Menschen so wie es ist – oder aber wird im Zuge der kollektiven Selbst-Direktion der Arbeit zumindest im Prinzip auch das technisch-arbeitsteilige Zusammenwirken als solches umgewandelt?

Daß alles für diese zweite, stärkere Seite der Überlegung spricht, ergibt sich sowohl von Marx wie von der Sache her. Nach Marx ist es ja für den Kapitalismus wesentlich, daß er nur einseitig die Entwicklung der Produktivkräfte, also die technische Kooperation, steigert, andererseits aber zur „Verkrüppelung des individuellen Arbeiters" (S. 386) führt. Dieser wird sowohl durch die autoritär-despotische Form als auch durch die besondere Art und Weise der arbeitsteiligen Koordination der Produktion an der Ausbildung seines interaktiven Gattungsvermögens gehindert. Daraus folgt, daß im Interesse einer Entwicklung dieses

Vermögens zweierlei geleistet werden muß. Erstens nämlich die Ersetzung der autoritär-despotischen Direktion durch eine kollektive Selbst-Direktion in eine neue Form der Arbeitsorganisation, die eine „Verkrüppelung des individuellen Arbeiters" auszuschließen erlaubt. Denn wie sollte umgekehrt eine kollektive Selbst-Direktion möglich sein, wenn nicht zugleich die Bedingungen geschaffen würden, daß sie sich wirklich als kollektive vollziehen kann? Und wie könnte sie dies unter Beibehaltung der „Verkrüppelung des individuellen Arbeiters"? Damit haben wir zugleich den sachlichen Grund benannt, weswegen wir die Alternative der interaktiven Kooperation auf der Ebene der Einzelarbeiten als alternatives Verhältnis von interaktiver und technischer Kooperation zu denken haben. Ohne einen solchen Wechselbezug wäre kaum zu vermeiden, daß die geforderte Selbst-Direktion nicht ihrerseits bloß scheinhaft wäre.

In vergleichbar programmatischer Allgemeinheit wie für die Frage der gesamtgesellschaftlichen Vermittlung (vgl. oben § 6) ist damit für die Ebene der Einzelarbeiten Marx' Grundformel von den „unmittelbar gesellschaftlichen Verhältnissen der Person in ihren Arbeiten selbst" soweit expliziert, daß wir zusammenfassend das alternative Gesellschaftsmodell bestimmen können, das der Idee der „freien Vergesellschaftung" entspricht und durch das der falsche Freiheitsschein der kapitalistischen Warenproduktion aufgelöst werden soll (vgl. oben § 6). Ich bezeichne dieses Modell als optimal-interaktiv und hebe es der Deutlichkeit halber von zwei anderen Modellen idealtypisch ab:

1) Das optimal-interaktive Modell ist dadurch gekennzeichnet, daß an die Stelle des gegenständlichen Grundschemas der Warenproduktion ein gesamtgesellschaftliches Schema der Interaktion tritt,
   – daß zugleich mit diesem Schema für die einzelnen Produktionseinheiten eine antiautoritäre Kooperationsform eingeführt wird, die zu einem neuen Verhältnis von technischer und interaktiver Kooperation führt, und zwar so
   – daß der Kapitalist durch eine kollektive Selbst-Direktion der Arbeiter ersetzt wird und
   – daß sich die arbeitsteilige Organisation der Produktion an den

Bedingungen der Möglichkeit der kollektiven Selbst-Direktion ausrichtet.

2) Das reduziert-interaktive Modell wäre demgegenüber so bestimmt,

– daß wie unter 1) ein gesamtgesellschaftliches Schema der Interaktion konstituiert wird,

– daß dieses Schema u. a. Regeln für die Direktion der einzelnen Produktionseinheiten zu gewinnen erlaubt,

– daß aber die Ersetzung des Kapitalisten nicht einhergeht mit einer qualitativen Veränderung des Verhältnisses von interaktiver und technischer Kooperation, sondern dieses strukturell dasselbe bleibt wie im Kapitalismus.

3) Das schein-interaktive Modell ergibt sich als Reduktionsvariante zu 2) dadurch,

– daß auf gesamtgesellschaftlicher Ebene ein Schema der technischen Kooperation eingeführt wird, das allerdings verschieden sein muß vom gegenständlichen Schema des Tauschs und

– daß sowohl Direktion wie Struktur der einzelnen Produktionseinheiten ausschließlich dem Schema der technischen Kooperation folgen, so daß auch hier keine strukturelle Divergenz zum Kapitalismus auftritt.

Die Modelle 2) und 3) lassen sich als warnende Beispiele verstehen, auf die das optimal-interaktive Modell unter 1) nicht ohne Not verkürzt werden darf, da sonst wesentliche Teile, wenn nicht das Ganze der Idee der freien Vergesellschaftung preisgegeben würde.

Was aber ist nun mit der modellhaften Charakterisierung dieser Idee erreicht? Zwar einerseits eine Vervollständigung, die das Postulat der personalen Vergesellschaftung auf den relevanten Ebenen erläutert und ihren Zusammenhang thematisch gemacht hat, doch andererseits wurde die Forderung nach einer möglichst weitgehenden Erhellung der rationalen Utopie eigentlich um keinen wesentlichen Schritt weiter voran getrieben. Wir verbleiben, wenn auch in ausdifferenzierter Weise, in der Dimension des rein Postulatorischen. Daher gilt es erneut zu fragen, mit welch näheren Bestimmungen das optimal-interaktive Modell versehen werden muß, um gegenüber der kapitalistischen

Warenproduktion seine Überlegenheit an gesellschaftlicher Freiheit zu erweisen. Wir wissen ja noch nicht, welcher spezifische Begriff eigentlich für das gesamtgesellschaftliche Interaktionsschema einzusetzen ist, um eine klare Alternative zum gegenständlichen Schema des Tauschs abgeben zu können, und genauso wenig wissen wir, wie das Verhältnis von interaktiver und technischer Kooperation in konkreteren Begriffen zu denken sein soll. Wo aber finden sich Anhaltspunkte, die hier weiter helfen?

Als mögliche Kandidaten für zusätzliche Auskünfte kommen allenfalls noch jene Bestimmungen in Betracht, die uns bereits zu Beginn der Thematisierung der gesellschaftlichen Alternative in Gestalt des „Vereins freier Menschen" begegnet sind und sich gleichfalls im „Fetischkapitel" finden. Demnach geht es darum, durchsichtig vernünftige Beziehungen der Menschen untereinander und zur Natur zu erreichen, indem frei vergesellschaftete Menschen ihre Produktion unter planmäßiger Kontrolle betreiben, womit zugleich eine proportional richtige Verteilung von Arbeitsfunktionen und Bedürfnissen gewährleistet sein soll (vgl. oben § 1). Wenn wir diese Kennzeichnungen wieder aufgreifen, durch die zunächst Marx' Perspektive einer sich-selbst-transparenten Produktionsgemeinschaft umschrieben war, dann müssen wir freilich erkennen, daß sie uns die gesuchten präziseren Interaktionsbegriffe nicht liefern. Diese Einsicht verschärft zugleich das politische Grundproblem, das eben diese Begriffe aufgeworfen haben. Warum?

Zunächst einmal benennt die Rede von der durchsichtigen Vernünftigkeit der Beziehungen zwischen Menschen untereinander und zur Natur ein Ziel, das seinerseits die Bedingungen der Möglichkeit eines funktionierenden optimal-interaktiven Modells voraussetzt. Denn erst in dessen Rahmen erscheint es einlösbar. Zweitens ist der Begriff der freien Vergesellschaftung nur im Zuge der Fetisch-Diskussion klar geworden, indem die Idee einer alternativen unmittelbaren Gesellschaftlichkeit entfaltet wurde (vgl. oben § 6). Die Entfaltung dieser Idee aber führt ihrerseits ja auf das optimal-interaktive Modell. Damit ist nun auch drittens deutlich, daß der Begriff der „planmäßigen Kontrolle" systematisch von der Explikation des Interaktionsmodells abhängt und nicht umgekehrt. Weit entfernt dieses Modell zu präzisieren, muß vielmehr das, was „planmäßige Kontrolle" heißen kann, auf Interaktionsbegriffe zurückgebunden werden. Ausdruck dafür ist, daß es ohne weiteres möglich scheint, von planmäßiger Kontrolle relativ zu jedem der drei angeführten Modelle zu sprechen. Viertens schließlich stellt die proportional richtige Verteilung von Arbeitsfunktionen und Bedürfnissen nichts anderes als eine Problemformel dar, die wir ihrerseits in differenziertere Begriffe zu übersetzten haben. Wie immer eine Lösung dieses Verteilungsproblems aussehen mag, so impliziert sie jedenfalls eine Klärung des Verhältnisses von interaktiver und technischer Kooperation für die Ebene der Einzelarbeiten und darüber hinaus die Bestimmung der gesamtgesellschaftlichen interaktiven Vermittlung. Wie sollte auch sonst eine Festlegung von Verteilungsproportionen möglich sein? Damit freilich sind wir wieder beim Postulat des optimal-interaktiven Modells gelandet.[21]

Die Frage nach präziseren Interaktionsbegriffen für dieses Modell kehrt so in aller Dringlichkeit wieder. Doch nicht nur das. Wie sich nun gezeigt hat, verweisen die positiven Charakteristika des „Vereins freier Menschen", die wir von Marx als leitende Orientierungen ursprünglich aufgenommen hatten, auf nichts anderes als die postulatorische Konzeption des optimal-interaktiven Modells. Dieses Modell, das seinerseits aus wenigen Anhaltspunkten zu rekonstruieren war, entpuppt sich damit sowohl als der tieferliegende Gehalt der rationalen Utopie wie auch als das die Kritik der kapitalistischen Warenproduktion dominierende Prinzip. Daraus ergibt sich das Resultat, daß die kritischen Ansprüche von Marx' Theorie ohne eine Konzeption von rationaler Utopie nicht einlösbar sind.[22]

---

[21] Dieses *Postulat* ist also der systematisch postitive Begriff der „klassenlosen Gesellschaft" bei Marx. Die historischen Quellenstudien zu diesem Begriff leiden m. E. daran, daß sie die Überschneidungen verschiedener Modelle nicht adäquat herausbringen. Vgl. jedoch die fruchtbaren Interpretationen bei Ramm 1957; Dahrendorf 1971, Kap. 5; Baumeister 1976. Vieles zusammenfassend Ludes 1979.

[22] Vgl. hierzu und zu den Problemen von Kapitel 2 unten neuerdings insbes. Buchanan 1982, Chs. 2, 4, 7.

Dieses Resultat, das wir aus einer immanenten, wenn auch kritischen, Analyse der Marxschen Überlegungen gewonnen haben, offenbart die sträfliche Vernachlässigung der positiven Konzeption von rationaler Utopie, mit der Marx glaubt, auskommen zu können. Verantwortlich dafür ist die schlechte Metaphysik, mit der sein Gedankengang versetzt ist. In der unhaltbaren Substanztheorie des Werts bzw. der abstrakten Arbeit (vgl. oben §§ 2, 3), durch die Marx seine Theorie zum Nachteil der nachvollziehbaren relationalen Auffassung des Werts (vgl. oben § 4) belastet, meint er eine Einsicht zu besitzen, die schon rein immanent an der Struktur der Warenproduktion als solcher eine Kritik zu entwickeln erlaubt. Deshalb erscheint die Warenproduktion in Gestalt der „einfachen Wertform" mystifiziert und schließlich die Ware fetischisiert. In Wahrheit stehen hinter diesen „Geheimnissen" begriffliche Unstimmigkeiten, die sich der Substanzmetaphysik des Werts und der Arbeit verdanken (vgl. oben §§ 4, 6). Marx' Theorie ist gekennzeichnet durch ein Mißverhältnis von Metaphysik und kritischer Gesellschaftstheorie.

Damit reduziert sich der ganze Ertrag des ersten Kapitels des „Kapital" auf drei Elemente: erstens auf die Hypothese der Tausch-Arbeitswert-Gleichung, die nach wie vor des eigentlichen Beweises harrt (vgl. oben §§ 2, 4), zweitens auf die Erklärung der gesellschaftlichen Funktion des Geldes, die freilich über Anfänge noch nicht hinausgekommen ist (vgl. oben § 5), drittens schließlich auf die rationale Utopie des optimal-interaktiven Modells, dessen begrifflicher Vorläufigkeit wir uns inzwischen nur zu gut bewußt sind (vgl. soeben § 7).

Aus dieser Verfaßtheit der Marxschen Theorie folgt weiter, daß unser politisches Ausgangsproblem nach wie vor unerledigt dasteht (vgl. oben § 1) und daß sich die Aussichten verschlechtert haben, bei Marx weiterführende Lösungsversuche zu finden. Unerledigt ist das Problem in dem Maße, in dem das Interaktionsmodell der rationalen Utopie die begrifflichen Mittel vermissen läßt, in denen Interaktion selbst zu denken ist. Was sind die Regeln der Interaktion auf der Ebene der Einzelarbeiten und der Gesamtgesellschaft und welche Art von Vernünftigkeit ist für sie konstitutiv?

Wenn wir so fragen, dann wiederholen wir im Grunde jene Frage, die sich zunächst unabhängig von einem möglichen Interaktionsmodell dadurch gestellt hat, daß Marx' Idee der sich-selbst-transparenten Produktionsgemeinschaft ein praktisches Vernunftproblem aufwirft (vgl. oben § 1). Dieses Problem bestand darin, daß nach den Bedingungen der Möglichkeit für die einzelnen Gesellschaftmitglieder und ihre gesellschaftlichen Organisationen zu fragen war, Entscheidungen darüber zu treffen, was im besonderen und allgemeinen planvoll zu tun vernünftig ist, um die postulierte Transparenz der Produktionsgemeinschaft zu erreichen. Was wir inzwischen genauer wissen, ist, daß wir von Marx her diese Bedingungen als Bedingungen eines optimal-interaktiven Modells denken müssen, das sich aus der Entfaltung der Idee der personalen Vergesellschaftung ergeben hat. Damit ist jedoch noch immer keine Antwort gegeben, die das anfängliche praktische Vernunftproblem erledigen würde. Es wurde nur klar, daß dieses Problem im Hinblick auf die verschiedenen Ebenen des optimal-interaktiven Modells eigentlich zu verstehen ist als das Problem, in welchem Verhältnis mögliche personale Beziehungen und praktische Vernunft zueinander stehen. Interaktion und praktische Vernunft ergeben sich so als Leitthema für unser politisches Ausgangsproblem, nachdem wir uns des systematischen Stellenwerts des optimal-interaktiven Modells versichern konnten.

Die Frage nach präziseren Interaktionsbegriffen für das Modell der rationalen Utopie ist so vor allem eine Frage nach Vernunftbegriffen der Interaktion. Wir müssen fragen, welche *rationalen* Regeln und Formen der Interaktion bezogen auf die Ebenen der Einzelarbeiten und gesamtgesellschaftlichen Vermittlung notwendig sind, um eine Transparenz der Gesellschaft im ganzen zu erzielen. Und für diese Transparenz gibt es ihrerseits kein anderes Kriterium, „rational" genannt werden zu dürfen, als mögliche Begriffe der Rationalität von Interaktion. Genauso wie die Rede von „planmäßiger Kontrolle" auf Interaktionsbegriffe zurückverweist, genauso macht die Rede von „durchsichtig vernünftigen Beziehungen" für die Gesellschaft als ganze, das Postulat der sich-selbst-transparenten Gesellschaft, dem tieferliegenden Prinzip des interaktiven Modells und damit der

Wechselbeziehung von Interaktion und praktischer Vernunft Platz.

Hieraus wiederum folgt, daß der Rationalitätsbegriff der Utopie als solcher sich an der Erfüllung der Rationalitätsbedingungen der Interaktion entscheidet. Es war daher ganz richtig, die mögliche Vernunft der befreiten Gesellschaft aus Bestimmungen ihres Vollzugs heraus und nicht als irgendwie vorgegeben zu problematisieren (vgl. oben § 1). Ebenso richtig war, so muß jetzt evident sein, die Ablehnung eines technischen Verständnisses für die gesuchte Transparenz der Gesellschaft. Triftig war schließlich auch, das Verhältnis von Arbeitsfunktionen und Bedürfnissen als ein offenes Problem hinsichtlich möglicher Alternativen und Konflikte zu betrachten, denn wie anders als Ergebnis vernünftiger Interaktion mit ihrerseits nicht a priori garantierter Konfliktfreiheit könnte sich hier eine Lösung einstellen?

Damit, so finde ich, liegt eine wichtige kritische Konsequenz gegen Marx auf der Hand. Sie ergibt sich aus der verdeckten inneren Systematik seiner eigenen Überlegungen und führt zu weiteren Fragen. Paradoxerweise nämlich zeigt sich nun, daß gerade dann, wenn wir die Idee der personalen Vergesellschaftung so ernst wie möglich nehmen und das optimal-interaktive Modell als die rationale Utopie des „Vereins freier Menschen" erkennen, in aller Schärfe das Verhältnis von Interaktion und praktischer Vernunft als Kernfrage der befreiten Gesellschaft in den Blick treten müßte. Je klarer die rationale Utopie, desto klarer das politische Grundproblem, das sie aufwirft.[23] Demzufolge ist das bei Marx fehlende Bewußtsein über dieses Problem der mangelnden Klarheit über sein eigenes optimal-interaktives Modell der befreiten Gesellschaft geschuldet. Eine vertretbare Begründung für dieses Defizit gibt es nicht. Im Gegenteil, denn die rationale Utopie ist zugleich Prinzip der Kritik der kapitalistischen Warenproduktion.[24]

---

[23] Daß dieses Problem im Anschluß an das Fetisch-Kapitel bei G. A. Cohen 1978, Ch. V nicht gesehen wird, schwächt seinen ansonsten so reflektierten Rekonstruktionsversuch sehr. Entsprechendes gilt für das Demokratie-Problem. Vgl. unten Kap. 2.

Außerdem aber müssen wir prüfen, ob die mangelnde Explizit-heit des interaktiven Modells nicht verbunden ist mit einem Schwanken zwischen der optimal-interaktiven und anderen Modell-Varianten bis hin zu einer schein-interaktiven Verken-nung des Problems. Zwar ist dies bisher bloß als idealtypische Möglichkeit aufgetaucht und andererseits schien von Beginn an ein technisches Mißverständnis der rationalen Utopie ausge-schlossen zu sein (vgl. oben § 1). Angesichts der mageren Anhaltspunkte, die sich bei Marx finden, ist inzwischen jedoch Vorsicht geboten. Vor allem gewinnt die Situation dadurch eine zusätzliche Komplexität, daß sich durchaus, selbst wenn wir das optimal-interaktive Modell zugrundelegen, *innerhalb* dieses Modells die Frage nach dem Verhältnis von technischer und interaktiver Rationalität stellt. So wenig ein Modell von techni-scher Rationalität die befreite Gesellschaft zu denken erlaubt, so unbestreitbar ist, daß sowohl für die Einzelarbeiten wie für ihren Zusammenhang technische Rationalität qua technische Koope-ration bzw. Produktivkraftentwicklung eine wichtige Rolle spielt. Solch technische Rationalität ist unter kapitalistischen wie post-kapitalistischen Bedingungen von der Vergegenständli-chung des Menschen in der Arbeit nicht zu trennen.

Wenn es nun aber darauf ankommt, Vergegenständlichung durch Arbeit in einem interaktiven, im Gegensatz zur Waren-produktion nicht-gegenständlichen Modell zu begreifen, dann wird offenkundig, daß das Verhältnis von technischer und inter-aktiver Rationalität zum Problem werden muß, da ja etwa auf der Ebene der Einzelarbeiten die arbeitsteilige Organisation an den Bedingungen der Möglichkeit der kollektiven Selbst-Direktion ausgerichtet werden sollte und die Gesellschaft sowieso einem interaktivem Grundschema folgt. Es gilt also nicht nur, techni-sche und interaktive Rationalität auseinanderzuhalten, sondern auch ihr mögliches Spannungsverhältnis im Rahmen eines inter-aktiven Modells zu reflektieren. Einerseits darf die Grundorien-

---

[24] So zutreffend Haug 1972 eine Problematisierung in dieser Richtung vornimmt, so unklar bleibt der Inhalt der „sozialistischen Perspektive". Auch die orthodoxe Marx-Rezeption bei Haug 1974 kann das Problem nicht entfalten.

tierung des Modells nicht durch die Dominanz der technischen Rationalität verdrängt werden, andererseits aber kann auch nicht eine Funktionsbestimmung der technischen – relativ zur interaktiven – Rationalität einfach unterbleiben. In Anbetracht dieser, nicht gerade simplen Sachlage, ist die Gefahr groß, aufgrund mangelnder Deutlichkeit des interaktiven Modells in Fehler bei der Bestimmung des Verhältnisses von technischer und interaktiver Rationalität zu verfallen und damit das interaktive Modell zu schwächen. Daher die Frage, ob Marx dieser Gefahr erliegt.

Schließlich zwingt die erwiesene Abhängigkeit der Marxschen Gesellschaftskritik von einer Konzeption der rationalen Utopie und die zugleich feststellbare geringe Reflektiertheit dieser Utopie zur Problematisierung der Marxschen Theorie-Konzeption als solcher. In welcher Beziehung steht eigentlich die Utopie zur empirisch angelegten Analyse des Kapitalismus?

Hierzu haben wir ein Resultat erzielt, das nur der Betonung bedarf, um eine neue Schwierigkeit zu erkennen. Es besteht darin, daß die Charakterisierung der kapitalistischen Warenproduktion im Sinne der Tausch-(Einzel-)Arbeits-*Beziehung,* die zur Kennzeichnung des Tauschs als gegenständlichem Schema der Vergesellschaftung führt, völlig unabhängig von der empirischen Gültigkeit der Tausch-Arbeitswert-*Gleichung* (vgl. oben §§ 2, 4) getroffen werden kann.[25] Es könnte also sein, daß wir bei einer weiteren Überprüfung der Marxschen Theorie nicht nur ein Mißverhältnis zwischen Metaphysik und kritischer Gesellschaftstheorie, sondern auch zwischen empirischer und kritischer Theorie zu gewärtigen haben.

§ 8 Die mangelnde Reflektiertheit des Marxschen Modells – zwischen gesellschaftlicher Unmittelbarkeit und politischer Vermittlung

Es liegt nahe, die ersten beiden der soweit bezeichneten Anschlußfragen gemeinsam zu überprüfen. Die mangelnde Klarheit über das optimal-interaktive Modell könnte sich ja

---

[25] Vgl. hierzu schon Petry 1915.

leicht mit einem Schwanken zwischen verschiedenen Modell-Varianten verbinden.

Was die Überprüfung selbst angeht, so wäre ab jetzt eine Beschränkung auf das „Kapital" oder überhaupt den „späten Marx" nur noch künstlich. So zweifelhaft eine strikte Trennung in den „frühen" und „späten" Marx (vgl. z. B. Althusser 1968, S. 32 ff.) schon als solche erscheint, so irrelevant wird diese, wenn es darum geht, im Interesse unseres ungelösten Problems zusätzlich Evidenzen zu sammeln. Für eine Theorie, die in Beweisnot kommt, sollte jedes Mittel recht sein, das ihre Verbesserung bewirken kann, woher auch immer es beschafft werden mag.

Welches Bild also bietet sich, wenn wir in uneingeschränkter Weise nach Auskünften suchen, die einer Entwicklung des optimal-interaktiven Modells dienen könnten? Beginnen wir mit einem Beleg, der die Marxsche Utopie in ihrer ganzen Emphase zeigt:

„Gesetzt wir hätten als Menschen produziert: Jeder von uns hätte in seiner Produktion sich selbst und den anderen *doppelt bejaht*. Ich hätte 1) in meiner *Produktion* meine *Individualität*, ihre *Eigentümlichkeit* vergegenständlicht und daher sowohl während der Tätigkeit eine individuelle *Lebensäußerung* genossen, als im Anschauen des Gegenstandes die individuelle Freude, meine Persönlichkeit als *gegenständliche, sinnlich anschaubare* und darum *über allen Zweifel erhabene* Macht zu wissen. 2) In deinem Genuß oder deinem Gebrauch meines Produkts hätte ich *unmittelbar* den Genuß, sowohl des Bewußtseins, in meiner Arbeit ein *menschliches* Bedürfnis befriedigt, als das *menschliche* Wesen vergegenständlicht und daher dem Bedürfnis eines anderen *menschlichen* Wesens seinen entsprechenden Gegenstand verschafft zu haben, 3) für dich der *Mittler* zwischen dir und der Gattung gewesen zu sein, also von dir selbst als eine Ergänzung deines eignen Wesens und als ein notwendiger Teil deiner selbst gewußt und empfunden zu werden, also sowohl in deinem Denken wie in deiner Liebe mich bestärkt zu wissen, 4) in

meiner individuellen Lebensäußerung unmittelbar deine Lebensäußerung geschaffen zu haben, also in meiner individuellen Tätigkeit unmittelbar mein wahres Wesen, mein *menschliches*, mein *Gemeinwesen bestätigt und verwirklicht* zu haben.
Unsere Produktionen wären ebensoviele Spiegel, woraus unser Wesen sich entgegen leuchtete." (MEW, Erg. Bd. 1, S. 462 f.)

Was wir hier vor uns haben, stellt zunächst eine Ausformulierung der Idee der personalen Vergesellschaftung dar, die wir als Grundlage des optimal-interaktiven Modells (vgl. oben §§ 6, 7) ansehen müssen. Wir erreichen insofern eine Präzisierung dieser Idee als Marx uns auffordert, die Vergegenständlichung des Menschen in der Arbeit so zu denken, daß eine wechselseitige Selbstbestätigung zustande kommt, die sich im Medium eines symmetrisch-dialogischen Gattungsakts vollzieht, der eine unmittelbare Einheit von individueller Tätigkeit und allgemeiner Gesellschaftlichkeit ermöglicht.
Im Interesse der Frage nach Interaktionsbegriffen für die personale Vergesellschaftung müssen wir hierin eine Präzisierung deshalb sehen, weil Marx den spezifischen Akt-Typus nennt, durch den wir ein Gelingen der personalen Vergesellschaftung nachvollziehen sollen: den symmetrisch-dialogischen Gattungsakt. Symmetrisch ist dieser Akt unter dem Gesichtspunkt, daß sich Personen wechselseitig als Personen anerkennen, mit gleicher Disposition zur Vergegenständlichung in der Arbeit, gleicher Freiheit zur Befriedigung ihrer Bedürfnisse. Dialogisch ist der Akt, da eine reziproke Befriedigung von Bedürfnissen durch Arbeit Verständigung über Bedürfnisse und Arbeitshandlungen verlangt.
Diese beiden Bestimmungen werfen hier keine interessanten Fragen auf, denn es ist nicht zu sehen, wie ohne sie ein Begriff von personaler Vergesellschaftung sinnvoll sein sollte (vgl. jedoch unten §§ 12 ff.). Was also bleibt dann? Offenbar nur noch die Betonung des Gattungsakts als solchen, der die fragliche unmittelbare Einheit von individueller Tätigkeit und allgemeiner Gesellschaftlichkeit ermöglichen soll. Wenn wir aber nicht mehr

haben, dann muß Marx in anderen Worten behaupten, daß der Gattungsakt einfach *spontan* die fragliche unmittelbare Einheit zuwege bringt. Diese Behauptung jedoch ist alles andere als befriedigend, selbst wenn sie, wie gesagt, zunächst eine spezifischere Auskunft zur Interaktion darstellt. Denn sie führt uns in ein Dilemma, das nur umso schärfer das Vermittlungsproblem sowohl auf der gesamtgesellschaftlichen Ebene wie für die Einzelarbeiten hervortreibt.

Die Auskunft nämlich, der symmetrisch-dialogische Gattungsakt ermögliche den Vollzug des optimal-interaktiven Modells der personalen Vergesellschaftung, ist schlicht zirkulär, da sie nur für die Akt-Ebene die rein postulatorische Behauptung wiederholt, das optimal-interaktive Modell sei möglich. Diese Behauptung aber, so hatten wir gesehen, gilt es gerade durch die Entwicklung von Interaktionsbegriffen allererst zu begründen. Eine bloße Wiederholung der Behauptung, sei es auch in Akt-Termini, genügt nicht. Wir stehen also nach wie vor mit dem unerledigten Problem da, nach welchen rationalen Regeln der Interaktion die personale Vergesellschaftung im besonderen und allgemeinen funktionieren soll, eine Frage, die wir in Aufnahme des damit bezeichneten Vermittlungsproblems (vgl. oben § 7) im folgenden als Problem der gesellschaftlichen Vermittlungsschemata bezeichnen können.

So sehr unser bisheriges Resultat dieses Problem verschärft, so klar wird damit auch, daß wir unsere ganze weitere Überprüfung darauf konzentrieren können, ob sich bei Marx überhaupt eine Reflexion auf das Problem der gesellschaftlichen Vermittlungsschemata findet oder ob er es einfach bei Wiederholungen des Postulats beläßt, der symmetrisch-dialogische Gattungsakt sei die spontane Bedingung der Möglichkeit der personalen Vergesellschaftung, auf welcher Ebene auch immer. Wenn das letztere der Fall wäre, dann ließe sich gegen Marx, wozu die obige Stelle Anlaß gibt, der entsprechende Vorwurf wiederholen, den er selbst Feuerbach gemacht hat (vgl. MEW 3, S. 44), daß nämlich Liebe und Freundschaft als idealisierte Formen von spontaner Gesellschaftlichkeit nicht ausreichen, um die befreite Gesellschaft in adäquaten Termini zu denken.

Die Antwort auf unsere Frage und antizipierte Kritik besteht

darin, daß zwar Marx das anstehende Vermittlungsproblem
sieht, aber keine Lösung entwickelt, sondern es unerledigt vor
sich herschiebt. Stellen wir zunächst einmal fest, daß Marx das
Problem thematisiert, indem er der kapitalistischen Warenproduktion sein alternatives Gesellschaftsmodell gegenüberstellt:

„Der gemeinschaftliche Charakter der Produktion würde
von vornherein das Produkt zu einem gemeinschaftlichen, allgemeinen machen. Der ursprünglich in der Produktion stattfindende Austausch – der kein Austausch
von Tauschwerten wäre, sondern von Tätigkeiten, die
durch gemeinschaftliche Bedürfnisse bestimmt wären,
durch gemeinschaftliche Zwecke – würde von vornherein
die Teilnahme des Einzelnen an der gemeinschaftlichen
Produktenwelt einschließen. Auf der Grundlage der
Tauschwerte wird die Arbeit erst durch den *Austausch* als
allgemein *gesetzt*. Auf dieser Grundlage wäre sie als solche *gesetzt* vor dem Austausch; d. h. der Austausch wäre
überhaupt nicht das *Medium*, wodurch die Teilnahme des
Einzelnen an der allgemeinen Produktion vermittelt
würde. Vermittlung muß natürlich stattfinden. Im ersten
Fall, der von der selbständigen Produktion der Einzelnen
ausgeht … findet die Vermittlung statt durch den Austausch der Waren, den Tauschwert, das Geld, die alle
Ausdrücke ein und desselben Verhältnisses sind. Im zweiten Fall ist die *Voraussetzung selbst vermittelt*; d. h. eine
gemeinschaftliche Produktion, die Gemeinschaftlichkeit
als Grundlage der Produktion, ist vorausgesetzt." (Gr,
S. 88) „Die Arbeit, auf Grundlage der Tauschwerte, setzt
eben voraus, daß weder die Arbeit des Einzelnen noch
sein Produkt *unmittelbar* allgemein ist; daß es diese Form
erst durch eine *gegenständliche Vermittlung* erlangt,
durch ein von ihm verschiedenes *Geld*." (Gr. S. 89)

Hätte es noch eines Beweises für die oben (vgl. § 6) aus dem
„Fetisch-Kapitel" entwickelte Alternative zwischen dem gegenständlichen Vermittlungsschema des Tauschs, der, wie wir auch
schon wissen, geldvermittelter Tausch ist (vgl. oben § 5), und der

Idee der personalen Vergesellschaftung bedurft, hier wäre der weitere Beleg für die systematische Relevanz dieser Gegenüberstellung.[26] Da wir uns über diese schon hinlänglich im klaren sind (vgl. oben § 7), können wir uns gleich dem Vermittlungsproblem der personalen Vergesellschaftung zuwenden, die wir idealtypisch auf das optimal-interaktive Modell gebracht haben.

Gemessen an diesem, näher ausdifferenzierten Modell, haben wir es beim vorliegenden Zitat mit der gesamtgesellschaftlichen Ebene und damit dem Problem des Grundschemas der alternativen gesellschaftlichen Vermittlung zu tun. Wenn wir von daher nochmals einen Blick auf unser anderes Zitat werfen, so erscheint die dortige Situation weniger eindeutig. Die wechselseitige Vergegenständlichung in der Arbeit aufgrund dialogischer Verständigung verweist eher auf das Verhältnis zweier Personen in ihrer Einzelarbeit. Genauso gut jedoch können wir dieses dialogische Verhältnis als Muster für die personale Vergesellschaftung überhaupt verstehen und damit sowohl auf Einzelarbeiten wie den gesamtgesellschaftlichen Zusammenhang beziehen. Für beide Ebenen fragt sich ja, wie wir uns den symmetrisch-dialogischen Gattungsakt denken sollen. Dies heißt andererseits für die Frage der gesamtgesellschaftlichen Vermittlung, daß wir darüber die Vermittlungsschemata auf der Ebene der Einzelarbeiten nicht vergessen dürfen.

Wenn wir nun freilich sehen, was Marx ausführt, dann scheinen wir solcher Differenzierungen überhaupt nicht zu bedürfen. Denn außer der für unsere Fragestellung aufschlußreichen Tatsache, daß Marx das Vermittlungsproblem sieht und ein alternatives Vermittlungsschema gesamtgesellschaftlicher Art postuliert, erfahren wir buchstäblich nichts, was uns in spezifischer Weise weiter helfen könnte. So wie wir zunächst den symmetrisch-dialogischen Gattungsakt hatten, der eine Reflexion auf das Problem der gesellschaftlichen Vermittlungsschemata vermissen ließ, so haben wir jetzt eine allgemeine Reflexion auf diese Frage, aber gleichzeitig vermissen wir eine bestimmte Antwort, da wiederum nur das Resultat, die gemeinschaftliche Produktions-

---

[26] Vgl. auch Gr, S. 908 („Urtext").

weise der personalen Vergesellschaftung, aber nicht die vermittelnden Bedingungen, die es ermöglichen, genannt werden. Oben war die bestimmte Antwort des symmetrisch-dialogischen Gattungsakts zirkulär, jetzt ist die Reflexion auf das Problem als solches leer, weil ohne bestimmte Antwort. Diese würde ihrerseits sofort zirkulär, wenn sie mit dem Verweis auf den Gattungsakt gegeben werden sollte. Das Dilemma, in dem sich Marx bewegt, können wir damit so beschreiben, daß es ihm nicht gelingt, die gesellschaftlichen Bedingungen der Möglichkeit des symmetrisch-dialogischen Gattungsakts auf nachvollziehbare Begriffe zu bringen, die uns, auf welcher gesellschaftlichen Ebene auch immer, über bloße Wiederholungen erstrebenswerter Resultate hinausführen.

Es mildert den Eindruck, nicht aber die systematische Kritik, wenn wir bei Marx weitere Hinweise finden, sich dem Problem irgendwann zu stellen. So lesen wir als Abschluß eines Gesamtplans zur Analyse des Kapitalismus im Anschluß an die geplante Behandlung der Krisen:

> „Auflösung der auf den Tauschwert gegründeten Produktionsweise und Gesellschaftsform. Reales Setzen der individuellen Arbeit als gesellschaftlicher und vice versa." (Gr, S. 175)

Dieses „reale Setzen" ist nichts anderes als die aufgeschobene Frage nach den Vermittlungsschemata der befreiten Gesellschaft. Ich vermag nicht zu sehen, daß Marx diese Gretchenfrage jemals einer auch nur annähernden Lösung zugeführt hätte.[27]
Ehe wir hieraus weitere Konsequenzen ziehen und auch versuchen, uns diesen Tatbestand zu erklären, erscheint es angebracht, Einwände zu entkräften, die sich auf andere Textbefunde

---

[27] Im Interesse dieser Frage werden die Marxschen Quellen in diesem Kapitel simultan gelesen, ohne historische Entwicklungen zu berücksichtigen. Für die Kontinuität des Marxschen Denkens steht so ein systematisches Problem. Vgl. zur Kontinuität im übrigen die sehr gute Darstellung bei Kosta/Mayer/Weber 1973, Teil A, und insbes. Klages 1964, Kap. II, b).

zu Marx stützen. Diesem Test wollen wir uns stellen, da ja unsere These, wenn sie stimmt, nichts zu fürchten braucht, sondern eher gestärkt werden könnte. Der zunächst naheliegendste Einwand läßt sich unmittelbar an das oben angeführte Zitat anschließen, denn die nächsten Sätze derselben Seite lauten bei Marx:

„Gemeinschaftliche Produktion vorausgesetzt, bleibt die Zeitbestimmung natürlich wesentlich. Je weniger Zeit die Gesellschaft bedarf, um Weizen, Vieh etc. zu produzieren, desto mehr Zeit gewinnt sie zu andrer Produktion, materieller oder geistiger. Wie bei einem Individuum hängt die Allseitigkeit ihrer Entwicklung, ihres Genusses und ihrer Tätigkeit von Zeitersparnis ab. Ökonomie der Zeit, darin löst sich schließlich alle Ökonomie auf. Ebenso muß die Gesellschaft ihre Zeit zweckmäßig einteilen, um eine ihren Gesamtbedürfnissen gemäße Produktion zu erzielen; wie der Einzelne seine Zeit richtig einteilen muß, um sich Kenntnisse in angemeßnen Proportionen zu erwerben oder um den verschiednen Anforderungen an seine Tätigkeit Genüge zu leisten. Ökonomie der Zeit, sowohl wie planmäßige Verteilung der Arbeitszeit auf die verschiednen Zweige der Produktion, bleibt also erstes ökonomisches Gesetz auf Grundlage der gemeinschaftlichen Produktion. Es wird sogar in viel höherem Grade Gesetz." (Gr, S. 89)

Gibt Marx hier nicht eine sehr bestimmte Antwort auf das Problem der gesellschaftlichen Vermittlungsschemata? Gibt er nicht die zeitökonomisch orientierte planmäßige Verteilung von Arbeit, auf welcher gesellschaftlichen Ebene auch immer, als dasjenige Medium an, in dem sich die gemeinschaftliche Produktion der personalen Vergesellschaftung bewegt?
Machen wir uns klar, warum diese vermeintliche Antwort auf einem Trugschluß beruht. Hierzu mag eine Erinnerung an frühere Resultate die Problemsituation verdeutlichen helfen. Denn im Grunde tritt uns nun als These erneut entgegen, was als Idee zur Explikation der „freien Vergesellschaftung" schon bekannt ist, aber nicht überzeugt hat, die These nämlich, daß im Leitbegriff der „planmäßigen Kontrolle", die Marx nun mit dem

„Gesetz der Zeitökonomie" verbindet, der Schlüssel für die Konzeption einer nicht-gegenständlichen Form der Vergesellschaftung zu sehen sei (vgl. oben §§ 6, 7). Der Plan, so läßt sich zuspitzen, ist das gesuchte nicht-gegenständliche Vermittlungsschema, das sowohl gesamtgesellschaftlich als auch für die Einzelarbeiten die personale Vergesellschaftung ermöglicht. Und im näheren funktioniert dieser Plan nach dem Gesetz der Ökonomie der Zeit.

Der Irrtum, auf dem diese Auffassung beruht, besteht darin, daß ein nicht auf *interaktive* Vermittlungsschemata zurückgebundenes zeitökonomisches Planungsmodell zwar möglicherweise einen Typus von Gesellschaft beschreibt, ganz sicherlich aber nicht jenen Typus, um den es der Marxschen Utopie im Sinne des optimal-interaktiven Modells der personalen Vergesellschaftung geht. Die Bedingungen der Möglichkeit dieses Modells sind zugleich die Bedingungen der Möglichkeit einer zeitökonomischen Planung, während der Gesichtspunkt der Planung als solcher überhaupt noch keine Antwort auf das gleichfalls schon gestellte Problem des Verhältnisses von technischer und interaktiver Rationalität zu geben erlaubt. Dieses Problem aber, so war evident, bedarf einer Lösung.

Bei näherem Zusehen ist es gerade diese Sicht der Dinge, die sich an den nun vorliegenden Zitaten bestätigt und zugleich unser Problem weiter verschärft. Marx setzt ja für die zeitökonomische Planung bereits die Grundlage der „gemeinschaftlichen Produktion" voraus. Diese aber war zuvor bestimmt worden als ein Austausch nicht von „Tauschwerten", sondern von durch „gemeinschaftliche Bedürfnisse" bestimmten „Tätigkeiten" aufgrund einer „Teilnahme des Einzelnen an der gemeinschaftlichen Produktenwelt". Nach Maßgabe welcher Regeln sich diese Teilnahme vollzieht, wie wir uns gesamtgesellschaftlich und auf Einzelarbeiten bezogen Teilnahme-Akte koordiniert denken sollen, dies ist nichts anderes als die Frage nach den gesellschaftlichen Vermittlungsschemata der Interaktion, die uns nach wie vor auf den Nägeln brennt. Die unbeantwortete Gretchenfrage kehrt also wieder.

So sehr Marx' Text selbst zu dieser Klarstellung Anlaß gibt, so deutlich tritt dann auch hervor, worauf systematisch gesehen die

These hinausläuft, die zeitökonomische Planung sei das entscheidende Vermittlungsschema. Sie bedeutet in anderen Worten, daß die von Marx unterstellten Teilnahme-Akte der gemeinschaftlichen Produktion sich auf Akte der technischen Kooperation reduzieren. Damit aber sind wir bei jenem schein-interaktiven Modell gelandet, das als warnendes Beispiel dem optimal-interaktiven Modell entgegenzustellen war (vgl. oben § 7). Wir erhalten eine technische Scheinlösung des Problems der personalen Vergesellschaftung. Nach den inzwischen diskutierten Textbefunden wäre es absurd, Marx eine solche Scheinlösung im Sinne einer deutlich fixierbaren Position zuschreiben zu wollen. Doch andererseits leistet er einer derart verkürzten Lösung Vorschub.

Weil Marx sein optimal-interaktives Modell nicht zureichend im Hinblick auf die gesellschaftlichen Vermittlungsschemata reflektiert, sondern sich auf postulatorische Versicherungen seiner Realisierbarkeit beschränkt – auf der anderen Seite aber ungleich entschiedener die Notwendigkeit der zeitökonomischen Planung betont, kann es schließlich so scheinen, als ob sich das Problem der befreiten Gesellschaft nur noch in Termini der technischen Arbeitsverteilung und Kooperation stellt. Ganz entsprechend muß dann auch das Verhältnis von technischer und interaktiver Rationalität aus dem Blick geraten. Was Wunder, daß dann am Ende nur noch Vorstellungen über technische Vermittlungen qua zeitökonomische Planungen kursieren und die Idee der Planung selbst zur Ersatz-Utopie wird.

Hinzu kommt, daß Marx geradezu von einem „Gesetz" der Zeitökonomie spricht, das für die künftige Gesellschaft „in viel höherem Grade" gelten soll, als es offenbar für die kapitalistische Gesellschaft der Fall ist. Wenn wir diese Analogie zum „Wertgesetz" der kapitalistischen Warenproduktion ernst nehmen, ergibt sich die paradoxe Situation, daß Marx sein eigenes optimal-interaktives Modell durch eine objektivistische Generalthese wieder denunziert. Dieses starke kritische Verdikt läßt sich zunächst aus dem Versuch gewinnen, die immanente Konsistenz der Marxschen Theorie im Interesse einer Aufklärung des optimal-interaktiven Modells zu wahren, ein Interesse, das für uns nach wie vor leitend sein muß.

115

Die Schwierigkeit beginnt damit, daß Marx ja sein Wertgesetz als „Naturgesetz" versteht (vgl. oben § 6). Demzufolge müßten wir auch die Rede vom Gesetz der Zeitökonomie in einem naturgesetzlichen Sinn verstehen. Da Naturgesetze unabhängig vom Willen handelnder Menschen gelten, würde folgen, daß die Menschen der befreiten Gesellschaft in ihren Handlungen durch die Gültigkeit des Gesetzes der Zeitökonomie so gebunden wären, daß sich nur noch die Frage stellen würde, wie sie sich in zweckrationaler Weise am besten auf dieses Gesetz einlassen. Die Menschen hätten dann nur noch das Problem, wie sie die Vorgegebenheit des Gesetzes, das sie – im Unterschied zur Warenproduktion – eingesehen hätten, technisch umsetzen sollten. Die zunächst so emphatisch klingende Idee der „freien Vergesellschaftung" (vgl. oben § 1), die uns im Sinne des optimal-interaktiven Modells auch im Kontext der gegenwärtig diskutierten Texte immer wieder entgegen getreten ist, wäre zur konkreten Gestalt einer Gesellschaft geworden, deren Freiheit darin besteht, daß sich die Menschen einsichtsvoll an ausschließlich technisch-zweckrationalen Erfordernissen der Zeitökonomie orientieren. Die Interaktion der Menschen wäre den technischen Erfordernissen untergeordnet und nicht umgekehrt die technischen Erfordernisse der Interaktion von Menschen.

Damit ist klar, daß dieser Gedankengang eine reductio ad absurdum des optimal-interaktiven Modells der Marxschen Utopie darstellt. Wiederum enden wir mit einer schein-interaktiven Variante, die uns an die bereits anfangs abgewiesene Travestie gesellschaftlicher Freiheit erinnert (vgl. oben § 1). Was folgt daraus, da doch Marx auf dem Gesetz der Zeitökonomie so entschieden zu bestehen scheint? Wenn wir klar sehen, dann kann nur folgen, daß wir nicht eine reductio ad absurdum des optimal-interaktiven Modells erreicht haben, sondern eine reductio ad absurdum der Auffassung, die zeitökonomische Planung sei nach dem Muster eines naturgesetzlichen Vorgangs zu denken. Es ist etwas völlig anderes, den sinnvollen Gedanken zu akzeptieren, daß der *Gesichtspunkt* der zeitökonomischen Planung relativ zum optimal-interaktiven Modell eine besondere Relevanz hat, anstatt den zusätzlichen Schritt zu tun und zu meinen, es gebe so etwas wie ein Naturgesetz der Zeitökonomie.

Wovon sich reden läßt, ohne in Schwierigkeiten zu kommen, sind gesellschaftliche *Regeln* der Zeitökonomie, die es natürlich geben muß, wenn Marx' Anspruch verwirklicht werden soll, „die Teilnahme des Einzelnen an der gemeinschaftlichen Produktenwelt" entsprechend „gemeinschaftlichen Zwecken" zu bestimmen. Doch diese Bestimmung setzt die Lösung der Frage voraus, nach welchen gemeinschaftlichen Zwecken und in welchen Formen produziert werden soll, eine Frage, die uns wieder auf unser Problem zurückführt, wie die gesellschaftlichen Vermittlungsschemata in Begriffen der Interaktion zu denken sind.

Gemessen an diesem Problem müssen wir dann freilich auch sehen, daß ein naturgesetzliches Verständnis des Gesetzes der Zeitökonomie, wenn es sinnvoll wäre, das Problem der gesellschaftlichen Vermittlungsschemata natürlich hinfällig machen würde. Denn, wie gezeigt, hätten wir ja dann nur noch Vermittlungsprobleme in einem technischen Sinn. Dies macht deutlich, daß ein objektivistisches Verständnis gesellschaftlicher Beziehungen im Sinne naturgesetzlicher Vorgänge systematisch darauf angelegt ist, auf Interaktionsbegriffe der gesellschaftlichen Vermittlung überhaupt zu verzichten. Da Marx andererseits solche Begriffe dringend nötig hätte, um sein optimal-interaktives Modell zu entfalten, müssen wir eine krasse, wenngleich verdeckte, Inkonsistenz zwischen diesem Modell und einem Objektivismus naturgesetzlicher Art konstatieren.

Aus dem Versuch, den Begriff der zeitökonomischen Planung für das Problem der gesellschaftlichen Vermittlung fruchtbar zu machen, ergibt sich so erneut die Bestätigung meiner These, daß Marx keine brauchbare Lösung dieses Problems entwickelt hat. Erneut stoßen wir auf die mangelnde Reflektiertheit der Marxschen Utopie.[28]

Bevor wir diese Fragestellung weiter verfolgen und auf Ergebnisse bringen, drängt sich nun aber ein noch stärkerer kritischer

---

[28] Eine ungelöste Spannung zwischen Planung und Selbstverwaltung bleibt auch bei Markovic 1971. Zur Geschichte und Problematisierung der Identifikation von Sozialismus und Planung vgl. Rothschild 1968. Zum systematischen Problem vgl. Kosta/Meyer/Weber 1973, Teil B, C.

Verdacht auf, den es hier perspektivisch zu benennen gilt, um ihn zu gegebener Zeit zu testen. Dieser Verdacht ergibt sich aus der Tatsache, daß das vermeintliche Gesetz der Zeitökonomie in Analogie zum vermeintlichen Wertgesetz der kapitalistischen Warenproduktion gedacht wird. Entgegen Marx' Selbstverständnis ist das Wertgesetz für uns deshalb bislang ein bloß vermeintliches Gesetz, weil seine empirische Triftigkeit als noch völlig unbewiesen angesehen werden muß (vgl. oben §§ 2, 4, 7). Wie aber, wenn dieses „Gesetz" sich als unbeweisbar erweisen sollte? Dann würde erst recht kein Grund mehr bestehen, für die befreite Gesellschaft ein naturgesetzliches Verständnis der Zeitökonomie anzunehmen. Andererseits aber könnte sich zeigen, daß nur noch ein naturgesetzliches Vorurteil dieser Art, das sich mit dem Ideal einer technischen Transparenz der Gesellschaft verbindet, die undurchschaute normative Projektion abgibt, unter der die empirische Analyse des Kapitalismus steht. Die mangelnde Reflektiertheit der Marxschen Utopie hätte so fatale Folgen für die Analyse des Kapitalismus selber.

Ehe wir uns dieser interessanten Frage widmen können, in der das allgemein schon thematisierte Spannungsverhältnis von Utopie und Empirie zur Debatte steht, gilt es jedoch die Überprüfung fortzusetzen, ob sich nicht doch noch präzisere Bestimmungen für das optimal-interaktive Modell, den Kern der Marxschen Utopie, finden oder zumindest von Marx her entwickeln lassen. Ein Blick auf folgende Stelle zeigt, daß unsere Überprüfung tatsächlich noch nicht zu Ende ist:

> „Das Reich der Freiheit beginnt in der Tat erst da, wo das Arbeiten, das durch Not und äußere Zweckmäßigkeit bestimmt ist, aufhört; es liegt also der Natur der Sache nach jenseits der Sphäre der eigentlichen materiellen Produktion. Wie der Wilde mit der Natur ringen muß, um seine Bedürfnisse zu befriedigen, um sein Leben zu erhalten und zu reproduzieren, so muß es der Zivilisierte, und er muß es in allen Gesellschaftsformationen und unter allen möglichen Produktionsweisen. Mit seiner Entwicklung erweitert sich dies Reich der Naturnotwendigkeit, weil die Bedürfnisse; aber zugleich erweitern sich die

Produktivkräfte, die diese befriedigen. Die Freiheit in diesem Gebiet kann nur darin bestehen, daß der vergesellschaftete Mensch, die assoziierten Produzenten, diesen ihren Stoffwechsel mit der Natur rationell regeln, unter ihre gemeinschaftliche Kontrolle bringen, statt von ihm als von einer blinden Macht beherrscht zu werden; ihn mit dem geringsten Kraftaufwand und unter den, ihrer menschlichen Natur würdigsten und adäquatesten Bedingungen vollziehen. Aber es bleibt dies immer ein Reich der Notwendigkeit. Jenseits desselben beginnt die menschliche Kraftentwicklung, die sich als Selbstzweck gilt, das wahre Reich der Freiheit, das aber nur auf jenem Reich der Notwendigkeit als seiner Basis aufblühen kann. Die Verkürzung des Arbeitstags ist die Grundbedingung." (MEW 25, S. 828)

Hilft uns diese Überlegung weiter? Leider nein. Vielmehr produziert sie eine neue Schwierigkeit, die aus der scharfen Gegenüberstellung zwischen einem Reich der Notwendigkeit und einem Reich der Freiheit resultiert.[29] Wenn nämlich dieses Reich der Freiheit als solches der „Kraftentwicklung, die sich als Selbstzweck gilt" verstanden wird und auf der anderen Seite die „Sphäre der eigentlichen materiellen Produktion" ins Reich der Notwendigkeit gehört, dann fragt sich, was nun auf einmal mit dem Leitbegriff der *Arbeit* selbst geschehen ist, der sich ganz zweifellos am Paradigma der materiellen Produktion orientiert und die Marxsche Utopie, nach allem was wir bisher wissen, genauso zweifelsfrei prägt.

Die Möglichkeit der gesellschaftlichen Freiheit war ja soweit orientiert an der Perspektive, wie denn Vergegenständlichung in der Arbeit im Rahmen einer nicht-gegenständlichen, interaktionsbestimmten Gesellschaftsform möglich sei (vgl. oben § 7) und das optimal-interaktive Modell stellt nichts anderes als die

---

[29] Vgl. zur Problematisierung Wellmer 1969, S. 124 ff.; Heller 1976, S. 136; Markus 1979, pp. 274 ff. Kurz und treffend auch Fetscher 1970. Zu affirmativ Schmidt 1971, Kap. IV. Grundsätzlich stimme ich mit der Sichtweise von Klages 1964, Kap. II, b) überein.

Ausdifferenzierung dieser, gerade oben noch bestärkten Marxschen Idee dar. Wird nun in einem plötzlichen Sinneswandel diese Dimension möglicher gesellschaftlicher Freiheit einfach einem Reich der Notwendigkeit preisgegeben und die „wahre" Freiheit nach einem neuen Grundbegriff der „Kraftentwicklung aus Selbstzweck" gedacht, einem Begriff, der seinerseits nicht gerade selbst-explikativ ist, sondern sofort nach näherer Bestimmung verlangt?

Vielleicht ist es am einfachsten, diese Frage dadurch zu beantworten, daß wir zunächst feststellen, ob sich in dem gegenwärtigen Entwurf überhaupt noch Elemente des am Leitbegriff der Arbeit ausgerichteten optimal-interaktiven Modells finden. Dies ist tatsächlich der Fall, denn die Rede von vergesellschafteten Menschen als „assoziierten Produzenten", die ihren Stoffwechsel mit der Natur über Arbeit rationell regeln, enthält nichts anderes als die Idee der „gemeinschaftlichen Produktionsweise" der personalen Vergesellschaftung, die uns oben wieder im Kontrast zum gegenständlichen Vergesellschaftungstypus des geldvermittelten Warentauschs begegnet ist. Das bedeutet, daß wir auch für die nun zur Debatte stehende Überlegung ein gesamtgesellschaftliches Grundschema der Interaktion voraussetzen müssen, wie das dem optimal-interaktiven Modell entspricht. Daß dieses Schema auch im vorliegenden Fall nicht bestimmt wird, läßt unseren Wunsch nach Präzisierung ein weiteres Mal offen.

Was demgegenüber deutlich wird, ist das Resultat, das sich Marx von einem funktionierenden Schema der fraglichen Art erhofft. Die assoziierten Produzenten sollen nämlich die materielle Produktion bewußt so gestalten, daß sie sich mit geringstem Kraftaufwand so menschenwürdig und menschenadäquat wie möglich vollziehen kann. Welches Kriterium aber läßt sich für diese Art von menschlicher Produktion angeben? Nichts anderes als diejenigen Bestimmungen, die wir auf der Ebene der *Einzelarbeiten* selbst in Einheit mit dem gesamtgesellschaftlichen Schema des optimal-interaktiven Modells kennengelernt haben. Diese bestanden im wesentlichen in einer Neubestimmung des Verhältnisses von technischer und interaktiver Kooperation im Rahmen einer anti-autoritären, auf die Möglichkeit kollektiver

Selbst-Direktion ausgerichteten Organisation der Produktion. Wenn uns nun aber auf diese Weise wiederum das optimal-interaktive Modell in seiner Gesamtheit präsentiert wird und dieses Modell die Idee der freien Vergesellschaftung verkörpert, die den falschen Freiheitsschein der kapitalistischen Warenproduktion auflöst, welchen Sinn macht es dann, daß Marx die durch dieses Modell erreichbare Freiheit einschränkt und zu einem Reich der Notwendigkeit erklärt, auf dem die „wahre" Freiheit erst aufruht? Heißt das nicht, daß die Idee der freien Vergesellschaftung ihrerseits einem falschen Freiheitsschein unterliegt? Und wie sähe denn dann das eigentliche Freiheitsmodell aus?

Die einzig plausible und nachweisbare Erklärung für diese erstaunliche Verschiebung der Marxschen Utopie besteht darin, daß die Orientierung am Begriff der Vergegenständlichung des Menschen *in der Arbeit* einem neuen dominierenden Begriff Platz machen muß: der Befreiung des Menschen *von der Arbeit*. Die größtmögliche Befreiung des Menschen von der Arbeit paßt jedoch denkbar schlecht zu der Emphase des optimal-interaktiven Modells, das wir als Explikation der Grundformel von den „unmittelbar gesellschaftlichen Verhältnissen der Personen in ihren Arbeiten selbst" gewonnen hatten. Denn zu dieser Emphase gehört ganz wesentlich ein Begriff der wechselseitigen Selbstbestätigung von Personen in ihren Arbeiten. Mit der Idee der personalen Vergesellschaftung ist die Idee der Befreiung der Arbeit konstitutiv verknüpft. Läßt sich also Befreiung von der Arbeit und Befreiung (in) der Arbeit überhaupt zu einer sinnvollen Einheit verbinden? Hierzu findet sich bei Marx eine weitere Auskunft:

> „In dem Maße aber, wie die große Industrie sich entwik-
> kelt, wird die Schöpfung des wirklichen Reichtums
> abhängig weniger von der Arbeitszeit und dem Quantum
> angewandter Arbeit, als von der Macht der Agentien, die
> während der Arbeitszeit in Bewegung gesetzt werden
> und ... deren powerful effectiveness selbst wieder in kei-
> nem Verhältnis steht zur unmittelbaren Arbeitszeit, die
> ihre Produktion kostet, sondern vielmehr abhängt vom
> allgemeinen Stand der Wissenschaft und dem Fortschritt

der Technologie, oder der Anwendung dieser Wissenschaft auf die Produktion... Die Arbeit erscheint nicht mehr so sehr als in den Produktionsprozeß eingeschlossen, als sich der Mensch vielmehr als Wächter und Regulator zum Produktionsprozeß selbst verhält... Es ist nicht mehr der Arbeiter, der modifizierten Naturgegenstand als Mittelglied zwischen das Objekt und sich einschiebt; sondern den Naturprozeß, den er in einen industriellen umwandelt, schiebt er als Mittel zwischen sich und die unorganische Natur, deren er sich bemeistert. Er tritt neben den Produktionsprozeß, statt sein Hauptagent zu sein. In dieser Umwandlung ist es weder die unmittelbare Arbeit... noch die Zeit, die er arbeitet, sondern die Aneignung seiner eignen allgemeinen Produktivkraft, sein Verständnis der Natur und die Beherrschung derselben durch sein Dasein als Gesellschaftskörper – in einem Wort die Entwicklung des gesellschaftlichen Individuums, die als der große Grundpfeiler der Produktion und des Reichtums erscheint... Sobald die Arbeit in unmittelbarer Form aufgehört hat, die große Quelle des Reichtums zu sein, hört und muß aufhören die Arbeitszeit sein Maß zu sein und daher der Tauschwert das Maß des Gebrauchswerts... Damit bricht die auf dem Tauschwert ruhende Produktion zusammen, und der unmittelbare materielle Produktionsprozeß erhält selbst die Form der Notdürftigkeit und Gegensätzlichkeit abgestreift. Die freie Entwicklung der Individualitäten, und daher nicht das Reduzieren der notwendigen Arbeitszeit um Surplusarbeit zu setzen, sondern überhaupt die Reduktion der notwendigen Arbeit der Gesellschaft zu einem Minimum, der dann die künstlerische, wissenschaftliche etc. Ausbildung der Individuen durch die für sie alle freigewordene Zeit und geschaffnen Mittel entspricht." (Gr, S. 592 f.)

Die hier von Marx beschriebene veränderte Stellung des Menschen zur materiellen Produktion spitzt unser Problem weiter zu. Denn wenn wir voraussetzen, was Marx offenbar hellsichtig als mögliche Gestalt einer automatischen Produktion antizipiert, dann wird klar, daß eine Wächterrolle des Menschen neben dem eigentlichen Produktionsprozeß ausschließt, daß Menschen innerhalb dieses Produktionsprozesses gemäß dem optimal-interaktiven Modell ihre Arbeit befreit haben. Der Versuch, Befreiung von der Arbeit und Befreiung in der Arbeit zusammen zu bringen, führt am Extrem-Beispiel der automatischen Produktion zu einem rein begrifflichen Widerspruch.[30]

Daran wird deutlich, daß die Vorstellung einer rein quantitativen Reduktion der Arbeitszeit im Bereich der materiellen Produktion, als deren Grenzfall wir die Automation zu begreifen haben, einen latenten Widerspruch zur Möglichkeit eines optimal-interaktiven Modells auf der Ebene der Einzelarbeiten enthält. Der Ausweg aus dieser Schwierigkeit scheint nur darin bestehen zu können, daß wir den bislang auf die materielle Produktion bezogenen Begriff der Arbeit, der für die befreite Gesellschaft in einer selbstbestätigenden Vergegenständlichung der Menschen bestehen sollte, in eine andere Dimension der Gesellschaft, eben außerhalb der materiellen Produktion, verlagern. Marx spricht diese Dimension dadurch an, daß Menschen außerhalb der unmittelbaren Produktion ihre „allgemeine Produktivkraft" aneignen, die offensichtlich aus einem theoretischen Wissen über die Natur und seiner technologischen Umsetzung besteht. Außerdem wird dieser Dimension neben der wissenschaftlichen auch die „künstlerische" Ausbildung zugerechnet. Dies ist insofern eine merkwürdige Zusammenstellung als die „allgemeine Produktivkraft" auf naturwissenschaftlicher Grundlage ganz sicher im Wechselspiel mit der unmittelbaren Produktion gedacht wird, während es schwerfällt, künstlerische Ausbildung und Tätigkeit ohne weiteres in eine funktionale Einheit mit der materiellen Produktion zu bringen.

Andererseits scheint aber gerade für die künstlerische Tätigkeit das zu gelten, was Marx oben als Bestimmung des „wahren" Reichs der Freiheit anführt, nämlich eine „Kraftentwicklung, die sich als Selbstzweck gilt". Dies zeigt, daß es prinzipiell zwei Möglichkeiten gibt, die, wie wir sagen können, immaterielle

---

[30] Vgl. Bahro 1977, S. 352.

Dimension der Produktion aufzufassen. Entweder so, daß eine funktionale Wechselbeziehung zur materiellen Produktion angenommen wird oder daß diese entfällt.

Nur wenn wir die erste Möglichkeit als allein sinnvolle erkennen, haben wir die Chance, einer weiteren Inkonsistenz zu entgehen, die in Marx' Äußerungen angelegt ist. Wir können dann unter Beibehaltung des bisherigen Arbeitsbegriffs und unter der Konzeption des optimal-interaktiven Modells einen akzeptablen Versuch machen, die Perspektive der Befreiung von Arbeit *im Rahmen* der Befreiung der Arbeit zu entwickeln. Hierzu könnten wir für die Ebene der Einzelarbeiten das Kriterium aufstellen, daß eine Befreiung von Arbeit in dem Maße geboten ist, in dem sich die optimal-interaktiven Bedingungen, an die wir uns soeben erinnert haben, nicht realisieren lassen. Die Gesellschaft müßte dann nach diesem Kriterium entscheiden, welche Art von Arbeiten sie, gemessen an ihren technischen Möglichkeiten, ganz automatisiert (z. B. Walzstraße, Müllabfuhr), extrem zeitlich reduziert (z. B. Bergbau oder Fließbandarbeit) oder aber favorisiert (z. B. feinmechanische oder handwerkliche Facharbeit). Dies wäre ein offener Prozeß der gesellschaftlichen Entwicklung, der freilich ein Funktionieren jenes gesamtgesellschaftlichen Vermittlungsschemas voraussetzen würde, dessen wir uns nach wie vor nur in abstracto gewiß sind.

Doch dieses Funktionieren einmal unterstellt, so könnte sich tatsächlich ergeben, daß die Menschen bei ihren Versuchen, die Arbeit zu befreien, immer mehr zu der Überzeugung kommen, daß ein optimal-interaktives Modell auf der Ebene der Einzelarbeiten keine allzu große Chance einer befriedigenden Umsetzung hat, sondern daß im Gegenteil die größtmögliche Befreiung von der unmittelbar materiellen Produktion insofern die beste Realisierung des optimal-interaktiven Modells darstellt, als dann eine selbstbestätigende Vergegenständlichung durch Arbeit im Sinne einer immateriellen Produktion möglich wird, die als gesellschaftliches Wissen auf diese bezogen ist. Weil diese Beziehung besteht und weil die Betätigung in der immateriellen Produktion an dem Kriterium des optimal-interaktiven Modells ausgerichtet ist, deshalb ließe sich dann auch davon sprechen, daß der ursprünglich für die materielle Produktion konzipierte

Begriff der Arbeit sozusagen seine eigene Emanzipation im Rahmen der gesellschaftlichen Entwicklung des optimal-interaktiven Modells erfährt. Freilich, die Orientierung an der materiellen Produktion bleibt erhalten und insbesondere wäre das gesamtgesellschaftliche Vermittlungsschema darauf angelegt, eben jenen Prozeß der Befreiung der Arbeit mit der Konsequenz der Befreiung von materieller Arbeit geregelt zu ermöglichen. Wir hätten damit zwar nicht die Gewißheit, daß sich diese gesellschaftliche Entwicklung empirisch in eine klar prognostizierbare Verfaßtheit der Gesellschaft konkretisiert, aber immerhin hätten wir eine nachvollziehbare Beziehung des optimal-interaktiven Modells zu einer möglichen empirischen Entwicklung der Gesellschaft, die dem Marxschen Gedanken der größtmöglichen Reduktion der für die materielle Produktion aufgewendeten Zeit gerecht würde.

Ganz anders sähe es dagegen aus, wenn wir diesen Gedanken mit jener Idee verbinden wollten, die darauf hinausläuft, eine positive Bestimmung von Arbeit auf eine immaterielle Dimension der Produktion zu übertragen, die in keiner funktionalen Rückkoppelung mehr zur materiellen Produktion steht. Wenn wir diese Rückkoppelung fallen lassen, kann dies nur die Folge haben, daß wir auf der Seite der immateriellen Tätigkeiten ein ganz verschiedenes Verständnis dessen, was „Arbeit" dann heißen kann, bekommen, und damit die Übertragung des aus dem Paradigma der materiellen Produktion entnommenen Arbeitsbegriffs auf den immateriellen Bereich zu Äquivokationen führt. Als Beleg für diese Gefahr wie als weiteren Anhaltspunkt für unsere Diskussion läßt sich folgende Stelle werten:

„Daß das Individuum in seinem normalen Zustand von Gesundheit, Kraft, Tätigkeit, Geschicklichkeit, Gewandtheit auch das Bedürfnis einer normalen Portion von Arbeit hat, und von der Aufhebung der Ruhe, scheint A. Smith ganz fernzuliegen. Allerdings erscheint das Maß der Arbeit selbst äußerlich gegeben, durch den zu erreichenden Zweck und die Hindernisse, die zu seiner Erreichung durch die Arbeit zu überwinden. Daß aber diese Überwindung von Hindernissen an sich Betätigung der

Freiheit – und daß ferner die äußren Zwecke den Schein bloß äußrer Naturnotwendigkeit abgestreift erhalten und als Zwecke, die das Individuum selbst erst setzt, gesetzt werden – also als Selbstverwirklichung, Vergegenständlichung des Subjekts, daher reale Freiheit, deren Aktion eben die Arbeit, ahnt A. Smith ebensowenig. Allerdings hat er Recht, daß in den historischen Formen der Arbeit... die Arbeit stets repulsiv, stets als *äußre Zwangsarbeit* erscheint und ihr gegenüber die Nichtarbeit als ‚Freiheit und Glück‘. Es gilt doppelt: von dieser gegensätzlichen Arbeit; und, was damit zusammenhängt, der Arbeit, die sich noch nicht die Bedingungen, subjektive und objektive, geschaffen hat... damit die Arbeit travail attractif, Selbstverwirklichung des Individuums sei, was keineswegs meint, daß sie bloßer Spaß sei, bloßes amusement... Wirklich freie Arbeiten, z. B. Komponieren ist grade zugleich verdammtester Ernst, intensivste Anstrengung. Die Arbeit der materiellen Produktion kann diesen Charakter nur erhalten, dadurch, daß 1) ihr gesellschaftlicher Charakter gesetzt ist, 2) daß sie wissenschaftlichen Charakters, zugleich allgemeine Arbeit ist, nicht Anstrengung des Menschen als bestimmt dressierter Naturkraft, sondern als Subjekt, das in dem Produktionsprozeß nicht in bloß natürlicher, naturwüchsiger Form, sondern als alle Naturkräfte regelnde Tätigkeit erscheint.“ (Gr, S. 505)

Hier begegnet uns einmal der vertraute, an der materiellen Produktion orientierte Begriff von Arbeit als selbstbestätigender Vergegenständlichung, die als real befreite gleichwohl an „äußren Zwecken“ ausgerichtet ist, auch wenn dies selbst gesetzte Zwecke sind. Das Abstreifen der „äußren Naturnotwendigkeit“ löst nicht das Grundfaktum der Auseinandersetzung mit der Natur auf, das seinerseits im Begriff der Arbeit als „ewiger Naturnotwendigkeit“ steckt. Auf der anderen Seite erhalten wir die Betonung einer „wirklich freien Arbeit“ am Beispiel des Komponierens und schließlich die Frage, wie diese Art von Arbeit in der materiellen Produktion zu verwirklichen wäre.

Dies gibt zunächst Anlaß, die Gefahr der Äquivokation des Arbeitsbegriffs zu benennen. Selbstverständlich spricht terminologisch nichts dagegen, das Komponieren als Arbeit zu bezeichnen, zumal es ja umgangssprachlich völlig natürlich ist. Es spricht auch nichts dagegen, die Überzeugung zu haben, daß diese künstlerische Tätigkeit „wirklich freies Arbeiten" sei. Doch dies nur dann, wenn wir dabei nicht vergessen, daß diese Rede von Arbeit nicht dem Begriff der Arbeit als selbstbestätigender Vergegenständlichung relativ zur äußeren Natur entspricht. Es macht keinen Sinn, einer Tätigkeit wie dem Komponieren oder anderen künstlerischen Tätigkeiten ein solches Verständnis zu unterlegen. Marx spricht selbst von der „Kraftentwicklung, die sich als Selbstzweck gilt" und wir haben allen Grund, gerade künstlerische (oder auch spielerische) Tätigkeiten als Musterbeispiele dieses Arbeitstypus anzusehen. Demgegenüber ist materielle Arbeit, aber auch wissenschaftlich immaterielle Arbeit, die auf diese rückgebunden ist, kein Selbstzweck ohne weitere Einschränkung, sondern eben bestenfalls selbstgesetzter äußerer Zweck.[31]

Hieraus folgt, daß es schon aus begrifflichen Gründen nicht möglich ist, zu erwarten, daß die Dimension der materiellen Produktion, selbst wenn wir die auf sie bezogene immaterielle Produktion hinzunehmen, jemals mit einem Typus von Arbeit zur Deckung gebracht werden könnte, der am Paradigma der künstlerischen Tätigkeit orientiert ist. Künstlerische Arbeit, so können wir sagen, vermag auch in der befreiten Gesellschaft nicht den *gesellschaftlich dominanten* Typus von Arbeit abzugeben, wie sehr auch immer sie in einer solchen Gesellschaft gedeihen kann. Hieraus folgt weiter, daß jenes so emphatisch beschworene „wahre Reich der Freiheit" auf keinen Fall das gesamtgesellschaftlich relevante Reich der Freiheit sein könnte. Dies aber führt auf das Dilemma, daß der Versuch, eine gesamtgesellschaftliche Theorie der befreiten Gesellschaft zu entwerfen, mit dem Eingeständnis enden würde, gesamtgesellschaftlich sei nicht Freiheit, sondern nur Notwendigkeit zu denken. Wir

---

[31] Vgl. Gr, S. 599: „Die Arbeit kann nicht Spiel werden."

müssen so Marx' Idee eines Reichs der Freiheit, das sich einer strikten Dichotomie zur Dimension der materiellen Produktion – wie weit gefaßt auch immer – verdankt, im Interesse von Marx' eigenen ursprünglichen Intentionen verwerfen.[32]

Begrifflich aus demselben Grund müssen wir auch die Idee fallen lassen, als ob sich Marx' Hoffnung erfüllen ließe, die Befreiung der Arbeit in der materiellen Produktion sei auf das Paradigma der freien Künstlertätigkeit auszurichten. Daß Marx überhaupt eine solche Überlegung anstellt, widerspricht an sich schon der scharfen Dichotomie in ein Reich der Notwendigkeit und der Freiheit, denn nun soll ja die materielle Produktion quasi künstlerisch werden. Doch so sehr dies zeigt, daß Marx kein apartes Reich der Freiheit, sondern ein gesamtgesellschaftlich relevantes Reich anstreben will, so wenig kann gelingen, was er vorhat.

Nicht, daß wir nicht mit Marx ein solches Ideal schön finden könnten[33] und auch nicht, daß wir nicht erneut die ganze Emphase der Befreiung der Arbeit zu würdigen wüßten, die Marx motiviert, doch bei Lichte betrachtet, so haben wir gesehen, kann sich eine im optimal-interaktiven Modell vollziehende Befreiung der Arbeit bis hin zur Befreiung von Arbeit einfach nicht von ihrem – wenngleich weit verstandenen – Leitbegriff der materiellen Produktion selbst emanzipieren. Wir müssen daher sowohl gesamtgesellschaftlich wie für den Bereich der Einzelarbeiten den Versuch als gescheitert betrachten, das optimal-interaktive Modell mit einem Leitbegriff der Befreiung von Arbeit so zusammen zu denken, daß dieser Begriff gegenüber dem Begriff der materiellen Produktion primär werden könnte. Befreiung von Arbeit, so zeigte sich, ist *gesellschaftlich* nur im Rahmen einer Befreiung der Arbeit selbst möglich.

Wie sollen wir nun dieses Resultat im Hinblick auf die Frage werten, ob sich nicht bei Marx Auskünfte finden lassen, die das optimal-interaktive Modell als solches, insbesondere jedoch das

---

[32] Sehr klar sieht dieses Problem Arendt 1981, S. 95. Ebenso Klages 1964, Kap. II, b.

[33] Vgl. insbes. auch Marcuse 1979, S. 162 ff. Den romantischen Kontext zeigt Röder 1982. Eine differenzierte Einschätzung gibt Hermand 1981, S. 157 ff.

Problem der gesellschaftlichen Vermittlungsschemata einer befriedigenden Präzisierung zuführen? Zunächst eindeutig negativ, denn das gesellschaftliche Vermittlungsproblem ist so ungelöst wie eh. Wir hatten es ja auch, entgegen dem ersten Anschein, gar nicht so sehr mit einer Klärung des optimal-interaktiven Modells als vielmehr den Zielvorstellungen zu tun, die innerhalb dieses Modells realisiert werden sollen. Und wir hatten alle Hände voll zu tun, daß diese Vorstellungen sich sowohl in Einklang mit dem bisherigen Arbeitsbegriff wie dem optimal-interaktiven Modell selbst hielten.

Daß dies, wenn auch hypothetisch, gelungen ist, läßt freilich weitere Schlüsse zu, die, wenn nicht für Marx, so doch für unsere Überprüfung der Marxschen Theorie positiv umsetzbar sind. Der Versuch nämlich, die mögliche Realisierung einer Befreiung der Arbeit in dem von Marx selbst gesteckten Rahmen des optimal-interaktiven Modells umzusetzen, zeigte wieder mit aller Deutlichkeit, daß wir hierfür eine gesamtgesellschaftliche Vermittlung brauchen, die den Prozeß der Emanzipation der Arbeit regelt. Diese Vermittlung, die Marx wiederum im zuletzt genannten Zitat einfach durch die lapidare Wendung unterstellt, daß der gesellschaftliche Charakter der Arbeit „gesetzt" sei – ganz so wie das andernorts angeführte „reale Setzen" gesellschaftlicher Arbeit Programm bleibt – diese Vermittlung also muß gerade dann von entscheidender Bedeutung werden, wenn wir auf der Ebene der Einzelarbeiten nicht einfach eine durchgängige Erfüllbarkeit der optimal-interaktiven Bedingungen von Arbeit annehmen dürfen.

Denn dann fragt sich sofort, ob solche Arbeiten automatisierbar, zeitlich extrem reduzierbar oder möglicherweise ganz aufhebbar sind.[34] Es würde jedoch wiederum einen Kurzschluß darstellen, wenn wir die Beantwortung solcher Fragen einfach von einer Verwissenschaftlichung der Produktion erwarten würden. Marx spricht diese Möglichkeit an, indem er die Perspektive entwirft, daß die Produzenten immer mehr ihre „allgemeine Produktivkraft" qua naturwissenschaftliche und technologische Kompe-

---

[34] Vgl. hierzu und zum Folgenden Gr, S. 584 ff., 587 ff., 592 ff.

tenz entfalten und in einem solchen Prozeß des „Allgemein"-Werdens von Arbeit die Menschen sich zu einem Subjekt machen, das „als alle Naturkräfte regelnde Tätigkeit erscheint" (vgl. die obigen Zitate). Nachdem wir diese Überlegungen im Horizont des optimal-interaktiven Modells zurecht gerückt haben, muß gleichwohl noch interessieren, welcher Beitrag von einer Verwissenschaftlichung der Produktion für die Befreiung der Arbeit zu erwarten wäre. Wenn wir uns dazu des Kriteriums erinnern, daß jene Arbeiten möglichst weitgehend zu reduzieren seien, bei denen die optimal-interaktiven Bedingungen für Einzelarbeiten nur schwer oder gar nicht zu verwirklichen sind, dann leuchtet ohne weiteres ein, daß für die Anwendung dieses Kriteriums sowie seine arbeitsorganisatorische Umsetzung wissenschaftliche und technologische Kenntnisse eine wichtige Rolle spielen werden und für weite Bereiche der Produktion zu den maßgeblichen Entscheidungshilfen ihrer Gestaltung avancieren.

Da nun aber diese Gestaltung im Interesse der Erfüllung des optimal-interaktiven Modells geschieht, wäre es inkonsistent, wenn die wissenschaftlich angeleitete Befreiung der Arbeit zum Zweck der Befreiung von bestimmten Arbeiten nicht als wissenschaftliche Arbeit, von der ihrerseits ja nach Marx nicht befreit werden kann oder soll, möglichst weitgehend dem Kriterium folgen sollte, das in den optimal-interaktiven Bedingungen für Einzelarbeiten liegt. Arbeit, die wissenschaftlichen Charakter hat, wäre also demzufolge unter die kollektive Selbst-Direktion derer zu stellen, die sie vollziehen und ihre arbeitsteilige Organisation an den Möglichkeiten der Selbst-Direktion auszurichten (vgl. oben § 7). Diese Art und Weise, das ursprüngliche Kriterium des optimal-interaktiven Modells für Einzelarbeiten umzusetzen, wäre jedoch zugleich gesamtgesellschaftlich bezogen. Denn die wissenschaftlich orientierte Arbeit soll nicht nur für sich, sondern für die Gesellschaft im ganzen das Ziel verfolgen, wie das optimal-interaktive Modell am besten zu realisieren sei. Dieses Ziel aber verweist auf die Möglichkeiten der kollektiven Selbst-Direktion, die in der Gesellschaft als ganzer zum Zweck der Emanzipation der Arbeit gegeben sind. Die kollektive Selbst-Direktion wissenschaftlich orientierter Arbeit wäre so konstitutiv mit der gesamtgesellschaftlichen Selbst-Direktion verknüpft. Die Funktion einer „alle Naturkräfte regelnden Tätigkeit", die Arbeit in wissenschaftlicher Orientierung nach Marx bekommen kann und soll, bliebe so auf die Funktion einer sich-selbst-regelnden Tätigkeit der Gesellschaft als ganzer zurückgebunden.[35] Die Erfüllbarkeit einer solchen Funktion freilich führt auf nichts anderes als die Möglichkeit eines funktionierenden gesamtgesellschaftlichen Vermittlungsschemas der Interaktion, dessen Konkretisierung wir immer noch nicht erreicht haben.

Ehe wir uns dieser zuwenden, interessieren jedoch die Konsequenzen für eine Verwissenschaftlichung der Produktion. Hierzu müssen wir festhalten, daß die Rede von wissenschaftlich orientierter Arbeit als „allgemeiner" Arbeit zwar insofern eine Berechtigung hat, als dieser Arbeit ein gesamtgesellschaftlich wesentlicher Bezug für die Realisierung der Befreiung der Arbeit im Rahmen des optimal-interaktiven Modells zukommt. Daß andererseits aber diese Arbeit dadurch nicht schon zu einer per se *vergesellschaftet* allgemeinen Arbeit wird, ergibt sich aus der Notwendigkeit ihrer eigenen gesamtgesellschaftlichen interaktiven Vermittlung. Es muß daher Verwirrung erzeugen, wenn Marx einerseits relativ zum Modell der personalen Vergesellschaftung davon spricht, daß die Arbeit „unmittelbar allgemein" werden soll, andererseits aber die durch wissenschaftlichen Charakter bestimmte Arbeit selbst als „allgemein" bezeichnet. Es kann dann kaum noch wundern, wenn die Illusion entsteht, mit der Verwissenschaftlichung der Produktion sei auch das Problem der personalen Vergesellschaftung gelöst. Sicher, Marx betont oben zuerst den Gesichtspunkt, daß der gesellschaftliche Charakter der Arbeit „gesetzt" sein müsse und natürlich müssen wir dies als Ausdruck des gesamtgesellschaftlichen Vermittlungsproblems werten. Doch diese postulatorische Aussage steht wiederum in deutlichem Mißverhältnis zu den weit spezifi-

---

[35] Vgl. hierzu Marx' Postulat von der „Kombination als Beziehung der zusammenarbeitenden Individuen aufeinander... als ihr Übergreifen, sei es über ihre besondere oder vereinzelte Funktion, sei es über das Instrument der Arbeit"; Gr, S. 374. Vgl. Gr, S. 597.

scher angelegten Reflexionen über die Perspektiven einer Verwissenschaftlichung der Produktion.

Wenn wir uns nun daran erinnern, daß bereits ein ganz vergleichbares Mißverhältnis zwischen der Reflexion auf die gesellschaftlichen Vermittlungsschemata und der Idee der zeitökonomischen Planung zu konstatieren war, dann wird der Schluß unausweichlich, daß die Marxsche Utopie ständig in Gefahr ist, von einer schein-interaktiven Variante aufgesogen zu werden: die gesamtgesellschaftliche Vermittlung wird identifiziert mit der zeitökonomischen Planung und die Befreiung der Arbeit wird gleichgesetzt mit ihrer Verwissenschaftlichung zwecks technischer Regelung der Naturkräfte.[36] Marx leistet dieser Schrumpfversion seiner Utopie Vorschub, indem er, wie vermutet, die Gretchenfrage der gesellschaftlichen Vermittlung keiner Antwort zuführt. Wir stoßen immer nur auf den Tatbestand, daß die in sich selbst irgendwie vermittelte „gemeinschaftliche Produktionsweise" mit ihren „gemeinschaftlichen Bedürfnissen" als Grundlage der zeitökonomischen Planung wie der Befreiung der Arbeit einfach vorausgesetzt wird.

Nicht besser erscheint der zunächst diskutierte Vorschlag, das optimal-interaktive Modell der personalen Vergesellschaftung in zirkulärer Weise durch den Begriff des symmetrisch-dialogischen Gattungsakts auf einen Begriff von Interaktion zu bringen. Zirkulär freilich war daran nicht die Idee einer symmetrisch-dialogischen Verständigung über Bedürfnisse und ihre Befriedigung durch Arbeit als solche, sondern die Behauptung, sie lasse sich durch einen Gattungsakt in spontaner Unmittelbarkeit realisieren. Die Rückkehr zu einem Unmittelbarkeitspostulat vergleichbarer Art wäre die hilflose Ausflucht, um der kritischen These zu entgehen, daß Marx keine Lösung des Problems der gesellschaftlichen Vermittlungsschemata besitzt.

Daraus kann nur folgen, daß wir das Unmittelbarkeitspostulat der Marxschen Utopie aus systematischen Gründen zu negieren haben. Denn es stellt sich nun folgende Alternative. Entweder

---

[36] Vgl. insbes. die Formel vom „technischen Humanismus" bei Klages 1964, S. 108. Nur die Entfaltung des optimal-interaktiven Modells kann diese Variante sinnvoll korrigieren.

wir halten an dem Unmittelbarkeitspostulat fest – dann bekommen wir entweder eine zirkuläre Bestimmung der Unmittelbarkeit oder allenfalls einen technischen Sinn von Unmittelbarkeit qua zeitökonomischer Planung oder verwissenschaftlichter Technologie. Die Konsequenz ist eine reductio ad absurdum des optimal-interaktiven Modells der Marxschen Utopie.

Oder andererseits, wir halten an diesem Modell fest. Dann können wir die Grundidee der personalen Vergesellschaftung, die den falschen Freiheitsschein der kapitalistischen Warenproduktion zerstören soll (vgl. oben §6), nur um den Preis eines Verzichts auf das Unmittelbarkeitspostulat der Vergesellschaftung bewahren. Die Konsequenz wäre der Versuch, endlich das Problem der gesellschaftlichen Vermittlungsschemata positiv anzugehen.

Diese zweite Alternative ist natürlich die einzig sinnvolle, wenn wir überhaupt noch daran interessiert sind, der Marxschen Utopie produktive Seiten abzugewinnen. Und wenn wir noch einmal auf die Entwicklung der Marxschen Utopie zurückblicken, dann zeigt sich, daß der Verzicht auf das Unmittelbarkeitspostulat keineswegs tragisch ist. Denn so sehr die Schlüsselwendung von den „unmittelbar gesellschaftlichen Verhältnissen der Personen in ihren Arbeiten selbst" auch die Unmittelbarkeit der Vergesellschaftung betonen mag, so bestand das Ergebnis einer Explikation dieser Formel gerade darin, daß das ausdifferenzierte optimal-interaktive Modell zum Vorschein kam (vgl. oben §7). An diesem Modell aber wird sofort deutlich, was für die Gegenüberstellung zur gegenständlichen Vergesellschaftung des Kapitalismus, die sich im Tausch manifestiert, eigentlich der entscheidende Begriff ist. Der systematische Gegenbegriff zum gegenständlichen Schema des Tauschs ist das nicht-gegenständliche Schema einer personal-orientierten, primär interaktiven Vergesellschaftung. Wir können keineswegs den Begriff der Unmittelbarkeit selbst als grundlegend ansehen, denn dieser verlangt die Hinsicht des in Frage stehenden Typus von Vergesellschaftung.[37] „Unmittelbare" Vergesellschaftung liegt ja als „unmittel-

---

[37] So berechtigt die Kritik von Lange 1978 am Unmittelbarkeitspostulat ist, so wenig scheint er sich über diesen Punkt klar zu sein.

bar-gegenständliche" auch im Kapitalismus vor, wie wir an der Kennzeichnung der Tausch-Arbeitswert-Beziehung gesehen haben (vgl. oben § 4).

Das Wort „unmittelbar" kann so hinsichtlich der interaktiven Vergesellschaftung dreierlei bedeuten. Entweder einen betonenden Zusatz zu dieser Vergesellschaftungsform selbst, der nicht den Kontrast zur kapitalistischen Vergesellschaftung, sondern die Parallele unter dem Aspekt der Unmittelbarkeit unterstreicht. Oder aber wir betrachten, was terminologisch selbstverständlich möglich ist, die Rede von „unmittelbarer Gesellschaftlichkeit" als Kennzeichnung der interaktiven Vergesellschaftsform selbst. Dann freilich ist der Gegenbegriff, der den Kapitalismus kennzeichnet, „gegenstands-vermittelte" Vergesellschaftung. Offenbar ist es dieser zweite Sprachgebrauch, der Marx' Formel von den „unmittelbar gesellschaftlichen Verhältnissen" zunächst zugrunde liegt. Dann jedoch enthält diese Formel nicht mehr als was wir deutlicher wiedergeben können mit „interaktiv-vergesellschafte Verhältnisse der Personen in ihren Arbeiten selbst". Dies führt auf die dritte mögliche Funktion, die das Wort „unmittelbar" übernehmen kann. Denn natürlich läßt sich dieser zweiten Bedeutung nun als Steigerungsform noch hinzufügen „unmittelbar interaktiv-vergesellschaftete Verhältnisse...".

In dieser dritten Funktion steckt das Unmittelbarkeitspostulat, das wir als *Lösung* des Problems der interaktiven Vergesellschaftung inzwischen ablehnen müssen. Wir brauchen damit dieses Postulat, das sich in der Spontaneität des symmetrisch-dialogischen Gattungsakts am deutlichsten manifestiert hat, noch nicht als regulative Idee aufgeben, doch die Problemlage zwingt uns dazu, nun umgekehrt zu fragen, was von dieser regulativen Idee übrig bleibt, wenn wir uns dem Problem der gesellschaftlichen Vermittlungsschemata ernsthaft stellen.

Was schließlich dieses Problem selbst angeht, so müssen wir nur noch einmal unsere Ausgangsfragen zur Überprüfung der Marxschen Utopie mit den inzwischen erzielten kritischen Resultaten vergleichen, um eine These formulieren zu können, die, wenn überhaupt, das Problem der gesellschaftlichen Vermittlung auf klare Begriffe bringt und Möglichkeiten seiner Lösung eröffnet.

Wir hatten ja bereits festgestellt, daß das optimal-interaktive Modell der Vergesellschaftung die Frage unabwendbar macht, in welchen Begriffen der Interaktion wir seine Umsetzung sowohl gesamtgesellschaftlich wie für die Ebene der Einzelarbeiten zu denken haben. Das aber hieß, nach rationalen Regeln und Formen der Interaktion zu fragen, da wir die Wechselbeziehung von Interaktion und praktischer Vernunft als begriffliches Leitthema des interaktiven Gesellschaftsmodells erkennen mußten, so wie auch deutlich wurde, daß innerhalb dieses Rahmens das Verhältnis von technischer und interaktiver Rationalität seinerseits zu klären sein würde.

Nun war aber das zentrale Thema von Interaktion und praktischer Vernunft nichts anderes als die sich aus dem optimal-interaktiven Modell von selbst wiederholende Frage nach dem *politischen* Grundproblem der befreiten Gesellschaft (vgl. oben §§ 1, 7). Da wir – trotz intensiver Suche – bei Marx keine Antwort auf die Frage nach den interaktiven Vermittlungsbegriffen der befreiten Gesellschaft finden konnten, sollten wir jetzt das Versäumnis nennen, das die Marxsche Utopie insgeheim kennzeichnet: das optimal-interaktive Modell von Marx krankt an nichts anderem als der fehlenden Bestimmung von rationalen Regeln der politischen Teilnahme sowohl auf gesamtgesellschaftlicher Ebene wie für die Ebene der Einzelarbeiten. Rationale Regeln der Interaktion, so müssen wir schließen, sind gesellschaftlich nur als politische Regeln denkbar.

Diese Konsequenz ist natürlich zunächst auch nur eine allgemeine Anzeige für die Richtung, in der wir das Problem der gesellschaftlichen Vermittlung voran zu treiben haben, doch enthält sie sofort konkretisierbare Anhaltspunkte, die einer abstrakten Rede von gesellschaftlichen Vermittlungsschemata mangeln. Denn wir können dann weiter fragen, welchen historisch vorfindbaren politischen Regeln eine Beziehung zum optimal-interaktiven Modell einzuräumen ist, welche möglicherweise neu konzipiert werden müssen etc.

Die These, daß die Marxsche Utopie an einer fehlenden Theorie der politischen Vermittlung leidet,[38] gerät natürlich in einen

---

[38] Vgl. dazu auch treffend Gorz 1980, p. 38. Gegen seine eigene Lösung

unüberwindbaren Konflikt mit der gleichfalls utopischen Perspektive einer Überwindung der Dimension der Politik in einer befreiten Gesellschaft. Es ist also nötig, daß wir uns näher mit Marx' Gegenthese auseinandersetzen, daß dereinst „die öffentliche Gewalt den politischen Charakter (verliert)" (MEW 4, S. 482; vgl. S. 182). Diese These, so können wir jetzt schon sagen, muß, zumindest in dem für uns relevanten Sinn der politischen Vermittlung, falsch sein, wenn die Marxsche Utopie mit Aussicht auf Erfolg weiter gedacht werden soll. Es bleibt nur noch zu sehen, warum dies der Fall ist (vgl. unten Kapitel II). Die Sicherheit, mit der wir diese These formulieren können, verdankt sich der aus Marx' eigenen Ausgangsbestimmungen gewonnenen Rekonstruktion seiner Utopie im Sinne des optimal-interaktiven Modells. Sie entspringt einzig und allein dem Versuch, dieses Modell sachlich begründet zu denken. Wenn dem so ist, dann sollten auch harte Konsequenzen gegen Marx selbstverständllich sein.

Doch nicht nur das soweit ausgewertete Defizit der gesellschaftlichen Vermittlung führt dazu, diese Vermittlung als politische zu bestimmen. Auch die Perspektive der Befreiung der Arbeit weist in diese Richtung. Diese Perspektive fällt insofern nicht unter die Kritik, als sie der Konzeption des optimal-interaktiven Modells die produktive Frage der Emanzipation der Arbeit hinzugefügt hat, die es zu lösen gilt. Für diese Lösung, so wurde klar, ist wesentlich, daß das für Einzelarbeiten aufgestellte Kriterium des optimal-interaktiven Modells die Befreiung der Arbeit anleitet und daß eine mögliche Befreiung von Arbeiten in diesem Rahmen ihren Sinn erhält, genauso wie es dieser Rahmen ist, der einer Verwissenschaftlichung der Produktion die Orientierung gibt. Das aber heißt, daß wir es vom realen Prozeß der Befreiung der Arbeit her offen lassen müssen, ob die Gesellschaft sich mehr auf eine tatsächliche Realisierung des optimal-interaktiven Modells oder einer reduziert-interaktiven Variante oder einer Mischung aus beiden Typen zubewegt. Der reduziert-interaktive Modell-Typus war ja dadurch bestimmt, daß auf der Ebene

_____

der Trennung von Notwendigkeit und Freiheit steht – mutatis mutandis – die Argumentation dieses Kapitels.

der Einzelarbeiten keine qualitative Veränderung zur Struktur des Kapitalismus eintritt (vgl. oben § 7). Wenn wir also Arbeiten haben, die bestenfalls zeitlich extrem reduzierbar sind, ansonsten aber nicht anders sind als im Kapitalismus auch, dann mag sich zwar die Reduktion der Zeit der Perspektive des optimal-interaktiven Modells verdanken, die tatsächliche Struktur der Arbeit entspricht jedoch seiner reduktiven Variante.

Daher ist für die gesellschaftliche Entwicklung eine kontinuierliche Verständigung über das optimal-interaktive Modell und die aus ihm ableitbaren Kriterien sowie über den tatsächlichen Entwicklungsstand der Gesellschaft und die Möglichkeiten einer weiteren Emanzipation der Arbeit nötig. In diese Verständigung würde konstitutiv jenes Spannungsverhältnis zwischen technischer und interaktiver Rationalität eingehen, das wir auch innerhalb des optimal-interaktiven Modells nicht übersehen konnten. Es würde in der Weise eingehen, daß ständig über die technischen Grenzen des optimal-interaktiven Modells und die Möglichkeiten seiner Überwindung zu befinden wäre. Der Prozeß dieser gesellschaftlichen Selbstverständigung wäre ein solcher der praktischen Vernunft und wie anders als politisch können wir diesen gesellschaftlich verstehen?

Wir müssen also nicht nur die gesellschaftliche Vermittlung, sondern auch das mögliche gesellschaftliche Bewußtsein von Emanzipation politisch wenden. Für die Arbeit selbst können wir dann das Kriterium aufstellen, daß sie in dem Maße optimal vergesellschaftet, optimal-interaktiv gesellschaftlich geworden ist, indem sie ein Optimum an politischen Vermittlungen erreicht hat. Dies gilt, so hatten wir der Sache nach schon gesehen, auch für die „allgemeine" Arbeit mit wissenschaftlichem Charakter.

Bezogen auf unsere Fragen, die den Ausgangspunkt für die Überprüfung der Marxschen Utopie abgaben (vgl. oben § 7), läßt sich als Fazit festhalten:

1) Die mangelnde Reflektiertheit der Marxschen Utopie ist nicht auf den Kontext des „Kapital" beschränkt. Sie bestätigt sich, wo immer wir ihrem Entwurf begegnen. Der Kern ihres Defizits liegt in einer fehlenden Theorie der gesellschaftlichen Vermittlung, die für eine befreite Gesellschaft unabdingbar ist. Diese

fehlende Theorie, so ergibt sich als These, ist nur als politische Theorie möglich.

2) Dem systematischen Defizit der Theorie korrespondiert ein Schwanken zwischen verschiedenen Modell-Varianten, die zunächst idealtypisch dem Kapitalismus gegenüber zu stellen waren (vgl. oben § 7). Dabei trifft die Kritik insbesondere den Tatbestand, daß Marx seine eigentlich emphatische Utopie, das optimal-interaktive Modell, ständig der Gefahr aussetzt, in eine schein-interaktive Variante abzugleiten, die sich einer Mischung aus Technizismus, Szientismus und Objektivismus verdankt. Weniger gravierend erscheint die implizite Möglichkeit einer reduziert-interaktiven Variante, weil diese in einen offenen Prozeß der Befreiung der Arbeit aufgenommen werden kann, der nach Kriterien des optimal-interaktiven Modells vollzogen wird.

§ 9 Utopischer Entwurf und empirische Realität – die Illusion der Transparenz

Im Lichte der soweit erzielten Resultate gewinnt auch die Frage nach dem Verhältnis von Utopie und Empirie eine zusätzliche Brisanz. Zunächst ergab sich diese Frage daraus, daß Marx' Entwurf der personalen Vergesellschaftung als das kritische Prinzip anzusehen war, das gegen die kapitalistische Warenproduktion zur Geltung gebracht wird (vgl. oben §§ 6, 7), daß andererseits aber die empirische Bestimmung der Warenproduktion noch keineswegs geklärt schien.

Die empirische Gültigkeit der Tausch-Arbeitswert-Gleichung war nach wie vor offen und doch lag insofern eine unproblematische Charakterisierung vor, als an den empirischen Phänomenen des Tauschs, der Privatproduktion von Waren und eines für Waren benötigten Arbeitsaufwands kein Zweifel bestehen kann. Dies führt auf die Frage, welches Verhältnis zwischen der solcherart beschreibbaren Tausch-Arbeit-Beziehung und der empirisch weit stärkeren Behauptung der Tausch-Arbeitswert-Gleichung besteht. Da die Tausch-Arbeit-Beziehung als solche schon ausreichend war, um auf die kritische Kennzeichnung des Tauschs als eines gegenständlichen Schemas der Vergesellschaftung zu kommen, fragt sich also, wieviel Empirie das kritische Prinzip überhaupt verlangt, das die rationale Utopie abzugeben beansprucht und wie sich mögliche weitergehende empirische Bestimmungen des Kapitalismus zu ihr verhalten. Naheliegend ist daher zuerst die Frage, ob sich Wesentliches ändern würde, wenn die Tausch-Arbeitswert-Gleichung empirisch falsch oder unbegründbar wäre.

Diese Frage muß inzwischen noch aus einem anderen Blickwinkel heraus interessieren. Denn wenn es stimmt, daß das ungelöste Problem der gesellschaftlichen Vermittlungsschemata auf eine politische Theorie der befreiten Gesellschaft verweist, dann müßte für die Analyse des Kapitalismus die Perspektive leitend werden, ob und wenn ja, welche Formen der interaktiv-politischen Vermittlung relativ zum gegenständlichen Vergesellschaftungstypus der Tausch-Arbeit-Beziehung auftreten. Sobald wir auch nur die mögliche Transformation der kapitalistischen Warenproduktion in ein Modell der personalen Vergesellschaftung thematisieren, liegt diese Problemstellung eigentlich auf der Hand. Würde daraus aber nicht folgen, daß in die empirische Analyse des Kapitalismus zu gleichen Teilen und in systematischer Wechselbeziehung die Untersuchung seiner interaktiv-politischen Dimension einzugehen hätte? Doch wie relevant wäre dafür noch die empirische Gültigkeit der Tausch-Arbeitswert-Gleichung?

Zusammen genommen ergibt sich aus diesen Gesichtspunkten die Vermutung, daß die empirische Gültigkeit der Tausch-Arbeitswert-Gleichung für eine gesellschaftstheoretische Kritik des Kapitalismus weder notwendig noch hinreichend ist. Der erste Teil dieser Vermutung erscheint bereits plausibel genug, während sich zu ihrem zweiten Teil einige zusätzliche Klarstellungen aufdrängen, die seine Bedeutung unterstreichen. Wir können uns nämlich jetzt schon verdeutlichen, was in der Gegenthese stecken würde, die Tausch-Arbeitswert-Gleichung sei für eine Kritik der kapitalistischen Warenproduktion hinreichend.

Über ihre empirische Gültigkeit hinaus würde das heißen, daß die in der Tausch-Arbeitswert-Gleichung erfaßten Verhältnisse, nicht nur den gesamtgesellschaftlich grundlegenden Rahmen abgeben, der uns zur Kennzeichnung des (geldvermittelten) Tauschs als des primär gegenstands-orientierten gesamtgesellschaftlichen Vermittlungsschemas, kurz, des gegenständlichen Grundschemas, führte, sondern daß darüber hinaus die interaktiv-politischen Verhältnisse, die sich im Kapitalismus empirisch vorfinden, ihrerseits durch das gegenständliche Schema des Tauschs in allen gesellschaftlich relevanten Belangen determiniert sind. In diesem Fall wäre die Gesellschaft nicht nur primär gegenstands*orientiert*, sondern gegenstands*determiniert*. Wir hätten nicht nur ein gegenständliches Grundschema, sondern ein gegenständliches Determinationsschema der Gesellschaft.

So sehr dies die Beweislast unserer Gegen-These zeigt, so aufschlußreich ist der Vergleich, der sich nun zu einem naturgesetzlichen Mißverständnis der Zeitökonomie und einer technizistischen Verkürzung der Planung ziehen läßt, die wir aus der Perspektive der befreiten Gesellschaft nach Maßgabe des optimal-interaktiven Modells zu konstatieren hatten. Nur aus einer solch reduktiven Variante der Marxschen Konzeption schien überhaupt die Hoffnung nachvollziehbar, um das politische Vermittlungsproblem für die befreite Gesellschaft herumzukommen (vgl. oben § 8).

Ganz parallel dazu scheint uns in der soweit gekennzeichneten These, die Tausch-Arbeitswert-Gleichung sei zur Kritik des Kapitalismus hinreichend, wiederum ein naturgesetzlicher Objektivismus zu begegnen, diesmal freilich bezogen auf die Frage nach dem Zusammenhang des gegenständlichen Grundschemas mit der interaktiv-politischen Dimension des Kapitalismus. Denn so fragwürdig eine solche These auch aussehen mag, so sicher könnte doch aus ihrer Richtigkeit geschlossen werden, daß es gar kein systematisch relevantes Problem mehr darstellt, wie sich die interaktiv-politische Dimension des Kapitalismus mit dem gegenständlichen Grundschema vermittelt. Was bliebe angesichts einer deterministischen Beziehung auch noch zu vermitteln?

Wir hätten dann die Situation, daß sich die oben kritisierte schein-interaktive Variante der Marxschen Utopie mit einer Analyse des Kapitalismus verbindet, die dessen interaktive Dimension ausschließlich deterministisch zu verstehen erlaubt.

Aus einer solchen Analyse würde sich dann ihrerseits nur zu natürlich der Schluß nahelegen, daß auch eine „befreite Gesellschaft" deterministisch nach Gesetzen der Zeitökonomie zu denken sei. Für eine solche Gesellschaft bliebe dann allerdings nur noch ein Utopie-Prinzip im Sinne eines technischen Ideals der Transparenz. Dies wäre noch das einzige Prinzip, das sich kritisch gegen den Kapitalismus wenden ließe: die Gesetze der Zeitökonomie wären nicht ohne, sondern mit Einsicht vollzogen. Die befreite Gesellschaft könnte sich so als technische Vervollkommnung des Kapitalismus verstehen. Mit Vernunft im Sinne interaktiver Rationalität, die zwischen Personen als Personen zu bestimmen wäre, hätte dies jedoch nichts mehr zu tun. Wenn also die Tausch-Arbeitswert-Gleichung für die Kritik des Kapitalismus hinreichend sein sollte, dann allenfalls im Sinne einer technischen Kritik. Somit wird klar, daß alles dafür spricht, eine solche These zu verwerfen und unsere gegenteilige Vermutung zu stärken.

Wie kann das geschehen? Ganz allgemein betrachtet sicher dadurch, daß die empirische Gültigkeit der Tausch-Arbeitswert-Gleichung sich als so fragwürdig herausstellt, daß schon deshalb kein überzeugender Grund besteht, sie für eine kritische Analyse des Kapitalismus als notwendig oder hinreichend anzusehen. Spezifischer im Sinne unserer Fragestellung nach dem Zusammenhang des gegenständlichen Tauschschemas mit der interaktiv-politischen Dimension des Kapitalismus wäre der Nachweis, daß sich von einer empirischen Gültigkeit der Tausch-Arbeitswert-Gleichung gar nicht unabhängig von einer Empirie agierender Personen sprechen läßt, die auf jene zunächst noch hypothetisch anvisierte interaktiv-politische Dimension des Kapitalismus verweist. Durch eine solche Interdependenz würde eo ipso auch ein zu starkes gegenständliches Determinationsschema der Gesellschaft hinfällig. Dies würde erst recht die Dringlichkeit des Problems zeigen, wie die interaktiv-politische Dimension des Kapitalismus relativ zum gegenständlichen Schema des geld-vermittelten Tauschs zu fassen ist.

Ein Problem freilich, für das wir auch von Marx her schon Anhaltspunkte haben. Denn so offenkundig eine konstitutive Verbindung zwischen der Tausch-Arbeit-Beziehung – mehr noch der Tausch-Arbeitswert-Gleichung – und der Entwicklung des technischen Gattungsvermögens der Menschen besteht, so fraglich ist ja auch nach Marx gerade die Entwicklung ihres interaktiven Gattungsvermögens, das der Kapitalismus unterdrückt (vgl. oben § 7), das andererseits aber aus der Perspektive der Utopie des optimal-interaktiven Modells besonders interessieren muß. Ausdruck dieses Sachverhalts ist nicht zuletzt die Emphase des symmetrisch-dialogischen Gattungsakts der Marxschen Utopie, wie unbefriedigend auch immer dieser für eine positive Bestimmung des politischen Vermittlungsproblems der befreiten Gesellschaft bewertet werden mag (vgl. oben § 8).

Hieraus wird evident, daß nicht nur aus der Sicht unserer inzwischen erreichten These zur politischen Vermittlung der emanzipierten Gesellschaft die interaktiv-politische Dimension des Kapitalismus in ihrer Beziehung zum gegenständlichen Schema des Tauschs wichtiges Thema werden müßte, sondern daß dieses Thema bereits in Marx' eigener Diagnose des Spannungsverhältnisses zwischen technischem und interaktivem Gattungsvermögen angelegt ist. Es wäre also zu untersuchen, welche Möglichkeiten interaktiver Rationalität der Kapitalismus enthält, welche latent sind, welche manifest werden können und welche Hindernisse sich einer möglichen Entwicklung entgegen stellen.

Sehen wir also zu, ob uns die empirische Problematik der Marxschen Theorie nicht von selbst auf diese interessanten Fragen zutreibt. Dazu gilt es, nochmals die Tausch-Arbeitswert-Gleichung zu vergegenwärtigen und auf frühere Überlegungen zurückzukommen. Die Gleichung hatte die Gestalt:

$$(x)(y)(x \overset{T}{=} y \, . \, \equiv \, . \, x \overset{A}{=} y)$$

Dies hieß: für irgendeine Ware x und irgendeine Ware y besteht eine Tauschgrößengleichheit $(x \overset{T}{=} y)$ dann und nur dann, wenn für x und y eine Gleichheit an Arbeitsquanta $(x \overset{A}{=} y)$ besteht (vgl. oben § 4). Diese Behauptung basiert auf der Relationstheorie des Werts und stellt die Grundlage der Wertformtheorie dar, ohne daß Marx das damit verbundene Beweisproblem sehen würde.

Überlegen wir nun, was gezeigt werden müßte, um von der empirischen Gültigkeit dieser Behauptung sprechen zu können.

Da logisch gesehen die Behauptung in einer wechselseitigen Implikation besteht, läßt sie sich in zwei Teilen diskutieren. Betrachten wir zuerst die Implikation $(x)(y)(x \overset{T}{=} y) . \supset . (x \overset{A}{=} y)$, so können wir auch sagen, daß die quantitative Tauschwertgleichheit die quantitative Arbeitswertgleichheit (vgl. oben §§ 2, 3) impliziert.

Hierbei stellt die quantitative Tauschwertgleichheit zweier Waren kein empirisches Problem dar. Sie ist gegeben einfach dadurch, daß Waren untereinander getauscht werden. Zu dieser Tatsache gehört freilich weiter der Tausch gegen Geld, eine Tatsache, der Marx in seiner Theorie des Geldes theoretisch Rechnung zu tragen versucht, indem er die gesellschaftliche Möglichkeit der Tauschvermittlung durch Geld erklärt (vgl. oben § 5). Somit können wir das Faktum des geldvermittelten Tauschs als unproblematisches Datum der kapitalistischen Warenproduktion ansehen.

Ganz anders sieht es dagegen bislang mit dem Konsequens unserer Implikation aus. Denn die Möglichkeit der quantitativen Arbeitswertgleichheit als empirisches Phänomen liegt uns soweit nur in der postulatorischen Behauptung vor, es lasse sich eine allgemeine Wertgleichung aufstellen, die dem gesellschaftlichen Wertvergleich durchgängig zugrundeliegt (vgl. oben § 2). Postulatorisch war diese Konzeption deshalb, weil sie ausschließlich aus der theoretischen Möglichkeit gewonnen wurde, daß erstens Arbeitsaufwand in Zeit zu messen ist, daß zweitens der Begriff einer gesellschaftlichen Durchschnittsarbeitszeit pro Ware anwendbar ist und daß drittens schließlich komplizierte auf einfache Arbeit reduziert werden kann.

Was, so fragt sich jetzt, hat es mit der empirischen Triftigkeit dieser Begriffe auf sich? Äußerst wenig, wenn wir uns den Auskünften zuwenden, die sich bei Marx finden. Dann nämlich müssen wir konstatieren, daß Marx kein Bewußtsein darüber zeigt, was es hier eigentlich zu begründen gilt. Denn wohlgemerkt geht es hier um die rein quantitative Bestimmung der Arbeitswertgleichheit in Zeiteinheiten, eine Bestimmung, die, wenn sie überhaupt Sinn haben soll, zu numerisch eindeutigen Resultaten beim Vergleich von Arbeitsaufwand führen muß. Dies ist jedoch auf folgende Weise schwer möglich:

„*Die einfache Durchschnittsarbeit* selbst wechselt zwar in verschiednen Ländern und Kulturepochen ihren Charakter, ist aber in einer vorhandnen Gesellschaft gegeben. Komplizierte Arbeit gilt nur als *potenzierte* oder vielmehr *multiplizierte* einfache Arbeit, so daß ein kleineres Quantum komplizierter Arbeit gleich einem größeren Quantum einfacher Arbeit. Daß diese Reduktion beständig vorgeht, zeigt die Erfahrung... Die verschiednen Proportionen, worin verschiedne Arbeitsarten auf einfache Arbeit als ihre Maßeinheit reduziert sind, werden durch einen gesellschaftlichen Prozeß hinter dem Rücken der Produzenten festgesetzt... Der Vereinfachung halber gilt uns im Folgenden jede Art Arbeitskraft unmittelbar für einfache Arbeitskraft, wodurch nur die Mühe der Reduktion erspart wird." (S. 59)

Diese Art von Rekurs auf die Erfahrung kann uns keineswegs die quantitativ exakten Zeitproportionen liefern, die wir benötigen. Denn aufgrund von was ist die einfache Durchschnittsarbeit gegeben und aufgrund von was wird die komplizierte auf einfache Arbeit reduziert? Auf diese Fragen müßte Marx mit dem Nachweis der entsprechenden quantitativen Zeitproportionen antworten, die wir nicht einfach der „Erfahrung" entnehmen können. Was wir der Erfahrung entnehmen können, ist, daß Zeitverhältnisse bei einfacher und komplizierter Arbeit eine Rolle spielen. Ob sie hingegen *die* ausschließliche Rolle gemäß der Behauptung der allgemeinen Wertgleichung spielen, ist die keineswegs selbstverständliche These, die der Begründung harrt.[39]

Dies zeigt insbesondere die Reduktion der komplizierten auf einfache Arbeit. Wie stellen wir fest, daß z. B. eine Arbeitsstunde, die ein Ingenieur leistet, genauso viel wert ist wie 1 ½ Stunden eines Handarbeiters? Durch schlichte Erfahrung sicher nicht, sondern bestenfalls so, daß wir unterstellen, diese Tatsa-

---

[39] Vgl. zum Folgenden als Kontrast die „Lösung" bei Rosdolsky 1972, Bd. 3, Kap. 31.

che drücke sich im Verdienst der beiden Arbeitenden aus. Wir verwenden dann etwa den 1 ½ fachen Verdienst des Ingenieurs gegenüber dem Arbeiter (bei ansonsten gleicher Arbeitszeit) als Kriterium dafür, daß dessen Arbeitsstunde 1 ½ Arbeitsstunden des Arbeiters aufwiegt. Damit haben wir freilich nicht das „Reduktionsproblem" der komplizierten auf die einfache Arbeit in Termini von Zeitquanta gelöst, sondern sind bei einem gesellschaftlich ganz anderen Kriterium angelangt, nach dem sich Arbeiten ohne weiteres empirisch-numerisch vergleichen lassen: durch ihre gesellschaftliche Bewertung in Geld, ihren Lohn.

Wir sollten uns diesen Weg der Überlegung nicht gleich wieder durch Marx ausreden lassen, wenn er im Kontext der oben zitierten Stelle davor warnt, den Vergleich von Arbeitsquanta ohne weiteres als Lohnvergleich zu verstehen (vgl. S. 59 Anm. 15). Ohne weiteres haben wir dies auch nicht getan, viel eher treibt die Suche nach einem empirischen Halt für die allgemeine Wertgleichung auf diese Möglichkeit zu. Demgegenüber begnügt sich Marx streng genommen mit einem zirkulären Begründungsmanöver, indem er die empirische Triftigkeit seiner Wertgleichung in die „Erfahrung" hineinliest.[40]

Im übrigen wäre es äußerst merkwürdig, wenn bei der Frage nach der empirischen Gültigkeit der Wertgleichung nicht der Geldausdruck der Arbeit eine Rolle spielen sollte, denn daß dieser als Lohn in der kapitalistischen Warenproduktion vorliegt, ist ja unbestreitbares Faktum. Worum es somit nur gehen kann, ist, das Verhältnis von Wertgleichung und Geldausdruck der Arbeit zu bestimmen. Hierfür freilich bedarf die Rede vom Geldausdruck der Arbeit zusätzlicher Klärung, die uns auf weitere grundlegende Bestimmungen der Marxschen Theorie führt. Um diese nachvollziehen zu können, brauchen wir uns allerdings nicht akribisch an den Aufbau des „Kapital" zu halten, geschweige denn zu warten, bis Marx schließlich im 17. Kapitel den Arbeitslohn abhandelt.

---

[40] Vgl. schon Böhm-Bawerk 1896/1973, S. 95 f. Vgl. zur neueren Diskussion Hinrichsen 1971; Wolfstetter 1974, Bd. II, Teil V; Zech 1978; Pietsch 1979, und insbes. Picard 1979; Krause 1979 b. Gegen eine Problemlösung vgl. unten S. 151 ff., 155 ff.

Die Rede vom Geldvergleich der Arbeit muß uns zunächst daran erinnern, in welchem Sinn bislang vom Geld gesprochen wurde. Geld, so hatten wir im Zuge der Entfaltung der „Wertform" gesehen (vgl. oben § 5), hat die Funktion, den Warentausch zu vermitteln. Es ist die gesellschaftlich anerkannte allgemeine Äquivalentware, in der sich jede beliebige andere Ware ausdrükken läßt und die daher beliebige quantitative Tauschwertvergleiche zwischen Waren ermöglicht. Von dieser Funktion des Geldes her leuchtet unmittelbar ein, daß ein Geldvergleich von Arbeit dann ohne weiteres nachvollziehbar ist, wenn wir die Voraussetzung einführen, daß Arbeit Warencharakter hat und wie jede andere Ware getauscht werden kann. Diese Voraussetzung repräsentiert die historische Tatsache des Lohnarbeit-Kapital-Verhältnisses, dessen Bestimmung wir uns daher mit Marx zuwenden.

Arbeit hat Warencharakter in dem Sinn, daß sie als Arbeitskraft oder Arbeitsvermögen gegen Geld eingetauscht werden kann, um andere Waren zu produzieren. Die durchgängige gesellschaftliche Möglichkeit des Geld-Arbeitsware-Tauschs setzt jedoch die faktische soziale Asymmetrie zwischen einem geldbesitzenden Kapitalisten auf der einen und einem besitzlosen Arbeiter auf der anderen Seite voraus:

„Damit jedoch der Geldbesitzer die Arbeitskraft als Ware auf dem Markt vorfinde, müssen verschiedne Bedingungen erfüllt sein. Der Warenaustausch schließt an und für sich keine andren Abhängigkeitsverhältnisse ein als die aus seiner eignen Natur entspringenden. Unter dieser Voraussetzung kann die Arbeitskraft als Ware nur auf dem Markt erscheinen, sofern und weil sie von ihrem eignen Besitzer, der Person, deren Arbeitskraft sie ist, als Ware feilgeboten oder verkauft wird... Er und der Geldbesitzer begegnen sich auf dem Markt und treten in Verhältnis zueinander als ebenbürtige Warenbesitzer, nur dadurch unterschieden, daß der eine Käufer, der andre Verkäufer, beide also juristisch gleiche Personen sind... der Eigentümer der Arbeitskraft... muß sich beständig zu seiner Arbeitskraft als seinem Eigentum und daher

seiner eignen Ware verhalten, und das kann er nur, soweit
er sie dem Käufer stets nur vorübergehend, für einen
bestimmten Zeittermin, zur Verfügung stellt... Die
zweite wesentliche Bedingung, damit der Geldbesitzer die
Arbeitskraft auf dem Markt als Ware vorfindet, ist die,
daß ihr Besitzer, statt Waren verkaufen zu können, worin
sich seine Arbeit vergegenständlicht hat, vielmehr seine
Arbeitskraft selbst, die nur in seiner lebendigen Leiblich-
keit existiert, als Ware feilbieten muß." (S. 181 ff.)

Die erste Bedingung erläutert die formal-juristische Symmetrie
von Warenbesitzern als Geld und Arbeitsware tauschenden Personen, die zweite Bedingung macht das Verhältnis der sozialen
Asymmetrie namhaft, das diesem Tausch zugrundeliegt.
Somit ist klar, was es heißt, Arbeit in Geld im Sinne des Geld-
Arbeitsware-Tauschs auszudrücken. Den Lohn, den der Arbeiter bekommt, können wir als Geld-Preis der Arbeitsware auf
dem Arbeitsmarkt verstehen. In Analogie zu der bereits festge-
stellten gesellschaftlich-praktischen Bestimmung der quantitati-
ven Tauschwertgleichheit (vgl. oben § 5) gilt also, daß zwei
Arbeitswaren genau dann tauschwertgleich sind, wenn derselbe
Geld-Preis für sie aufgewendet werden muß. Dies fügt zugleich
der Funktion des Geldes eine wesentliche Ergänzung hinzu.
Denn das Geld erweist sich jetzt nicht nur als Medium für den
Tausch der produzierten Waren, sondern regelt auch den Tausch
der produzierenden Waren.
Dieser zweite Tausch-Typus freilich basiert auf einer sozialen
Asymmetrie, die bei der ersten Tauschart noch nicht hervorge-
hoben werden konnte. Für diese kam nur das soziale Verhältnis
von Warenbesitzern in den Blick, die ihre fertigen Waren gegen
Geld auf dem Gütermarkt tauschen. Zwar war schon klar, daß
die Produktion dieser Güter-Waren privater Natur ist, doch der
genauere Charakter dieser Produktion blieb dahingestellt. Mit
dem Lohnarbeit-Kapital-Verhältnis wird die Struktur dieser Privatproduktion freigelegt und außerdem deutlich, daß die
Tausch-Funktion des Geldes in die soziale Asymmetrie des
Lohnarbeit-Kapital-Verhältnisses eingebettet ist. Für die nähere
Klärung dieses Tatbestandes gibt den entscheidenden Gesichts-

punkt die Frage ab, welchem gesellschaftlichen Zweck eigentlich der Geld-Arbeitsware-Tausch aufgrund der sozialen Asymmetrie zwischen Kapitalist und Lohnarbeiter dient. Dieser Zweck ist dadurch noch nicht hinreichend umrissen, daß wir konstatieren, der Arbeiter tausche seine Arbeitskraft gegen Lohn und der Kapitalist gebe Geld für das Arbeitsvermögen des Arbeiters. So verständlich von seiten des Arbeiters diese Handlungsweise sein mag, um mit dem Lohn seinen Lebensunterhalt bestreiten zu können, so bedarf es auf seiten des Geldbesitzers, der Arbeitskraft kaufen kann, offenbar eines spezifischen Interesses an diesem Kauf, eines Interesses, das den Geldbesitzer daran hindert, sein Geld auszugeben, ohne dafür Arbeitskraft zu kaufen.

Dieses Interesse ist bestimmt von der Erwartung, durch Einsatz von Geld im Tausch gegen Arbeitskraft mehr Geld zu gewinnen als zuvor vorhanden war. Realisiert wird dieses Interesse dadurch, daß der Geldbesitzer in die Rolle des Kapitalisten schlüpft und die Arbeitskraft des Arbeiters entsprechend einsetzt. Er bezahlt pro forma den Lohn für einen Arbeitstag, doch nutzt er die Arbeitskraft so aus, daß diese mehr Arbeit leistet als für den bezahlten Lohn nötig wäre. Der Geldausdruck der Arbeit im Lohn verschleiert, daß der Arbeiter in Wahrheit ein gut Stück unbezahlter Arbeit geleistet hat, die dem Kapitalisten in Gestalt der produzierten Waren gehört. Diese kann er durch Verkauf wieder zu Geld machen und damit den Gewinn realisieren, den er durch Beschäftigung der Arbeiter erzielen wollte. Damit haben wir den Grundgedanken der Marxschen Mehrwerttheorie erreicht, der zugleich die gesellschaftliche Funktion des Geldes als Kapital definiert (vgl. S. 165 ff., 181 ff., 208 f.). Der Mehrwert ist die Differenz zwischen dem tatsächlichen Arbeitsaufwand des Arbeiters (in Zeit) und dem tatsächlich bezahlten Arbeitsaufwand, der geringer als der erstere ist. Auf diese Differenz kommt es dem Kapitalisten im Interesse seines Gewinns an. Die soziale Asymmetrie zum Lohnarbeiter zahlt sich aus und es wird die Funktion des Kapitals sichtbar, „Kommando über unbezahlte Arbeit" (S. 556) zu sein.

Wenn wir in dieser Weise die Mehrwerttheorie aufnehmen, dann zeigt sich, daß es völlig unproblematisch ist, bei ihrer Darstellung den Begriff des Lohns, den Marx erst später anführt (vgl.

S. 562) bereits zu verwenden. Alles, worauf es ankommt, ist ja die Differenz zwischen bezahlter und unbezahlter Arbeit. Wenn wir diese Differenz haben, folgt rein analytisch, daß die unbezahlte Arbeit im Lohn nicht enthalten ist. Im übrigen repräsentiert der Lohn den quantitativen Tauschwert der Ware Arbeitskraft. Damit läßt sich der Mehrwertgedanke auch so ausdrücken, daß der quantitative Tauschwert der Ware Arbeitskraft und der quantitative Arbeitswert der produzierten Waren auseinanderfallen und zwar so, daß der Kapitalist ein systematisches Interesse an einem möglichst hohen Arbeitswert der Produkte und an einem möglichst geringen Tauschwert der Arbeitskraft haben muß.

Wie aber können wir diese strukturelle Differenz ihrerseits quantitativ erfassen? Daß die Differenz besteht, zeigt noch nicht, wie groß sie ist und wie wir sie bestimmen. Mit dieser Frage ergibt sich für die Mehrwerttheorie ein empirisches Problem, das aufs engste mit unserem Ausgangspunkt beim Verhältnis von Wertgleichung und Geldausdruck der Arbeit zusammenhängt.[41]

Machen wir uns zunächst klar, was geleistet werden müßte, um den Mehrwert als quantitative Differenz zwischen dem quantitativen Tauschwert der Arbeitskraft und dem von ihr bewirkten Arbeitswert des Produkts zu gewinnen. Da der Tauschwert in Geld ausgedrückt wird, der Arbeitswert hingegen in Zeiteinheiten, brauchen wir für die fragliche quantitative Verhältnisbestimmung entweder eine Entsprechung des quantitativen Tauschwerts der Arbeitskraft in Zeiteinheiten, um dann diese Größe in ein Verhältnis zum quantitativen Arbeitswert des Produkts bringen zu können. Oder aber wir brauchen von vornherein einen Geldausdruck für den tatsächlichen Arbeitswert, den das Produkt besitzt, um diesen in eine Vergleichsproportion mit dem Tauschwert der Arbeitskraft qua Lohn zu setzen.

Marx ergreift die erste Möglichkeit in seiner Theorie über den Wert der Ware Arbeitskraft. Die Erwägung eines solchen Begriffs legt sich natürlich nahe, wenn zuvor schon vom Tauschwert der Ware Arbeitskraft die Rede war, doch sollten wir

---

[41] Vgl. demgegenüber, wie Althusser 1972, S. 215 dem Problem ausweicht.

festhalten, daß er seinen systematischen Ort der Mehrwerttheorie verdankt. Zu seiner Bestimmung ergibt sich folgendes:

„Der Wert der Arbeitskraft, gleich dem jeder andren Ware, ist bestimmt durch die zur Produktion, also auch Reproduktion, dieses spezifischen Artikels notwendige Arbeitszeit. Soweit sie Wert, repräsentiert die Arbeitskraft selbst nur ein bestimmtes Quantum in ihr vergegenständlichter gesellschaftlicher Durchschnittsarbeit... Die Existenz des Individuums gegeben, besteht die Produktion der Arbeitskraft in seiner eignen Reproduktion oder Erhaltung... oder der Wert der Arbeitskraft ist der Wert der zur Erhaltung ihres Besitzers notwendigen Lebensmittel... Die Summe der Lebensmittel muß also hinreichen, das arbeitende Individuum als arbeitendes Individuum in seinem normalen Lebenszustand zu erhalten... Andererseits ist der Umfang sog. notwendiger Bedürfnisse... ein historisches Produkt... Im Gegensatz zu den andren Waren enthält also die Wertbestimmung der Arbeitskraft ein historisches und moralisches Element. Für ein bestimmtes Land, zu einer bestimmten Periode jedoch, ist der Durchschnitts-Umkreis der notwendigen Lebensmittel gegeben." (S. 184f.)

„Bietet der Besitzer der Arbeitskraft sie feil für einen Taler täglich, so ist ihr Verkaufspreis gleich ihrem Wert und nach unsrer Voraussetzung zahlt der auf Verwandlung seiner Taler in Kapital erpichte Geldbesitzer diesen Wert. Die letzte Grenze oder Minimalgrenze des Werts der Arbeitskraft wird gebildet durch den Wert einer Warenmasse, ohne deren tägliche Zufuhr der Träger der Arbeitskraft, der Mensch, seinen Lebensprozeß nicht erneuern kann, also durch den Wert der physisch unentbehrlichen Lebensmittel. Sinkt der Preis der Arbeitskraft auf dieses Minimum, so sinkt er unter ihren Wert, denn sie kann sich so nur in verkümmerter Form erhalten und entwickeln. Der Wert jeder Ware ist aber bestimmt durch die Arbeitszeit, erfordert, um sie in normaler Güte zu liefern." (S. 187)

Diese Auskunft ist aufschlußreich und problematisch in verschiedener Hinsicht. Zunächst scheint offenkundig, daß wir hier für unsere Leitfrage nach dem Verhältnis von Wertgrößen und Geldgrößen insofern eine Nahtstelle besitzen, als nun von einem Zusammenfallen von Werten und Preisen für die Ware Arbeitskraft die Rede ist. Wie ist dies auf das allgemeine Verhältnis von Werten und Preisen zu beziehen?

Bevor wir hierauf eine Antwort suchen, gilt es die Schwierigkeiten zu sehen, die sich direkt aus der vorgetragenen Theorie ergeben. Diese bestehen im wesentlichen darin, daß Marx bei der Wertbestimmung der Ware Arbeitskraft die soziale Asymmetrie zwischen Kapitalisten und Lohnarbeitern ignoriert und zweitens durch die Rede von der Produktion der Arbeitskraft qua *Reproduktion* eine Analogie zur Produktion von Güter-Waren gebraucht, die nicht ohne weiteres überzeugt.

ad 1) Es ist unmöglich, von einem „normalen Lebenszustand" des arbeitenden Individuums zu sprechen, ohne die Lohnarbeit-Kapital-Beziehung als soziales Spannungsverhältnis bei der Bestimmung dessen zu berücksichtigen, was für den Arbeiter „hinreichende Lebensmittel" sind. Der „Durchschnitts-Umkreis" dieser Mittel ist nicht nur historisch und moralisch relativ, wie Marx zurecht feststellt. Er ist vor allem *sozial* relativ in dem Sinn, daß die Gegebenheitsweise eines normalen Lebensstandards des Arbeiters durch die soziale Asymmetrie hindurch allererst konstituiert wird, die das Lohnarbeit-Kapital-Verhältnis auch nach Marx kennzeichnet.

Der Lebensstandard des Arbeiters ist das Resultat eines strukturellen Interessenkonflikts zwischen ihm und dem Kapitalisten und schwankt in Abhängigkeit vom jeweiligen Ausgang dieses Konflikts. Demgegenüber ist die Reflexion auf die historische und moralische Relativität dieses Standards zwar allgemein richtig, aber zugleich auch unspezifisch, weil sie auf nicht mehr als die Randbedingungen des infragestehenden Konflikts verweist. Der soziale Konflikt läßt sich näher charakterisieren, wenn wir mit den schon zur Verfügung stehenden Begriffen die Interessenlagen konfrontieren, die mit der sozialen Asymmetrie zwischen Kapitalist und Arbeiter verbunden sind. Wir hatten ja schon die Interessenlage des Kapitalisten dadurch gekennzeichnet, daß dieser das Ziel verfolgt, einen möglichst hohen Arbeitswert der Produkte mit einem möglichst geringen Tauschwert der Arbeitskraft zu verbinden. Demgegenüber ist klar, daß der Arbeiter ein ganz anderes Interesse hat. Er will einen möglichst hohen Tauschwert seiner Arbeitskraft erreichen, was ihn im Erfolgsfall näher an den Arbeitswert des von ihm hergestellten Produkts heranbringt.

Der strukturelle Konflikt zwischen Kapitalist und Arbeiter bewegt sich somit zwischen zwei Extremen. Der Kapitalist hat die Tendenz, den Tauschwert der Arbeitskraft so niedrig wie möglich zu halten, wobei das Extrem des Existenzminimums eine unterste Grenze markiert, die nach Marx die Arbeitskraft unter ihren Wert fallen läßt. Der Arbeiter hat andererseits die Tendenz, den Tauschwert seiner Arbeitskraft so hoch wie möglich zu halten, wobei die oberste Grenze markiert wird vom Wert des erzeugten Produkts. Diese gegenläufigen Tendenzen sind das Spannungsfeld, innerhalb dessen jeweils durch soziale Kampfsituationen entschieden wird, was derzeit „normaler Lebenszustand" des Arbeiters (und natürlich auch des Kapitalisten) ist. Hieraus folgt, daß der Lebensstandard des Arbeiters, der Wert seiner Arbeitskraft, als Funktion einer wechselseitigen sozialen Aktion angesehen werden muß, die zwischen Arbeiter und Kapitalist stattfindet. Hieraus folgt weiter, daß es keinen Sinn macht, den Wert der Arbeitskraft durch eine Menge an Lebensmitteln (und diese wiederum durch Arbeitszeit) zu quantifizieren.

Das *Resultat* der sozialen Aktion, das sich im Geldausdruck des Tauschwerts der Arbeitskraft niederschlägt, läßt sich selbstverständlich in eine Menge an Lebensmitteln umrechnen. Doch diese Umrechnung ist die simple Folge, nicht der Bestimmungsgrund des Werts der Arbeitskraft. Bestimmungsgrund wären die Lebensmittel für die Arbeitskraft dann, wenn eine bestimmte Menge Lebensmittel hinreichend dafür wäre, daß die soziale Aktion zwischen Arbeiter und Kapitalist ein bestimmtes Resultat in Geld produziert (das seinerseits wieder in Lebensmittel umrechenbar wäre). Doch dies ist absurd. Lebensmittel sind in einem trivialen Sinn notwendige Voraussetzungen für Vollzüge und Resultate sozialer Aktionen. Sie sind jedoch in keinster

Weise hinreichend für diese Vollzüge und Aktionen. Dies zu behaupten, hieße einen groben begrifflichen Fehler begehen.

Diese kritischen Überlegungen lassen sich weiter bestätigen, wenn wir uns dem Gesichtspunkt zuwenden, unter dem eine Quantifizierung der Arbeitskraft in Lebensmitteln möglich ist, ohne vergleichbare Schwierigkeiten aufzuwerfen. Dieser Gesichtspunkt ist der des Existenzminimums. Denn dann zählen in der Tat nur die „physisch unentbehrlichen Lebensmittel", ohne die der Arbeiter nicht in der Lage ist, seine physische Existenz zu erhalten. Hier ist sofort nachvollziehbar, daß es so etwas wie eine Durchschnittsquantität an Lebensmitteln gibt, die sich ausschließlich dem Aspekt der Erhaltung der Arbeitskraft im physischen Sinn verdankt. Doch nach Marx sinkt ja gerade in diesem Fall die Arbeitskraft unter ihren Wert. Sie kann sich nur in „verkümmerter Form erhalten und entwickeln". Sobald wir also für die Arbeitskraft ein sozusagen rein physisches Kriterium der Quantifizierung gewinnen, verfehlen wir ihren Wert und landen bei einem Minimalzustand ihrer Erhaltung. Doch selbst dieser Minimalzustand ist genauso wie der erstrebenswerte Normalzustand historisch und moralisch relativ, da wir nur epochenspezifisch feststellen können, was als Existenzminimum gilt. Vor allem aber kommt auch hier eine soziale Relativität ins Spiel, die wir nur beschreiben brauchen, um zu sehen, daß Marx in seiner Theorie des Werts der Arbeitskraft durchgängig mit einer naturalistischen Verkürzung arbeitet.

Denn gemessen an dem strukturellen Konflikt zwischen Kapitalist und Arbeiter läßt sich der Minimalzustand der Erhaltung der Arbeitskraft (Existenzminimum) so bestimmen, daß in diesem Zustand die soziale Tendenz des Kapitalisten bis zum Extrem durchgeschlagen hat, während die Tendenz des Arbeiters, den Tauschwert seiner Arbeitskraft zu erhöhen, völlig stagniert. Der Arbeiter erhält sich als physisches Individuum und befindet sich als sozial handlungsfähiges Individuum auf dem Nullpunkt. Denn er ist nicht mehr in der Lage, seine Arbeitskraft zu ihrem Wert „feil zu bieten". Was anderes aber als das *Resultat* eines sozialen Konflikts liegt damit vor und was anderes als eine Verbesserung seiner sozialen Kampfsituation kann den Arbeiter davor bewahren, auf diesen Minimalzustand abzusinken?

Kommen wir nun zu den Konsequenzen dieser Kritik. Die erste, direkte Konsequenz besteht darin, daß es Marx nicht gelungen ist, eine haltbare werttheoretische Interpretation des quantitativen Tauschwerts der Arbeitskraft zu geben, die wir faktisch im Geldausdruck des Lohns vorfinden. Daraus folgt zweitens, daß wir keine brauchbare werttheoretische Grundlage für die Mehrwerttheorie gewonnen haben, denn um den Mehrwert zu bestimmen, bedürfen wir der Differenz zwischen dem Wert der Arbeitskraft und dem Wert des hergestellten Produkts.

Die einzige Chance, den Mehrwertgedanken zu retten, besteht somit darin, ihn preistheoretisch umzuformulieren. Wir müssen die Differenz zwischen dem für die Arbeitskraft bezahlten Lohn und dem Wert des Produkts in derjenigen Einheit ausdrücken, die faktisch auch die gesellschaftlich relevante ist, in Geld. Dies setzt voraus, daß wir einen Geldausdruck für den Wert des Produkts haben, eine Möglichkeit, die wir bereits hypothetisch erwogen hatten. Dieser fragliche Geldausdruck für den Wert des Produkts kann jedoch nur der Tauschwert des Produkts in Geld, sein Marktwert, sein. Daraus folgt als preistheoretische Version der Mehrwerttheorie: der Mehrwert ist die Differenz zwischen dem tatsächlich bezahlten Geld-Lohn der Arbeitskraft und dem tatsächlich erzielbaren Geld-Tauschwert für das durch die Arbeitskraft geschaffene Produkt. Die Mehrwerttheorie wird zu einer Mehr-Tauschwerttheorie, wenn sie noch akzeptabel sein soll.[42]

Als dritte Konsequenz folgt daraus die Destruktion der Werttheorie selbst.[43] Nicht nur, daß diese Theorie auf die „Ware Arbeitskraft" nicht anwendbar ist und somit ihre beanspruchte Allgemeinheit verliert; vielmehr zwingt die allein verbliebene preistheoretische Variante des Mehrwertgedankens dazu, einen

---

[42] Vgl. zur Möglichkeit, den Mehrwertgedanken in einer Tauschwert-Terminologie zu formulieren: MEW 13, S. 47. Auf diese Stelle verweist Marx, S. 562.

[43] Im Resultat treffe ich mich hier mit der fachökonomisch angelegten Untersuchung von Roemer 1982. Vgl. ebenso Harvey 1983. Die Unabhängigkeit der Ausbeutungsproblematik von der Werttheorie zeigt Cohen 1980.

unaufhebbaren Widerspruch zur Werttheorie zu konstatieren. Denn für den Mehrwertgedanken interessiert jetzt nur noch die Differenz zwischen dem Lohn und dem Tauschwert des Produkts. Etwas anderes kann empirisch gar nicht mehr interessieren, insbesondere auch nicht mehr die Frage, ob die Tauschwerte der Produkte ihren Werten in Zeitquanta entsprechen. Diese Frage ist im Rahmen der soeben reformulierten Mehrwerttheorie sinnlos, einfach deshalb, weil wir den Mehrwert nicht als Differenz zwischen Zeitquanta, sondern nur als Differenz zwischen Geldgrößen bestimmen können. Für die Mehr-Tauschwerttheorie fallen Tauschwert und Wert als ununterscheidbare Größen zusammen. Ihre systematische Distinktion verliert ihren Sinn. Ohne eine solche Distinktion macht jedoch ihrerseits die Werttheorie keinen Sinn.

Entsprechend haltlos wird damit auch die These, daß Wertproportionen den Regulator für Tauschwertproportionen abgeben, oder daß der Tauschwert die „Erscheinungsform" des Werts sei, eine schon für die Wertformanalyse unbewiesene, wenngleich noch plausible, Behauptung (vgl. oben § 4). Im Gegenteil zeigt sich: Werte sind fiktive Erscheinungsformen faktisch vorhandener Tauschwertproportionen. Sie bewegen sich nicht hinter dem Rücken handelnder Menschen, sondern in einem Reich theoretischer Konstruktionen.[44]

Aus dem Gedankengang folgt weiter, daß eine tragfähige Lösung des sogenannten Reduktionsproblems, der Reduktion von komplizierter auf einfache Arbeit, nicht zu erwarten ist. Diese Reduktion bildet eine der Voraussetzungen der allgemeinen Wertgleichung und wird andererseits von Marx postulatorisch unterstellt. Wenn nun, wie sich zeigte, der Wert der Arbeitskraft nicht unabhängig von der sozialen Aktion zwischen Arbeiter und Kapitalist bestimmt werden kann, dann gilt dies natürlich für einfache und komplizierte Arbeit gleichermaßen. Es gilt dann aber auch insbesondere für das Verhältnis von einfacher und komplizierter Arbeit.

---

[44] Damit erledigt sich eine Überprüfung der Implikation zwischen Wert- und Tauschwertgrößen.

Bei diesem Verhältnis haben wir jedoch außerdem zu berücksichtigen, daß einfache und komplizierte Arbeitskraft nicht in gleicher Weise der Kapital-Lohnarbeit-Struktur unterliegen, sondern ihrerseits in unterschiedlicher Weise in diese Struktur eingebunden sind. Von einfacher und komplizierter Arbeit reden, heißt in unserem Zusammenhang von kapitalistischer Arbeitsteilung reden. Diese Arbeitsteilung, so wissen wir schon, ist einerseits technisch kooperativ, andererseits aber scheininteraktiv, weil von autoritär-despotischer Direktion (vgl. oben § 7). Diese Art der Direktion, die, wie wir inzwischen gleichfalls wissen, im Interesse des „Kommandos über unbezahlte Arbeit" geschieht, muß ihrerseits arbeitsteilig umgesetzt werden. Ab einer gewissen Größenordnung des Betriebs, die wir hier als selbstverständliche Voraussetzung anzunehmen haben, delegiert der Kapitalist seine direktiven Funktionen. Das bedeutet, daß die technische Kooperation mit ihrer herrschaftstechnischen Organisation aufs engste verbunden werden muß. Wie kann das am besten geschehen? Nun so, daß in die Struktur der technischen Kooperation selbst ihre herrschaftstechnische Organisation integriert wird. Die herrschaftstechnischen Funktionen werden mit der komplizierten, der tendenziell geistigen Arbeit verkoppelt, die damit ihrerseits in einen Gegensatz zur einfachen, körperlichen Arbeit tritt.

Wie immer dieser Gegensatz in faktisch ausdifferenzierter Weise beschreibbar sein mag, und wie immer wir die Gegenüberstellung zwischen körperlicher und geistiger Arbeit in theoretisch weitergehender Weise interpretieren mögen, evident jedenfalls ist, daß die kapitalistische Arbeitsteilung herrschaftstechnisch nicht neutral ist.[45] Die generelle soziale Asymmetrie zwischen Kapitalist und Lohnarbeiter, die für den einfachen wie komplizierten Arbeiter gleichermaßen gilt, ist kombiniert mit einer Asymmetrie zwischen den Arbeitern selbst, die herrschaftstechnisch bedingt ist und sich als soziale Hierarchie zwischen den Arbeitern auswirkt. Die komplizierte Arbeit wird nicht nur, aber auch, wegen ihrer Herrschaftsfunktion besser bezahlt.

---

[45] Vgl. hierzu Gorz 1972; „Il manifesto" 1971 und 1972.

Damit aber geht in die soziale Aktion zwischen Kapitalist und kompliziertem Arbeiter ein Moment ein, das die Wertbestimmung im Unterschied zum einfachen Arbeiter in einer Weise beeinflußt, die sie mit dessen Arbeitskraft oder Arbeitsleistung nicht mehr so vergleichbar macht, daß es möglich wäre, die komplizierte Arbeit als Multiplikat der einfachen Arbeit darzustellen.

Wenn Marx also unterstellt, eine Reduktion der komplizierten auf einfache Arbeit sei in Zeitgrößen möglich, dann geht dies nur, wenn er zugleich die herrschaftstechnische Neutralität der kapitalistischen Arbeitsteilung voraussetzt. Diese Voraussetzung wäre wiederum bestenfalls mit einer technischen Kritik des Kapitalismus verträglich und würde dem optimal-interaktiven Modell widersprechen (vgl. oben § 7).[46]

Aus all dem legt sich eine weitere, vierte Konsequenz nahe. Diese ist orientiert an der Frage, wie eigentlich eine quantitativ-empirische Analyse des Kapitalismus noch aussehen könnte, wenn wir – wie inzwischen unvermeidlich – auch die Relationstheorie des Werts und damit die empirische Triftigkeit der Tausch-Arbeitswert-Gleichung fallenlassen. Die Antwort kann nur in einer preistheoretischen Umformulierung der Tausch-Arbeit-*Beziehung* liegen, die natürlich durch die Destruktion der Tausch-Arbeitswert-*Gleichung* nicht hinfällig wird. In Verbindung mit der preistheoretischen Version der Mehrwerttheorie würde dann nämlich gelten:

$$(x)\,(y)\,(x \overset{\text{T-P}}{=} y \; . \equiv . \; x \overset{\text{A-P}}{=} y \cdot x \overset{\text{MT-P}}{=} y)$$

Dies wäre zu lesen als: für irgendeine Ware x und irgendeine Ware y besteht eine Tauschpreisgleichheit (quantitative Tauschwertgleichheit) dann und nur dann, wenn für x und y eine Gleichheit an Arbeitspreisen besteht (Lohn) und wenn x und y denselben Mehr-Tauschpreis (quantitativen Mehr-Tauschwert) haben.

Ohne Zweifel können wir dies als sinnvolle empirische Hypo-

---

[46] Auch der Lösungsvorschlag von Zech 1978 bleibt daher unbefriedigend.

these betrachten. Doch dann stellt sich die Anschlußfrage, unter welchen weiteren empirischen Bedingungen sie überhaupt getestet werden könnte. Um als generelle Hypothese für die kapitalistische Warenproduktion zu gelten, müßten offenbar zusätzliche Gesichtspunkte geklärt werden. Etwa der, unter welchen Bedingungen des Arbeitsmarkts die mögliche Gleichheit von Arbeitspreisen ihrerseits steht, oder der, unter welchen Voraussetzungen relativ zu einem bestimmten Kapitaleinsatz und relativ zu bestimmten Produktionszweigen sich überhaupt eine Gleichheit an Mehr-Tauschpreisen für Waren herausbilden würde. Daran wird schon deutlich, daß im Hinblick auf Marx die Aufgabe gelöst werden müßte, die übrigen Begriffe und empirisch relevanten Thesen seiner Theorie einerseits aufzunehmen und andererseits preistheoretisch umzuformulieren. Selbstverständlich wäre dies etwas ganz anderes als die Neuauflage des sogenannten Transformationsproblems, das im Marxschen Sinn das Verhältnis von Werten und Preisen betrifft und mit den bekannten Schwierigkeiten behaftet ist, wie sich der erste und dritte Band des „Kapital" zueinander verhalten.[47] Dieses Problem ist mit der empirischen Preisgabe der Werttheorie erledigt.[48] Doch dies berechtigt nicht ohne weiteres zu dem Schluß, es sei unmöglich, etwa auf Grundlage einer preistheoretischen Version der Mehrwerttheorie entsprechende Begriffe von Profit,

---

[47] Seit Böhm-Bawerk ein Dauerthema. Vgl. auch Sweezy 1970, Kap. VII.
[48] Oder natürlich mit ihrer preistheoretischen Transformation, sofern diese durchführbar erscheint. Vgl. hierzu insbes. Picard 1975, 1979; Krause 1979 b. Diese Arbeiten enthalten zugleich Hinweise auf eine ganze Forschungsrichtung, die empirisch-quantitativ orientiert ist und entsprechend „technisch" verfährt. Der mögliche Ertrag von Marx' Theorie muß dann verstanden werden im Sinne positiver Wissenschaft. Wenn es jedoch darum gehen soll, „Machtbeziehungen, die jenseits der Tauschbeziehungen verborgen sind", durch eine „Wertbetrachtung" aufzudecken (Wolfstetter 1974, S. 88), so vermag ich nicht zu sehen, warum dafür nicht qualitative Betrachtungen der Tausch-Arbeit-Struktur und der ihr zugrundeliegenden Asymmetrie ausreichen sollen. Man muß daher die adäquate Bekräftigung von Petry 1915 nicht in der Konsequenz teilen. Vgl. auch Wolfstetter 1973, S. 133 f., 142 f.

Durchschnittsprofit und des tendenziellen Falls des Durchschnittsprofits zu bilden.

Glücklicherweise brauchen wir uns mit diesen Fragen nicht weiter befassen. Denn wie immer erfolgreich oder erfolglos sie entscheidbar sein mögen, so ist jetzt klar, daß sie nur in einer quantitativ-empirischen Preistheorie ihren Ort haben. Wir waren jedoch von der Werttheorie als Basis der Tausch-Arbeitswert-Gleichung ausgegangen, um die Frage zu prüfen, ob deren empirische Triftigkeit für eine Kritik des Kapitalismus hinreichend sein könnte. Diese Frage aber ist bereits negativ entschieden. Wer dies zum Anlaß nehmen will, ersatzweise zu behaupten, eine quantitativ-empirische Preistheorie biete eine hinreichende Chance zur Kritik des Kapitalismus, dürfte kaum noch ernst genommen werden.[49]

Wenden wir uns nun dem zweiten Punkt zu, unter dem die Theorie des Werts der Arbeitskraft kritisiert werden muß, um dann weitere Konsequenzen zu ziehen.

ad 2) Marx behandelt die Produktion von Arbeitskraft qua Reproduktion in Analogie zur Produktion von Güter-Waren. Für diese Produktion ist der allgemeine Arbeitsbegriff leitend, der uns schon früher begegnet ist (vgl. oben § 7). Die „zweckmäßige Tätigkeit zur Herstellung von Gebrauchswerten" (S. 198) gibt die Grundcharakteristik dieses Begriffs ab. Gemäß der Marxschen Analogie müßte also auch die Produktion von Arbeitskraft unter diesen Begriff fallen und sich darüber hinaus nach Kostengesichtspunkten quantifizieren lassen.

Dies stößt jedoch auf große Schwierigkeiten. Zunächst einmal ist die Parallele schief, die Marx zwischen der zweckrationalen Herstellung von Gebrauchsgegenständen und der „Produktion" menschlichen Lebens zieht. Die Erzeugung menschlichen Lebens kann mit Absicht geschehen und selbst mit der Absicht, eine Arbeitskraft zu gewinnen. Beides muß aber nicht sein und ist auch oft genug nicht der Fall. Das Modell zweckrationalen

---

[49] An diesem Punkt treffe ich mich mit der Kritik, die unter methodischem Aspekt schon überzeugend für die Trennung von Empirie und Normativität argumentiert hat. Vgl. Helberger 1974; Vogt 1980.

Produzierens liefert also keine allgemein anwendbare Beschreibung für die Erzeugung von Arbeitskraft. Es liefert aber auch keine angemessene Bestimmung, wenn wir einmal voraussetzen, wir hätten es mit einer absichtsvollen Erzeugung von Arbeitskraft zu tun. Denn für das Resultat der Produktion gilt gerade nicht, was Marx so entschieden für die Güter-Produktion betont:

> „Am Ende des Arbeitsprozesses kommt ein Resultat heraus, das beim Beginn desselben schon in der Vorstellung des Arbeiters, also schon ideell vorhanden war. Nicht daß er nur eine Formveränderung des Natürlichen bewirkt; er verwirklicht im Natürlichen zugleich seinen Zweck, den er weiß, der die Art und Weise seines Tuns als Gesetz bestimmt und dem er seinen Willen unterordnen muß." (S. 193)

Die fertige Arbeitskraft kann als Resultat bestenfalls in dem Sinn antizipiert werden, daß sie nach einer gewissen Zeit unter gegebenen natürlichen und gesellschaftlichen Bedingungen zur Verfügung stehen wird. „Ideell vorhanden" ist das Resultat in der Weise wie die Erfüllung eines Wunsches oder die Befriedigung eines Interesses erwartbar ist, ohne daß eine solche Erfüllung oder Befriedigung durch ein gezieltes technisches Verfahren garantiert wäre. Das Eintreten des gewünschten Resultats hängt von Umständen ab, die einer technischen Kontrolle entzogen sind, einfach deshalb, weil sich die biologisch-natürliche Entwicklung von Menschen zwar beeinflussen, aber – bislang jedenfalls – nicht herstellen läßt, so wie man eine Bauzelle herstellt, deren Plan man „ideell" schon hat (vgl. S. 193). Mehr als eine „Formveränderung des Natürlichen" wird also im Fall der Erzeugung von Arbeitskraft kaum möglich sein. Wenn überhaupt, dann ist für sie ein anderer Begriff von Produktion maßgebend als der von Marx beanspruchte.
Hiergegen könnte man einwenden, es gehe primär gar nicht um den Produktionsgesichtspunkt von Arbeitskraft, sondern um ihre Reproduktion, die ausschließlich unter dem von Marx angeführten Kostenaspekt zu betrachten sei. Dies ist zwar eine

schwache Verteidigung von Marx, da ja die Reproduktion in Abhängigkeit vom Produktionsbegriff eingeführt wird, doch scheint sie eine Chance zu eröffnen, wenn wir uns nicht am Produktionsbegriff, sondern an den Erhaltungskosten der Arbeitskraft orientieren. Dann freilich stellt sich die Frage, in welchem Verständnis von der Erhaltung der Arbeitskraft die Rede ist, um deren Kosten in Lebensmitteln aufrechnen zu können.

Wenn wir dazu von der *Selbst*erhaltung des Arbeiters ausgehen, entsteht das Problem, seine Reproduktion so zu denken, als ob er sich selbst wie ein physischer Gegenstand verhielte, der unter der zweckrationalen Vorgabe steht, sich hinreichende Mittel für seine Erhaltung zu sichern. Der Kostenaspekt verlangt somit seinerseits einen zweckrationalen Begriff von Reproduktion, der den Arbeiter jedoch auf einer quasi tierischen Stufe seiner Erhaltung beläßt. Sobald wir den Arbeiter als soziales Wesen betrachten, wird diese Unterstellung hinfällig. Dann aber kann auch seine Selbsterhaltung nur in Termini eines Zu-sich-selbst-Verhaltens verstanden werden, das sozial bezogen ist. Für diese soziale Erhaltung ein physisches Kostenkriterium als hinreichend zu behaupten, heißt so nur den Fehler wiederholen, den wir schon kritisiert haben (vgl. oben ad 1).

All dies zeigt, daß es offenbar wenig Sinn macht, einen Begriff von zweckrationaler Produktion oder Reproduktion der Arbeitskraft zu gebrauchen, wenn wir nicht die natürlichen und sozialen Gegebenheiten des Arbeiters verzerren wollen.[50] Dies muß uns jedoch auf eine weitere Überlegung stoßen. Denn wenn wir die Interessenlage des Kapitalisten in Betracht ziehen, erscheint eine solche Verzerrung auf einmal plausibel.

Man kann dann sagen, daß das Interesse des Kapitalisten, den Tauschwert der Arbeitskraft möglichst niedrig zu halten, die Perspektive nahelegt, den Arbeiter ausschließlich in seiner physischen Existenz unter zweckrationalen Produktions- und

---

[50] Vgl. hierzu schon Schumpeter 1950, S. 53, und Castoriadis 1981, S. 230, der schon Anfang der fünfziger Jahre eine solche Kritik aus linksradikaler Sicht formuliert hat (vgl. z. B. Castoriadis 1973/1980, S. 21 f.).

Kostengesichtspunkten zu sehen und ihn entsprechend zu behandeln. Wir hatten ja schon konstatiert, daß die soziale Asymmetrie zwischen Kapitalist und Arbeiter faktisch einen Zustand erreichen kann, der dem physischen Existenzminimum gleich ist, und daß sich in diesem Fall die Tendenz des Kapitalisten bis zur Suspendierung der sozialen Handlungsfähigkeit des Arbeiters durchgesetzt hat. Idealtypisch betrachtet wäre es also am besten, wenn der Arbeiter als sozial handelndes Wesen keine Rolle spielen würde, sondern sich ausschließlich so handhaben ließe, als ob die zweckrationale Organisation seiner physischen Existenz gesellschaftlich hinreichend wäre. Dies würde sowohl unter dem Erfordernis der Mehr-Tauschwertproduktion als auch der Notwendigkeit der Reproduktion gelten. Nur eine ins idealtypische Extrem verlängerte Interessenperspektive des Kapitalisten ist so die Bedingung dafür, die Produktion oder Reproduktion von Arbeitskraft nach dem Modell einer zweckrationalen Gegenstandsproduktion unter Kostengesichtspunkten überhaupt denkbar zu machen. Marx liefert hierfür eine Bestätigung, wenn er feststellt:

> „Der Kapitalist hat durch den Kauf der Arbeitskraft die Arbeit selbst als lebendigen Gärungsstoff den toten ihm gleichfalls gehörigen Bildungselementen des Produkts einverleibt. Von seinem Standpunkt ist der Arbeitsprozeß nur die Konsumtion der von ihm gekauften Ware Arbeitskraft, die er jedoch nur konsumieren kann, indem er ihr Produktionsmittel zusetzt. Der Arbeitsprozeß ist ein Prozeß zwischen Dingen, die der Kapitalist gekauft hat, zwischen ihm gehörigen Dingen." (S. 200)

Eine solche Verdinglichungsperspektive wird in der Tat nachvollziehbar allein aufgrund des „Standpunkts" des Kapitalisten, dem wir die soeben beschriebene Interessenlage unterlegen müssen. Aus der Sicht des Arbeiters, so haben wir gesehen, wäre es sinnwidrig, sich als Ding zu betrachten. Es sei denn, der Arbeiter würde sich in die Rolle des Kapitalisten versetzen, um z. B. einen klaren Begriff von dem Interessenkonflikt zu bekommen, mit dem er sich auseinanderzusetzen hat.

Hieraus folgt nicht nur eine Bestätigung unseres bereits erzielten Ergebnisses, daß nämlich – wenn überhaupt – der Wert der Arbeitskraft nicht unabhängig von der sozialen Asymmetrie zwischen Kapitalist und Arbeiter bestimmbar werden kann. Es folgt darüber hinaus, daß der für eine solche Wertbestimmung notwendige Produktions- oder Reproduktionsbegriff ausschließlich verträglich ist mit einer idealtypisch angebbaren Interessenlage des Kapitalisten. Von einer „objektiven" Bestimmung des Werts der Arbeitskraft kann damit erst recht keine Rede mehr sein. Nur aus der Perspektive einer kapitalparteilichen Zweckrationalität macht die Theorie vom Wert der Ware Arbeitskraft überhaupt Sinn.

Damit lassen sich zusammenfassend folgende Konsequenzen ziehen:

Erstens: Die Werttheorie als Grundlage der Tausch-Arbeitswert-Gleichung ist nicht nur empirisch unhaltbar und daher nach Maßgabe unserer Fragestellung nicht hinreichend für eine Kritik des Kapitalismus. Mehr noch. Gerade dann, wenn sie empirisch gültig wäre, wäre sie zutiefst unkritisch. Sie wäre parteilich im Sinne einer kapitalorientierten Zweckrationalität, müßte die herrschaftstechnische Neutralität der kapitalistischen Arbeitsteilung annehmen und schließlich die soziale Asymmetrie zwischen Kapitalist und Arbeiter ignorieren.

Zweitens: Eine empirisch wie kritisch aussichtsreiche Theorie der kapitalistischen Warenproduktion muß nicht nur das Lohnarbeit-Kapital-Verhältnis als Basis-Struktur der Tausch-Arbeit-Beziehung thematisieren und in seinen Grundbedingungen namhaft machen. Sie muß zugleich diese Basis-Struktur als sozialen Konfliktraum verstehen, innerhalb dessen interessengebundene soziale Aktionen stattfinden, die ihrerseits der empirischen und kritischen Untersuchung bedürften.

Drittens: Die Vermutung, daß eine mögliche empirische Geltung der Tausch-Arbeitswert-Gleichung nicht unabhängig von einer Empirie agierender Personen sein dürfte, wird nicht nur bestätigt, sondern übertroffen durch den Nachweis, daß eine Berücksichtigung der Dimension des sozialen Konflikts zwischen Arbeiter und Kapitalist die empirische Triftigkeit jener Gleichung hinfällig macht.[51]

Viertens: Unsere Perspektive einer Problematisierung des Kapitalismus auf Grundlage des Utopie-Prinzips der Marxschen Theorie *und* der kritisch gewonnenen Leitfrage nach der politischen Vermittlung der befreiten Gesellschaft (vgl. oben § 8) hat sich bestätigt. Systematisch können wir zwar immer noch nicht mehr sagen, als daß es einer Analyse bedarf, die den Zusammenhang zwischen dem gegenständlichen Vergesellschaftungstypus der Tausch-Arbeit-Beziehung und der hypothetisch anvisierten interaktiv-politischen Dimension des Kapitalismus aufdeckt (vgl. oben Anfang § 9). Und hinzugekommen ist eher noch die Schwierigkeit, ob die inzwischen aufgewiesene Dimension der sozialen Aktion umstandslos einem noch nicht näher präzisierten Begriff jener interaktiv-politischen Dimension zugerechnet werden kann. Doch immerhin muß nun als sicher gelten, daß allein in dieser Perspektive eine Chance liegt, das Marxsche Utopie- und Kritik-Prinzip seinerseits mit einer Theorie der kapitalistischen Wirklichkeit zu vermitteln.

Fünftens: Damit steht gleichfalls fest, daß keinerlei Veranlassung besteht, das gegenständliche Grundschema des Tauschs als ein

---

[51] Hierin treffe ich mich erneut mit Castoriadis 1975 a, S. 43; 1975 b, S. 143 ff.; auch Lange 1980, S. 185 ff., 250 ff. kritisiert zurecht, daß die Handlungsperspektive von Kapitalist und Arbeiter nicht gleichrangig einbezogen wird. Marx hat daher kein zwingendes Argument, wenn er meint, bei einer Betrachtung der Austauschakte zwischen Kapitalist und Arbeiter dürfe der Gesichtspunkt der „Gesellschaftsklassen" keine Rolle spielen, weil dieser der Warenproduktion fremd sei (MEW 23, S. 612 f.). Der strukturelle soziale Konflikt zwischen Kapitalist und Arbeiter ist ja nichts anderes als der Klassenkonflikt. De facto bezieht Marx diesen natürlich ein, wenn es z. B. um den Arbeitstag geht (vgl. S. 249), er hätte ihn jedoch bereits für das Problem der Wertbestimmung reflektieren müssen, wie etwa folgende Stelle aus den „Grundrissen" durchaus nahelegt: „... so bringt es die scheinbare Form des barter, der exchange, mit sich, daß der Arbeiter, wenn die Konkurrenz ihm gerade erlaubt zu markten und streiten mit dem Kapitalisten, seine Ansprüche mißt am Profit des Kapitalisten und einen bestimmten Anteil verlangt an dem von ihm geschaffenen Mehrwert; so daß die *Proportion* ein reales Moment des ökonomischen Lebens selbst wird. Ferner im Kampf der beiden Klassen ... wird das Messen der wechselseitigen Distanz, die eben durch den Arbeitslohn selbst als Proportion ausgedrückt ist, entscheidend wichtig." (Gr, S. 491)

164

Determinationsschema der Gesellschaft zu verstehen, das die Erscheinungen von sozialen Aktionen bzw. interaktiv-politischen Verhältnissen unvermittelt bestimmt (vgl. oben Anfang § 9). Vielmehr verweist gerade umgekehrt der Tausch von Arbeitskraft gegen Geld auf einen sozialen Aktionsraum, der die gegenständliche Orientierung des Tauschs seinerseits umgreift. Nur für den Extremfall, daß dieser Aktionsraum dem Arbeiter nicht mehr zur Verfügung steht, weil der Kapitalist ihn völlig unter Kontrolle hat, ließe sich von so etwas wie einer gegenständlichen Determinierung des sozialen Aktionsfelds sprechen, die für den Arbeiter mit seiner völligen Verdinglichung zusammenfiele. Es ließe sich dann auch von so etwas wie der empirischen Kostenbestimmung der Arbeitskraft auf dem Existenzminimum sprechen. Doch dies wäre keine empirische Bestimmung des Werts. Damit zeigt sich, daß eine empirische Kostenrechnung für die Arbeitskraft nach dem von Marx entwickelten Kriterium bestenfalls für eine Verelendungstheorie taugt. Insofern ist diese bei Marx bereits begrifflich präjudiziert.[52]

Sechstens: Das empirische Scheitern der Relationstheorie des Werts und somit der Tausch-Arbeitswert-Gleichung macht die Vorstellung zunichte, als lasse sich die Zeitökonomie der befreiten Gesellschaft in Analogie zum Wertgesetz der kapitalistischen Warenproduktion denken, denn ein solches Gesetz gibt es nicht (vgl. oben § 8). Dies bestärkt nicht nur unsere Kritik an einer technischen Scheinlösung des Problems der personalen Vergesellschaftung (vgl. oben §§ 1, 8), sondern entlarvt den Begriff einer naturgesetzlichen Zeitökonomie endgültig als eine hypertrophe *Norm* gesellschaftlicher Rationalität. Da diese Norm in Widerspruch zum optimal-interaktiven Modell der Marxschen Utopie steht und andererseits auch nicht als verborgenes Organisationsprinzip des Kapitalismus gelten kann, wird der Verdacht zur Gewißheit, daß Marx' utopischer Entwurf wie seine Analyse des Kapitalismus von einem hyper-rationalen Ideal technischer Transparenz geleitet werden. Gerechtfertigt wird dieses Ideal nicht, noch ist zu sehen, wie dies geschehen könnte. Wir haben es hier mit einer undurchschauten Illusion der Marxschen Theo-

---

[52] Vgl. jedoch unten § 14.

rie zu tun. In anderen Worten bedeutet dies, daß die Werttheorie eine normative Theorie[53] darstellt, aber eine solche, die nicht haltbar ist. Von der Metaphysik der Substanztheorie des Werts erst gar nicht mehr zu reden (vgl. oben §§ 3, 4).

§ 10 Methodische Zwischenreflexion
auf kritische Resultate.
Kann Hegel Marx retten?

Es mag deprimierend erscheinen, die soeben erreichten Konsequenzen ziehen zu müssen. Ich sehe jedoch keinen Grund, vor ihnen zurückzuschrecken, denn sie haben sich aus einer klar umrissenen Fragestellung und den Schwierigkeiten ergeben, auf die uns der Gang der Sache bei Marx selbst führt.

Nach meiner Meinung wäre es weit deprimierender, wenn man angesichts solcher Konsequenzen zu hilflosen Rettungsversuchen der Marxschen Theorie Zuflucht nähme. Diese lassen sich aus methodischer wie metaphysischer Sicht vorbringen und laufen darauf hinaus, Marx durch Hegel zu rechtfertigen. Ohne uns in die historischen Weiterungen dieser Perspektive zu verlieren, finde ich es angebracht, an dieser Stelle wenigstens einige Hinweise zu geben, welche intellektuellen Opfer nötig wären, um Versuche dieser Art zu betreiben. Desto beruhigter dürfen wir dann unsere Resultate festhalten und weitere Überlegungen in Angriff nehmen.

Wenn wir jetzt, nachdem wir ein gut Stück begrifflicher Kritik an Marx absolviert haben, zunächst einmal fragen, welcher Methode sich diese Kritik verdankt, so scheinen wir nicht mehr zu benötigen als eine rückblickende Aufzählung dessen, was wir als minimale Bedingungen für diskursive Rationalität bezeichnen können: daß sich die von Marx entwickelten Begriffe deutlich explizieren lassen, daß nachvollziehbar ist, in welcher Art von

---

[53] Es kann also auch keine Rede davon sein, daß der Wert als „eine Art transzendentaler Synthesis" (Reichelt 1973, S. 144, 174, 227) die fehlende „selbstbewußte Einheit" des Kapitalismus repräsentiert. Bestenfalls ist es ein Wunsch, daß dies der Fall sei.

166

Behauptungen sie verwendet werden und daß außerdem erkennbar wird, welche Begründungsansprüche und -lasten den Behauptungen zuzuschreiben sind.

Auf diese Weise konnten wir etwa ohne weiteres die Begriffe des Gebrauchswerts, des Tauschwerts und des Werts aufnehmen und die Behauptung der Tausch-Arbeitswert-Gleichung als zentrale Hypothese nachvollziehen (vgl. oben § 2). An Klarheit des Verständnisses blieb dabei nichts zu wünschen übrig, auch wenn einige rekonstruktive Mühe aufzubringen war. Um so besser konnten wir dann aber sehen, wie sich daneben eine mißlungene Ableitung des Werts mit einer metaphysischen Substanztheorie der abstrakten Arbeit verbindet (vgl. oben §§ 3, 4). Hierzu bedurfte es keiner von außen oktroyierten Maßstäbe der Kritik, sondern nur einer nüchternen Konzentration auf den Marxschen Text selbst und die in ihm vorfindlichen sachlichen Zusammenhänge. Alles, was wir hierbei an kritischer Einstellung voraussetzen müssen, ist das Verlangen um Erläuterung solch theoretischer Begriffe wie „Wert" und „abstrakte Arbeit". Denn solche Begriffe erläutern sich nicht selbst, sondern öffnen sich einem genauen Verständnis nur dann, wenn wir sie mit Hilfe schon bekannter Begriffe verstehen können oder sie in Kontexten beschrieben finden, die sie zumindest implizit verdeutlichen.

Was wir außerdem benötigen ist eine gewisse Sensibilität dafür, daß auf dem theoretischen Feld, auf dem wir uns mit Marx bewegen, wirkliche Erkenntnisse und Einsichten eher schwer zu haben sind. Es ist immer möglich, daß sich begriffliche Mängel einer Bewältigung der relevanten Sachfragen in den Weg stellen. Sei es, daß wir nur eine ungefähre Erfassung der maßgeblichen Tatbestände erreichen, sei es, daß verschiedene Fragestellungen vermengt werden, sei es, daß da, wo Argumente nötig wären, Gedankensprünge den Dienst tun sollen. Als Beispiel für diese Art von Schwierigkeiten stellte sich Marx' Analyse der „einfachen Wertform" heraus, für die keine Lesart beizubringen war, die ihre Schwächen behoben hätte (vgl. oben § 4). Andererseits konnte erst so sichtbar werden, daß die übrige Wertform-Theorie ohne diese Schwächen formuliert werden kann (vgl. oben § 5).

Ein ganz paralleler und noch viel wichtigerer Gewinn ergab sich dann für das Fetisch-Theorem. Denn gerade der Umstand, daß

die Theorie des Warenfetischs im engeren Sinn auf einem spekulativen Gedankensprung beruht, fördert die Einsicht, daß dies
für die Beschreibung des falschen Naturscheins und des falschen
Freiheitsscheins der kapitalistischen Warenproduktion nicht der
Fall ist (vgl. oben § 6). Auf der anderen Seite galt freilich, daß die
fruchtbare Perspektive, die sich damit für die Marxsche Theorie
als kritische ergibt, wiederum mit einem begrifflichen Defizit
belastet ist. Die Idee der personalen Vergesellschaftung selbst,
das Modell eines optimal-interaktiven Gesellschaftstypus, entgleitet Marx immer wieder zugunsten noch weniger durchdach-
ter Alternativen (vgl. oben §§ 7, 8). Seine Utopie, die zugleich
sein Kritik-Prinzip darstellt, unterliegt so ständig der Gefahr,
ihre beanspruchte Rationalität zu verfehlen. Um die Perspektive
dieser Utopie diskutierbar zu machen, blieb daher nur ihre
Kritik nach Maßgabe des ausgesparten Problems der politischen
Vermittlung (vgl. oben § 8).

Doch die mangelnde Reflektiertheit der Utopie machte auch vor
der Empirie nicht Halt. Selbst die relationale Theorie des Werts
erwies sich nämlich letztlich als normative Projektion eines
Ideals der technischen Transparenz, das sich schon früher als
Gefährdung eines alternativen Gesellschaftsmodells gezeigt
hatte (vgl. oben §§ 8, 9). Und auch die im Kontext des Mehrwertgedankens interessierenden Fragen mußten einerseits von der
Werttheorie abgelöst und andererseits einem Begriff von Empirie untergeordnet werden, der die Dimension der sozialen
Aktion zwischen Kapitalist und Arbeiter sowie die je spezifischen sozialen Interessenlagen immer schon als konstitutiv
berücksichtgt (vgl. oben § 9). Allgemein gesprochen haben wir
also bei unserer Bestandsaufnahme der Marxschen Theorie ständig damit gekämpft, die minimalen Bedingungen diskursiver
Rationalität so zur Geltung zu bringen, daß Marx' Gedankengänge eine klare und entscheidbare Gestalt annehmen konnten.
Wenn bei dieser Auseinandersetzung einige Theorie-Stücke auf
der Strecke geblieben sind und wenn unsere Kritik nicht vorschnell war, was bleibt dann zu folgern?

Doch wohl nur, daß wir miterlebt haben, wie wenig abgeschlos-
sen Marx' eigenes Ringen um ein adäquates Verhältnis von
Begriff und Sache, Theorie und Realität war, und wie schwierig

es beim besten Willen sein kann, für die hier interessierenden Probleme sichere Ergebnisse zu gewinnen. Es gilt eben auch für Marx, daß es so etwas wie eine Garantie der sicheren Erkenntnis nicht gibt. Eine solche Garantie ist auch nicht dadurch zu erreichen, daß man den Versuch macht, durch Verweis auf die Besonderheiten der Marxschen Methode eine Rechtfertigung zu gewinnen, die eine Kritik wie die vorliegende hinfällig machen würde.

Ich möchte daher an einigen Beispielen zeigen, daß der Preis solcher Verteidigungsanstrengungen zu hoch wäre. Denn er besteht letztlich darin, uns zuzumuten, auf minimale Bedingungen diskursiver Rationalität zu verzichten. Alles, was ich hier in Kürze tun will, ist, auf die Gefahr eines derartigen Notbehelfs aufmerksam zu machen und die Beweislast der Gegenseite zuzuschieben. Dies sollte dann erst recht Anlaß sein, auch weiterhin dem Zusammenhang von Utopie, Rationalität und Politik unter Beherzigung minimaler Bedingungen diskursiver Rationalität nachzugehen.

Nehmen wir zunächst folgendes Beispiel:

„Dieser allgemeinen Untersuchung der ökonomischen Struktur der bürgerlichen Gesellschaft, dem ‚System der Kritik der politischen Ökonomie‘ von Marx eignet nun eine methodische Schwierigkeit, die Wirtschaftstheorien ‚positivistischen Typs‘ fremd ist. Das Verhältnis von Theorie und Empirie in ihr ist weitaus komplexer als in jenem. Zum einen, weil sie beansprucht, nicht nur Wissenschaft einer isoliert genommenen Teilstruktur der bürgerlichen Gesellschaft, der Ökonomie zu sein, sondern Grundlage der Wissenschaft von deren gesamter Struktur als Voraussetzung der wissenschaftlichen Analyse ihrer historischen Entwicklung. Zum anderen, weil sie sich in der Analyse jener Teilstruktur prinzipiell von den genannten Theorien unterscheidet. Während diese im wesentlichen darin aufgehen, Hypothesen über Erscheinungen aufzustellen und an der Wirklichkeit zu überprüfen mit dem Ziel, empirische Gleichförmigkeiten und Regelmäßigkeiten aufzudecken, beansprucht die Marxsche ‚Kritik' nicht, in allen ihren Teilen unmittelbare Theorie über die empirische Wirklichkeit zu sein. Für die analytische Wissenschaftstheorie genügt bereits eine Menge miteinander verknüpfter nomologischer Hypothesen, deren Richtigkeit unmittelbar durch Beobachtung überprüft werden kann, den Ansprüchen, die an die Bildung wissenschaftlicher Theorien gestellt werden... dagegen (gilt) für die Marxsche ‚Kritik' 1. infolge der in ihr fundamentalen Unterscheidung zwischen Erscheinung und dem diese strukturierenden ‚Wesen', daß sie – absichtlich etwas überspitzt formuliert – nur als ganze empirisch überprüfbar ist, nicht aber einzelne, aus ihrem Zusammenhang gerissene Teilstücke; und 2. daß bei dieser Überprüfung, der sie sich wie jede erfahrungswissenschaftliche Theorie zu stellen hat, der in ihr formulierte Zusammenhang der ökonomischen mit der rechtlichen, politischen etc. historischen Entwicklung reflektiert werden muß, soweit dadurch die ökonomische Entwicklung tangiert wird." (Bader u. a. 1975, S. 34f.)

Was die Verfasser hier zur Marxschen Methode ausführen, läßt sich in eine schwache und eine starke These aufspalten. Nur die letztere, Hegelsche Variante könnte eine spezifische Besonderheit der Methode von Marx begründen, während die schwächere These in keinen echten Konflikt zu Positionen der analytischen Wissenschaftstheorie geraten würde. Denn es gibt ja etwa bei Quine (1963, Ch. II) einen holistischen Empirismus in pragmatischer Absicht, der die empirische Überprüfbarkeit einzelner Aussagen auf Theorien als ganze und letzlich auf das System der Naturwissenschaft als Ganzes relativiert. Wie immer szientistisch und in diesem Sinne positivistisch Quines Ausrichtung an der Naturwissenschaft sein mag, was die methodische Idee angeht, spricht nichts dagegen, auch den von den Verfassern umschriebenen thematischen Bereich der Marxschen Theorie mit allen relevanten Differenzierungen in einem solchen holistischen Modell zu denken.
Es bleibt jedoch festzuhalten, daß dieser Holismus den Gedanken der empirischen Überprüfbarkeit von Aussagen nicht preis-

gegeben hat, sondern nur in besonderer Weise reflektiert, eine Sichtweise also, mit der die Verfasser übereinzustimmen scheinen. Ein Quinescher Typus des Holismus ist aufschlußreich auch deshalb, weil er zu einer Relativierung des Unterschieds einer rein begrifflichen Ebene und der Empirie führt. Da eine isolierte Überprüfung von Aussagen keinen Sinn macht, wird auch eine scharfe Unterteilung in analytische und synthetische Aussagen im einzelnen hinfällig. Es gibt nur noch ein Verhältnis von Zentrum und Peripherie von Aussagen in verschiedenen Abstufungen, wobei das Zentrum quasi begrifflich, aber eben nicht rein begrifflich ist, und die Peripherie quasi empirisch, aber eben nicht rein empirisch im Sinne einer positivistisch eindeutig fixierbaren Datenbasis.

So wie die Stellung einzelner Aussagen haben wir dann auch die Stellung einzelner Teilstücke von Theorien zu deuten. Der Prozeß der empirischen Überprüfung führt so zu einer ständigen Modifikation des Verhältnisses von Zentrum und Peripherie und damit, wenn man so will, zu einer dynamischen Auffassung des Verhältnisses von Theorie und Realität. Freilich schließt dies die *Revision* von Aussagen und Teilstücken der Theorie ein, auch wenn diese Revision systemrelativ zu denken ist. Daraus folgt auch, daß das System als solches sich ständig modifiziert und prinzipiell unabgeschlossen bleibt.

Diese Skizze des Quineschen Modells zeigt nun aber bereits, wie wenig sich ein empirisch orientierter Holismus und die Revision einzelner Aussagen und Teilstücke von Theorien ausschließen müssen. Dies kann auch gar nicht anders sein, wenn der Gedanke der empirischen Überprüfung nicht nur als bloße Versicherung mitgeschleppt werden soll. Dazu gehören im weiteren solche Revisionen, die nicht unmittelbar die empirische Überprüfung einzelner Teilstücke betreffen, sondern auf die noch elementarere Frage bezogen sind, welche Chancen ein vorliegendes Theorie-Stück überhaupt haben kann, einen empirischen Test sinnvoll zu bestehen. Und wenn sich dann, wie im Fall der Theorie des Werts der Ware Arbeitskraft, ergibt, daß aus systematischen Gründen gar keine solche Chance besteht, so ist dies Grund genug, auch in einem holistischen Verständnis das Teilstück zu verwerfen, jedenfalls solange nicht bessere Gründe auftauchen.

Wir können daher am Beispiel Quines sowohl einen empirisch relativistischen Holismus-Typus kennzeichnen und zugleich sehen, daß dieser mit unseren Kriterien minimaler diskursiver Rationalität ohne weiteres verträglich ist. Dies macht deutlich, daß es einer ganz anderen Theorie-Variante bedarf, um auf eine Kennzeichnung der Marxschen Methode zu kommen, die ihr zusätzliche Rechtfertigungen verschafft. Diese Variante ist nichts anderes als der absolute Holismus Hegels, der sich in dem obigen Zitat in dem Begriffspaar des „Wesens" und der „Erscheinung" ankündigt. Was aber soll diese Begrifflichkeit leisten? Hier die aufschlußreiche Antwort:

> „... ‚das Wesen', so Hegel lapidar, ‚muß erscheinen'... Unter Identität von Wesen und Erscheinung ist gemeint: ‚das erscheinende und das wesentliche Sein stehen schlechthin in Beziehung aufeinander... Das Erscheinende zeigt das Wesentliche und dieses ist in seiner Erscheinung'... subjektiv, d. h. auf die Theorie gewendet, die die Objektivität erfaßt, bedeutet dies: die Orientierung am Wesensbegriff ist keine Spielart einer Immunisierungs-Strategie, die die Aussagen der Theorie einer Kritik durch Erfahrung entziehen will. Vielmehr stehen die Wesensaussagen im Kontext einer Theorie, die als *ganze* der empirischen Überprüfung unterliegt." (Bader u. a. 1975, S. 51 f.)

Zu unserer Überraschung müssen wir feststellen, daß die angeblich so „fundamentale Unterscheidung" zwischen Wesen und Erscheinung einfach ersetzt werden kann durch das Postulat einer holistischen Interpretation des Verhältnisses von Theorie und Realität. Damit aber bleibt nach wie vor die Frage unbeantwortet, worin eigentlich der spezifische Holismus der Marxschen Theorie bestehen soll.

Hierzu hilft nur noch, in weit stärkerer Weise als bisher erkennbar auf Hegel zurückzugreifen. Die Verfasser tun dies, indem sie eine unabhängige Ebene der Wesenserkenntnis annehmen (vgl. ebd. S. 50), das Wesen zum „Organisator der Erscheinungen" (ebd. S. 73) erklären und von Hegel das Theorem übernehmen, es sei die „Notwendigkeit" der Gegenstände des Wissens nachzuweisen (vgl. ebd. S. 32, 59, 70, 73). So wenig diese Behauptungen – von Hegel-Zitaten abgesehen – näher begründet werden, so wenig sind sie zwingend, um die zunächst formulierte Idee der holistischen Interpretation des Verhältnisses von Theorie und Realität näher auszuführen.

Einerseits ist eine unabhängige Ebene der Wesenserkenntnis dann eine Trivialität, wenn wir einmal – entgegen Quine – unterstellen, daß es einen Bereich analytischer Wahrheiten gibt, die nichts mit empirischer Überprüfbarkeit zu tun haben. Dies ist vorauszuschicken, um sogleich zu sehen, daß es darum gar nicht gehen kann. Worum es geht, ist der Zusammenhang sogenannter theoretischer Begriffe wie Wert etc. mit der empirischen Realität, wenn man so will, um eine adäquate Bestimmung des oben schon angesprochenen Wechselzusammenhangs von Wesen und Erscheinung in einem ohne weiteres tolerablen harmlosen Verständnis. Weil es nun aber um diesen Zusammenhang geht, wird es einfach unverständlich, wenn die Autoren aus dem Tatbestand, daß theoretische Begriffe und Aussagen nicht ohne weiteres direkt, unmittelbar empirisch zu überprüfen sind, den Schluß ziehen, *diese*, doch auf eine empirisch gehaltvolle Theorie angelegten theoretischen Begriffe und Aussagen würden eine zunächst von der Empirie völlig losgelöste, unabhängige, selbständige Sphäre der Erkenntnis repräsentieren. Dieses non sequitur setzt sich schließlich fort in der These, die „allgemeine Untersuchung der ökonomischen Struktur der bürgerlichen Gesellschaft" verbleibe „von Anfang bis Ende auf der Ebene der Struktur... innerhalb der Gedankentotalität" und vollziehe „an keiner Stelle den Übergang zur empirischen Totalität".

Spätestens jetzt kommt zum Vorschein, daß wir uns in ein ganz besonderes Holismus-Modell begeben haben müssen, um überhaupt noch folgen zu können. Anstatt die konstitutive Beziehung zwischen der in Frage stehenden „erfahrungswissenschaftlichen Theorie" und ihrer möglichen empirischen Überprüfbarkeit festzuhalten, wofür Quine ein Beispiel abgibt, wird plötzlich ein rein begriffsimmanenter Holismus zugrunde gelegt. Dieser erzeugt sich eine „Gedankentotalität", die dann als ganze erst nachträglich auf eine empirische Totalität bezogen werden soll. Das Begriffssystem muß als Ganzes schon in sich geschlossen sein, um in seiner Beziehung zur empirischen Realität überhaupt bestimmt werden zu können. Wenn dem so ist, läßt sich aber das Verhältnis von Theorie und Realität nicht mehr als dynamische Wechselbeziehung im Sinne eines relativistischen Holismus denken. Es bedarf vielmehr eines Repräsentationsverhältnisses zwischen Gedankentotalität und empirischer Realität, das in die Richtung weist, die empirische Totalität quasi als Abbild der Gedankentotalität oder als deren Manifestation zu begreifen.

Nicht mehr die – wenn auch holistisch zu denkende – empirische Überprüfbarkeit der Theorie gibt so den leitenden Gesichtspunkt ihrer möglichen Wahrheit ab, an ihre Stelle tritt vielmehr die interne Stimmigkeit begrifflicher Strukturen (Wesen), denen qua ausgebildeter Ganzheit ihre externe empirische Entsprechung verschafft werden soll (Erscheinung). Nicht die empirische Realität testet so die Begriffe und theoretischen Aussagen, sondern diese entwickeln ihre Wahrheit aus sich selbst und testen dann die empirische Realität auf ihre Darstellungsfähigkeit. Nur so kann man dann auch wörtlich meinen, daß das Wesen die Erscheinungen „organisiert" und daß Gegenstände der Erfahrung oder Gegenstandsbereiche in ihrer „Notwendigkeit" nachgewiesen werden sollen.

Mit einem nachvollziehbaren Begriff der empirischen Überprüfung „erfahrungswissenschaftlicher Theorie", die den Autoren doch wichtig scheint, hat all das nichts mehr zu tun. Der Anspruch, eine empirisch gehaltvolle holistische Theorie zu entwerfen, ist der idealistischen Systemkonstruktion Hegels gewichen. Für diese Konstruktion hat Hegel (1812/1978, S. 35) zurecht auf ein Kreislaufmodell verwiesen, das seinen absoluten Holismus kennzeichnet. Denn wenn wir uns der Wahrheit allein schon durch die immanente Entwicklung der Begriffe versichern können, dann brauchen auch nur noch die Beziehungen der Begriffe und ihre Entfaltung zum System zu interessieren. Konsequent ist dann auch, dieses System als in sich geschlossenes, absolutes Gebilde zu verstehen, das sich selbst genügt und sich allenfalls in die Wirklichkeit als Ganzes „entläßt".

Wir erreichen damit das Ergebnis, daß ein Holismus des Hegelschen Typs mit dem Anspruch der erfahrungswissenschaftlichen Überprüfung der Marxschen Theorie unverträglich ist. Statt genauer zu klären, wie eine holistische Interpretation der Marxschen Theorie aussehen könnte, die Einsichten berücksichtigt, die im Rahmen der analytischen Wissenschaftstheorie durchaus zu haben sind und an deren Berücksichtigung sich die Autoren im Prinzip interessiert zeigen (vgl. z. B. Bader u. a. 1975, S. 52), fallen sie auf ein Hegelsches Modell zurück, das dem Verhältnis von Theorie und Realität seine empirische Triftigkeit entzieht. Man kann eben nicht beides haben, absoluten Holismus und Erfahrungswissenschaft.

Es muß uns daher aus systematischen Gründen auch kalt lassen, wenn sich bei Marx Hinweise auf ein Hegelsches Modell finden. So heißt es etwa zu Beginn des 3. Bandes des „Kapital", die Untersuchung nähere sich langsam der „Oberfläche der Gesellschaft" (MEW 25, S. 33). Sicherlich läßt sich dies lesen, als komme nun allmählich das Wesen zur Erscheinung.[54] Man braucht solche und andere Hegelsche Züge bei Marx nicht ignorieren, um zugleich feststellen zu müssen, daß sie die Marxsche Theorie nicht stärken, sondern schwächen. Wie unklar andererseits die Situation ist, zeigt Marx' Absichtserklärung, irgendwann die „idealistische Manier der Darstellung zu korrigieren" (Gr, S. 69) sowie das Problem, wie sich im Detail die Hegelsche und Marxsche Methode zueinander verhalten.

Ehe wir uns am Beispiel Fulda (1978) den Aussichten zuwenden, die ein Vergleich Hegel – Marx eröffnet, sind jedoch die Konsequenzen zu beklagen, die soweit aus einer Interpretation von Marx im Geiste des Hegelschen Modells resultieren. Wenn wir uns nämlich von dem hohen Roß der methodischen Reflexion wieder in die Niederungen der Einzel-Analyse der Marxschen Theorie begeben, zeigt sich, wie wenig hierfür die Methoden-Reflexion beiträgt:

„Die Analyse der Wertform zeigt nun, daß sich die als gegensätzlich aufgewiesenen Bestimmungen von Gebrauchswert und Wert, von konkret-nützlicher und

---

[54] Vgl. in diesem Sinne auch Schmidt 1968.

abstrakt menschlicher Arbeit ineinander reflektieren, statt wie bisher auseinanderzufallen. Der Gebrauchswert der Ware, die in Äquivalentform steht, in der also eine andere Ware ihren Wert ausdrückt, wird zur Erscheinungsform des Warenwerts, also seines eigenen Gegenteils (1. Eigentümlichkeit der Äquivalentform). Ebenso wird die in diesem Gebrauchswert dargestellte konkret nützliche Arbeit zu ihrem eigenen Gegenteil, zur bloßen Verwirklichungsform abstrakter menschlicher Arbeit (2. Eigentümlichkeit der Äquivalentform)..." (Bader u. a. 1975, S. 132)

Das bloße Wiederholen Marxscher Behauptungen ersetzt die Anstrengung, sich die Probleme dieser Theorie zum Bewußtsein zu bringen (vgl. oben § 4). Verantwortlich für diesen Dogmatismus ist nicht zuletzt das Hegelsche Modell, denn die Idee des absoluten Begriffsholismus treibt zwangsläufig auch eine Erkenntnisgewißheit im einzelnen hervor, die bei Hegel (1812/1978, S. 21) in der Überzeugung gipfelt, die „Darstellung Gottes" vor der Schöpfung zu geben. Es darf dann natürlich nicht passieren, daß etwa ein Begriff an falscher Stelle sich befindet oder gar bei näherem Zusehen verworfen werden muß. So sehr Hegel (1831/1967, S. 22) von seiner „Logik" später betonte, es hätte ihr gut getan, sie „siebenundsiebzigmal durchzuarbeiten", so sehr ist doch seine Konstruktion aus Systemzwang auf eine absolute Erkenntnisgewißheit angelegt.

Es kann daher nicht wundern, wenn die Übertragung des Hegelschen Modells auf Marx dazu führt, sich in einer trügerischen Sicherheit zu wiegen, aus der heraus man nur noch nacharbeitet, was als ganze Wahrheit angeblich schon vorliegt. Entgegen dem eigenen Anspruch kommt so doch heraus, was die Autoren eigentlich ablehnen: eine Immunisierungs-Strategie.[55]

---

[55] Dasselbe wäre auch bei Zeleny 1968 zu zeigen. Vgl. etwa seine Darlegung zur Wertform S. 77 ff. Die hegelianisierende Interpretation von Reichelt 1973, die Marx' Methode ausschließlich an der „Nachzeichnung des Dargestellten" (S. 264) gewinnen will, kommt mir insofern entgegen, als sie die Kritik noch einfacher macht: Wenn die obige Kritik

Wie immer deutlich also die historischen Bezüge zwischen Hegel und Marx sein mögen, sie führen in die Irre, wenn man – wie unser Autorenkollektiv stellvertretend für viele – glaubt, zur *Rechtfertigung* der Marxschen Theorie auf das Hegel-Modell zum Verhältnis von Theorie und Realität zurückgreifen zu müssen.[56]

Auch ein historisch differenzierter Vergleich zwischen Hegel und Marx vermag die Beweislast einer solchen Position nicht zu verringern. Fulda (1978) hat einen solchen Vergleich in überzeugender Weise gegeben, der bei allen Parallelen beträchtliche Unterschiede zur Methode zutage fördert. Er weist insbesondere darauf hin, daß der Systemgedanke bei Hegel, wie es dem Kreislaufmodell entspricht, als eine zur Ruhe gekommene Einheit zu denken sei, ganz im Unterschied zu Marx, der ein System von Widersprüchen aufbauen wolle, das die „Darstellungsform einer Katastrophentheorie" (ebd. S. 195, vgl. 202) annimmt. Entgegen Hegel bekommt so der Begriff des Widerspruchs eine fundamentale Funktion für die Konzeption einer Selbstzerstörung des Systems.

So ungeklärt freilich auch nach Fulda das Verhältnis von Begriff und empirischer Realität bei Hegel bleibt, so versetzt uns die bei Marx vorfindliche „ansatzweise... Antwort" (ebd. S. 201) nicht minder in Verlegenheit. Diese besteht darin, das Verhältnis von Wesen und Erscheinung durchgehend als „Destruktion einer jeweiligen scheinbaren Einheit" (ebd. S. 201) zu verstehen, wobei die Perspektive der Untersuchung dem Hegelschen Gedanken einer zur Darstellung gebrachten Ganzheit verpflichtet bleibt (vgl. ebd. S. 193 f., 206 ff.).

Dankenswerterweise versucht Fulda selbst, seine allgemeine Charakterisierung der Marxschen Methode an Beispielen zu erläutern:

„So kommt zum Beispiel in der Erscheinungsform des zwieschlächtigen Wesens der Ware, wie sie sich in einer

---

der Wertform stimmt (vgl. § 4), dann fällt dies mit einer Kritik der Methode zusammen.
[56] Es ist ironisch, daß diese Kritik bei Marx schon zu finden ist. Vgl. MEW 1, S. 206, 208, 241, 257.

Wertgleichung ausdrückt, gerade nicht zum Ausdruck, daß sich in der Ware zwischen den Warenproduzenten bestehende, gegensätzliche gesellschaftliche Beziehungen niedergeschlagen haben; sondern innerhalb des Austauschverhältnisses erscheinen die in Wertgleichungen ausgedrückten Interaktionsbeziehungen der Produzenten als gegenständliche Bestimmungen der Arbeitsprodukte. Zugleich findet dabei – unmittelbar im Verständnis der in Äquivalentform stehende Ware, aber mittelbar über sie auch im Verständnis der in der relativen Wertform befindlichen Ware – eine Verkehrung der naturalen und gesellschaftlichen Eigenschaften der Ware statt, die diese als ,sinnlich-übersinnliches' Ding erscheinen läßt, in dem Gebrauchswert und Tauschwert eine harmonische Einheit bilden. Die Analyse erweist dies als Schein und erklärt zugleich dessen Zustandekommen, indem sie die zugrundeliegenden, gegensätzlichen gesellschaftlichen Beziehungen enthüllt, die Gründe ihres Verdecktseins in den Gründen ihrer Verkehrung aufdeckt und zeigt, daß der spezifische harmonistische Schein das Resultat dieser Verkehrung ist...

Die Aufdeckung von Begründungszusammenhängen zwischen der jeweils zu analysierenden ökonomischen Form und den der Form anhaftenden Scheincharakteren macht den wichtigsten Bestandteil des destruktiven Elements im Marxschen Darstellungsverfahren aus. Sie hat kein genaues Vorbild in der Hegelschen Phänomenologie. Dort ist es das von uns betrachtete Bewußtsein selbst, das sich von Schein und verkehrter Meinung zu befreien hat... Hier dagegen wird Belehrung nur demjenigen zuteil, der dem Darstellungsverfahren folgt. Und der Inhalt, über den er aufgeklärt wird, besteht nicht in einer harmonischen Einheit des zuvor unvereinbar Gewesenen, sondern im Antagonismus zuvor verdeckt gewesener gesellschaftlicher Beziehungen." (Fulda 1978, S. 211)

Obwohl Fuldas Interpretation einem historisch-hermeneutischen Interesse folgt und nicht auf die Begründung der Marxschen Theorie als solcher angelegt ist, erscheint doch klar, daß wir diese Auskunft durchaus als mögliche Rechtfertigung der Wertformtheorie und des Warenfetischs im engeren Sinn verstehen können (vgl. oben §§ 4, 6), indem auf den methodischen Gedanken der „Destruktion einer jeweiligen scheinhaften Einheit" verwiesen wird.

Dann aber zeigt sich, daß wir über eine Absichtserklärung eines zu erbringenden Nachweises nicht hinauskommen. Denn es stand ja bei der Wertformanalyse und dem Warenfetisch gerade in Frage, ob die Art und Weise, in der Marx eine „scheinbare Einheit" konstruiert, um sie dann zu destruieren, überzeugend ist und ob uns eine „Belehrung" überhaupt zuteil werden kann, wenn wir an den entscheidenden Stellen auf begrifflich fragwürdige Operationen stoßen. Erneut bleibt nur zu konstatieren, daß der Verweis auf die Besonderheiten der von Hegel beeinflußten Marxschen Methode zusammen mit der Wiederholung Marxscher Gedankengänge nicht ausreicht, um Marx zu stützen. Im übrigen ist zu betonen, daß die Idee, gesellschaftliche Antagonismen freizulegen, die verdeckt sind, völlig unabhängig von einem spezifischen Methodenprogramm formuliert werden kann, wie nicht zuletzt unsere Charakterisierung der sozialen Asymmetrie zwischen Kapitalist und Arbeiter zeigt (vgl. oben § 9). Es hilft also nichts, wir müssen die historisch-hermeneutische Erforschung der Marxschen Theorie unter dem Blickwinkel ihrer Abhängigkeit von Hegel streng auseinanderhalten vom Problem ihrer systematischen Rechtfertigung. Wenn andererseits für dieses Problem Hegelsche Strukturen angeboten werden, dann muß klar sein, daß damit nach wie vor ein uneingelöster Beweisanspruch verbunden ist.[57]

Hierzu ein weiteres Beispiel. So hat etwa Lange (1980) in Übereinstimmung mit der Interpretation von Fulda anhand der „Grundrisse" gezeigt, welchen Einfluß der idealistische Subjektbegriff Hegels auf die Beschreibung des Prozeßcharakters des Kapitals genommen hat (ebd. S. 147), ein Einfluß, der sich auch in der bekannten Formel vom Kapital als dem „sich selbst verwertenden Wert" (MEW 23, S. 169), der als „automatisches",

---

[57] Entsprechendes gilt auch z. B. für Ritsert 1973, Kap. 2 ff.

„übergreifendes" Subjekt gedacht wird, niedergeschlagen hat (vgl. Gr, S. 217f.). Der Konzeption vom Kapital als einem Handlungssubjekt entspricht, daß bereits die Ware als Subjekt aufgefaßt wird, das sich in seine „Widersprüche" auseinanderlegt (vgl. Lange 1980, S. 164f., und 1978, S. 21).

Diese aufgrund der Quellenlage unbestreitbaren Hegelschen Gedankenfiguren (vgl. z. B. auch MEW 19, S. 355) sollen nach Lange der „kritischen Pointe" dienen, „daß in der vom Kapital beherrschten Epoche der Produktionsgeschichte Sachen und Dinge Subjekte seien und die Subjektivität der Personen verhindern" (Lange 1980, S. 219). Dem korrespondiert die Formulierung des „Kapital", daß die allgemeine Kreislaufstruktur, nämlich Geld – Ware – Geld plus Mehrwert (vgl. S. 165 und oben § 9: Mehrwert), zeige, wie sich der Wert

> „... hier plötzlich dar(stellt) als eine prozessierende, sich selbst bewegende Substanz, für welche Ware und Geld bloße Formen" (S. 169).

Was wir hier vor uns haben, ist die Kombination der schon bekannten Substanzmetaphysik der abstrakten Arbeit und des Werts mit der von Lange aufgewiesenen Subjektivierung der Sachen und Dinge zu sich selbst bewegenden Substanzen nach Maßgabe Hegels.

Wiederum wäre es möglich, was Lange allerdings fernliegt, hierin nicht nur den Aufweis einer auf Hegel zurückgehenden Gedankenfigur zu sehen, sondern die Darstellung einer haltbaren Behauptung, zumal ja Lange darauf abzielt, eine „kritische Pointe" dieser Marxschen Konzeption freizulegen. Doch welcher Preis wäre für eine solche Behauptung zu zahlen? Nichts weniger als ein neuer spekulativer Mystizismus, der dem Anspruch einer Theorie Hohn sprechen würde, die angetreten ist, die „mystischen Nebelschleier" (S. 94) der bürgerlich-kapitalistischen Gesellschaft zu lüften. Denn wenn es keinen Sinn macht, und das haben wir gesehen (vgl. oben §§ 2, 3, 4), in einem wörtlichen Verständnis von einer Wertgegenständlichkeit zu reden, die in den Waren haust oder qua Wertform zum Geld treibt, dann macht es auch keinen Sinn, von einer Wertgegenständlichkeit zu reden, die sich selbst bewegt. Der „kritischen Pointe" fehlt so ihrerseits die Substanz, die sie zu einem Stachel im Fleisch des Kapitalismus machen würde.

Wir sind daher im Interesse einer haltbaren Kritik der gegenständlichen Seite des Kapitalismus wiederum auf die Rekonstruktion des Fetisch-Theorems zurückverwiesen, die dem falschen Freiheitsschein galt (vgl. oben § 6). Daraus entspringt zugleich die Maxime, daß wir uns für die Kennzeichnung des Kapitalverhältnisses an solche Formulierungen zu halten haben, die unabhängig von Hegelschen Einflüssen verstanden werden können. Wenn es Marx nicht geschafft hat, die „idealistische Manier der Darstellung zu korrigieren" (vgl. Lange 1980, S. 164), dann müssen wir uns solche Korrekturen eben selbst zur Aufgabe machen.[58]

Ich glaube damit exemplarisch verdeutlicht zu haben, daß es nicht aussichtsreich ist, Marx durch Hegel rechtfertigen zu wollen. Dies sollte nicht als pauschales Verdammungsurteil gegen Hegel mißverstanden werden, um dessen sonstige Einsichten es hier nicht gehen kann. Vielmehr genügt es, hypothetisch zu sagen, daß solange es nicht gelungen ist, Hegelsche Gedankengänge zur Methode und spekulativen Metaphysik mit minimalen Bedingungen diskursiver Rationalität zu vermitteln, das Rechtfertigungsproblem der Marxschen einfach auf die Hegelsche Theorie verschoben wird.[59]

---

[58] In diesem Zusammenhang ist eine unumgängliche Differenzierung auch gegen Lange (1980, S. 123, 194 ff.) festzuhalten, der ansonsten bei Marx ein „monologisches Entäußerungsmodell der Arbeit" kritisiert, das sich gleichfalls in idealistische Ursprünge zurückverfolgen läßt. Ganz sicher ist das oben dargelegte optimal-interaktive Modell von Arbeit und personaler Vergesellschaftung nicht monologisch, sondern dialogisch (vgl. oben § 7) und ganz sicher finden sich in den „Grundrissen" Stellen, die Arbeit und Dialogizität zusammenbringen (vgl. z. B. Gr, S. 374, 596 f. sowie überhaupt die Diskusssion in § 8). Zur Betonung des kommunikativen Aspekts vgl. insbes. auch Wildermuth 1970, Bd. 1, S. 420 ff.
[59] Vgl. zu den Problemen der Marxschen „Methode" im übrigen Backhaus 1978, S. 88, 102.

II. Marx und die Theorie der Politik als systematisches Problem

§ 11 Die Fragestellung im Lichte der bisherigen Resultate

Wenn wir die inzwischen erzielten negativen Konsequenzen beiseite setzen, so verbleiben zunächst zwei kritische Thesen, die dazu treiben, eine Untersuchung der Marxschen Theorie der Politik auf anderen Ebenen vorzunehmen.

Erstens ist an die These zu erinnern, daß bei Marx das politische Grundproblem der befreiten Gesellschaft keine Antwort findet, weil seiner Utopie eine der Sache nach erforderliche Konzeption von rationalen Regeln der gesellschaftlichen Vermittlung, politischen Regeln, fehlt (vgl. oben § 8). Da wir aber zugleich die Utopie der personalen Vergesellschaftung als das leitende Kritik-Prinzip der Marxschen Theorie erkannt haben (vgl. oben § 7), fragt sich, ob dieser Mangel nicht seinerseits die Theorie und Kritik der Politik schwächt, der sich Marx im Selbstverständnis einer Ideologiekritik zuwendet.

Wir waren ja schon auf die begründete Vermutung gestoßen, daß der Zusammenhang zwischen dem gegenständlichen Grund-schema der kapitalistischen Warenproduktion (Tausch) und der politischen Dimension dieses Gesellschaftstypus zum Problem werden müßte, um die Chancen zu erkunden, die für eine Transformation dieser Art Gesellschaft in einen personalen Vergesellschaftungstypus bestehen (vgl. oben § 9). Hinzukommt das Resultat, daß wir offenbar das gegenständliche Schema des Kapitalismus nicht als Determinationsschema verstehen dürfen, das den so problematisierten Zusammenhang eindeutig festlegt (vgl. oben § 9). Daher auch unsere erste Frage: Was kann eine Theorie der Politik als Ideologiekritik leisten, um die politische Dimension des Kapitalismus und seine mögliche Überwindung zu begreifen?

Zweitens aber ist diese Frage verbunden mit einer anderen, die gleichfalls durch kritische Thesen schon vorbereitet ist. Denn der

Zusammenhang des gegenständlichen Vergesellschaftungstypus und seiner politischen Dimension muß gesehen werden unter der Perspektive einer möglichen Befreiung der Arbeit und den Handlungschancen von Menschen, diese zu erreichen. Nicht nur, daß wir uns der Leitidee der Befreiung der Arbeit nicht schon versichert hätten (vgl. oben § 8), wir wissen auch, daß die Emanzipation der Arbeit an einer Neubestimmung des Verhältnisses zwischen technischer und interaktiver Rationalität orientiert sein muß, die ihrerseits das Problem einer politischen Vermittlung der Arbeit aufwirft.

Nun ist aber, wie inzwischen gleichfalls deutlich wurde, die Arbeit im Kapitalismus in einen strukturellen sozialen Konflikt zwischen Kapitalist und Arbeiter eingebunden, der den wechselseitigen sozialen Aktionen den Charakter des Klassenkampfes gibt (vgl. oben § 9). Im Interesse einer Emanzipation der Arbeit müssen daher die Arbeiter gegen eine kapitalorientierte Zweckrationalität und ihre herrschaftstechnische Umsetzung angehen. Wie ist dieser Kampf auf den allgemeinen Zusammmenhang zwischen dem gegenständlichen Vergesellschaftungstypus und seiner politischen Dimension bezogen? Und wie ist dieser Kampf bezogen auf die Möglichkeit, den neuen Vergesellschaftungstypus zu inaugurieren, der im allgemeinen und besonderen zu optimalen politischen Vermittlungen führt? Daher lautet unsere zweite Anschlußfrage: Was kann Marx' Theorie des Proletariats und der Revolution leisten, um die Transformation zur personalen Vergesellschaftung zu erhellen?

Drittens schließlich sind aus den Antworten auf diese Fragen weitere Auskünfte darüber zu erwarten, warum Marx der Meinung sein konnte, es sei nötig und möglich, die Sphäre der Politik als solche in einer befreiten Gesellschaft aufzuheben. Dies muß ja, so ist inzwischen klar, falsch sein, wenn die bisherige Argumentation überzeugt. Doch bleibt natürlich weiterzufragen, welche kritischen Intentionen von Marx für die Dimension der Politik selbst dann triftig sind, wenn die Hoffnung auf eine Aufhebung der Politik sich als eitel erwiesen hat.

Bei aller Kritik gilt unser Interesse möglichen fruchtbaren Perspektiven, die von einer Emanzipationstheorie als politischer Theorie einzulösen wären. Daher dienen unsere Fragen nicht nur einem abschließenden Test zu Marx, sondern auch einer ersten Vorbereitung einer solchen Theorie.

§ 12 Ideologiekritik, Emanzipation, Politik

Eine direkte Antwort auf die Frage, wie die politische Dimension des Kapitalismus mit dem geldvermittelten Tauschschema der Warenproduktion zusammenhängt, findet sich am deutlichsten in den „Grundrissen", der Sache nach freilich genauso im „Kapital". Wenn wir zunächst einmal Marx selbst ausführlich zu Wort kommen lassen, wird außerdem evident, warum dieser Zusammenhang eine ideologiekritische Behandlung erfährt:

> „Andrerseits liegt es in der Bestimmung des Geldverhältnisses, ... daß ... alle immanenten Gegensätze der bürgerlichen Gesellschaft ausgelöscht erscheinen, und nach dieser Seite wird wieder zu ihm geflüchtet, von der bürgerlichen Demokratie, mehr noch als von den bürgerlichen Ökonomen ... zur Apologetik der bestehenden ökonomischen Verhältnisse. In der Tat, soweit die Ware oder die Arbeit nur noch als Tauschwert bestimmt ist und die Beziehung, wodurch die verschiednen Waren aufeinander bezogen werden als Austausch dieser Tauschwerte gegeneinander, ihre Gleichsetzung, sind die Individuen, die Subjekte, zwischen denen dieser Prozeß vorgeht, nur einfach bestimmt als Austauschende ... Als Subjekte des Austauschs ist ihre Beziehung daher die der *Gleichheit* ... *die Natur der sozialen Funktion* ... ist *dieselbe*; in ihr sind sie *gleich* ... Da sie nur so als Gleichgeltende, als Besitzer von Äquivalenten ... im Austausch füreinander sind, sind sie als Gleichgeltende zugleich Gleichgültige gegeneinander; ihr sonstiger individueller Unterschied geht sie nichts an; sie sind gleichgültig gegen alle ihre sonstigen individuellen Eigenheiten." (Gr, S. 152–154)

Was haben wir bis hierher? Neben der Ankündigung, die Apologetik der bestehenden Verhältnisse in Gestalt der bürgerlichen

Demokratie zu kritisieren, beschreibt Marx nichts anderes als die geldvermittelte Tauschstruktur im Hinblick auf die in ihr agierenden Subjekte, so daß erneut klar wird, warum es angebracht ist, den Tausch als *gegenständlich* orientiertes Vermittlungsmedium zu bezeichnen: im Tausch interessieren nicht die „individuellen Eigenheiten" der handelnden Subjekte als solche, ihre individuelle Verfaßtheit als Personen, sondern die Personen interessieren nur in ihrer „sozialen Funktion" als Besitzer und Tauschpartner von Waren (einschließlich der Arbeitskraft) (vgl. oben § 6). Da dies so ist, wird es trivial richtig, zu sagen, daß Tauschende, insofern sie tauschen, gleich sind im Hinblick darauf, daß sie tauschen.

Nehmen wir nun noch eine weitere funktionale Beschreibung hinzu, um dann nach der Kritik zu fragen:

> „... kommt zur Bestimmung der Gleichheit noch die der *Freiheit* hinzu. Obgleich das Individuum A Bedürfnis fühlt nach der Ware des Individuums B, bemächtigt es sich derselben nicht mit Gewalt, noch vice versa, sondern sie erkennen sich wechselseitig an als Eigentümer, als Personen, deren Willen ihre Waren durchdringt. Danach kommt hier zunächst das juristische Moment der Person herein und der Freiheit, soweit sie darin enthalten ist. Keines bemächtigt sich des Eigentums des andren mit Gewalt. Jedes entäußert sich desselben freiwillig. Aber dies ist nicht alles: das Individuum A dient dem Bedürfnis des Individuums B vermittelst der Ware a nur insofern und weil das Individuum B dem Bedürfnis des Individuums A vermittelst der Ware b dient und vice versa." (Gr, S. 155)

Auch hier beschreibt Marx in Anlehnung an Hegel (1821/1955, §§ 30, 34, 71, 76, 80) eigentlich nicht mehr als das selbstverständliche Moment von Freiheit, das in die soziale Beziehung des Tauschs eingeht. Denn insofern sich die Tauschpartner als Partner anerkennen, die über den Tausch ihre wechselseitigen Bedürfnisse befriedigen, akzeptieren sie von selbst eine Regel, die darin besteht, ihren jeweiligen Willen ausschließlich als

Tauschwillen kund zu tun. Sie akzeptieren sich als frei zum Tausch, was ein Akzeptieren als frei zur Gewalt negiert. Juristisch genügt es, diese Regel so zu formulieren, daß die gesellschaftliche Disposition zum Tausch immer garantiert bleibt. Und dies ist durch den Schutz des Eigentums der Fall, das frei zum Tausch macht. Kommen wir nun zu einem ersten Schritt der Kritik:

> „Es ist nun beides in dem Bewußtsein der beiden Individuen vorhanden: 1) daß jedes nur seinen Zweck erreicht, soweit es dem andren als Mittel dient; 2) daß jedes nur Mittel für das andre... 3) daß die Wechselseitigkeit, wonach jedes zugleich Mittel und Zweck, und zwar nur seinen Zweck erreicht, insofern es Mittel wird, und nur Mittel wird, insofern es sich als Selbstzweck setzt... daß diese Wechselseitigkeit ein notwendiges fact ist, vorausgesetzt als natürliche Bedingung des Austauschs, daß sie aber als solche jedem der beiden Subjekte des Austauschs gleichgültig ist, und ihm diese Wechselseitigkeit nur Interesse hat, soweit sie sein Interesse als das des andren ausschließend, ohne Beziehung darauf, befriedigt. Das heißt, das gemeinschaftliche Interesse, was als Motiv des Gesamtakts erscheint, ist zwar als fact von beiden Seiten anerkannt, aber als solches ist es nicht Motiv, sondern geht sozusagen nur hinter dem Rücken der sich selbst reflektierenden Sonderinteressen, dem Einzelinteresse im Gegensatz zu dem des andern vor." (Gr, S. 155 f.)

In dieser Passage liegt nichts anderes vor als die Gegenüberstellung zwischen dem gegenständlichen Vergesellschaftungsschema des Warentauschs, das per definitionem kein „gemeinschaftliches Interesse" im Sinne eines vorgängigen Motivs kennt und der Idee der personalen Vergesellschaftung, die uns inzwischen auch unter dem Stichwort „gemeinschaftliche Produktion" nur zu geläufig ist (vgl. oben § 8) und deren Charakteristik eben darin besteht, daß sie ein solches Interesse bzw. „Motiv" voraussetzt. Deskriptiv gesehen ist die Gegenüberstellung geradezu tautologisch, denn wer würde erwarten, daß die kapitalisti-

sche Warenproduktion dem Kriterium der personalen Vergesellschaftung genügt –, normativ gesehen liefert der Kontrast einen
Kritikpunkt, den Marx noch deutlicher artikuliert und mit einem
zusätzlichen Schritt der Kritik verbindet:

> „Damit ist also die vollständige Freiheit des Individuums
> gesetzt: Freiwillige Transaktion; Gewalt von keiner Seite;
> setzen seiner als Mittel, oder als dienend, nur als Mittel,
> um sich als Selbstzweck, als das Herrschende und Über-
> greifende zu setzen... Das allgemeine Interesse ist eben
> die Allgemeinheit der selbstsüchtigen Interessen. Wenn
> also die ökonomische Form, der Austausch, nach allen
> Seiten hin die Gleichheit der Subjekte setzt, so der Inhalt,
> der Stoff, individueller sowohl wie sachlicher, der zum
> Austausch treibt, die *Freiheit*. Gleichheit und Freiheit
> sind also nicht nur respektiert im Austausch, ... sondern
> der Austausch von Tauschwerten ist die produktive, reale
> Basis aller *Gleichheit* und *Freiheit*. Als reine Ideen sind sie
> bloß idealisierte Ausdrücke desselben; als entwickelt in
> juristischen, politischen, sozialen Beziehungen sind sie
> nur diese Basis in einer andren Potenz." (Gr, S. 156)

Marx wendet hier nicht nur den Maßstab der personalen Vergesellschaftung kritisch gegen den Kapitalismus, sondern versucht
darüber hinaus, die Ideen der Französischen Revolution und der
bürgerlichen Demokratie, Gleichheit und Freiheit, auf ihre
„reale Basis" in Gestalt des gegenständlichen Tauschschemas
zurückzuführen. Doch ist dieser Versuch gelungen?
Keineswegs, wenn wir uns klarmachen, was die Voraussetzungen sind, von denen wir mit Marx auszugehen haben. Denn
bislang haben wir nur eine Beschreibung von Gleichheit und
Freiheit, die funktional auf den geldvermittelten Tausch bezogen
ist. Diese Begriffe von Gleichheit und Freiheit gehören analytisch zur sozialen Handlung des Tauschs als einer Handlung von
Personen. Es ist damit noch nicht ausgeschlossen, daß nicht
andere soziale Handlungen mit ganz anderen Verständnissen
von Gleichheit und Freiheit auftreten können. Vielmehr wäre
erst einmal zu fragen, ob es nicht solche anderen Begriffe gibt

und wie diese dann mit der Gleichheit und Freiheit des Tauschs zusammenhängen. Ohne weiteres zu behaupten, die Tausch-Gleichheit und -Freiheit sei „vollständig" und die Basis „aller" Gleichheit und Freiheit ist entweder tautologisch oder unbewiesen. Tautologisch dann, wenn wir sagen: „insofern die Tausch-Gleichheit und -Freiheit die vollständige Gleichheit und Freiheit ist, ist sie die Basis aller Freiheit und Gleichheit". In diesem Fall können wir uns auch noch das Wort „Basis" schenken.

Oder aber wir bleiben bei der natürlich relevanten These –, dann aber ist nach dem bisherigen noch völlig offen, ob die auf das gegenständliche Schema des Tauschs eingeschränkten Begriffe von Gleichheit und Freiheit tatsächlich als „reale Basis aller Gleichheit und Freiheit" fungieren. Es müßte gezeigt werden, wie sich sämtliche „reine Ideen" von Gleichheit und Freiheit, die in der bürgerlich-kapitalistischen Gesellschaft relevant sind, von der Tausch-Gleichheit und -Freiheit her bestimmen lassen. Nur dann wären diese Ideen wirklich nichts anderes als die Basis in anderer „Potenz". Mehr als eine These haben wir also nicht. Faktisch hat Marx nicht mehr gezeigt, als daß Gleichheit und Freiheit relativ zum Tausch „respektiert" werden.

Ob Marx je mehr zeigen könnte und ob nicht die Ideologiekritik ihrerseits spezifisch andere Begriffe von Gleichheit und Freiheit voraussetzt, muß uns erst recht zum Problem werden, wenn wir folgendes lesen:

> „Andrerseits zeigt sich ebensosehr die Albernheit der Sozialisten (namentlich der französischen, die den Sozialismus als Realisation der von der französischen Revolution ausgesprochenen Ideen der *bürgerlichen* Gesellschaft nachweisen wollen) ... Ihnen ist zu antworten: daß der Tauschwert oder näher das Geldsystem in der Tat das System der Gleichheit und Freiheit ist und daß, was ihnen in der näheren Entwicklung des Systems störend entgegentritt, ihm immanente Störungen sind, eben die Verwirklichung der *Gleichheit* und *Freiheit*, die sich ausweisen als Ungleichheit und Unfreiheit. Es ist ein ebenso frommer wie dummer Wunsch, daß der Tauschwert sich nicht zum Kapital entwickle, oder die den Tauschwert

produzierende Arbeit zur Lohnarbeit. Was die Herren von den bürgerlichen Apologeten unterscheidet, ist auf der einen Seite das Gefühl der Widersprüche, die das System einschließt; auf der andren der Utopismus, den notwendigen Unterschied zwischen der realen und idealen Gestalt der bürgerlichen Gesellschaft nicht zu begreifen, und daher das überflüssige Geschäft vornehmen zu wollen, den ideellen Ausdruck selbst wieder realisieren zu wollen, da er in der Tat nur das Lichtbild dieser Realität ist." (Gr, S. 160)

Die Suggestivkraft dieser Argumentation steht in umgekehrtem Verhältnis zu ihrer Stichhaltigkeit. Zunächst einmal bewegt sich Marx in einem Zirkel, indem er als Resultat unterstellt, was er soweit noch nicht nachgewiesen hat. Denn in der Tat, wenn es so wäre, daß die bürgerlichen Freiheits- und Gleichheitsideen der Französischen Revolution *bloß* „idealisierter Ausdruck" bzw. *nur* „das Lichtbild" der Realität des geldvermittelten Warentauschs und seiner Freiheits- und Gleichheitsbedingungen wären, dann würde es eine Absurdität darstellen, das „Lichtbild" wieder gegen die Realität kehren zu wollen.

Wenn jedoch die Ideen der Französischen Revolution zwar *auch*, aber *nicht nur* mit dem geldvermittelten Warentausch zur Deckung zu bringen sind, dann läßt sich zwischen einer möglichen konservativen und emanzipatorischen Funktion dieser Ideen ohne weiteres unterscheiden und es wird dann keineswegs absurd im Sinne der letzteren Funktion gegen die bestehende Wirklichkeit vorzugehen. Die konservative Funktion würde darin bestehen, die Prinzipien von Gleichheit und Freiheit in affirmativen Einklang mit der Wirklichkeit der kapitalistischen Warenproduktion zu bringen. Die emanzipatorische Funktion würde darin bestehen, die utopische Dimension dieser Prinzipien gegen faktisch bestehende Ungleichheit und Unfreiheit festzuhalten und sie in Einheit mit dem alternativen Gesellschaftsmodell der personalen Vergesellschaftung zu reflektieren.[1]

---

[1] Vgl. Wellmer 1969, S. 85 f.; 1979 a, S. 26 f.

189

Daß Marx dies hätte tun sollen, anstatt den „Utopismus" anzuprangern, zeigt sich sofort, wenn wir im Lichte der Ideen von Freiheit und Gleichheit auf die Idee der personalen Vergesellschaftung selbst zurückblicken. Denn diese Idee ist ja ihrerseits gar nicht denkbar ohne die Unterstellung, daß sich Personen wechselseitig als im Prinzip gleiche und freie gegenüber treten, um die gemeinschaftliche Produktion nach gemeinschaftlichen Interessen zu gestalten, wie insbesondere schon an der Emphase des symmetrisch-dialogischen Gattungsakts deutlich wurde (vgl. oben § 8). Marx' eigene Konzeption bleibt so den Idealen der Französischen Revolution und „bürgerlichen Demokratie" verpflichtet.[2]

Dies bedeutet nun aber im näheren, daß sowohl das gegenständliche Schema des Warentauschs wie ein mögliches personales Schema der gesellschaftlichen Vermittlung mit den Ideen der Gleichheit und Freiheit von Personen als *formalen* Prinzipien verträglich sind. Marx schießt so über das hinaus, was mit Grund behauptet werden könnte, wenn er die Ideen der Französischen Revolution auf ihre „reale Basis" in Gestalt des Warentauschs zurückführt oder sie gar als „Lichtbild" der bürgerlichen Gesellschaft versteht.[3]

Doch gleichwohl ist in diesem zu starken Basis-Überbau-Modell eine Überlegung verborgen, die sich explizieren läßt. Marx weist nicht die Warenproduktion qua Warenproduktion als Basis von Gleichheit und Freiheit aus, sondern er stellt einen in der Tat aufschlußreichen Zusammenhang her zwischen der Warenproduktion als einem Typus von Gesellschaft, der gekennzeichnet ist durch eine *gesellschaftlich dominante symmetrische Sozialbeziehung* in Gestalt des Warentauschs und Prinzipien persönlicher Gleichheit und Freiheit.

Andererseits aber erfüllt auch seine eigene rationale Utopie einen Typus von Gesellschaft, in dem symmetrische Sozialbeziehungen dominant sein sollen und zwar in einem noch viel größeren

---

[2] Entsprechend ist natürlich auch an die Amerikanische Revolution zu denken.
[3] Im übrigen ist diese Sicht auch historisch zutiefst fragwürdig. Vgl. Maguire 1978, pp. 33 ff.

Maß als dies für den Kapitalismus möglich ist. Marx macht daher den Fehler, den Spezialfall der kapitalistischen Warenproduktion zur ausschließlichen Basis von Gleichheit und Freiheit zu erklären, während er im Grunde nur ein wechselseitiges Bedingungsverhältnis zwischen symmetrischen Sozialbeziehungen und der gesellschaftlichen Funktion der Prinzipien von Gleichheit und Freiheit formulieren könnte. Wenn wir dies nachholen, läßt sich sagen: Eine mögliche gesamtgesellschaftliche Funktion der Prinzipien von Gleichheit und Freiheit verlangt gesellschaftlich dominante symmetrische Sozialbeziehungen und umgekehrt machen diese Sozialbeziehungen eine gesamtgesellschaftliche Funktion solcher Prinzipien erst möglich. Anders ausgedrückt heißt dies, daß Gleichheit und Freiheit nicht nur die kapitalistische Warenproduktion, sondern auch die personale Vergesellschaftung zu ihrer „realen Basis" haben.

Die ideologiekritische Stoßrichtung gegen die „Apologetik der bestehenden ökonomischen Verhältnisse" kann daher nicht zum Ziel haben, die Prinzipien von Gleichheit und Freiheit als solche anzugreifen. Worum es vielmehr gehen muß, ist eine Kritik des spezifischen Zusammenhangs zwischen diesen Prinzipien und den strukurellen Bedingungen des Kapitalismus in Gestalt der symmetrischen Sozialbeziehung des Warentauschs auf der einen sowie der sozialen Asymmetrie des Lohnarbeit-Kapital-Verhältnisses auf der anderen Seite.

Denn so dominant die symmetrische Sozialbeziehung des Tauschs und die mit ihr analytisch verbundenen Begriffe der Gleichheit und Freiheit auch sein mögen, so dominant ist zugleich das Lohnarbeit-Kapital-Verhältnis, das als Produktionsverhältnis den Tauschbeziehungen zugrundeliegt. Für dieses Verhältnis aber ist entscheidend, daß der mit ihm konstitutiv verknüpfte Tausch-Typus „Arbeitskraft gegen Geld" neben der formalen Symmetrie, die jedem Tausch als Tausch zukommt, eine Asymmetrie enthält, die uns die Mehrwerttheorie aufgezeigt hat (vgl. oben § 9). Diese strukturelle Asymmetrie ist der Grund dafür, warum den Prinzipien von Freiheit und Gleichheit eine gesellschaftlich reale Ungleichheit und Unfreiheit gegenübersteht. Demnach gilt es, den falschen Schein von Freiheit und Gleichheit ideologiekritisch aufzulösen:

„Die Sphäre der Zirkulation oder des Warentauschs, innerhalb deren Schranken Kauf und Verkauf der Arbeitskraft sich bewegt, war in der Tat ein wahres Eden der angebornen Menschenrechte. Was allein hier herrscht, ist Freiheit, Gleichheit, Eigentum, und Bentham. Freiheit! Denn Käufer und Verkäufer einer Ware, z. B. der Arbeitskraft... kontrahieren als freie, rechtlich ebenbürtige Personen... Gleichheit! Denn sie beziehen sich nur als Warenbesitzer aufeinander und tauschen Äquivalent für Äquivalent. Eigentum! Denn jeder verfügt über das Seine. Bentham! Denn jedem von beiden ist es nur um sich zu tun... Und eben weil so jeder nur für sich und keiner für den andren kehrt, vollbringen alle, infolge einer prästabilierten Harmonie der Dinge, oder unter den Auspizien einer allpfiffigen Vorsehung, nur das Werk ihres wechselseitigen Vorteils, des Gemeinnutzens, des Gesamtinteresses." (MEW 23, S. 189 f.)

Hier formuliert Marx in gekonnter Ironie das Selbstverständnis von Apologeten der kapitalistischen Produktionsweise, bei denen die maßgebliche soziale Asymmetrie nicht vorkommt:

„Man begreift daher die entscheidende Wichtigkeit der Verwandlung von Wert und Preis der Arbeitskraft in die Form des Arbeitslohns oder in Wert und Preis der Arbeit selbst. Auf dieser Erscheinungsform, die das wirkliche Verhältnis unsichtbar macht und grade sein Gegenteil zeigt, beruhen alle Rechtsvorstellungen des Arbeiters wie des Kapitalisten, alle Mystifikationen der kapitalistischen Produktionsweise, alle ihre Freiheitsillusionen, alle apologetischen Flausen der Vulgärökonomie." (MEW 23, S. 562)

Die Verkennung der sozialen Asymmetrie zwischen Kapitalist und Arbeiter läßt sich so als gesellschaftlicher Widerspruch zwischen Form und Inhalt des Austauschs beschreiben:

„Dadurch, daß also das Kapital das Arbeitsvermögen als Äquivalent eingetauscht, hat es die Arbeitszeit – soweit sie über die im Arbeitsvermögen enthaltne hinausgeht – ohne Äquivalent eingetauscht; sich fremde Arbeitszeit *ohne Austausch* vermittelst der *Form* des Austauschs angeeignet... So schlägt der Austausch in sein Gegenteil um, und die Gesetze des Privateigentums – die Freiheit, Gleichheit, Eigentum – das Eigentum an der eignen Arbeit und die freie Disposition darüber – schlagen um in Eigentumslosigkeit des Arbeiters und Entäußerung seiner Arbeit, sein Verhalten zu ihr als fremdem Eigentum und vice versa." (Gr, S. 566)

Dieser Widerspruch ist in der Tat so lange „notwendig", als die sozialstrukturellen Bedingungen des Kapitalismus so sind, wie sie sind. Doch was ist über diese Selbstverständlichkeit hinaus der eigentlich kritische Gewinn, der sich konstatieren läßt?

Nicht mehr, aber auch nicht weniger, als der Gedanke, daß wenn symmetrische Sozialbeziehungen die Bedingung der Möglichkeit gesellschaftlicher Gleichheit und Freiheit abgeben sollen, dann nur der Schluß bleibt, daß symmetrische Tauschbeziehungen als solche nicht hinreichend sind, um Gleichheit und Freiheit gesellschaftlich zu gewährleisten. Was daher im Interesse dieser Prinzipien gefordert werden muß, sind symmetrische Produktionsbeziehungen. Nun sind aber symmetrische Produktionsbeziehungen genau das, was wir als Kürzel für den Gehalt des optimal-interaktiven Modells der personalen Vergesellschaftung ansehen können (vgl. nochmals §§ 7, 8), das seinerseits ohne die Ideale der Französischen Revolution keinen Sinn macht. Die Konsequenzen, die Marx eigentlich ziehen müßte, lauten daher:

1) Die kapitalistische Warenproduktion ist insofern die reale Basis der politischen Prinzipien von Gleichheit und Freiheit als eine gesellschaftlich allgemeine Funktion dieser Prinzipien nach einer gesellschaftlich allgemeinen symmetrischen Sozialbeziehung verlangt, in der sie verankert sind. Diese symmetrische Sozialbeziehung ist der universell gewordene Tausch, den der Kapitalismus hervorbringt. Mit dieser Sozialbeziehung wird es möglich, daß sich ein gesellschaftliches Verständnis von Gleichheit und Freiheit durchsetzt, das z. B. der Antike fremd war,

denn der „entwickelte Tauschwert" tendiert zur Auflösung traditional-asymmetrischer Sozialstrukturen wie sie sich in Sklaven- oder Rassengesellschaften finden (vgl. Gr, S. 156). Gemessen an solchen Sozialstrukturen ist daher die kapitalistische Warenproduktion emanzipatorisch.

2) Andererseits aber ist diese Produktionsweise anti-emanzipatorisch, weil sie eine zu schwache Basis für eine gesellschaftlich uneingeschränkte Funktion der Prinzipien von Gleichheit und Freiheit abgibt. Der Grund hierfür liegt in der modernen sozialen Asymmetrie des Lohnarbeit-Kapital Verhältnisses, an der sich zeigt, daß ohne symmetrische Sozialbeziehungen als Produktionsbeziehungen die gesellschaftliche Möglichkeit von Gleichheit und Freiheit eingeschränkt bleiben muß. Gemessen daran, daß diese Möglichkeit in uneingeschränkter Weise im Rahmen einer personalen Vergesellschaftungsform besteht, ist daher die kapitalistische Warenproduktion gerade *nicht* die reale Basis „aller Gleichheit und Freiheit". Wer dies behauptet, verhält sich ideologisch im Sinne einer Apologie der bestehenden Verhältnisse.

Soweit die Konsequenzen für die Marx teils explizite, teils implizite Argumente hat. Doch dem bleibt eine kritische Konsequenz hinzuzufügen. Denn so ideologisch die umschriebene Apologie ist, so dogmatisch im Sinne eines unbewiesenen Basis-Überbau-Reduktionismus wird andererseits der Schritt zur Negation der utopisch-emanzipatorischen Funktion der Prinzipien von Gleichheit und Freiheit, weil damit die Idee möglicher umfassender symmetrischer Sozialbeziehungen selbst desavouiert würde. Gegen Marx erhalten wir so aus der in Frage stehenden Sachlage keineswegs eine prinzipielle Kritik des „Utopismus", sondern bestenfalls eine Kritik bestimmter utopischer Entwürfe, die natürlich immer sinnvoll ist.[4] Was wir demgegenüber an Prinzipiellem erreichen, ist eine Kritik des Basis-Überbau-Reduktionismus, zu dem Marx tendiert, obwohl sich der ideologiekritische Kern seiner Überlegungen völlig unabhängig von einer solch dogmatischen These fassen läßt. Alles, was wir

---

[4] Dies bedeutet zugleich eine Widerlegung von Bischoff 1973, S. 304 ff. Gegen diese Art von Orthodoxie stehen oben auch §§ 7, 8.

hierfür brauchen, besteht in dem spezifischen Wechselzusammenhang zwischen dominanten Sozialbeziehungen und -Strukturen sowie der gesellschaftlichen Funktion politischer Prinzipien.

Dies beantwortet mit einem ersten Ergebnis unsere Ausgangsfrage nach der Leistungskraft der Ideologiekritik für ein Begreifen der politischen Dimension des Kapitalismus (vgl. oben Anfang § 11). Die Ideologiekritik kann aufzeigen, daß das in den Prinzipien von Gleichheit und Freiheit artikulierte Selbstverständnis der bürgerlichen Gesellschaft zwar eine gesellschaftliche Grundlage in der dominanten Sozialbeziehung des Tauschs hat, daß diese Grundlage aber zu beschränkt ist, um die Ideale der Französischen Revolution gesamtgesellschaftlich tragfähig zu machen, weil zugleich die entscheidende Asymmetrie des Lohnarbeit-Kapital-Verhältnisses besteht, die Ungleichheit und Unfreiheit bedingt.

Freilich heißt dies zunächst einmal, daß der Kapitalismus durchaus eine *interaktiv*-politische Ebene kennt, die im Lichte der personalen Vergesellschaftung interessiert und nun differenziert herausgehoben werden kann. Diese besteht in den politischen Prinzipien der Gleichheit und Freiheit als solchen, die das unverzichtbare Selbstverständnis formulieren, in denen relevante symmetrische Sozialbeziehungen überhaupt zu reflektieren sind. Doch diese interaktive Rationalität des Kapitalismus ist gekennzeichnet durch die Spanne zwischen Ideologie und Emanzipation. Sie ist ideologisch besetzt durch die konservative Funktion ihrer Prinzipien im Interesse einer Apologie des Bestehenden. Sie ist emanzipatorisch besetzt durch die utopische Funktion ihrer Prinzipien im Interesse der Herstellung durchgängig symmetrischer Sozialbeziehungen. Diese Spanne kennzeichnet zugleich die bürgerliche Demokratie als Institution.

Wie sind nun aber Prinzip und Institution der bürgerlichen Demokratie in ihrer Rückbeziehung auf die soziale Asymmetrie des Lohnarbeit-Kapital-Verhältnisses näher zu bestimmen? Einerseits so, daß diese Asymmetrie einen sozialen Konfliktraum definiert, der es verbietet, die wechselseitige soziale Aktion zwischen Arbeiter und Kapitalist im Sinne eines Begriffs von interaktiver Rationalität zu denken, der ein Zu-sich-Verhalten der Personen *als Personen* unterstellt, wie es jenem Leitbegriff entspräche, den wir aus der bisherigen Diskussion zur personalen Vergesellschaftung zur Verfügung haben (vgl. oben §§ 7, 8). Denn Arbeiter und Kapitalist verhalten sich zueinander ja als Kampfpartner innerhalb einer asymmetrischen Sozialstruktur (vgl. oben § 9). Zugleich jedoch bewegen sie sich in der formalsymmetrischen Beziehung des Tauschs von Geld gegen Arbeitskraft. Wenn man so will, bewegen sie sich ständig in dem Widerspruch zwischen der formalen Tausch-Symmetrie auf der einen und einer möglichen interaktiven Symmetrie auf der anderen Seite, die sie jedoch nur als Ideologie oder Utopie umsetzen können. Wir müssen daher die Ebene des sozialen Konflikts, die sich aus dem Lohnarbeit-Kapital-Verhältnis konstituiert als pseudo-interaktive Dimension des Sozial- bzw. Klassenkampfs deutlich unterscheiden von der obigen interaktiv-politischen Ebene. Damit zeigt sich, daß wir in der Tat die mögliche interaktiv-politische Dimension des Kapitalismus nicht umstandslos mit der durch das Lohnarbeit-Kapital-Verhältnis gegebenen Dimension der sozialen Aktion zusammenwerfen dürfen, sondern in ihrer Beziehung zu untersuchen haben.

Außerdem müssen wir als dritte Ebene den technischen Produktionsprozeß als solchen berücksichtigen, der, wie wir wissen, gekennzeichnet ist durch eine kapitalorientierte Zweckrationalität und ihre herrschaftstechnische Organisation (vgl. oben § 9), die wesentlich zum Lohnarbeit-Kapital-Verhältnis gehört. Der Konflikt, der sich daraus zwischen Arbeiter und Kapitalist ergibt, ist bezogen auf die Struktur des unmittelbaren Produktionsprozesses selbst. Wir haben es hier mit einer gleichfalls pseudo-interaktiven Ebene zu tun, die bestimmt wird durch den Gegensatz zwischen einer kapital-parteilichen technischen Rationalität und einer möglichen Organisation der Produktion, die den technischen Prozeß in eine anti-autoritäre interaktive Rationalität einbindet (vgl. oben §§ 7, 8). Der Kapitalist fügt daher seiner schon bestehenden Ideologie eine Apologie der technischen Notwendigkeit des Bestehenden hinzu, der Arbeiter zielt in seinem Widerstand gegen die Form des technischen Produktionsprozesses auf die Utopie symmetrischer Produktionsbeziehungen.

Wenn wir so die beiden pseudo-interaktiven Ebenen des Sozial- und Produktionskampfs von der zunächst bestimmten interaktiv-politischen Ebene absetzen, so läßt sich jetzt die *institutionelle* Realisation der Prinzipien von Gleichheit und Freiheit in ihrer Spanne zwischen Ideologie und Emanzipation darlegen. Denn so sehr diese Prinzipien nicht nur als bloße Ideen in der bürgerlichen Gesellschaft ihre Existenz haben, so sehr ist ihre gesellschaftliche Existenzweise beschränkt auf eine eigene Sphäre verfassungsmäßig verankerter Institutionen, die grundsätzlich getrennt ist von der kapitalistischen Tausch- und Produktionsstruktur als solcher, innerhalb derer sich Sozial- und Produktionskämpfe sowie natürlich Konkurrenzkämpfe abspielen, die eine Institutionalisierung interaktiv-politischer Prinzipien ausschließen. Es entsteht so die eigentümliche Situation, daß die bürgerliche Gesellschaft eine institutionelle Realisierung ihrer interaktiv-politischen Dimension nur außerhalb der Sphäre erreicht, die sie gesellschaftlich ermöglicht hat, nämlich außerhalb der dominanten Sozialbeziehung des Tauschs als solcher. Daher tritt als institutionalisierte Sphäre der Politik der Staat der Gesellschaft gegenüber, ein Sachverhalt, den wir wieder mit Marx beschreiben können:

> „Bürgerliche Gesellschaft und Staat sind getrennt. Also ist auch der Staatsbürger und der Bürger, das Mitglied der bürgerlichen Gesellschaft getrennt... Um also als *wirklicher Staatsbürger* sich zu verhalten, politische Bedeutsamkeit und Wirksamkeit zu erhalten, muß er aus seiner bürgerlichen Wirklichkeit heraustreten... Die Trennung der bürgerlichen Gesellschaft und des politischen Staates erscheint notwendig als eine Trennung des *politischen* Bürgers, des Staatsbürgers, von der bürgerlichen Gesellschaft, von seiner eignen wirklichen empirischen Wirklichkeit..." (MEW 1, S. 281)

Ist nun aber, so gilt es über die Beschreibung hinaus zu fragen, die solcherart im weitesten Sinn staatlich institutionalisierte politische Dimension sozusagen nur institutionalisierte Ideologie im Sinne der konservativen Funktion von Gleichheit und Freiheit

197

oder sind in ihr auch Umsetzungen der emanzipatorischen Funktion dieser Prinzipien zu finden? Eine Antwort auf diese Frage wird sich daraus ergeben, wie die einmal institutionalisierte staatlich-politische Sphäre ihrerseits in ihrem Verhältnis zu Tausch- und Produktionsstruktur der bürgerlichen Gesellschaft bestimmt werden muß.

Beginnen wir dazu mit der institutionalisierten Ideologie:

> „Die moderne Staatsgewalt ist nur ein Ausschuß, der die gemeinschaftlichen Geschäfte der ganzen Bourgeoisieklasse verwaltet." (MEW 4, S. 464)

Diese Funktion der Staatsgewalt ist zu verstehen im Rahmen des „modernen Repräsentativstaats", der nach Marx die politische Herrschaft der Bourgeoisie verkörpert (vgl. ebd.). Es genügt für den gegenwärtigen Zweck, daran zu erinnern, daß dieser „Repräsentativstaat" wesentlich Verfassungsstaat ist und dieser dem Begriff nach geradezu mit dem Grundsatz der Gewaltenteilung zusammenfällt.[5] Historisch liegt hierin die Antithese zum Absolutismus, ganz gleichgültig, ob sich die Differenzierung in Exekutive, Legislative und Judikative mit einer konstitutionellen Monarchie oder einer Demokratie verbindet und ob die „Repräsentation" des Volkes über ständische Vertretungen oder ein Wahlrecht erfolgt, das seinerseits verschiedene Varianten bis zur allgemeinen gleichen Wahl zuläßt.

Wenn wir nun die „Ausschuß-Theorie" der Exekutive näher betrachten, so ist zunächst eine funktionale Interpretation möglich, die sie nachvollziehbar macht. Denn auf was anderes als die „gemeinschaftlichen Geschäfte" der Bourgeoisie soll eine Staatsgewalt bezogen sein, die sich der *bügerlichen* Gegenüberstellung in Staat und Gesellschaft verdankt?

Die „gemeinschaftlichen Geschäfte der Bourgeoisie" als Klasse sind des weiteren genau in dem Maße „gemeinschaftlich" als es um die Tausch- und Produktionsstruktur des Kapitalismus als

---

[5] Vgl. z. B. Hegel 1821/1955, § 272. Zur historischen Interpretation erhellend Schmitt 1957, §§ 4, 15 f.; Sternberger 1971, Kap. 1; Böckenförde 1973.

solche geht. Über diese Struktur hinaus herrscht ja „Bentham", nämlich die Verfolgung der Eigeninteressen, die sich durch die „allpfiffige Vorsehung" zu einem Ganzen fügen. Was somit der Staat an Gemeinsamkeiten der Bourgeoisie zu verwalten hat, betrifft die organisatorische Absicherung der Tausch- und Produktionsstruktur als Struktur. Dies bedeutet nach den uns schon geläufigen Beschreibungen erstens die Etablierung eines Rechtssystems zum Schutz des Eigentums und den für die Tauschaktionen jedweder Art relevanten Gleichheits- und Freiheitsbedingungen, ein System, das dem Grundsatz der formalen Rechtsgleichheit folgt. Zweitens bedeutet dies die Institutionalisierung des staatlichen Gewaltmonopols, das garantieren soll, daß die Geschäfte in Produktion und Distribution auch tatsächlich gewaltfrei ablaufen können. Rechtsgewalt und Gewaltmonopol sind so als die allgemeinen Funktionen herauszuheben, die unter die staatliche Handlungskompetenz in Gegenüberstellung zu den ökonomisch-sozialen Handlungen der Gesellschaft fallen (vgl. Böckenförde 1973, S. 30).

Die Beschreibung dieser Funktionen rechtfertigt jedoch noch keineswegs eine spezifische „Ausschuß-Theorie" der Staatsgewalt, es sei denn, man wollte die aufgrund der funktionalen Differenzierung in Staat und Gesellschaft triviale Feststellung zur besonderen These stilisieren, daß die Staatsgewalt die Funktionen hat, die ihr zukommen. Alles, was sich sagen läßt, ist, daß die Funktionen der Staatsgewalt nicht klassenneutral sind, sondern nur in ihrer Wechselbeziehung zur bürgerlichen Tausch- und Produktionsstruktur verstanden werden können. Die „Ausschuß-Theorie" ist daher bestenfalls eine schlechte Beschreibung dieses Zusammenhangs.[6]

Man könnte demgegenüber noch einwenden, die „Ausschuß-Theorie" sei auf einer weniger allgemeinen Ebene zu halten, die der staatlichen Gewalt als Regierungspolitik entspricht. Doch dies führt erneut in Ungereimtheiten. Entweder dies bedeutet, daß eine bürgerliche Regierung eben die Interessen der Bourgeoisie im ganzen vertritt und durchsetzt, dann ergibt sich

---

[6] Vgl. auch die Problematisierung bei Offe 1972, S. 27 ff., 65 ff.

wieder eine funktional-triviale Bestimmung, da die „ganze Bourgeoisie" nur über strukturell-funktionale Gemeinsamkeiten greifbar wird. Oder man meint das empirisch. Dann tritt die grundsätzliche Schwierigkeit ein, sich die Delegation oder Beauftragung eines Ausschusses durch die „ganze Bourgeoisie" vorzustellen.

Ist dies schon angesichts der historischen Situation des 19. Jahrhunderts, in der Marx stand, ein fragwürdiges Unterfangen,[7] so überzeugt eine solche Annahme schon aus prinzipiellen Erwägungen allenfalls in einem extremen Grenzfall. Denn die allgemeinen Funktionen des modernen Staates und seiner Exekutive einmal unterstellt, so muß sich die Bourgeoisie als ganze keineswegs klar oder einig darüber sein, wie und durch wen diese Funktionen praktisch umgesetzt werden. Nicht nur, daß dies nicht der Fall sein muß, es gibt ja innerhalb des modernen Verfassungsstaats eine Institution, die zeigt, wie notwendig es offenbar für die Bourgeoisie ist, sich in eine ständige Debatte über die allgemeinen Angelegenheiten zu begeben und wie strittig es sein kann, zu gemeinsamen Entscheidungen der praktischen Politik zu kommen. Diese Institution ist das Parlament, das gemäß dem Prinzip der Gewaltenteilung die Balance zur Exekutive darstellt und die Funktion hat, über öffentliche Beratungen adäquate Gesetze zustande zu bringen und letztlich die richtige praktische Politik zu eruieren.[8]

Wenn überhaupt, dann ist die Bourgeoisie im Parlament, sei es auch nur durch Stellvertreter, in einer Weise als ganze präsent, die es als sinnvoll erscheinen lassen kann, sie nicht nur durch ihre gemeinsamen Strukturmerkmale, sondern in der Art einer handelnden Einheit zu denken, die sich eine entsprechende Form gibt. Freilich wäre dies zunächst ein Grund, *das Parlament* als

---

[7] Insbesondere spricht die Situation in Deutschland gegen die ganze „Ausschuß-Theorie", da es der Bourgeoisie 1848 nicht gelungen war, sich zur politisch herrschenden Macht zu machen und daher auch die Staatsgewalt nicht ihr „Ausschuß" sein konnte. Vgl. Maguire 1978, Ch. 3.
[8] Vgl. Schmitt 1961, Kap. II.

„Ausschuß" der Bourgeoisie zu bezeichnen. Doch dieser „Ausschuß" tut etwas ganz anderes als „gemeinschaftliche Geschäfte" zu „verwalten". Das Parlament hat nicht einen vorgegebenen Geschäftsgang organisatorisch-technisch oder in einem nachvollziehbaren Sinn „verwaltungsmäßig" umzusetzen, es hat ganz im Gegenteil die Funktion, Lösungen dafür zu entwickeln, wie innerhalb der Differenzierung in Staat und Gesellschaft das Zusammenspiel konkret ausgestaltet werden soll, welche Gesetze überhaupt in Kraft treten sollen, wie der Staat z. B. sein Gewaltmonopol handhaben soll etc. Nur wenn man in solchen Fragen eine Einmütigkeit der Bourgeoisie voraussetzen dürfte, ließe sich die Vorstellung plausibel machen, die Bourgeoisie schaffe sich, vermittelt über das Parlament, einen Ausschuß, der für sie als ganze staatlich handelt. Sobald Fraktionierungen oder Parteien der Bourgeoisie auftreten, die sich bekämpfen, wird diese Vorstellung hinfällig. Die Ausflucht, auch ein bestimmtes fraktionsgebundenes staatliches Handeln könne der Bourgeoisie als ganzer korrespondieren, ist solange nicht ernst zu nehmen, als nicht zusätzliche Beweise vorgelegt werden, oder aber sie reduziert sich wieder auf die Trivialtität, daß staatliches Handeln innerhalb der bürgerlichen Gegenüberstellung von Staat und Gesellschaft selbstverständlich der bürgerlichen Gesellschaft verpflichtet ist.

Daß alles dagegenspricht, die Funktion der Staatsgewalt, auf welcher Ebene auch immer, über die „Ausschuß-Theorie" zu denken, zeigt sich erst recht, wenn wir versuchen, eine angemessene Interpretation des Parlaments im Hinblick auf die staatliche Exekutive zu erreichen. Was das Parlament betrifft, das wir als bürgerliches unterstellen, so gilt es vor allem, das gesellschaftliche Spannungsverhältnis zu diagnostizieren, in dem es sich bewegt. Es ist ja auf der einen Seite Repräsentation der Bourgeoisie und soll doch andererseits Institution der Citoyens sein, die sich unter den politischen Prinzipien der Gleichheit und Freiheit versammeln. Damit befindet sich das Parlament in der Spannung zwischen der konservativen Funktion der Prinzipien von Gleichheit und Freiheit im Interesse der bürgerlich-kapitalistischen Tausch- und Produktionsstruktur und der emanzipatorischen Funktion dieser Prinzipien, die auf eine uneingeschränkte

Umsetzung von Gleichheit und Freiheit im Sinne durchgängig symmetrischer Sozialbeziehungen zielt.

Denn da der Citoyen gerade in Abstraktion vom Bourgeois verstanden wird, kann er dem Selbstverständnis nach gar nichts anderes sein als die personifizierten Ideale der Französischen Revolution. Dies bedeutet nun aber weiter, daß das Parlament nichts anderes als den Versuch darstellt, die politischen Prinzipien von Gleichheit und Freiheit in einem uneingeschränkten Sinn zu institutionalisieren. Freilich, es oszilliert faktisch zwischen einem Ideal und der Bourgeois-Wirklichkeit, doch *als Institution* ist das Parlament nur zu verstehen unter der emanzipatorischen Funktion seiner politischen Prinzipien. Das Parlament besitzt so als Institution den Traum von einer Sache, den seine Mitglieder als Bourgeois nicht träumen können.

Wir haben also in der bürgerlich-kapitalistischen Gesellschaft nicht nur die interaktiv-politische Dimension der Prinzipien von Gleichheit und Freiheit als solcher, sondern darüber hinaus eine institutionelle Form dieser Prinzipien zu konstatieren. Das Parlament ist institutionalisierte interaktive Rationalität, insofern es der Form nach eine Versammlung von gleichen und freien Mitgliedern ermöglicht, die unter prinzipiell symmetrischen Bedingungen über die allgemeinen Angelegenheiten diskutieren und zu Empfehlungen bzw. Entscheidungen der praktischen Politik kommen. Der klassengebundene Status seiner Mitglieder ändert an diesem institutionellen Charakter des Parlaments genauso wenig, wie die Einschränkung, daß die als Gleichheit und Freiheit der Citoyens vorliegende interaktive Rationalität nicht ohne weiteres zusammenfallen muß mit der Gleichheit und Freiheit von *Personen als Personen.*

Doch dies ist ja seinerseits bislang nicht mehr als ein normativer Begriff der personalen Vergesellschaftung, über den wir erst noch systematische Klarheit gewinnen müssen. Was hingegen jetzt schon feststeht, ist, daß der im Parlament institutionalisierte Typus von interaktiver Rationalität eine offenkundige Verwandtschaft, so etwas wie eine „Familienähnlichkeit" zu einer möglicherweise institutionalisierbaren Form der personalen Vergesellschaftung aufweist. Dies wird evident daran, wie grundsätzlich verschieden die in Frage stehenden Begriffe der

Interaktion von einem Typus der Sozialbeziehung sind, den wir im gegenständlichen Schema des Tauschs vor uns haben. Denn ob im Sinne der personalen Vergesellschaftung oder der parlamentarischen Form der Interaktion: die Menschen beziehen sich nicht über Gegenstände, Waren, aufeinander, sondern über Probleme, Einschätzungen und Urteile. Daran ändert nichts, daß diese Probleme etc. wesentlich solche sind, die von der kapitalistischen Tausch- und Produktionsstruktur aufgeworfen werden.

Dies zwingt nun aber zu einer wichtigen Konsequenz. Denn weit entfernt, nur das gesamtgesellschaftliche Vermittlungsschema des Tauschs zu kennen, schafft sich die bürgerliche Gesellschaft in der Institution des Parlaments ein nicht-gegenständliches, interaktiv-symmetrisches Vermittlungsschema, das einerseits für das offene Problem der politischen Vermittlung der personalen Vergesellschaftung (vgl. oben § 8), andererseits für eine Verhältnisbestimmung von Staat und Gesellschaft von besonderer Bedeutung ist. Wenn wir zunächst bei der letzteren bleiben, so hat sich nun ein rein institutionelles Argument gegen die „Ausschuß-Theorie" ergeben, das zugleich einer differenzierten Beurteilung der „bürgerlichen Demokratie" dient. Wir können jetzt nämlich leicht sehen, daß sich Staatsgewalt und Parlament in einem institutionellen Gegensatz befinden, der keineswegs illusorisch ist. Denn wenn wir uns der Funktionen der Staatsgewalt, Rechtsgewalt und Gewaltmonopol, entsinnen, so ist klar, daß wir aufgrund dieser den Staat als spezifisch bürgerliche Herrschaftsform kennzeichnen können, der eine institutionalisierte Ideologie im Sinne der konservativen Funktion der Prinzipien von Gleichheit und Freiheit darstellt. Die Staatsgewalt ist aufgrund ihrer Funktionen Herrschaft qua Institution.

Genau das aber gilt für das Parlament nicht. Das Parlament ist Herrschaft nicht qua Institution, interaktiver Form, sondern allenfalls qua Delegation, d. h. durch die Art und Weise der Auswahl seiner Mitglieder. Dieses Herrschaftsmoment liegt jedoch offenkundig auf einer weniger prinzipiellen Ebene, da man sich leicht den Übergang von einem rein bürgerlich zusammengesetzten zu einem über allgemeine Wahlen konstituierten

Parlament vorstellen kann, in dem das Proletariat grundsätzlich zur Erlangung der Mehrheit in der Lage ist. Wenn jedoch auf diese Weise dem Parlament als Institution interaktiver Vermittlung theoretisch sein Herrschaftsmoment genommen werden kann, dann darf es weder als bloßer „Ausschuß", noch als unter die Staatsgewalt subsumierbare Funktion von Herrschaft angesehen werden. Vielmehr materialisiert sich in ihm, wenn man so will, der institutionelle Konflikt zwischen Herrschaftsrationalität und interaktiver Rationalität.

Dieser Konflikt bedeutet die reductio ad absurdum der „Ausschuß-Theorie". Denn entweder die Staatsgewalt ist wirklich Ausschuß der herrschenden Klasse –, dann kann die herrschende Klasse nicht die Bourgeoisie sein, weil wenn diese herrscht, sie sich in einem Parlament repräsentiert, das selbst kein Herrschaftsausschuß ist, sondern nur in instituionellem Gegensatz zu einer Herrschaftsinstitution Sinn macht. Die Staatsgewalt könnte daher nur Ausschuß als Führungsgremium einer sonstigen Machtelite sein.[9]

Oder aber wir sprechen von der Klasse der Bourgeoisie im Rahmen des „modernen Repräsentativstaats". Dann ist die Staatsgewalt einerseits kein Ausschuß der sich im Parlament als ganze repräsentierenden Bourgeoisie als solcher, sondern gegensätzliche Funktion der Herrschaft, und andererseits in dieser Funktion kein Ausschuß, weil die Funktion der Staatsgewalt innerhalb der bürgerlichen Gegenüberstellung von Staat und Gesellschaft trivialerweise im Interesse der Bourgeoisie liegt. Die „Ausschuß-Theorie" muß also entweder von der Bourgeoisie oder dem modernen Repräsentativstaat absehen und widerspricht so Marx' eigenen Voraussetzungen.

Damit hat sich gezeigt, daß die „Ausschuß-Theorie" genauso wenig in der Lage ist, die Spanne zwischen Ideologie und Emanzipation für die institutionalisierte Ebene der Prinzipien von Gleichheit und Freiheit zu begreifen wie dies schon für den Basis-Überbau-Reduktionismus im allgemeinen der Fall war.[10]

---

[9] Etwa einer „politischen Klasse" im Sinne von Mosca 1950, Kap. 2.
[10] Was natürlich nicht ausschließt, die Verhältnisse des 19. Jahrhunderts polemisch durch die „Ausschuß-Theorie" zu denunzieren.

Beide Fehler sind zwei Seiten derselben Medaille. Marx erliegt der Versuchung, das unbestreitbar gesellschaftlich dominante gegenständliche Schema des Warentauschs zu einem Determinationsschema der Gesellschaft zu machen (vgl. oben § 9). Er glaubt zeigen zu können, daß selbst die interaktiv-politische Dimension der bürgerlichen Gesellschaft sich einzig und allein *gegenständlich konstituieren kann*, nämlich als Tauschsymmetrie. Wenn dem so wäre, würde folgen, daß auch die institutionelle Ausprägung dieser Dimension einem gegenständlichen Determinismus untersteht, der die politische Dimension als prinzipiell schein-interaktiv zu charakterisieren zwingen würde. Die politische Dimension wäre einerseits bloße Herrschaftsorganisation im Interesse des gegenständlichen Schemas des Tauschs und der dieses tragenden sozialen Asymmetrie des Lohnarbeit-Kapital-Verhältnisses und andererseits bloße Ideologie im Interesse der Verschleierung des gegenständlichen Determinationsschemas. Auf diese Weise bestünde die Möglichkeit, die Differenzierung in Staat und Gesellschaft ihrerseits innerhalb desselben Grundschemas oder aus einem Prinzip zu begreifen. Die politische Dimension würde sich ihren Prinzipien und Institutionen nach aus dem gegenständlichen Schema des Tauschs konstituieren und wäre sein in Ideologie und Herrschaft verlängerter Arm. Als Fazit ergäbe sich dann in der Tat etwas, was wir als reine Reflex-Theorie der Politik bezeichnen können.

So deutlich damit die innere Logik der Reflex-Theorie[11] geworden sein mag, so klar ist inzwischen, daß sie mit ungedeckten Wechseln operiert. Wir müssen daher Marx eine Gegenrechnung präsentieren, die sich auf seriöse Begründungen stützt. Diese lautet:

Die interaktiv-politische Dimension der bürgerlichen Gesellschaft läßt sich nicht auf eine gegenständliche Konstitution aus dem Tauschschema zurückführen, sondern nur in ihrer Wechselbeziehung zu dieser für die kapitalistische Wirtschaft dominanten symmetrischen Sozialbeziehung bestimmen. Charakteristisch für die Wechselbeziehung ist, daß die Prinzipien von

---

[11] Vgl. insbesondere auch MEW 3, S. 33 f., 62, 339, 342.

Gleichheit und Freiheit sowohl auf allgemeiner wie institutionalisierter Ebene eine doppelte Funktion aufweisen. Sie sind konservativ, insofern sie sich in ideologischer oder herrschaftsorganisatorischer Form mit der Bewahrung der kapitalistischen Tausch- und Produktionsstruktur verbinden. In dieser Funktion unterliegen sie der Ideologie- und Herrschaftskritik. Emanzipatorisch hingegen sind die Prinzipien, insofern sie als Ideale der Französischen Revolution nach uneingeschränkt symmetrischen Sozialbeziehungen verlangen und in dieser auch für die personale Vergesellschaftung leitenden Funktion einen Niederschlag im bürgerlichen Parlament finden, das eine Institution außerhalb der Tausch- und Produktionsstruktur darstellt, und in seiner Zusammensetzung nicht klassenneutral ist, das andererseits aber einen nicht tauschgegenständlich verstehbaren Typus von interaktiv-symmetrischer Rationalität verkörpert.

Die bürgerlich-kapitalistische Gesellschaft ist so nicht aus *einem* Determinationsschema zu begreifen, sondern stellt sich – ihrer Bezeichnung entsprechend – als Einheit aus zwei gesamtgesellschaftlich bedeutsamen Vermittlungsschemata dar, dem sozioökonomisch gegenständlichen Schema des Tauschs und dem politisch-interaktiven, nicht-gegenständlichen Schema des parlamentarischen Verfassungsorgans. Der „moderne Repräsentativstaat" ist so zwar Herrschaftsform, aber eine Form von Herrschaft, die mit dem Parlament eine Institution hervorbringt, die der bürgerlichen Demokratie den Charakter einer in sich reflektierten, strukturell gebrochenen Herrschaft gibt.

Die Gegenüberstellung in Staat und Gesellschaft ist so nicht nur als herrschaftsfunktionale Differenzierung zu sehen und die ihr korrespondierende Unterscheidung von Citoyen und Bourgeois nicht nur unter dem Gesichtspunkt einer „abstrakten", „künstlichen" Trennung zu begreifen (vgl. MEW 1, S. 370). Vielmehr gilt es in diesen Gegensätzen auch den institutionellen Vorgang zu erkennen, der darin besteht, daß die bürgerliche Gesellschaft dem Spannungsverhältnis zwischen Emanzipation und Ideologie reale gesellschaftliche Form gibt, indem sie die duale Einheit aus einem politischen und sozioökonomischen Schema ausbildet und damit die Konfrontation zwischen sozialer Utopie und sozialer Asymmetrie als solche institutionalisiert. Genauso wenig also wie sich der *soziale Aktionsraum* zwischen Kapitalist und Arbeiter in seiner Beziehung auf das gegenständliche Schema des Tauschs deterministisch interpretieren läßt (vgl. oben § 9), genausowenig läßt sich der *politische Aktionsraum* der bürgerlich-kapitalistischen Gesellschaft als solcher über eine unbestreitbare Wechselbeziehung zum gegenständlichen Schema des Tauschs hinaus deterministisch auf dieses Schema verkürzen.

All das sagt natürlich noch nichts über das empirische Verhältnis der durch die beiden Schemata bestimmten Bereiche zueinander und natürlich auch nichts über die möglicherweise klägliche Existenz von Parlamenten des 19. Jahrhunderts. Was wir damit erreicht haben, ist nur der begrifflich unverzichtbare Rahmen, innerhalb dessen die fraglichen empirischen Verhältnisse bewertet werden müssen. Doch dies ist bereits aufschlußreich genug für die Frage, wie wir die interaktiv-politische Dimension der bürgerlichen Gesellschaft im Hinblick auf das offene Problem der politischen Vermittlungsschemata der befreiten Gesellschaft qua personaler Vergesellschaftung zu bestimmen haben. Denn da Marx' rationale Utopie ihrerseits nur unter der emanzipatorischen Funktion der Prinzipien von Gleichheit und Freiheit Sinn macht und da andererseits die bürgerliche Gesellschaft durchaus eine Institutionalisierung dieser Funktion der Prinzipien als Parlament kennt, wird es unumgänglich, die Kritik der bürgerlichen Demokratie in eine produktive und destruktive Variante zu unterteilen.

Die destruktive Variante kritisiert die bürgerliche Demokratie als *bürgerliche*, indem sie ihren schein-egalitären Herrschaftscharakter im Hinblick auf die soziale Asymmetrie des Lohnarbeit-Kapital-Verhältnisses freilegt. Die produktive Variante eignet sich die bürgerliche Demokratie als historisches Paradigma von *Demokratie* kritisch an, indem sie die systematische Verwandtschaft zur personalen Vergesellschaftung unter der emanzipatorischen Funktion gemeinsamer Prinzipien erkennt und prüft, inwiefern die Institutionalisierung von interaktiver Rationalität als Parlament nicht ein gesamtgesellschaftlich operables politisches Vermittlungsschema abgibt, das dem Typus nach auch für die Utopie der personalen Vergesellschaftung konstitutiv sein muß. Die Kritik gewinnt so aus der Reflexion auf Utopie und historische Situation zugleich einen Begriff von egalitärer Demokratie, der, wenngleich historisch bezogen, doch nicht nur relativ zur bürgerlichen Demokratie, sondern auch für die postkapitalistische Gesellschaft Relevanz besitzt.

Ehe wir feststellen, wie es mit dieser Seite der Kritik bei Marx tatsächlich beschaffen ist, ergibt sich schon die grundsätzliche Antwort auf die Frage nach der Leistungskraft der Ideologiekritik für eine Analyse der politischen Dimension des Kapitalismus. Es zeigt sich, daß diese Antwort sich an einer doppelten Bedeutung dessen ausrichten muß, was man unter Ideologiekritik zu verstehen hat.

Einerseits nämlich können wir die Ideologiekritik als rein immanente Kritik der bürgerlich-kapitalistischen Gesellschaft auffassen, die nur dem Ziel folgt, die von dieser Gesellschaft selbst propagierten Ideale der Französischen Revolution an der bestehenden Wirklichkeit der kapitalistischen Tausch- und Produktionsstruktur sowie der bürgerlichen Demokratie als Herrschaftsform zu messen, um darzulegen, wie beschränkt die Wirklichkeit im Verhältnis zu den Idealen ist. Hierzu bedarf es weder eines Vorgriffs auf die mögliche umfassendere Verwirklichung dieser Ideale noch allerdings einer Theorie des Basis-Überbau-Reduktionismus. In diesen geringen systematischen Voraussetzungen kann man die Stärke einer solchen Kritik sehen.

Doch gemessen an der Tragweite der Kritik und ihrer Einseitigkeit, ist dies auch ihre Schwäche. Denn die immanente Ideologiekritik ist mit einer positiven Anerkennung der bürgerlich-kapitalistischen Wirklichkeit verträglich, ganz so, wie die früher rekonstruierte Kritik des falschen Naturscheins der Verhältnisse (vgl. oben § 6). Hierzu bedarf es ja nur der Überlegung, daß eine solche Kritik immer damit gekontert werden kann, sie sei zwar richtig, aber aufgrund fehlender Alternativen zur Tausch- und Produktionsstruktur des Kapitalismus leider rein theoretisch. Und überdies sei der Wert der bürgerlichen Demokratie doch beträchtlich, wenn man sie etwa mit dem Absolutismus vergleiche oder gar daran denke, daß die Einführung des allgemeinen Wahlrechts die politische Macht der Bourgeoisie nivellieren könne. Und überhaupt, warum sollte man die Ideale der Französischen Revolution – durchaus in Einklang mit der Ideologiekritik – nicht als jenes unvermeidliche Stück Illusion ansehen, ohne das nun mal keine gesellschaftliche Umwälzung auskommt?

Diese Einwände eines aufgeklärten Vertreters der bürgerlich-kapitalistischen Gesellschaftsordnung lassen die immanente Ideologiekritik leerlaufen, indem sie ihr zustimmen. Gleichzeitig fordern sie zu einer weitergehenden Kritik heraus, die wir der immanenten Ideologiekritik als historisch reflektierte Emanzipationskritik an die Seite stellen können. Diese Emanzipationskritik haben wir der Sache nach kennengelernt in der Forderung, die uneingeschränkte gesellschaftliche Funktion der Prinzipien von Gleichheit und Freiheit über die Herstellung symmetrischer Produktionsbeziehungen zu erreichen und so die pseudo-interaktiven Ebenen der kapitalistischen Produktionsweise aufzulösen. Wir haben sie außerdem vollzogen in der Beurteilung der emanzipatorischen Seite der bürgerlichen Demokratie in Gestalt der Institutionalisierung eines Typus von politischer Vermittlung qua Parlament, die auch für die postkapitalistische Gesellschaft eine Orientierung abzugeben vermag. In anderen Worten wurde damit die immanente Ideologiekritik aufgehoben in die Frage nach dem Emanzipationspotential der bürgerlich-kapitalistischen Gesellschaft.

Eine solche nicht mehr nur immanente Kritik ist jedoch gleichbedeutend mit der Reflexion dieses Emanzipationspotentials im Lichte der ihrerseits schon in Grundzügen reflektierten rationalen Utopie der personalen Vergesellschaftung.[12] Denn diese Utopie kommt ihrerseits nicht ohne die uneingeschränkten Prinzipien von Gleichheit und Freiheit aus und ist andererseits auf eine politische Vermittlung angewiesen, die einem Begriff von interaktiver Rationalität entspricht. Hieraus folgt, daß wir eine angemessene Kritik der politischen Dimension des Kapitalismus

---

[12] Daher ist es unzureichend, die „transzendierende Kritik" an den historiographischen Passagen des „Kapital" festzumachen, wie Lohmann 1980, S. 259 dies versucht. Dies liegt daran, weil er mit dem „Unmittelbarkeitspostulat" zugleich (wie Lange 1978) die Marxsche Utopie preisgibt. Vgl. dazu oben § 8.

nur in Abhängigkeit von einer historisch reflektierten Emanzipationskritik gewinnen können, die sich ihrer eigenen Utopie nicht
schämen darf. Da es nicht aufs Wort ankommt, könnte man auch
hierzu „Ideologiekritik" sagen, doch erscheint „Emanzipationskritik" besser, weil die immanente Ideologiekritik nur zu oft als
Paradigma schlechthin betrachtet wird.

Daß man sich mit dieser Verkürzung auf Marx berufen kann,
zeigt sein Versuch einer prinzipiellen Kritik des „Utopismus",
die jedoch nur unter Voraussetzung des Basis-Überbau-Reduktionismus überzeugen würde. Dieses Theorem ist der eigentliche
Grund, der einer Verengung der Ideologiekritik Vorschub leistet.[13] Wie wenig andererseits Marx auf die Inanspruchnahme
seiner Utopie verzichten kann, wird in all jenen Passagen deutlich, in denen er die Norm der „gemeinschaftlichen Produktion"
gegen die Organisation der „selbstsüchtigen Interessen" hält.
Der vermeintlichen Kritik des Utopismus entspricht so die
eigene verdrängte Utopie.

Zwar konnte die mangelnde Reflektiertheit der Marxschen Utopie (vgl. oben § 8) schon negative Auswirkungen auf die Ideologiekritik ahnen lassen, die sich nun als fehlende Reflexion zur
Emanzipationskritik herausgestellt haben, doch erst im Basis-
Überbau-Reduktionismus als gegenständlichem Determinismus
erreichen wir die theoretische Instanz, die zu einer systematischen Verdrängung der Emanzipationskritik und dadurch auch
der Reflexion auf die Utopie als solche führt. So mühsam diese
Reflexion schon gegen eine Mischung aus Technizismus, Szientismus und Objektivismus am Leben zu erhalten war (vgl. oben
§ 8), so mußte sie nun auch noch die Hürde des Basis-Überbau-
Reduktionismus nehmen.[14]

---

[13] Vgl. Meyer 1973, S. 144 ff., 207 ff.
[14] Zur Freilegung des Dogmatismus, der in diesen Elementen steckt, vgl.
insbes. Böhler 1971.

§ 13 Das Problem der bürgerlichen Demokratie
und die Defizite an politischer Theorie.
Kritische Konsequenzen

Angesichts der theoretischen Konstellation, die sich inzwischen
ergeben hat, dürfen wir uns nicht wundern, daß Marx in Schwierigkeiten kommt, wenn es gilt, ein historisch differenziertes
Verständnis der dualen Einheit der bürgerlich-kapitalistischen
Gesellschaft zu entfalten und die Transformation dieser Gesellschaft in ein Modell der personalen Vergesellschaftung, den
Sozialismus bzw. Kommunismus, genauer zu bestimmen. Auf
der einen Seite fällt es ihm schwer, das Emanzipationspotential
der bürgerlichen Demokratie zu diagnostizieren, auf der anderen
Seite bleiben die Emanzipationsbedingungen der sozialistischen
Transformation unaufgeklärt.

Die historische Problematik wird deutlich daran, in welcher
Weise Marx der Bourgeoisie politischen Fortschritt zuschreibt.
Dies geschieht nämlich nicht durch eine Interpretation der politischen Ebene als solcher, sondern durch deren Einordnung in
eine geschichtstheoretische Globalsicht, in deren Kontext wir
nun die „Ausschuß-Theorie" zurückversetzen können:

> „Die Geschiche aller bisherigen Gesellschaft ist die
> Geschichte von Klassenkämpfen... Die aus dem Unter-
> gang der feudalen Gesellschaft hervorgegangene moderne
> bürgerliche Gesellschaft hat die Klassengegensätze nicht
> aufgehoben. Sie hat nur neue Klassen ... an die Stelle der
> alten gesetzt... Die große Industrie hat den Weltmarkt
> hergestellt ... und in demselben Maße, worin Industrie,
> Handel, Schiffahrt, Eisenbahnen sich ausdehnten, in
> demselben Maße entwickelte sich die Bourgeoisie, ver-
> mehrte sie ihre Kapitalien, drängte sie alle vom Mittelalter
> her überlieferten Klassen in den Hintergrund.
> Wir sehen also, wie die Bourgeoisie selbst das Produkt
> eines langen Entwicklungsganges ... ist.
> Jede dieser Entwicklungsstufen der Bourgeoisie war
> begleitet von einem entsprechenden politischen Fort-
> schritt ... erkämpfte ... sie sich endlich seit der Herstel-

lung der großen Industrie und des Weltmarkts im modernen Repräsentativstaat die ausschließliche politische Herrschaft. Die moderne Staatsgewalt ist nur ein Ausschuß, der die gemeinsamen Geschäfte der ganzen Bourgeoisieklasse verwaltet ..." (MEW 4, S. 462–464)

„Wir haben also gesehen: die Produktions- und Verkehrsmittel, auf deren Grundlage sich die Bourgeoisie heranbildete, wurden in der feudalen Gesellschaft erzeugt. Auf einer gewissen Stufe der Entwicklung dieser Produktions- und Verkehrsmittel entsprachen die Verhältnisse, worin die feudale Gesellschaft produzierte und austauschte, die feudale Organisation der Agrikultur und Manufaktur, mit einem Wort die feudalen Eigentumsverhältnisse den schon entwickelten Produktivkräften nicht mehr. Sie hemmten die Produktion, statt sie zu fördern ... Sie mußten gesprengt werden, sie wurden gesprengt.

An ihre Stelle trat die freie Konkurrenz mit der ihr angemessenen gesellschaftlichen und politischen Konstitution, mit der ökonomischen und politischen Herrschaft der Bourgeoisieklasse." (MEW 4, S. 467)

Der die Geschichte dominierende Klassenkampf und der ihn antreibende Widerspruch zwischen Produktivkräften und Produktionsverhältnissen („Produktions- und Verkehrsmittel")[15] sind die Maßstäbe für die fortschrittliche Rolle der Bourgeoisie, und weil die Bourgeoisie nach diesen Maßstäben fortschrittlich ist, deshalb ist dies auch die ihr „angemessene politische Konstitution". Die politische Konstitution ist nicht als solche fortschrittlich, sondern nur, insofern sie den Fortschritt der Bourgeoisie als herrschender Klasse signalisiert.

Warum aber ist der „moderne Repräsentativstaat" die für die Bourgeoisie „angemessene politische Konstitution"? Hierzu müßte Marx eine Erklärung geben, die diese Art Staat zu unterscheiden erlaubt von weniger angemessenen politischen Formen. Diese Erklärung jedoch findet sich nicht. Es gelingt Marx nicht

---

[15] Vgl. hierzu die klassische Stelle MEW 13, S. 8 f.

zu zeigen, daß sich der moderne Staat aufgrund einer spezifischen Besonderheit der Bourgeoisie als Repräsentativstaat konstituiert und insofern deren angemessene politische Form darstellt. Vielmehr sagt Marx nicht mehr, als daß der Repräsentativstaat deshalb angemessene politische Form ist, weil er mit dem Aufstieg der ökonomischen Herrschaft der Bourgeoisie historisch zusammenfällt. Marx konstruiert den Repräsentativstaat als idealtypische Entsprechung zur Bourgeoisie, weil er geschichtstheoretisch unterstellt, daß sich dieser – gemessen am Absolutismus fortschrittliche Staatstypus – gar nicht anders als aus dem ökonomischen Fortschritt der Bourgeoisie ergeben kann.

Wie wenig explanativ diese Sicht ist, zeigt sich zunächst daran, daß die für die ökonomische Herrschaft der Bourgeoisie erforderlichen Aufgaben des Staates, die in den Funktionen der Rechtsgewalt und des Gewaltmonopols ihren Ausdruck finden (vgl. oben § 12), ohne weiteres auch mit einem aufgeklärten Absolutismus verträglich sind, in dem sich der „absolute Herrscher" lediglich als Personifikation eben dieser Funktionen begreift. Ein signifikanter Beleg dafür ist z. B. das Preußische Allgemeine Landrecht von 1807, dessen Bestimmungen die besagten Funktionen wie ein entsprechend aufgeklärtes Staatsverständnis geradezu klassisch zum Vorschein bringen.[16]

Warum also, müssen wir fragen, bedarf die Bourgeoisie überhaupt des „modernen Repräsentativstaats" und vor allem dieses Repräsentativstaats als bürgerlicher Demokratie?[17] Denn diese ist ja für Marx ihrerseits die idealtypische Entsprechung der Bourgeoisie, die zu seiner Zeit am Beispiel der nordamerikanischen Staaten als erstem historisch-konkretem Vorbild greifbar war, wobei diese es nicht nur zur verfassungsstaatlichen Repräsentation, sondern auch schon zum allgemeinen Wahlrecht gebracht hatten.

---

[16] Vgl. hierzu Böckenförde 1973, S. 14.
[17] Es ist schon ein großes Verdienst, daß Poulantzas 1978, S. 10, 46 eine entsprechende Frage stellt. Seine Antworten bleiben außer Betracht, weil sie nicht die von Marx sind.

Diese Frage zeigt, daß es eine Sache ist, den modernen Staat als historisches Faktum aufzunehmen und ihn durch die charakteristische Trennung in Staat und Gesellschaft, Citoyen und Bourgeois, zu beschreiben, eine ganz andere Sache dagegen, die vor allem im Sinne eines Idealtyps interessierende bürgerliche Demokratie aus spezifischen Bedingungen des ökonomischen Fortschritts der Bourgeoisie zu erklären. Wenn wir uns um dieses Problem nicht herumdrücken, so bietet sich nach allem bisherigen eine Erklärung an, die zwar nicht „marxistisch" ist, verglichen mit der aber alles, was Marx aufzubieten hat, schwächer ausfällt.

Diese Erklärung besteht darin, daß wir die bürgerliche Demokratie als Resultat eines Institutionalisierungsdilemmas begreifen, das die Prinzipien von Gleichheit und Freiheit aufwerfen, wenn sie gesamtgesellschaftliche Relevanz bekommen sollen und zugleich die dominante gegenständliche Sozialbeziehung des (geldvermittelten) Tauschs die sozioökonomische Struktur der Gesellschaft bestimmt. Denn diese symmetrische Sozialbeziehung ist ja andererseits verankert in der sozialen Asymmetrie des Lohnarbeit-Kapital-Verhältnisses, so daß zwar die Tauschbeziehung mit formalen Begriffen von Gleichheit und Freiheit in Einklang steht, aber sozial beschränkt bleibt. Daher erscheint als unproblematische Weise der Institutionalisierung von Gleichheit und Freiheit zunächst nur die Gegenüberstellung in Staat und Gesellschaft unter dem Gesichtspunkt der herrschaftsorganisatorischen Absicherung der kapitalistischen Tausch- und Produktionsstruktur. Diese Institutionalisierung entspricht der konservativen Funktion der Prinzipien von Gleichheit und Freiheit und ist daher auch Gegenstand der Ideologiekritik (vgl. oben § 12). Wie gesagt, bräuchte jedoch das politische Gebilde, das hieraus resultiert, zunächst nicht über einen aufgeklärten Absolutismus hinausführen. Dazu wäre allerdings vorauszusetzen, daß die Bourgeoisie sich bescheidet und nicht danach drängt, eine politische Form anzustreben, die ihrer gesellschaftlichen Macht Ausdruck gibt. Je stärker diese Macht und ihr verbundene politische Strömungen sich entwickeln, um so unwahrscheinlicher wird eine solche Zurückhaltung vor allem auch unter dem Gesichtspunkt, daß für die Bourgeoisie das tendenzielle Verschwinden des Absolutismus auch einem aufgeklärten Absolutismus vorzuziehen wäre, einfach deshalb, weil dieser noch mit politischen Risiken behaftet bleibt, die entfallen, wenn die Bourgeoisie sich selber eine politische Repräsentation gegeben hat, der die Staatsfunktionen unterworfen werden. Doch den Schritt zu einer selbständigen politischen Repräsentation der Bourgeoisie dürfen wir noch nicht mit dem Schritt zur bürgerlichen Demokratie verwechseln, denn es spricht nichts dagegen, ihn als funktionales Äquivalent zum aufgeklärten Absolutismus zu betrachten.[18]

Woraus also ergibt sich der Schritt, durch den die Bourgeoisie zur bürgerlichen Demokratie kommt? Dadurch, daß sie es offenbar nötig hat oder als nötig erachtet, die Ideale der Französischen Revolution sich in ihrer emanzipatorischen Funktion zu eigen zu machen und sich damit unter einen selbstgesetzten Institutionalisierungszwang der uneingeschränkten Prinzipien von Gleichheit und Freiheit zu stellen. Diesem Zwang, so haben wir gesehen, kann die Bourgeoisie nur außerhalb der kapitalistischen Tausch- und Produktionsstruktur als solcher nachgeben, doch indem sie ihm nachgibt, institutionalisiert sie im Selbstverständnis emanzipierter Citoyens eine politische Form qua Parlament, das ein Paradigma von Demokratie darstellt, weil es einen über die Tauschsymmetrie hinausgehenden grundverschiedenen Begriff von nicht-gegenständlicher interaktiver Rationalität erfüllt (vgl. oben § 12).

Wie immer wir nun weiter erklären, warum sich die Bourgeoisie unter einen solchen Institutionalisierungszwang stellt, so ist jetzt schon klar, worin zugleich das Dilemma dieser Institutionalisierung für die Bourgeoisie als Klasse bestehen muß. Die Ideale der Französischen Revolution und die politische Form der Demokratie sind nämlich grundsätzlich gar nicht mehr klassenspezifisch und herrschaftsfunktional zu verstehen, sondern allenfalls faktisch auf eine bestimmte Klasse zu beschränken und durch die staatlichen Funktionen der Herrschaftsorganisation zu begrenzen. Das Institutionalisierungsdilemma der bürgerlichen Demo-

---

[18] Dem entsprachen die Vorstellungen mancher „konservativer Reformer" in Preußen. Vgl. Conze 1958.

kratie liegt also gemessen am Herrschaftsinteresse der Bourgeoisie darin, daß sie als Demokratie bereits über die Bourgeoisie als herrschende Klasse hinausweist.[19] Dieser Befund bestätigt sich daran, daß auch die personale Vergesellschaftung unter das Selbstverständnis der Ideale der Französischen Revolution fällt und die Institution des Parlaments das Paradigma eines politischen Vermittlungsschemas abgibt, das auch für die postkapitalistische Gesellschaft systematische Relevanz besitzt. Die Bourgeoisie bewegt sich so in dem Dilemma, den Institutionalisierungszwang eines universalistischen Prinzips mit der Institutionalisierung ihrer Klassenherrschaft zu vereinbaren.

Wenn wir nun fragen, warum sich eigentlich die Bourgeoisie einen Institutionalisierungszwang auferlegt, der auf dieses Dilemma führt, so können wir uns entweder mit der Feststellung eines Bedingungszusammenhangs begnügen oder eine weitergehende Erklärung versuchen, die zwar in die Richtung Marxscher Intuitionen weist, aber nicht mit ihnen zusammenfällt.

Die Feststellung des Bedingungszusammenhangs besteht darin, daß, *wenn* die Bourgeoisie sich die Ideale der Französischen Revolution zu eigen macht, die Konsequenz in dem aufgewiesenen Institutionalisierungsdilemma liegen *muß*. Ganz offensichtlich enthält dabei das Antecedens dieses Bedingungsverhältnisses eine faktische Prämisse. Diese läßt sich historisch weiter transparent machen, indem etwa auf die Funktion der Ideale der Französischen Revolution im Kampf gegen den Absolutismus verwiesen und auch das fiktive Gesamtsubjekt „Bourgeoisie" in verschiedene Strömungen auseinandergelegt wird, woran die Affinität der Bourgeoisie oder eines Teils von ihr zu diesen Idealen einsichtig werden kann. Doch alles, was auf diese Weise an aufschlußreichen Erläuterungen hinzukommt, scheint uns keine Erklärung der Art zu bringen, warum die Bourgeoisie sozusagen gar nicht anders kann, als die Ideale von Gleichheit und Freiheit auf ihre Fahne zu schreiben.

Läßt sich hier nicht also doch mehr sagen? Diese Frage ist natürlich motiviert durch den gescheiterten Versuch von Marx, die Prinzipien von Gleichheit und Freiheit in deterministischer

---

[19] Ganz so wie die Aufklärung über den aufgeklärten Absolutismus.

Manier auf das gegenständliche Schema des Tauschs zurückzuführen. Dieser Versuch war ja entweder trivial richtig, weil relativ zum Tausch Begriffe von Tausch-Gleichheit und -Freiheit analytisch vorauszusetzen sind, oder aber falsch, weil die emanzipatorische Funktion von Gleichheit und Freiheit sich nicht auf das Tauschschema reduzieren läßt (vgl. oben § 12). Können wir nicht diesen Fehler vermeiden und trotzdem eine Erklärung dafür finden, wie die Ideale der Französischen Revolution systematisch mit dem kapitalistischen Tauschschema zusammenhängen, so daß sich der Institutionalisierungszwang der bürgerlichen Ideale doch noch aus einer solchen Rückbeziehung, wenngleich nicht „marxistisch" – dafür aber richtig – verstehen ließe? Die einzige plausible Erklärung, die sich hierfür anbietet, sehe ich in Folgendem:

Das natürliche Interesse der Bourgeoisie, die kapitalistische Tausch- und Produktionsstruktur möglichst umfassend auszuweiten, einen universellen Markt zu schaffen, trifft sich mit den Idealen der Französischen Revolution insofern, als diese auf die Realisierung uneingeschränkter, universalistischer symmetrischer Sozialbeziehungen angelegt sind und im gegenständlichen Schema des Tauschs eine universalisierbare symmetrische Sozialbeziehung der Form nach vorliegt. Doch andererseits verlangen die Ideale von Gleichheit und Freiheit gerade nicht nach einer *gegenständlich*-symmetrischen Beziehung, die dazu noch in eine soziale Asymmetrie eingebunden ist, sondern nach einer *interaktiv*-symmetrischen Sozialbeziehung, wie sie dem Modell einer personalen Vergesellschaftung entspräche (vgl. oben § 12). Die Bourgeoisie, und dies gilt nun wirklich strukturell-allgemein, kann sich so der Ideale der Französischen Revolution im Interesse der Universalisierung ihres gegenständlichen Tauschschemas nur um den Preis bedienen, daß sie zugleich ein universalistisches interaktives Prinzip akzeptiert, das sie unter den fraglichen Institutionalisierungszwang stellt. Auf diese Weise können wir das Institutionalisierungsdilemma, als dessen Resultat sich die bürgerliche Demokratie darstellt, auf ein Universalisierungsdilemma zurückführen. Die Ideale der Französischen Revolution und das gegenständliche Schema des Tauschs unterliegen einem gemeinsamen Begriff formal-symmetrischer Sozialbeziehungen, doch zugleich repräsentieren sie zwei grundverschiedene Prinzipien sozialer Beziehungen. Ist es nun nicht einleuchtend, daß die Bourgeoisie im Interesse der Durchsetzung und Legitimation ihrer gesellschaftlichen Macht, sei es notgedrungen oder emphatisch, die emanzipatorischen Ideale und ihre Institutionalisierung geradezu zum Programm erheben muß? Nur auf diese Weise läßt sich, soweit ich sehe, ein Argument gewinnen, das nicht nur behauptet, sondern zeigt, warum die Demokratie als politische Konstitution der Bourgeoisie „angemessener" ist als eine andere Staatsform.

Diese Sichtweise kann dann auch besser als Marx verständlich machen, weshalb nicht zu erwarten ist, daß sich die Institutionalisierung der bürgerlichen Demokratie bruchlos durchsetzt, sondern einen langwierigen historischen Prozeß darstellt, in den natürlich der Klassenkonflikt zwischen Kapitalisten und Arbeitern, Bourgeoisie und Proletariat wesentlich eingreift, genauso wie auf der anderen Seite die Vertreter vorbürgerlich-reaktionärer Traditionen der Entwicklung nicht einfach tatenlos zusehen werden. Denn nun ist evident, daß wir in der tatsächlichen historischen Auseinandersetzung mit einem Kampf zu rechnen haben, der sich in der Spanne zwischen dem Herrschaftsinteresse der Bourgeoisie mit den entsprechenden Funktionen des Staates auf der einen Seite und dem Emanzipationspotential der Ideale der Französischen Revolution und ihrer politischen Konstitution als Demokratie auf der anderen Seite bewegt. Es wundert daher auch nicht, daß man in der Bourgeoisie durchaus verschiedener Meinung darüber sein kann, wie mit der Institutionalisierung der emanzipatorischen Prinzipien insbesondere angesichts des sozialen Drucks des Proletariats umzugehen sei.

Dies betrifft neben der Institutionalisierung des Parlaments als solchem vor allem die Frage des allgemeinen Wahlrechts, die für das 19. Jahrhundert von großer Brisanz war. Heißt dieses Recht einräumen, nicht zugleich die Herrschaft der Bourgeoisie gefährden? Und was tun, wenn sich gegen dieses Recht im Grunde gar nicht argumentieren läßt, weil es einfach in der Konsequenz der Ideale von Gleichheit und Freiheit liegt, die ihrerseits die parlamentarische Konstitution bedingen? Ist es dann nicht sogar besser, schon mit der parlamentarischen Institution so restriktiv wie möglich zu verfahren, da diese als solche bereits die Tendenz enthält, ihr Delegationsprinzip dem allgemeinen Wahlrecht zu unterwerfen? Die reaktionäre Lösung, die diesen Befürchtungen Rechnung trägt, besteht in der Kombination von Ständeparlament und Zensuswahlrecht (Preußen) oder in der Abschaffung demokratischer Institutionen überhaupt, nachdem diese sich zu weit schon entwickelt haben (Frankreich: Napoleon III.).

So natürlich solch reaktionäre Verbindungen von Bourgeoisie und staatlicher Macht erscheinen, wenn wir uns das Institutionalisierungsdilemma der bürgerlichen Demokratie vergegenwärtigen, so unnatürlich muß man dieses empfinden, wenn man mit Marx annimmt, daß der politische Fortschritt der Bourgeoisie deren ökonomische Dominanz einfach „begleitet" und daher auch die bürgerliche Demokratie als idealtypische Konstitution der Bourgeoisie nicht lange auf sich warten lassen wird. Weil Marx das Emanzipationspotential der bürgerlichen Demokratie als Demokratie nicht adäquat reflektiert, kann er nicht verstehen, warum sich deren Institutionalisierung unter der ökonomischen Dominanz der Bourgeoisie überhaupt entscheidende Widerstände in den Weg stellen. Er kommt daher speziell im oben zitierten „Kommunistischen Manifest" zu einer viel zu optimistischen Erwartung hinsichtlich der Durchsetzung der bürgerlichen Demokratie. Nach der Ernüchterung der gescheiterten Revolution von 1848 in Deutschland und dem Staatsstreich Napoleons III. in Frankreich ist es dann erst recht verständlich, wenn er aus Enttäuschung über die Bourgeoisie nicht mehr auf die Idee kommt, die bürgerliche Demokratie als Konstitution zu würdigen, sondern vor allem die repressive Funktion des Staates kritisiert.[20] Verständlich, aber sachlich, unangemessen, denn die Kritik der Herrschaftsfunktion des Staates ist nicht die ganze Wahrheit über den Staat in seiner avancierten Gestalt als bürgerliche Demokratie.

Dieser Bewertung widerspricht nicht, daß sich bei Marx Passagen finden lassen, die einer faktischen Beschreibung des Institu-

---

[20] Vgl. Maguire 1978, pp. 135 f., 200 f.

tionalisierungsdilemmas der bürgerlichen Demokratie gleich-
kommen, wenn wir zugleich feststellen müssen, daß sie systematisch folgenlos bleiben. So führt Marx z. B. im „18. Brumaire"
aus:

„Welche Summe von Leidenschaft und Deklamation die
Ordnungspartei von der Tribüne der Nationalversammlung herab gegen die Minorität aufwenden mochte, ihre
Rede blieb einsilbig wie die des Christen, dessen Worte
sein sollen: ja, ja, nein, nein... der Urteilsspruch ist
immer fertig und lautet unveränderlich: ‚Sozialismus!' Für
sozialistisch wird selbst der bürgerliche Liberalismus
erklärt, für sozialistisch die bürgerliche Aufklärung, für
sozialistisch die bürgerliche Finanzreform... Es war dies
nicht bloße Redeform... Die Bourgeoisie hatte die richtige Einsicht, daß alle Waffen, die sie gegen den Feudalis-
mus geschmiedet, ihre Spitze gegen sie selbst kehrten,
daß alle Bildungsmittel, die sie erzeugt, gegen ihre eigne
Zivilisation rebellierten... Sie begriff, daß alle sogenannten bürgerlichen Freiheiten und Fortschrittsorgane ihre
Klassenherrschaft zugleich an der gesellschaftlichen
Grundlage und an der politischen Spitze angriffen und
bedrohten, also ‚sozialistisch' geworden waren... Was sie
aber nicht begriff, war die Konsequenz, daß ihr eignes
parlamentarisches Regime, daß ihre politische Herrschaft
überhaupt nun auch als sozialistisch dem allgemeinen
Verdammungsurteil verfallen mußte. Solange die Herrschaft der Bourgeoisie sich nicht vollständig organisiert,
nicht ihren reinen politischen Ausdruck gewonnen hatte,
konnte auch der Gegensatz der andern Klassen nicht rein
hervortreten, und wo er hervortrat, nicht die gefährliche
Wendung nehmen, die jeden Kampf gegen die Staatsgewalt in einen Kampf gegen das Kapital verwandelt...
Wenn sie in jeder Lebensregung der Gesellschaft die
‚Ruhe' gefährdet sah, wie konnte sie an der Spitze der
Gesellschaft das Regime der Unruhe, ihr eignes Regime,
das parlamentarische Regime behaupten wollen, dieses
Regime, das nach dem Ausdrucke eines ihrer Redner im

Kampfe und durch den Kampf lebt? Das parlamentarische System lebt von der Diskussion, wie soll es die Diskussion verbieten? ... Das parlamentarische System überläßt alles der Entscheidung der Majoritäten, wie sollen die großen Mehrheiten jenseits des Parlaments nicht entscheiden wollen? Wenn ihr auf dem Gipfel des Staates die Geige streicht, was andres erwarten, als daß die drunten tanzen? Indem also die Bourgeoisie, was sie früher als *liberal'* gefeiert, jetzt als *sozialistisch'* verketzert, gesteht sie ein, daß ihr eignes Interesse gebietet, sie der Gefahr des *Selbstregierens* zu überheben, daß, um Ruhe im Lande herzustellen, vor allem ihr Bourgeoisieparlament zur Ruhe gebracht, um ihre gesellschaftliche Macht zu erhalten, ihre politische Macht gebrochen werden müsse; ... daß ihre Klasse neben den andern Klassen zu gleicher politischer Nichtigkeit verdammt werde; daß, um ihren Beutel zu retten, die Krone ihr abgeschlagen und das Schwert, das sie beschützen solle, zugleich als Damoklesschwert über ihr eignes Haupt gehängt werden müsse." (MEW 8, S. 152 ff.)

Erinnern wir zunächst mit Marx daran, daß die „Ordnungspartei" eine royalistische Koalition aus großem Grundeigentum, Finanzaristokratie und industrieller Bourgeoisie darstellte, der es im Juni 1849 gelungen war, die bürgerlichen Republikaner und die demokratisch-sozialistische – „rote" – Partei auszumanövrieren und die Mehrheit in der Nationalversammlung zu übernehmen (MEW 7, S. 58 ff.). „Ordnung" war das Programmwort für den Versuch, eine reaktionär-repressive Herrschaft der Bourgeoisie innerhalb der Konstitution der bürgerlichen Demokratie zu erreichen. Der nachfolgende Staatsstreich Napoleons III. tat dies dann außerhalb der Konstitution. Wie Marx zurecht feststellt, hat die Ordnungspartei Napoleon III. insofern den Weg bereitet, als sie durch ihren eigenen „coup d' état" im Jahr 1850 das 1848 erkämpfte allgemeine Wahlrecht wieder beseitigte und durch ein ausgesprochen restriktives Zensuswahlrecht ersetzte (vgl. MEW 8, S. 155 ff.).
Wenn wir uns nun den Charakterisierungen zuwenden, die Marx

für die Ordnungspartei gebraucht, so bringen diese einerseits in treffender Prägnanz die Spanne zwischen Klassenherrschaft und Emanzipationspotential zum Ausdruck, wie sie sich im liberalen Selbstverständnis der bürgerlichen Demokratie, des „parlamentarischen Regimes" ausdrückt, das die „großen Mehrheiten jenseits des Parlaments" letztlich gar nicht prinzipiell ausschließen kann. Andererseits zeigt Marx auf, wie das Klasseninteresse der Bourgeoisie in seiner reaktionären Gestalt der Ordnungspartei dazu tendiert, die liberalen Errungenschaften der politischen Konstitution wieder aufzuheben, weil diese die Gefahr beinhalten, sich politisch gegen das eigene Herrschaftsinteresse zu wenden. Da nun aber das Selbstverständnis der Ordnungspartei als bürgerliches Selbstverständnis gar nicht anders kann, als die Prinzipien und Institutionalisierungen der liberalen Demokratie zu teilen, muß die Ordnungspartei, um die liberalen Errungenschaften einschränken zu können, sie als Produkt eines ganz anderen Geistes als des eigenen wieder denunzieren, indem sie Liberalismus mit Sozialismus gleichsetzt.

Was aber verbirgt sich hinter dieser Denunziation genau? Sobald wir hierfür auf unsere Interpretation des Institutionalisierungsdilemmas der bürgerlichen Demokratie zurückgreifen, wird evident, daß es sich dabei um einen Vorgang der Verdrängung ihres eigenen emanzipatorischen Potentials in programmatischer und institutioneller Hinsicht handelt. Die Bourgeoisie kommt mit dem objektiven Sinn ihrer Demokratie als Demokratie nicht zurecht, weil dieser über die Klassenherrschaft hinausweist. Deshalb leugnet sie diesen Sinn, indem sie ihn einem anderen politischen Prinzip zuschreibt, das sich guten Gewissens bekämpfen läßt: dem Sozialismus.

Diese Erklärung ist ohne weiteres vereinbar mit der Beschreibung, die Marx für die Preisgabe des liberalen Selbstverständnisses durch die Ordnungspartei gibt. Weil Marx jedoch das Herrschaftsproblem, das die Ordnungspartei auf ihre Weise zu lösen sucht, nicht vor dem Hintergrund des immer schon bestehenden Institutionalisierungsdilemmas der bürgerlichen Demokratie reflektiert, treibt er die Position der Ordnungspartei zu einem Selbstwiderspruch der bürgerlichen Herrschaft weiter, der gar nicht besteht. Denn weit entfernt mit der Verdrängung ihres eigenen Emanzipationspotentials auch ihr bürgerliches Herrschaftsinteresse als „sozialistisch" zu verdrängen und sich „der Gefahr des Selbstregierens zu überheben" gelingt ja der Ordnungspartei die Durchsetzung der Klassenherrschaft unter gleichzeitiger Reduktion des Emanzipationspotentials der bürgerlichen Demokratie auf eben dieses Herrschaftsinteresse. Um diese reaktionäre Variante der bürgerlichen Herrschaft, die ihr eigenes liberales Pendant als „sozialistisch" denunziert, ihrerseits selbst als „sozialistisch" zu verurteilen, bedürfte es eines vorbürgerlichen Standpunkts, dem bereits die Konstitution der bürgerlichen Herrschaft als Demokratie suspekt ist, weil sich diese der Prinzipien von Gleichheit und Freiheit bedient. Allenfalls ein solcher Standpunkt könnte ein „allgemeines Verdammungsurteil" gegen die politische Herrschaft der Bourgeoisie aussprechen, doch wird ein solches Urteil keineswegs durch die Negation ihrer liberalen Variante induziert.

Es ist also überhaupt nicht der Fall, daß die Bourgeoisie mit der Reduktion ihres Emanzipationspotentials zugleich ihre Klassenherrschaft politisch gefährden und die bürgerliche Demokratie als Herrschaftsform zur Disposition stellen muß. Dies wäre bloß dann so, wenn wir die bürgerliche Demokratie nur in Gestalt ihres liberalen Idealtypus und diesen *nur* als Herrschaftsform betrachten würden, um dann aus der faktischen Auflösung der liberalen Variante die Auflösung der politischen Herrschaft der Bourgeoisie zu schließen. Genau dieser trügerischen Schlußfigur muß sich aber Marx bedienen, um den Schritt zu einer politischen Selbstentmündigung der Bourgeoisie plausibel zu machen und den Staatsstreich Napoleons III. aus einem Selbstwiderspruch der Bourgeoisie-Herrschaft ableiten zu können (vgl. MEW 17, S. 338, 594, 599, 610). Marx verwechselt so die Negation des Emanzipationspotentials der bürgerlichen Demokratie als Demokratie mit der Negation der bürgerlichen Demokratie als klassenspezifischer Herrschaftsform, weil er diese Gesichtspunkte nicht hinreichend auseinanderhält und ihren Wechselbezug nicht systematisch aus dem Dilemma der bürgerlichen Demokratie begreift, die Spanne zwischen Klassenherrschaft und Emanzipation institutionell zu bewältigen.

Marx kommt so bestenfalls dazu, diese Spanne als „Widerspruch" zu konstatieren, wenn es um den liberalen Idealtypus geht:

> „Der umfassende Widerspruch aber dieser Konstitution besteht darin: Die Klassen, deren gesellschaftliche Sklaverei sie verewigen soll, Proletariat, Bauern, Kleinbürger, setzt sie durch das allgemeine Stimmrecht in den Besitz der politischen Macht. Und der Klasse, deren alte gesellschaftliche Macht sie sanktioniert, der Bourgeoisie, entzieht sie die politischen Garantien dieser Macht. Sie zwängt ihre politische Herrschaft in demokratische Bedingungen, die jeden Augenblick den feindlichen Klassen zum Sieg verhelfen und die Grundlagen der bürgerlichen Gesellschaft selbst in Frage stellen." (MEW 7, S. 43)

Dieser Kommentar bezieht sich auf den französischen Verfassungsentwurf vom Juni 1848 und beschreibt ganz richtig das politische Risiko, dem die Bourgeoisie ausgesetzt wird, wenn das Emanzipationspotential ihrer eigenen politischen Prinzipien tatsächlich zum Tragen kommt.

Anstatt es nun aber offen zu lassen, ob die Bourgeoisie – trotz gegenteiliger historischer Erfahrungen im Frankreich von 1848/ 1849 – vielleicht nicht auch einmal mit dem politischen Risiko real leben könnte, das der liberale Idealtypus enthält, beschränkt Marx die Diagnose der bürgerlichen Demokratie als solcher auf ihren reaktionären Zweig, für den dann nur noch der zugespitzte Herrschaftsgesichtspunkt zählt. Doch erstaunlicherweise verbindet er die Diagnose mit einer anderen, die nur scheinbar zu ihr paßt:

> „Die Niederlage der Juni-Insurgenten... hatte zugleich gezeigt, daß es sich in Europa um andre Fragen handelt als um ‚Republik oder Monarchie‘. Sie hatte offenbart, daß *bürgerliche Republik* hier die uneingeschränkte Despotie einer Klasse über andre Klassen bedeute. Sie hatte bewiesen, daß in altzivilisierten Ländern mit entwickelter Klassenbildung... worin alle überlieferten Ideen durch jahrhundertelange Arbeit aufgelöst sind, *die*

*Republik überhaupt nur die politische Umwälzungsform
der bürgerlichen Gesellschaft* bedeutet und nicht ihre
konservative Lebensform, wie z. B. in den Vereinigten
Staaten von Nordamerika..." (MEW 8, S. 122)

Im ersten Teil dieses Zitats begegnet uns unter dem Eindruck der
proletarischen Niederlage vom Juni 1848 eine Kennzeichnung,
in der die bürgerliche Demokratie ausschließlich unter dem
Merkmal einer repressiven Klassenherrschaft begriffen wird, die
das gerade Gegenteil der früher gleichfalls aus dem Klassengegensatz entwickelten progressiven Variante des liberalen Idealtyps darstellt. Man kann sogar ohne Übertreibung davon sprechen, daß Marx hier sozusagen die „Ausschuß-Theorie" der
Staatsgewalt auf die Institution der bürgerlichen Demokratie als
ganzer einfach überträgt. So sehr damit schon die Verlegenheit
der Marxschen Theorie angesichts der historischen Entwicklung
zum Ausdruck kommt, so paradox wird die Situation dadurch,
daß Marx im selben Atemzug die bürgerliche Republik als
„politische Umwälzungsform" bezeichnet, die sich in Europa
nicht auf Dauer konsolidieren kann.

Wie schon der Vergleich zu Nordamerika zeigt und wie der
Sache nach gar nicht anders möglich, läßt sich, wenn schon, nur
der liberale Idealtypus der bürgerlichen Republik, der in Nordamerika „konservative Lebensform" sein kann, als „Umwälzungsform" verstehen, nicht jedoch ihre reaktionär-repressive
Variante. Diese Variante könnte man allenfalls deshalb als
Umwälzungsform betrachten, weil ihre repressive Verhinderung
der Umwälzung auf der anderen Seite den revolutionären Klassenkampf provoziert.

Demgegenüber ist beim liberalen Idealtypus *als Form* ohne
weiteres nachvollziehbar, warum er positiv eine politische
Umwälzungsform abzugeben vermag. Dies ist deshalb der Fall,
weil für ihn die von Marx selbst als „Widerspruch" beschriebene
Spanne zwischen Klassenherrsehaft und politischer Emanzipation konstitutiv ist, die dem Institutionalisierungsdilemma der
bürgerlichen Demokratie entspricht, und weil es einleuchtet,
daß bei gleichzeitiger Entwicklung eines starken Klassenbe-
wußtseins und der faktischen Durchsetzung des liberalen Ide-

225

altypus das allgemeine Wahlrecht bereits einen ersten Schritt zur politischen Transformation der Gesellschaft bedeuten könnte.[21] Von daher wird es dann auch wieder richtig, die reaktionär-repressive Variante der bürgerlichen Konstitution als reale Möglichkeit zu sehen, der bürgerlichen Herrschaft – anders als in Nordamerika – ihre konservative Form zu verschaffen. Doch dies zu sagen, ist etwas völlig anderes, als die bürgerliche Demokratie *begrifflich* auf ausschließliche Klassenherrschaft festzulegen, sei es im Sinne einer „uneingeschränkten Despotie" oder auch nur als sanfte Diktatur.

Was folgt nun aus all dem? Daß wir einerseits Marx' faktische Einsichten akzeptieren können, wie sie sich anhand der „Ordnungspartei", des „Widerspruchs" der Konstitution von 1848 und speziell der Demokratie als „politischer Umwälzungsform" auffinden lassen. Diese Einsichten stellen systematisch fruchtbare Ansätze dar, die sich in explizit theoretischer Form durch nichts anderes repräsentieren als unsere inzwischen zur Verfügung stehende Interpretation des Institutionalisierungsdilemmas der bürgerlichen Demokratie.

Andererseits aber müssen wir die Theorie der politischen Herrschaft der Bourgeoisie verwerfen, die Marx aus einer geschichtstheoretischen Fortschrittskonzeption auf dem Hintergrund des Basis-Überbau-Reduktionismus und somit der Reflex-Theorie der Politik zu gewinnen sucht (vgl. oben § 12). Denn nun hat sich gezeigt, daß der liberale Idealtypus der bürgerlichen Demokratie unter dem Gesichtspunkt der ausschließlichen Herrschaft der Bourgeoisie dieser keineswegs „angemessen", sondern in doppelter Weise unangemessen ist. Sie ist ihr unangemessen als reine Herrschaftsform, weil diese viel besser durch ihre reaktionär-repressive Variante umgesetzt wird, und sie ist ihr unangemessen als rein bürgerliche Emanzipationsform, weil sie als politische

---

[21] Diese optimistische Erwartung hatten Marx und Engels eindeutig für England, vgl. Sieferle 1979, S. 108 ff. Abgesehen von Nuancen änderte dies an der grundsätzlichen Interpretation der bürgerlichen Demokratie, soweit ich sehe, nichts. Vgl. dazu unten zur Revolutionstheorie § 14. Zu einseitig positiv sieht Schonfeld 1971 Marx' Verhältnis zur liberalen Demokratie.

Umwälzungsform über die Bourgeoisie hinausweist. Dies bedeutet, daß sich, entgegen Marx' ursprünglicher Voraussetzung, der liberale Begriff von bürgerlicher Demokratie gar nicht im Sinne eines reinen Ausdrucks der Bourgeoisie als Klasse durchsetzen kann. Wer noch eine endgültige reductio ad absurdum des Basis-Überbau-Reduktionismus und der Reflex-Theorie der Politik gesucht hat – hier ist sie.

So modifiziert sich auch Marx' mangelnde Reflexion des Emanzipationspotentials der bürgerlichen Demokratie darstellt, wenn wir seine faktischen Einsichten würdigen, so folgenlos bleiben diese für eine adäquate Bestimmung der Transformationsbedingungen der bürgerlichen in eine „soziale Republik", die nach Marx den „allgemeinen Inhalt der modernen Revolution" (MEW 8, S. 120) umfaßt.[22] Denn wenn die bürgerliche Demokratie ihrem liberalen Begriff nach als „politische Umwälzungsform" zu verstehen ist, hätte es nahegelegen, zu fragen, in welcher Weise die soziale Republik auf die Institutionalisierung der emanzipatorischen Funktion der Ideale der Französischen Revolution ihrerseits angewiesen bleibt. Dies hätte bedeutet, sich mit Institutionen der bürgerlichen Demokratie als Paradigmata von Demokratie auseinanderzusetzen und zu prüfen, inwieweit diese als institutionelle Vorformen für eine neue Einheit von sozialer und politischer Symmetrie in Betracht kommen. Dies hätte Marx' revolutionärem Elan keinen Abbruch getan, zumal sich diese Frage völlig unabhängig davon stellen läßt, ob die soziale und politische Umwälzung als gewaltsame Revolution konzipiert wird oder nicht.

Und natürlich brauchen wir auch gar nicht um den heißen Brei herumzureden, was die Antwort betrifft. Denn diese Frage im Bewußtsein der konstitutiven Rolle der Prinzipien von Gleichheit und Freiheit für die Idee der personalen Vergesellschaftung stellen, heißt zugleich einsehen, daß auch die befreite Gesellschaft der Institution einer gesamtgesellschaftlich orientierten interaktiven Rationalität bedarf, für die das bürgerliche Parlament eine erste institutionelle Form abgibt. Ganz entsprechend gilt, daß dem Prinzip nach eine sozial uneingeschränkte Teil-

---

[22] Über diesen Zwiespalt kommt z. B. auch Miliband 1971 nicht hinaus.

nahme aller an der Handhabung und Ausgestaltung eines solchen gesamtgesellschaftlichen Vermittlungsschemas folgt, wie sie im allgemeinen Wahlrecht der Form nach vorliegt.

Anstatt auf solche Weise das Emanzipationspotential der bürgerlichen Demokratie in allgemeine Emanzipationsbedingungen weiterzudenken, die ihre Relevanz auch für die soziale Republik besitzen, interessieren Marx die bürgerlichen Institutionen ausschließlich als Mittel der proletarischen Machtergreifung und Vorstufen der proletarischen Gegenherrschaft. Die einseitige Herrschaftstheorie der Bourgeoisie im Kontext der geschichtstheoretischen Globalsicht verdrängt so wieder auf theoretischer Ebene die vorhandenen produktiven Einsichten.

Die Demokratieforderung des „Kommunistischen Manifests" steht allein unter dem Interesse der „Erhebung des Proletariats zur herrschenden Klasse" (MEW 4, S. 481). Dem entspricht, daß das allgemeine Wahlrecht strategisch als „Instrument der Emanzipation" (MEW 19, S. 238; vgl. MEW 7, S. 519) in historischer „Mission" (MEW 7, S. 100) gesehen wird, andererseits aber nicht mehr ist als eine „demokratische Litanei" (MEW 19, S. 29). Die Ersetzung der Klassenherrschaft der Bourgeoisie durch die „revolutionäre Diktatur des Proletariats" (MEW 19, S. 28), der die „Republik" nur als „revolutionäres Mittel" (MEW 17, S. 608) dient, zeigt schließlich deutlich, daß Marx die „politische Übergangsperiode" (ebd.) nur in Termini von Klassenherrschaft denkt, diesmal freilich der proletarischen. Wie dabei das Ziel der personalen Vergesellschaftung im Sinne des optimal-interaktiven Modells (vgl. oben § 7) durch Etablierung von Übergangs- oder Lebensformen der interaktiven Rationalität verfolgt werden soll, bleibt völlig ungeklärt.[23]

Marx kann in dem Maße kein Bewußtsein über das ureigene Institutionalisierungsproblem der sozialen Republik entwikkeln, in dem ihm die ansatzweise Erkenntnis des Institutionalisierungsdilemmas der bürgerlichen Demokratie wieder entgleitet.[24] Er sieht deshalb nicht, daß sich das bürgerliche Dilemma

---

[23] Vgl. dazu unten § 14.

[24] Vgl. MEW 17, S. 541, wo die „parlamentarische Form" nur „betrügerisches Anhängsel der vollziehenden Gewalt" ist. Dem entspricht die

zwischen Klassenherrschaft und Emanzipation, wenn vielleicht nicht als Dilemma, dann doch als Problem, fortsetzen muß in die Spanne zwischen der sozialrevolutionären Bewegung und den Emanzipationsbedingungen und -formen, derer auch sie bedarf. Damit erreichen wir ein Resultat, das Marx nicht nur aufgrund unserer schon entwickelten These der fehlenden Theorie der politischen Vermittlung für die befreite Gesellschaft zu kritisieren erlaubt, sondern dieser Kritik aus dem Zusammenhang von Ideologiekritik und Politik eine Bestätigung verschafft, die Marx' Defizit erklärt. Wenn es nämlich *die* angemessene reine Form gar nicht gibt, in der die Bourgeoisie als Klasse ihre „politische Gewalt" qua „organisierte Gewalt einer Klasse zur Unterdrückung einer anderen" (MEW 4, S. 482) entfaltet, dann reduziert sich auch die Aufhebung der politischen Herrschaft der Bourgeoisie nicht einfach auf die Aufhebung der Institutionen der bürgerlichen Demokratie. Die „öffentliche Gewalt" verliert in dem Maße nicht ihren „politischen Charakter" (vgl. MEW 4, S. 482), indem sie nicht in purer Klassenherrschaft aufgeht, sondern als institutionalisierte Emanzipationsvermittlung die Lebensbedingungen der Emanzipation ihrerseits zu sichern und freizusetzen hat. So wie die mangelnde Reflexion auf die politische Vermittlung der befreiten Gesellschaft in Gestalt des Unmittelbarkeitspostulats (vgl. oben § 8) einer rationalen Konzeption der Utopie des optimal-interaktiven Modells widerspricht, so widerspricht Marx' Aufhebungspostulat der Politik einer rationalen Interpretation der bürgerlichen Demokratie.

Im Rückblick auf unsere Ausgangsfrage (vgl. oben § 11) läßt sich daher feststellen, daß Marx die politische Dimension des Kapitalismus im Kontext der Ideologiekritik insofern verfehlt

– als er eine überzeugende Reduktion der gesellschaftlichen Funktion der Prinzipien von Gleichheit und Freiheit auf die Struktur des gegenständlichen Schemas des kapitalistischen

---

Überzeugung, man wolle „mit der Bourgeoisie nichts gemein haben" (MEW 17, S. 642). Auch bei Negt 1976 bleibt daher der Anschluß an Marx ambivalent. Trotz der richtigen Fragestellung zu einseitig erscheint deshalb auch die Interpretation von Maihofer 1968 zum „jungen Marx".

Warentauschs nicht nachweisen kann und daher die bürgerlich-kapitalistische Gesellschaft als duale Einheit aus politischer Interaktionsform und Tauschschema verkennt (vgl.
oben § 12),[25]
– als er die Unterscheidung zwischen der konservativen und
emanzipatorischen Funktion der modernen politischen Prinzipien nicht trifft, obwohl dies auch die eigene Utopie verlangt
und daher keine adäquate Interpretation der institutionellen
Wirklichkeit des modernen Repräsentativstaates erreicht, wie
sich an der falschen „Ausschuß-Theorie" und dem übergange-
nen Institutionalisierungsdilemma der bürgerlichen Demokratie zeigt, dem Marx in verschiedenen Beschreibungen
immerhin nahekommt (vgl. oben §§ 12, 13),
– als er die Ideologiekritik dem Ansatz nach als rein immanente
Kritik anzulegen sucht und aufgrund des Basis-Überbau-
Reduktionismus keine historisch reflektierte Emanzipationskritik zustande bringt, die Einheit von Utopie und Ideologiekritik sein müßte (vgl. oben § 12), mit der Konsequenz, daß
nicht nur die interaktiv-politische Dimension der bürgerlichen
Gesellschaft hinter der Herrschafts- und Ideologiekritik verschwindet, sondern das systematische Problem einer politischen Theorie der sich emanzipierenden und befreiten Gesellschaft ausfällt (vgl. oben § 13).[26]
Die Marxsche Utopie und Ideologiekritik ergänzen sich so in
ihren Schwächen gegenseitig. Die Utopie wird nicht als leitendes
Kritik-Prinzip entfaltet und rational expliziert. Sie kann daher
die Einengung der Ideologiekritik nicht verhindern. Die Ideologiekritik hingegen blockiert den Ausblick auf die Utopie, indem
sie sich nicht zur Emanzipationskritik aufschwingt, der nicht nur

---

[25] Dies und das folgende Resultat benennt zugleich den systematischen
Irrtum, der auch den neueren Versuchen zur „Staatsableitung" wie
überhaupt den Politik-Reduktionismen der Marx-Orthodoxie zugrundeliegt. Vgl. zusammenfassend Esser 1975; Kostede 1976. Es spart daher
viel Arbeit, wenn man den Fehler schon bei Marx erkennt.
[26] Auch die bislang vorliegenden zwei Bücher von Draper 1977 lassen
hierzu nichts Neues erkennen.

die bürgerlich-kapitalistische, sondern auch die postkapitalistische Gesellschaft Thema werden müßte.

§ 14 Das offene Projekt der Befreiung –
Proletariat, Revolution, Utopie

Können wir mit den inzwischen erzielten Resultaten vor Augen überhaupt noch erwarten, daß Marx' Theorie der proletarischen Revolution die Transformation der Gesellschaft im Sinne des Modells der personalen Vergesellschaftung aufzeigen kann (vgl. oben § 11)? Denn wenn das Defizit an politischer Theorie nicht nur das antizipierte revolutionäre Resultat (vgl. oben § 8), sondern auch die Emanzipationstheorie im Medium einer Ideologiekritik gefährdet (vgl. oben §§ 12, 13), wäre es überraschend, wenn davon die Theorie des revolutionären Subjekts und der revolutionären Umwälzung verschont bleiben oder sich gar zeigen sollte, daß auf dieser Ebene der Theorie die bloßgelegten systematischen Mängel behoben werden können.

Nach der Seite des revolutionären Subjekts läßt sich diese Skepsis bestimmter in die Frage fassen, wie es eigentlich mit einer Theorie des sozialen und politischen Handelns bei Marx bestellt ist, an der sich die Hoffnung auf eine proletarische Revolution in der Perspektive der personalen Vergesellschaftung zu verobjektivieren hätte. Hierin liegt keine abstrakte Theorie-Anforderung. Vielmehr legt sich diese Frage zwingend nahe, wenn wir uns daran erinnern, daß weder der politische Aktionsraum der bürgerlich-kapitalistischen Gesellschaft als solcher, noch der soziale Aktionsraum im Rahmen des Lohnarbeit-Kapital-Verhältnisses eine deterministische Verkürzung auf das gegenständliche Schema des Tauschs erlauben (vgl. oben §§ 12, 9) und daher die Bedingungen und Perspektiven der sozialen und politischen Aktion des Proletariats einer eigenen Klärung bedürfen. Das systematische Desiderat einer entsprechenden Theorie des sozialen und politischen Handelns ist damit vorgezeichnet. Fragt sich nur, ob Marx ihm gerecht wird.

Hierzu steht in engster Verbindung das Problem, wie die Konzeption der revolutionären Umwälzung selbst spezifischer zu bestimmen ist. Denn als proletarische hängt diese ja an Bedingungen des sozialen und politischen Handelns des Proletariats und ist somit direkt abhängig von der gesuchten Theorie. Objektiv abhängig ist sie aber auch vom revolutionären Ziel der personalen Vergesellschaftung und den Rahmenbedingungen der bürgerlich-kapitalistischen Gesellschaft, beides Abhängigkeiten, die ihrerseits der subjektiven Aneignung durch das Proletariat bedürfen. Wenn wir nun aber feststellen müssen, daß Marx diese Abhängigkeiten für sich genommen noch nicht einmal theoretisch in den Griff bekommen hat und wenn wir außerdem hieraus schon negative Auswirkungen für eine Theorie des sozialen und politischen Handelns zu erwarten haben, müssen wir dann nicht auch befürchten, daß die Konzeption der revolutionären Umwälzung nur neue ungelöste Probleme schafft?

Ich möchte zunächst klären, inwiefern diese vorab formulierbare Skepsis berechtigt ist und inwieweit sich damit die bisherigen kritischen Resultate bestätigen und ergänzen lassen. Neben diesem abschließenden Test sollte jedoch der Versuch stehen, das Problem der Revolution aus den Schwierigkeiten der Marxschen Theorie so zu rekonstruieren, daß es als Problem erhalten bleibt.

Die Bestandsaufnahme zu Marx' Theorie des Proletariats und der Revolution ist schon dadurch vorgezeichnet, daß wir inzwischen einerseits die Strukturmerkmale der bürgerlich-kapitalistischen Gesellschaft kennen, denen sie Rechnung tragen müßte und andererseits über ein ausdifferenziertes Bild der Marxschen Utopie verfügen, das ihren perspektivischen Bezugspunkt abzugeben hätte. Da diese Voraussetzungen ihrerseits erst in kritischer Rekonstruktion zu explizieren waren und ständig in Gefahr standen, von anderen Theorie-Stücken überlagert zu werden, ist daher von vornherein die Frage zu stellen, welche Elemente der Marxschen Theorie des Proletariats und der Revolution mit den folgenden essentiellen Rahmenbedingungen verträglich sind und welche nicht:

Erstens der Utopie im Sinne des optimal-interaktiven Modells der personalen Vergesellschaftung, die beinhaltet, daß

– das gegenständliche Schema des geldvermittelten Warentauschs ersetzt wird durch ein gesamtgesellschaftliches Schema der Interaktion und

- die materielle Produktion in eine antiautoritäre Kooperationsform eingebunden wird, innerhalb derer sich die Emanzipation der Arbeit im Spannungsverhältnis zwischen technischer
und interaktiver Rationalität selbstbestimmt vollziehen kann
(vgl. oben §§ 7, 8).

Zweitens der kapitalistischen Tauschgesellschaft, die gekennzeichnet ist

- durch die Tausch-Arbeit-Beziehung als Grundlage des gegenständlichen Schemas des Tauschs,
- durch das Lohnarbeit-Kapital-Verhältnis als Grundlage der
Tausch-Arbeit-Beziehung,
- durch die damit gegebene soziale Asymmetrie, die sich
bestimmt aus dem Gegensatz zwischen dem kapitalistischen
Mehr(-tausch)wertprinzip und dem Arbeits(-tausch)wertin-
teresse des Arbeiters, das seinerseits auf eine herrschaftstechnische Organisation der Produktion stößt (vgl. oben §§ 4, 6,
9).

Drittens der Verbindung von kapitalistischer Tauschgesellschaft
und bürgerlicher Demokratie, für die charakteristisch ist, daß sie

- eine duale Einheit aus dem sozioökonomischen Schema der
kapitalistischen Tauschgesellschaft und dem politisch-interaktiven Schema demokratischer Institutionen (Parlament, Wahlrecht) darstellt (vgl. oben §§ 12, 13), wodurch
- die bürgerliche Demokratie ihrerseits ein Institutionalisierungsdilemma zwischen bürgerlicher Herrschaftsform und
politischer Emanzipation repräsentiert, das der Differenz zwischen der konservativen und utopisch-emanzipatorischen
Funktion der Prinzipien von Gleichheit und Freiheit entspricht.

In diesen Rahmenbedingungen können wir die Zusammenfassung der positiven Aspekte sehen, die sich aus der Marxschen

Theorie gewinnen oder entwickeln lassen und die auch über Marx hinaus Relevanz für die Frage beanspruchen dürfen, wie die Emanzipation der bürgerlich-kapitalistischen Gesellschaft zu denken sei.[27] Doch gerade vor diesem Hintergrund treten auch deutlich die schwachen Stellen hervor, die sich faktisch in der Theorie von Marx finden.

Beginnen wir mit der unproblematischen systematischen Ortsbestimmung des Proletariats nach den bisher vorliegenden Anhaltspunkten. Gemäß den soeben erinnerten Bedingungen der kapitalistischen Tauschgesellschaft bestehen diese darin, daß wir das Proletariat als die Klasse der Lohnarbeiter anzusehen haben, deren Arbeitskraft von den Kapitalisten angekauft wird, um im Zuge der Produktion von Waren jenen Mehrtauschwert zu erzielen, der als das treibende Motiv anzusehen ist, das die Bourgeoisie als Klasse der Kapitalisten vereint (vgl. oben § 9). Proletariat und Bourgeoisie sind so zunächst nichts anderes als die in Begriffe von sozialen Klassen übersetzten Gegenpole des Lohnarbeit-Kapital-Verhältnisses. Da die soziale Asymmetrie dieses Verhältnisses ihrerseits die technische und hierarchische Organisation der materiellen Produktion bestimmt, läßt sich von einer doppelten strukturellen Unterdrückung des Proletariats als Klassen- und Arbeitssubjekt sprechen.

Daraus ergibt sich auf der einen Seite die Frage, wie diese strukturelle Unterdrückung vom Proletariat als Subjekt erfahren und umgesetzt wird und wie diese Erfahrung andererseits zu beziehen ist auf das Handlungsziel der Utopie und die Auseinandersetzung mit der bürgerlichen Demokratie, zu der sich das Proletariat zugleich als politisches Subjekt verhalten muß. Hieraus wiederum resultiert die Frage, wie die Konstitution des Proletariats als eines *revolutionären* Subjekts in Anbetracht dieser verschiedenen Dimensionen seines Handelns sich vollziehen kann.

Wenn wir aus dem kritischen Gang der bisherigen Untersuchung diese Fragen ernst zu nehmen suchen, dann zeigt sich, daß eine starke, ja die dominierende Variante der Marxschen Theorie,

---

[27] Vgl. vor dem Hintergrund der angeführten Bestimmungen z. B. Giddens 1979, Kap. 7, 8, 15.

eine geschichtsdeterministische Antwort bereithält, in der sich die Frage nach dem revolutionären Subjekt von selbst löst, weil das Ende des Kapitalismus immer schon verbürgt ist:

„... Hand in Hand mit dieser Zentralisation oder der Expropriation vieler Kapitalisten durch wenige entwikkelt sich die kooperative Form des Arbeitsprozesses auf stets wachsender Stufenleiter, die bewußte technische Anwendung der Wissenschaft, die planmäßige Ausbeutung der Erde, die Verwandlung der Arbeitsmittel in nur gemeinsam verwendbare Arbeitsmittel, die Ökonomisierung aller Produktionsmittel durch ihren Gebrauch als Produktionsmittel kombinierter, gesellschaftlicher Arbeit, die Verschlingung aller Völker in das Netz des Weltmarktes, und damit der internationale Charakter des kapitalistischen Regimes. Mit der beständig abnehmenden Zahl der Kapitalmagnaten, welche alle Vorteile dieses Umwandlungsprozesses usurpieren und monopolisieren, wächst die Masse des Elends, des Drucks, der Knechtschaft, der Entartung, der Ausbeutung, aber auch die Empörung der stets anschwellenden und durch den Mechanismus des kapitalistischen Produktionsprozesses selbst geschulten, vereinten und organisierten Arbeiterklasse. Das Kapitalmonopol wird zur Fessel der Produktionsweise, die mit und unter ihm aufgeblüht ist... Sie wird gesprengt. Die Stunde des kapitalistischen Privateigentums schlägt. Die Expropriateurs werden expropriiert.
Die aus der kapitalistischen Produktionsweise hervorgehende kapitalistische Aneignungsweise, daher das kapitalistische Privateigentum, ist die erste Negation des individuellen, auf eigne Arbeit gegründeten Privateigentums. Aber die kapitalistische Produktion erzeugt mit der Notwendigkeit eines Naturprozesses ihre eigne Negation. Es ist Negation der Negation." (MEW 23, S. 790 f.)

Hier begegnet uns eine deutlich von Hegel inspirierte Globalsicht der geschichtlichen Entwicklung (vgl. insbes. Sieferle

1979), die in der Gewißheit des kapitalistischen Untergangs der Aufgabe enthoben ist, der Konstitution des Proletariats als eines revolutionären Subjekts weiter nachzugehen. Die Geschichte treibt auf das Ende der kapitalistischen Produktionsweise zu, aus der heraus geradezu automatisch das Proletariat als ihr eigener „Totengräber" (MEW 4, S. 474) erwächst. Und so ist auch „die soziale Umgestaltung, die die Arbeiterklasse anstrebt, das notwendige, historische, unvermeidliche Erzeugnis des bestehenden Systems selbst" (MEW 17, S. 562), das sie im „vollen Bewußtsein ihrer geschichtlichen Sendung und mit dem Heldenentschluß ihrer würdig zu handeln" (MEW 17, S. 343) unter Aufbietung „herkulischer Kraft" (MEW 17, S. 554) freisetzt. Selbstverständlich ist dabei die „Eroberung der politischen Gewalt durch die Arbeiterklasse" genauso „unvermeidlich" (MEW 23, S. 512) wie die „Diktatur des Proletariats" als „notwendiger Durchgangspunkt zur Abschaffung der Klassenunterschiede überhaupt" (MEW 7, S. 89; vgl. MEW 19, S. 28).

So wie sozusagen der „Weltgeist" des Kapitalismus bedarf, um seinen Gang auf eine höhere Stufe zu heben und zu vollenden, so bedarf er des Proletariats als seines Agenten, der den geschichtlichen Auftrag ausführt. Der Text des Auftrags ist seinerseits schon im Schoß der Geschichte vorhanden, die auch bereits das geeignete Mittel seiner Erledigung für die erste Etappe an die Hand gibt, nämlich die politische Machtergreifung der Arbeiterklasse. Von da aus, soviel ist auch schon sicher, kann der nächste Schritt nur die Erfüllung der Geschichte durch die klassenlose Gesellschaft sein.

Ein solcher Geschichtsdeterminismus mit seiner „Weltgeisttheorie des Proletariats" (Meyer 1973, S. 197 ff.) erscheint natürlich spekulativ, doch ist er im Hinblick auf diejenigen Teile der Marxschen Theorie sehr aufschlußreich, die wir oben als Technizismus, Szientismus und Objektivismus (vgl. §§ 8, 9) sowie als gegenständlichen (Tausch-)Determinismus und Basis-Überbau-Reduktionismus (vgl. § 12) zu kritisieren hatten.[28] Denn diese

---

[28] Vgl. dazu unter dem Gesichtspunkt der Klassentheorie vor allem J. Cohen 1978.

fragwürdigen Theorie-Stücke sind allesamt verträglich mit der umrissenen spekulativen Geschichtskonstruktion und lassen sich ihrerseits als durch diese bedingt verstehen.

Sehen wir uns dazu das obige Zitat genauer an. Bezeichnenderweise tritt in der darin enthaltenen Version die kooperative Entwicklung der Arbeit ausschließlich unter dem Gesichtspunkt ihrer technischen Steigerung und gleichzeitigen Universalisierung auf, wie nicht zuletzt auch die Rede vom „Mechanismus des kapitalistischen Produktionsprozesses" zeigt. Die Differenz zwischen technischer und interaktiver Kooperation (vgl. oben § 7) kommt nicht in den Blick, genauso wenig wie die Schulung, Vereinigung und Organisation der Arbeiterklasse mit Rücksicht auf das Spannungsverhältnis zwischen technischer und interaktiver Rationalität thematisiert wird, um die Chancen zur Ausbildung des „interaktiven Gattungsvermögens" der Arbeiter relativ zum unmittelbaren Produktionsprozeß zu kennzeichnen. Statt dessen wird der strukturellen Unterdrückung des Proletariats eine Empirie des Elends und der Ausbeutung unterlegt, die ihrerseits auf sozialpsychologische Weise zur Annahme von wachsender Empörung führt, die das gewünschte Resultat der Geschichte zustande bringt.

Wenn wir uns dazu noch des naturgesetzlichen Verständnisses des „Wertgesetzes" und der zeitökonomischen Transparenznorm entsinnen (vgl. oben §§ 8, 9), die ja ihrerseits der „Zentralisation" der Kapitale und der „Monopolisierung" zugrundezulegen sind, dann wird deutlich, wie sich die einseitige technische Interpretation des Produktionsprozesses mit einem objektivistischen Verständnis der gesellschaftlichen Rolle des Proletariats auf „naturgesetzlicher Grundlage" zu einem Naturmechanismus der Befreiung zusammenschließt, dem seinerseits die szientistischen Insignien verliehen werden (vgl. MEW 23, S. 12, 25 ff.).

All das bekommt eine innere Konsequenz, wenn wir den spekulativen Geschichtsdeterminismus einmal unterstellen. Denn was liegt näher als das „System von Widersprüchen" in Richtung auf seine „Selbstzerstörung" (vgl. Fulda 1978, S. 194 f., 201 ff.) durch einen Naturmechanismus der Befreiung zu entfalten, nachdem die *Durchführung* der Spekulation nicht einfach mehr mit Hegelschen Mitteln möglich und der Zeitgeist von „positiver

Wissenschaft" erfüllt ist? Aus dieser Motivation läßt sich dann auch die hypertrophe Norm des Wertgesetzes und das hyperrationale Ideal der technischen Transparenz (vgl. oben § 9) interpretieren, das die Marxsche Utopie behindert.

Gleichfalls deutlich wird in dieser Perspektive, welch entscheidender systematischer Stellenwert für die Durchführung eines solchen Programms der These zukommen muß, die bürgerlich-kapitalistische Gesellschaft sei aus *einem* Determinationsschema in Gestalt des Warentauschs zu begreifen. Denn nur so könnte überhaupt plausibel werden, daß der unmittelbare Produktionsprozeß des Kapitalismus aus sich selbst heraus sowohl seine eigene „Fessel" als auch „Sprengung" hervorbringt.

Hierzu müßten wir freilich all das unterstellen, was sich inzwischen als unhaltbar erwiesen hat: daß das gegenständliche Tauschschema Arbeitskraft gegen Geld den sozialen Aktionsraum der Arbeiter völlig determiniert (vgl. oben § 9), und daß die gegenständliche Tauschsymmetrie als solche die politische Dimension des Kapitalismus konstituiert (vgl. oben § 12). Nur aufgrund dieser Unterstellungen wird überhaupt nachvollziehbar, wie Marx die Meinung haben kann, aus dem Produktionsprozeß heraus werde das Proletariat quasi mechanisch zur Verelendung und Revolte getrieben und nur so wird denkbar, daß die damit ihrerseits gegenständlich determinierte Revolution mit der Aufhebung des privatkapitalistisch gebundenen gegenständlichen Tauschschemas zugleich eine neue politische Form hervorzubringen hat, deren Funktion nur darin bestehen kann, für die endgültige Beseitigung des gegenständlichen Tauschschemas zu sorgen. Auch die postrevolutionäre politische Form (Diktatur des Proletariats) bleibt so, wenngleich ex negativo, gegenständlich determiniert. Dem Basis-Überbau-Reduktionismus und der Reflex-Theorie der Politik, die wir schon kennen (vgl. oben § 12), fügt sich so nahtlos eine Reflex-Theorie des Proletariats, der Revolution und der postrevolutionären politischen Form ein, die ihrerseits zu einem technisch-deterministisch verstandenen nicht-gegenständlichen Schema der Utopie paßt (vgl. oben § 8).

Abgesehen von dem zusätzlichen Verständnis für den inneren Zusammenhang der Marxschen Theorie, das der spekulative

Geschichtsdeterminismus damit eröffnet, ist andererseits klar, welche Konsequenz sich aus unserer Darstellung ergibt. Da sich der gegenständliche Determinismus in den angeführten entscheidenden Punkten als falsch erwiesen hat, wird natürlich auch der Geschichtsdeterminismus hinfällig, als dessen Realisierung er sich verstehen läßt. Gleichfalls unbrauchbar sind damit auch die deterministischen Auskünfte zur Konstitution des revolutionären Subjekts und zur Revolution. Im Hinblick auf die leitenden Rahmenbedingungen einer adäquaten Theorie des Proletariats und der Revolution widersprechen diese Auskünfte sowohl dem optimal-interaktiven Modell der Utopie als auch dem Proletariat als sozialem und politischem Subjekt relativ zur Struktur der kapitalistischen Tauschgesellschaft und ihrer dualen Einheit mit der bürgerlichen Demokratie. Der Naturmechanismus der Befreiung erweist sich als Karikatur von Freiheit.

Damit verlieren auch die differenzierteren Anstrengungen von Marx, die das Ende des Kapitalismus wissenschaftlich nachweisen wollen, in dem Maße an sachlichem Gewicht, in dem sie sich einer Forschungslogik des gegenständlichen Determinismus verdanken. Denn nur, wenn wir Kapitalismus und Post-Kapitalismus in einem deterministischen Rahmen denken, läßt sich die Erwartung begründen, daß ein objektiver Zusammenbruch des Kapitalismus – ausgesprochen im „Gesetz vom tendenziellen Fall der Profitrate" (MEW 25, Kap. 13) – und ein subjektiver Zusammenbruch durch das „absolute, allgemeine Gesetz der kapitalistischen Akkumulation" (MEW 23, Kap. 23) – den zwangsläufigen Umschlag (Negation der Negation) zugunsten einer emanzipierteren Gesellschaftsform hervorbringen: wenn das gegenständliche Tauschschema Arbeitskraft gegen Geld den Mehrtauschwert als Ziel der kapitalistischen Produktion (vgl. MEW 23, S. 647) nicht mehr hinreichend gewährleistet (Fall der Profitrate)[29] und wenn dieses Schema den Arbeitstauschwert als Ziel der unmittelbaren Produzenten in Gestalt des Proletariats

---

[29] Es ist für diesen Zusammenhang nicht nötig, auf die Begriffsbildungen einzugehen, die bei Marx im einzelnen zur Theorie der Profitrate führen (vgl. insbes. MEW 25, Kap. 1 ff., 8 ff.). Wie bereits gezeigt, wären diese preistheoretisch zu transformieren (vgl. oben § 9).

nicht mehr hinreichend garantiert (Verelendung), dann *muß* einfach ein neues nicht-gegenständliches Schema an die Stelle des Tauschs treten. Das Proletariat *muß* sich daher einfach erheben und eine neue Grundlage der Gesellschaft errichten. In diesem „muß" liegt der Sprung, der nur durch den gegenständlichen Determinismus und seine Reflex-Theorie der proletarischen Revolution geschlossen werden kann, *selbst wenn* wir einmal die Triftigkeit der Marxschen „Gesetze" unterstellen.

Sobald wir jedoch diese „Gesetze" von der unhaltbaren Generalprämisse des gegenständlichen Determinismus abtrennen und auch nur die Frage nach ihrer empirischen Geltung aufwerfen, bleibt von ihnen nicht mehr übrig als ihr Status als empirische Hypothesen, aus denen keineswegs eine eindeutige Interpretation des sozialen und politischen Handelns des Proletariats im Sinne einer gesamtgesellschaftlichen Revolution hervorgeht, geschweige denn, daß klar wäre, wohin eine solche Revolution führt. Alles, was diese „Gesetze" leisten können, ist die Formulierung von empirischen Rahmenbedingungen der Revolution. Dies bedeutet zugleich, daß wir für die Frage nach der Konstitution des revolutionären Subjekts das „Gesetz" vom Fall der Profitrate beiseite lassen können. Denn durch dieses wird der Bestimmung der strukturellen Unterdrückung des Proletariats unter Bedingungen der kapitalistischen Tauschgesellschaft nichts hinzugefügt. Was vielmehr allein interessiert, ist der Aspekt der objektiven Auflösung dieser Tauschgesellschaft. Für die Auflösung der Gesellschaft *durch* das Proletariat ist jedoch immer schon dessen Konstitution zum revolutionären Subjekt vorausgesetzt. Auf dieses Konstitutionsproblem jedoch suchen wir noch immer eine Antwort, die uns, wie gezeigt, nur ein gegenständlicher Determinismus ersparen könnte.

Frei von einem solchen Determinismus kann daher auch die Marxsche Verelendungs- und Beschäftigungstheorie nur noch unter dem Gesichtspunkt Relevanz beanspruchen, inwiefern sie als empirische Spezifizierung der strukturellen Unterdrückung des Proletariats die Konstitution des revolutionären Subjekts überzeugend machen kann. Wenn wir uns dazu einiger schon geklärter Tatbestände erinnern, so ist zunächst einmal sicher, daß Marx gar keine absolute Verelendungstheorie vertreten kann. Nach seiner eigenen Theorie vom Wert der Ware Arbeitskraft darf ja dieser Wert gerade nicht auf das Existenzminimum sinken, das wir als einzig klares Kriterium für eine absolute Verelendung hätten (vgl. oben § 9).[30] Außerdem wäre der Zustand der absoluten Verelendung der Zustand der völligen Verdinglichung des Proletariats in dem Sinne, daß es von den Kapitalisten völlig beherrscht würde und quasi wie ein Ding manipuliert werden könnte (vgl. ebd.). Die Kapitalisten hätten in diesem Fall den aufgrund des Lohnarbeit-Kapital-Verhältnisses bestehenden sozialen Konflikt faktisch zu einem Extrem getrieben, dem die Stagnation der sozialen Handlungsfähigkeit des Proletariats entspräche.

Bei aller „Empörung" auf seiten des Proletariats wäre in dieser Situation nicht zu sehen, wie soziale und politische Aktionen entstehen sollten, die über eine Verbesserung der unmittelbaren sozialen Lage hinaus das Proletariat dazu befähigen könnten, die Initiative zu einer revolutionären Umwälzung der Gesellschaft zu ergreifen. Das Proletariat, das durch absolutes Elend sich zur Revolte empört, ist noch nicht zwangsläufig das revolutionäre Subjekt, das den Startschuß zu einer gesellschaftlichen Umwälzung gibt. Dieses Subjekt wäre es nur dann, wenn wir ein sozialpsychologisches Prinzip zugrunde legen dürften, das den Umschlag von der absoluten Verelendung zur revolutionären Tat verbürgen könnte.

Damit ist nun aber zugleich eine Schwierigkeit bezeichnet, die sich auch dann ergibt, wenn wir Marx keine absolute Verelendungstheorie in der umrissenen Weise zurechnen,[31] sondern die Verelendung im Rahmen seiner Beschäftigungstheorie sehen, die ihrerseits auf einer Theorie der strukturellen Entwicklung des Kapitalismus beruht. Hierzu eine Zusammenfassung in Marx' eigenen Worten:

> „... der wachsende Größenumfang der Produktionsmittel im Vergleich zu der ihnen einverleibten Arbeitskraft

---

[30] Vgl. Rosdolsky 1972, Bd. 2, S. 351 ff.
[31] Tatsächlich hat Marx eine solche in der Zeit vor dem „Kapital" vertreten (Sieferle 1979, Kap. 4, 5). Zu den Quellen bei Marx vgl. auch Wagner 1976, S. 13 ff.

drückt die wachsende Produktivität der Arbeit aus. Die Zunahme der letzteren erscheint also in der Abnahme der Arbeitsmasse verhältnismäßig zu der von ihr bewegten Masse von Produktionsmitteln, oder in der Größenabnahme des subjektiven Faktors des Arbeitsprozesses verglichen mit seinen objektiven Faktoren.

Diese Veränderung in der technischen Zusammensetzung des Kapitals... spiegelt sich wieder in seiner Wertzusammensetzung, in der Zunahme des konstanten Bestandteils des Kapitalwerts auf Kosten seines variablen Bestandteils..." (MEW 23, S. 651) „Mit dem Wachstum des Gesamtkapitals wächst zwar auch sein variabler Bestandteil, oder die ihm einverleibte Arbeitskraft, aber in beständig abnehmender Proportion... Die kapitalistische Akkumulation produziert... eine relative, d. h. für die mittleren Verwertungsbedürfnisse des Kapitals überschüssige... Zuschuß-Arbeiterbevölkerung..." (S. 658) „... eine disponible industrielle Reservearmee, die dem Kapital ganz so absolut gehört, als ob es sie auf seine eignen Kosten großgezüchtet hätte..." (S. 661) „Je größer aber diese Reservearmee im Verhältnis zur aktiven Arbeiterarmee, desto massenhafter die konsolidierte Überbevölkerung, deren Elend im umgekehrten Verhältnis zu ihrer Arbeitsqual steht. Je größer endlich die Lazarusschicht der Arbeiterklasse und die industrielle Reservearmee, desto größer der offizielle Pauperismus. *Dies ist das absolute, allgemeine Gesetz der kapitalistischen Akkumulation.*" (S. 673 f.) „Es bedingt eine der Akkumulation von Kapital entsprechende Akkumulation von Elend... Arbeitsqual, Sklaverei, Unwissenheit, Brutalisierung und moralische Degradation auf dem Gegenpol, d. h. auf Seite der Klasse, die ihr eignes Produkt als Kapital produziert." (S. 675)

So modifiziert sich damit die Verelendungstheorie im Rahmen der Beschäftigungstheorie ausnimmt, so wenig ergeben sich daraus Anhaltspunkte, die uns den sozialpsychologischen Kurzschluß vom verelendeten zum revolutionären Subjekt begreiflich machen könnten. Im Gegenteil entsteht eine zusätzliche Schwierigkeit daraus, daß sich nun die strukturelle Unterdrückung, die der Kapitalismus erzeugt, aufteilt in Hinsicht auf eine passive und aktive „Arbeiterarmee", wobei die letztere ihrerseits hierarchisch gegliedert zu denken ist („Lazarusschicht" – „Arbeiter-Aristokratie", vgl. MEW 23, S. 697). Dabei kennzeichnet Marx die unbeschäftigten Arbeiter, die „Reservearmee", auf eine Weise, die nur den Schluß auf absolute Verelendung zuläßt, denn diese Gruppe ist so „disponibel" wie sie nur unter völliger Verdinglichung sein kann.

Für diese Gruppe wiederholt sich also das Umschlagproblem vom Elend zur revolutionären Tat, das soeben zu konstatieren war. Dies aber zeigt, daß für den beschäftigten Teil der Arbeiterklasse der Zusammenhang von Unterdrückung und revolutionärer Aktion so ungeklärt bleibt wie der Zusammenhang zwischen den unterschiedlichen Schichten der Arbeiter im Hinblick auf unterschiedliche Grade der Verelendung und entsprechende gemeinsame Aktionen. Eine solche Unterlassung wäre nur dann zu rechtfertigen, wenn angenommen werden könnte, früher oder später werde sowieso die ganze Arbeiterklasse in dem Zustand sein, in dem sich vorerst die industrielle Reservearmee befindet. Doch dies bedeutet in anderen Worten bereits den objektiven Zusammenbruch des Kapitalismus in Termini einer absoluten Arbeitslosigkeit. Da jedoch der objektive Zusammenbruch noch die durch ihn wiederbelebbare absolute Verelendung die Konstitution als revolutionäres Subjekt nachvollziehbar macht, sind wir so weit wie zuvor.

Was folgt daraus? Daß sich die Idee der proletarischen Revolution nur dann sinnvoll weiterverfolgen läßt, wenn wir ein proletarisches Subjekt unterstellen, das zwar einerseits der strukturellen Unterdrückung als Klassen- und Arbeitssubjekt ausgesetzt ist, das aber andererseits nicht durch Verelendung so depraviert wurde, daß seine soziale und politische Handlungsfähigkeit sich auf einem Nullpunkt befinden.[32] Dies bedeutet

---

[32] Im übrigen spricht die empirische Falsifikation der Verelendungstheorie für die hier gegebene Problematisierung.

nicht, daß es keinen Sinn mehr machen würde, von materieller und geistiger Not des Proletariats im Rahmen einer „industriellen Pathologie" (MEW 23, S. 384) zu sprechen und daraus resultierende Antriebe des proletarischen Protests und der Empörung aus dem Blick zu verlieren. Es bedeutet aber, daß eine *Theorie* der Verelendung die Konstitution zum revolutionären Subjekt nicht verständlich machen kann, es sei denn, ihr würde von neuem die Prämisse des gegenständlichen Determinismus oder ein sozialpsychologisches Umschlagprinzip unterschoben. Hieraus ergibt sich ein negatives Zwischenresultat zur Frage nach einer Theorie des sozialen und politischen Handelns bei Marx. Denn so lange der gegenständliche Determinismus und die fragwürdige Sozialpsychologie der Verelendung leitend bleiben, kann das Handeln des Proletariats bestenfalls als strategisches Handeln im Dienst der Geschichte oder als spontaner Reflex auf Verelendung (bzw. objektiven Zusammenbruch) begriffen werden. Dies führt auf die Paradoxie, daß sich das Proletariat als selbstbestimmtes Subjekt verleugnen muß, um sich als revolutionäres Subjekt konstituieren zu können. Der Bestimmung des Proletariats entzogen ist ja, weil gegenständlich determiniert, der Gang der Geschichte. Es handelt daher strategisch im Sinne eines ausführenden Organs. Der Bestimmung des Proletariats gleichfalls entzogen ist der Umschlag zur revolutionären Tat, weil dieser durch Verelendung ausgelöst wird. Das Proletariat scheint daher in der Tat aus solchen „Helden" bestehen zu müssen, die – subjektlosen Übermenschen gleich – nur noch als „Gesendete", nicht mehr aber als wirkliche Menschen existieren.

Was sind die Konsequenzen, die aus diesem Resultat und seinen fehlerhaften theoretischen Voraussetzungen zu ziehen sind? Zunächst einmal gilt es explizit herauszuheben, ein wie anspruchsvoll ausgestattetes Subjekt das Proletariat eigentlich sein muß, um die Befähigung zur Revolution zu haben. Dies zeigt sich sowohl im Kontrast zur unbrauchbaren Theorie der Verelendung als auch an dem mit ihr auf dubiose Weise verbundenen Heroismus, der gleichwohl einen Beleg für die hohen Ansprüche darstellt, denen das Proletariat gerecht werden soll. Genau besehen läßt sich diese Feststellung schon an den Rahmenbedingungen ablesen, die wir eingangs als Leitfaden zu konstatieren hatten, weil diese bereits implizite Ansprüche an das revolutionäre Subjekt formulieren. Was nach der inzwischen vollzogenen Kritik jedoch besonders kraß hervortritt, ist der Umstand, daß es ein völliges Rätsel bleibt, wie das Proletariat in der Lage sein soll, sich zur Utopie im Sinne des optimal-interaktiven Modells sowohl seinem Bewußtsein wie seinem Handeln nach positiv zu verhalten. Dies kann nicht anders sein, denn zwischen strategischem Handeln und spontanem Reflex fällt bislang diejenige Dimension des Handelns völlig aus, die für ein Modell der personalen Vergesellschaftung von größtem Interesse sein muß, das personalorientierte, interaktive Handeln. Der gegenständliche Determinismus und das sozialpsychologische Umschlagprinzip negieren so die systematisch entscheidende Frage nach der Konstitution des revolutionären Subjekts aus Dimensionen des interaktiven Handelns, die verbunden sind mit den spezifischen Bedingungen des Proletariats als eines Klassensubjekts, eines Arbeitssubjekts und eines politischen Subjekts.

Nachdem wir uns dieser Frage durch Kritik und erneute Reflexion auf unsere Rahmenbedingungen versichert haben, fällt es auch nicht schwer zu sehen, daß sich bei Marx Bestimmungen des Proletariats finden, die in Einklang mit unserer Frage stehen. Hierbei handelt es sich im Grunde um alle jene Bestimmungen, in denen Marx die Stichworte der „Schulung", „Vereinigung" und „Organisation" des Proletariats in Richtung auf einen offenen Prozeß der Konstituierung des revolutionären Subjekts umsetzt, der ohne Reflexion auf Dimensionen des interaktiven Handelns nicht auskommt:

> „Die ersten Versuche der Arbeiter, *sich* untereinander zu *assoziieren*, nehmen stets die Form von Koalitionen an.
> Die Großindustrie bringt eine Menge einander unbekannter Leute an einem Ort zusammen. Die Konkurrenz spaltet sie in ihren Interessen; aber die Aufrechterhaltung des Lohnes, dieses gemeinsame Interesse gegenüber ihrem Meister, vereinigt sie in einem gemeinsamen Gedanken des Widerstands – *Koalition*. So hat die Koalition stets

einen doppelten Zweck, den, die Konkurrenz der Arbeiter unter sich aufzuheben, um dem Kapitalismus eine allgemeine Konkurrenz machen zu können. Wenn der erste Zweck des Widerstandes nur die Aufrechterhaltung der Löhne war, so formieren sich die anfangs isolierten Koalitionen in dem Maß, wie die Kapitalisten ihrerseits sich behufs der Repression vereinigen zu Gruppen, und gegenüber dem stets vereinigten Kapital wird die Aufrechterhaltung der Assoziationen notwendiger für sie als die des Lohnes... In diesem Kampfe – ein veritabler Bürgerkrieg – vereinigen und entwickeln sich alle Elemente für eine kommende Schlacht. Einmal auf diesem Punkte angelangt, nimmt die Koalition einen politischen Charakter an.

Die ökonomischen Verhältnisse haben zuerst die Masse der Bevölkerung in Arbeiter verwandelt. Die Herrschaft des Kapitals hat für diese Masse eine gemeinsame Situation, gemeinsame Interessen geschaffen. So ist diese Masse bereits eine Klasse gegenüber dem Kapital, aber noch nicht für sich selbst. In dem Kampf, den wir... gekennzeichnet haben, findet sich diese Masse zusammen, konstituiert sich als Klasse für sich selbst. Die Interessen... werden Klasseninteressen. Aber der Kampf von Klasse gegen Klasse ist ein politischer Kampf." (MEW 4, S. 180 f.)

Hier wird ein Prozeß beschrieben, in dem das Proletariat über Akte der Selbstbestimmung sich zu einem Subjekt „konstituiert" – und bezeichnenderweise fällt auch dieses Wort – von dem es nicht mehr abwegig wird, ihm mögliches revolutionäres Handeln zu unterstellen. Das Proletariat ist in der Lage, den durch das Lohnarbeit-Kapital-Verhältnis vorgegebenen sozialen Konfliktraum aktiv auszufüllen, indem es zunächst zum Zweck des Lohnkampfs gemeinsam handelt. Dieser Zweck macht die Überwindung der „Konkurrenz der Arbeiter unter sich" plausibel und definiert zugleich eine Ebene der Auseinandersetzung, die noch innerhalb der Orientierung des gegenständlichen Tauschschemas Geld-(Lohn) gegen Arbeitskraft verbleibt.

Aber andererseits kann die so etablierte Gemeinsamkeit die Voraussetzung dafür abgeben, daß das Proletariat sich als mögliches Subjekt der gesellschaftlichen Veränderung entdeckt. Ausdruck dafür sind Prozesse der Selbst-Verständigung, die sich in Selbst-Assoziationen niederschlagen. Diese Assoziationen übersteigen in dem Maße die Ebene des Lohnkampfs, in dem sie sich nicht mehr nur dem Interesse verdanken, sich innerhalb des gegebenen gegenständlichen Schemas zu behaupten, sondern außerhalb des Zwanges, der durch dieses Schema ausgeübt wird, die Entwicklung zu so etwas wie einer selbstbestimmten Identität einzuleiten.

Welche Orientierung aber kommt für eine solche Entwicklung in Frage, die sich nicht mehr nur einer tauschgegenständlich umgrenzten pseudo-interaktiven Dimension des sozialen Konflikts verdankt (vgl. insbes. oben § 12)? Nur mehr eine solche, die es erlaubt, die proletarische Identität außerhalb des Tauschschemas im Sinne einer gesellschaftlichen Handlungsfähigkeit auszubilden, die ihm als einem nicht mehr gegenständlich eingeschränkten Klassensubjekt gemäß ist. Das aber bedeutet, daß diese gegenständliche Entgrenzung des Proletariats sich nur vollziehen kann unter einem Selbstverständnis, das in der Lage ist, die Abhängigkeit des Proletariats vom Lohnarbeit-Kapital-Verhältnis, das die gegenständliche Tauschstruktur des Lohnkonflikts bestimmt, grundsätzlich in Frage zu stellen. Das emanzipatorische Selbstverständnis muß sich daher *als politisches* konstituieren, weil nur so der sozialen Asymmetrie des Lohnarbeit-Kapital-Verhältnisses eine Alternative gegenüber gestellt werden kann, die zur Aufhebung dieses Verhältnisses und damit zur Beendigung der gegenständlichen Einschränkung des Proletariats führen kann.

Warum nur politisch? Spätestens an diesem Punkt gilt es, die soweit getriebene Marx-Extrapolation – der es im übrigen an weiteren Quellen nicht mangelt[33] – zu verbinden mit unserer

---

[33] Vgl. insbes. Meyer 1973, S. 205 f., 233 ff. So treffend Sieferle 1979 den dominanten Grundzug bei Marx herausgearbeitet hat, so fruchtbar bleibt Meyers „Zwiespalt der Marxschen Emanzipationstheorie" unter systematischer Perspektive.

Marx-Kritik im Hinblick auf die emanzipatorische Funktion der politischen Prinzipien von Gleichheit und Freiheit (vgl. oben § 12). Denn so sehr Marx den politischen Charakter betont, den die Auseinandersetzung annimmt, sobald das Proletariat zur Klasse „für sich" geworden ist, so viel besser können wir inzwischen erklären, warum dies so ist, und welche Konsequenzen sich daraus nahelegen.

Nur die emanzipatorische Funktion der Prinzipien von Gleichheit und Freiheit leistet nämlich jene unabdingbare *gegenständliche Entgrenzung*, die dem Emanzipationsinteresse des Proletariats in Richtung auf umfassende symmetrische Sozialbeziehungen einschließlich der Produktionsbeziehungen Genüge tut. Nur durch jene interaktiv-politischen Prinzipien hindurch sind also die politischen Forderungen konstituiert, die dem Proletariat als sich selbst emanzipierender Klasse entsprechen und die den politischen Machtkampf zwischen den Klassen bestimmen. Daraus folgt, daß die Konstitution des Proletariats zum revolutionären Subjekt primär aus der Dimension seines möglichen interaktiv-politischen Handelns zu denken ist. Nur aus dieser Dimension heraus wird auch der Schritt zur Realisierung des optimal-interaktiven Modells verständlich, weil sich das für dieses unverzichtbare utopische Bewußtsein derselben Dimension verdankt.

Wie aber könnte sich dieser Schritt vollziehen, nachdem einmal die Selbst-Assoziation des Proletariats unter politischen Vorzeichen stattgefunden hat? Dadurch, daß das Proletariat seine Organisation bezieht auf das interaktiv-politische Schema, das bereits aus dem Institutionalisierungsdilemma der bürgerlichen Demokratie hervorgegangen ist (vgl. oben § 13) und sich im Parlament und allgemeinen Wahlrecht niedergeschlagen hat, jedenfalls dann, wenn wir den liberalen Idealtypus voraussetzen. Das Proletariat kann sich so die schon bestehende gesamtgesellschaftliche interaktive Vermittlungsform aneignen, um den Versuch zu machen, das emanzipatorische Potential der Prinzipien von Gleichheit und Freiheit gegen ihre konservative Restriktion auf die bestehenden Verhältnisse zu wenden. Umgekehrt wird daran deutlich, daß das Institutionalisierungsdilemma der bürgerlichen Demokratie dem Proletariat bereits den Weg der

Emanzipation weist, der über die gegenständliche Beschränkung des Lohnkonflikts hinausführt.

Wir haben so in der Tat „alle Elemente für eine kommende Schlacht" beisammen, wenn wir Emanzipation und mögliche Revolution aus der politischen Dimension begreifen. Ausdruck dafür ist, daß sich ein naheliegendes Modell der Revolution als politischer Emanzipation formulieren läßt, das sich der Struktur nach auch bei Marx findet, selbst wenn es mit den uns schon geläufigen Mängeln behaftet ist. Denn nun liegt auf der Hand, daß das Proletariat über die Erringung der politischen Macht den gesellschaftlichen Transformationsprozeß zum optimal-interaktiven Modell einleiten könnte. Die Parole lautet daher bei Marx:

„Die ökonomische Emanzipation der Arbeiterklasse durch die Eroberung der politischen Macht." (MEW 17, S. 641)

Der Struktur nach ist diese Konzeption genauso unabhängig von einem Geschichtsdeterminismus diskutierbar wie unabhängig von ihren unterschiedlichen Varianten des Wegs zur Macht. Faktisch hat Marx zwischen der Idee eines gewaltsamen Umsturzes (auch durch eine Minderheit) und der Möglichkeit eines eher friedlichen Übergangs mit Hilfe des allgemeinen Wahlrechts geschwankt (vgl. Sieferle 1979, Kap. 2). Hieran zeigt sich außerdem, daß das Modell der politischen Machtergreifung noch keine prinzipielle Antwort auf das Problem der revolutionären Gewalt enthält. Aus gutem Grund, denn es ist schwer zu sehen, wie eine solche Antwort ohne Berücksichtigung konkreter Umstände aussehen sollte.

Halten wir uns also an das, was hier prinzipiell zu diskutieren und argumentativ zu entscheiden ist. Dann muß zunächst einmal klar sein, daß Marx' Konzeption der politischen Machtergreifung des Proletariats insofern zwingend erscheint, als ja, wie wir gesehen haben, das Proletariat sich als Emanzipationssubjekt nur politisch konstituieren kann und von daher auch evident wird, daß es sich des interaktiv-politischen Schemas zu bedienen sucht, das auf gesamtgesellschaftlicher Ebene institutionalisiert vorliegt (Parlament, Wahlrecht).

Doch so wohlbegründet sich damit die politische Dimension als Emanzipationsperspektive des Proletariats eröffnet, so wenig überzeugend wird dadurch die Beschränkung dieser Perspektive auf das Proletariat allein. Denn die Konstitution des Emanzipationssubjekts ist nicht notwendig auf die Arbeiterklasse beschränkt, wenn sie sich nur *als politische* unter der programmatischen Forderung umfassender symmetrischer Sozialbeziehungen vollziehen kann. Dies ändert nichts an der zentralen Stellung der Arbeiterklasse in der unmittelbaren Produktion und ihrer Relevanz für die Emanzipation der Arbeit selbst, doch aus dieser „objektiven Stellung" folgt nicht die ausschließliche Befähigung zum Emanzipationssubjekt.[34] Auf der anderen Seite bedeutet dies, daß wenn die politische Konstitution der Emanzipationssubjekte nicht zugleich einen wesentlichen Teil der proletarischen Subjekte erfaßt, zumindest die Transformation der Gesellschaft im Sinne des optimal-interaktiven Modells hinfällig wird. Wenn wir jedoch nun weiter fragen, wie sich dieses Modell realisieren lassen könnte, so bietet sich – die revolutionären Subjekte einmal vorausgesetzt – eine Konzeption an, in der die politische Emanzipation die ökonomische Emanzipation umgreift. Denn in dem Maße, in dem es einer Emanzipationsbewegung (einschließlich, aber nicht ausschließlich nur des Proletariats) gelingt, sich auf der Ebene der gesamtgesellschaftlichen Vermittlung als politischer Machtfaktor zu artikulieren (Öffentlichkeit, außerparlamentarische Aktionen) und zu etablieren (Parlament, Wahl), in dem Maße wächst die Chance, daß die Forderung nach umfassenden symmetrischen Sozialbeziehungen auf die bislang noch immer als schein-interaktiv zu bestimmenden Ebenen des Sozial- und Produktionskampfs übergreifen kann (vgl. oben § 12). Weil die politischen Prinzipien die gegenständliche Entgrenzung zur Klassen- und Produktionsstruktur leisten können, deshalb können sie auch die Transformation der Gesellschaft in einen Typus nicht-gegenständlicher Vergesellschaftung anleiten, als dessen Verkörperung das optimal-interaktive Modell zu verstehen ist.

---

[34] Vgl. hierzu, freilich unter anderer Fragestellung, Wildt 1977, S. 219.

In Orientierung an der Leitfunktion dieser Prinzipien könnte daher die Emanzipationsbewegung die bürgerliche Demokratie als „Umwälzungsform" (vgl. oben § 13) freisetzen und sich komplementär zum Institutionalisierungsdilemma dieser Demokratie an die Abarbeitung ihres eigenen Emanzipationsdilemmas machen. Denn dieses scheint nun darin zu bestehen, daß der Versuch gestartet wird, die Schale der bürgerlichen Herrschaft in Gestalt entsprechender Staatsfunktionen abzuwerfen, aber jenen unverzichtbaren Kern zu bewahren, der als Grundschema interaktiver Rationalität auch Übergangs- und Lebensformen der sich befreienden Gesellschaft organisieren muß (vgl. oben § 13).

Doch nicht nur dies. Zugleich mit der gesellschaftlichen Scheidung von Herrschaft und Demokratie müßte ein Klärungsprozeß einsetzen, der das Modell der personalen Vergesellschaftung selbst insofern zum Thema hat, als bislang an einem zentralen Punkt noch völlige Unklarheit über die Möglichkeit der nichtgegenständlichen Vergesellschaftung besteht, die wir als Antithese zur Strukturbeschreibung des Kapitalismus gewonnen haben (vgl. nochmals oben § 7). So nachvollziehbar nämlich die Leistung der gegenständlichen Entgrenzung ist, die durch die politischen Prinzipien der Gleichheit und Freiheit gelingt, so offen ist, ob der durch sie konstituierte Emanzipationsprozeß nicht seinerseits an eine gegenständliche Grenze stößt, die das Postulat der personalen Vergesellschaftung nicht in seiner ganzen utopischen Fülle einlösbar macht.

Eine Grenze besteht sicher darin, daß selbst bei Auflösung der schein-interaktiven Dimensionen des Klassen- und Produktionskampfs zugunsten symmetrischer Produktionsbeziehungen im Sinne des optimal-interaktiven Modells eine Spanne zwischen technischer und interaktiver Rationalität bleibt, die als unaufhebbar erscheint, wenn sie auch ihrerseits durch ein Optimum an politischen Vermittlungen bis hin zur teilweisen Emanzipation von Arbeit überhaupt gestaltbar werden könnte (vgl. oben §§ 7, 8). Gleichwohl ist festzuhalten, daß eine solche technische Grenze der personalen Vergesellschaftung besteht.

Diese technische Grenze innerhalb der Produktion ist jedoch in Anbetracht des einmal unterstellten optimal-interaktiven Modells nicht so gravierend wie eine mögliche Grenze auf seiten der Distribution, für die das gegenständliche Schema des geldvermittelten Tauschs steht. Denn dieses Schema könnte selbst dann bestehen bleiben, wenn die Produktion sich in „Kooperativfabriken" (MEW 25, S. 456) oder „Arbeiterkooperativgemeinschaften" (MEW 17, S. 528) vollzieht *und wenn* ein gesamtgesellschaftliches Schema der Interaktion die politische Institutionalisierung bestimmt (vgl. insbes. Heinsohn/Steiger 1981).

Damit wiederholt sich auf anderer Ebene das Problem, inwiefern wir nicht auch die emanzipierte Gesellschaft aus der dualen Einheit zweier Schemata denken müssen (vgl. oben § 12), die nun freilich eine andere Gewichtsverteilung hätten. Leitend wäre das interaktiv-politische Schema, aufgrund dessen die sich emanzipierenden Subjekte eine gegenständliche Vermittlung der Distribution akzeptieren würden, die ihnen angesichts zweier gleich schlechter Alternativen als das geringere Übel erschiene, nämlich besser als ein technisches Planungs- oder ein politisch-bürokratisches Kontrollsystem. Die Entscheidung für eine solche gegenständliche Grenze der Idee der personalen Vergesellschaftung könnte ihnen dadurch leicht fallen, daß sie die Dominanz des gegenständlichen Tauschschemas ihrerseits politisch begrenzt hätten, z. B. durch eine absolut gleiche Entlohnung.[35]

Wenn wir in dieser Weise die „ökonomische Emanzipation" im Rahmen der politischen sozusagen laut weiter denken, wird nicht nur evident, daß Marx uns erneut mit einem völlig ungelösten Problem der personalen Vergesellschaftung zurückläßt. Es bestätigt sich auch endgültig, daß die Aufhebung der Politik in einer emanzipierten Ökonomie einen Grundirrtum darstellt und daß daher auch die Revolution nicht nur als ein transitorischer Prozeß der politisch-strategischen Machtergreifung gedacht werden kann, der sich hinterher wieder verflüchtigt (vgl. oben §§ 1, 8, 13).

Für die Frage nach dem revolutionären Subjekt unterstreicht diese theoretische wie praktische Unabgeschlossenheit der Emanzipationsperspektive, daß dieses Subjekt vor allem ein

---

[35] Vgl. etwa Castoriadis 1974, S. 18. Einmal abgesehen von seiner Skepsis stellt auch Hartmann 1970, Kap. X, 4, 5 durchaus die treffenden Fragen.

„enormes Bewußtsein" (vgl. Gr, S. 366) an politischem Handeln haben muß.[36] Das „interaktive Gattungsvermögen" (vgl. oben § 7), das es, ob proletarisch oder nicht, zu erwerben und zu bewahren hat, ist daher auf allen Ebenen der Gesellschaft – politisch. Die politische Kompetenz wird zur Bedingung sinnvollen sozialen Handelns. Die „Republik der Arbeit" (MEW 17, S. 554) ist daher wesentlich Republik, res publica, die sich keineswegs „nebenbei und von selbst" (MEW 17, S. 342) ergibt, sondern immer wieder im Vollzug herstellen muß. Um dies einzusehen, brauchen wir uns nicht von Marx vertrösten lassen, daß die künftigen „Staatsfunktionen... nur wissenschaftlich" (MEW 19, S. 28) zu gewinnen seien oder gar darauf warten, daß uns die Geschichte die „politische Form" für die „Befreiung der Arbeit" (MEW 17, S. 342) enthüllt.

Mit diesem Resultat können wir uns aus systematischen Gründen von der Marxschen Theorie verabschieden, ohne die utopische Perspektive preiszugeben, die wir Marx verdanken. Freilich auch ohne Illusionen über die nach wie vor offenen Probleme, die aus der Idee der personalen Vergesellschaftung entspringen. Die produktive Frage kann daher nur sein, ob es nicht gelingt, die Kritik in eine Fortschreibung der Marxschen Utopie mit anderen Mitteln umzusetzen. Diese Mittel, so ist klar, müßten wesentlich solche einer politischen Theorie sein,[37] und sie müßten sich aus Leitbegriffen der Interaktion zusammenfügen, die es erlauben, den Ansatz eines politischen Emanzipationsmodells auszuformulieren. Mit Blick auf Marx wäre dann erneut die Frage zu stellen, wie seine Idee der Emanzipation der Arbeit sich in einem solchen Rahmen ausnimmt. Wie ist der Zusammenhang von Arbeit und Freiheit im Rahmen einer Emanzipationstheorie zu bestimmen, die sich als politische Theorie an Bedingungen des interaktiven Handelns auszurichten hat?

---

[36] Entsprechendes würde auch für das „überschüssige Bewußtsein" von Bahro 1977, Teil III, gelten, wenn wir einmal diesen Begriff aus dem Kontext des „realen Sozialismus" herauslösen.

[37] Auch wenn wir dabei die Ökonomie nicht vergessen. Deren utopische Dimension verweist neuerdings auch bei Vogt 1979 auf ein politisches Gleichheitsprinzip.

Mit dieser Frage wie der Erwartung auf begrifflichen Fortschritt rückt die Theorie von Habermas in den Brennpunkt des Interesses. Denn wo, wenn nicht in einer Theorie, die sich geradezu am Leitbegriff der Interaktion ausgebildet hat, könnten wir Aufschluß über unsere offenen Probleme erhoffen?

Zweiter Teil
Die politische Idee der Herrschaftsfreiheit
und das Problem der kommunikativen
Rationalität: Habermas

I. Die Transformation der Marxschen Utopie und das Problem der Konsens-Rationalität

§ 15 *Habermas in der Perspektive der Marxschen Utopie und ihrer Kritik*

So sehr die Ausformulierung der Marxschen Utopie und ihrer Kritik auf das Desiderat einer politischen Theorie der Emanzipation und damit auf Begriffe von Interaktion verweist, so wenig folgt daraus schon, daß wir ohne weiteres bei Habermas geeignete Lösungsansätze deshalb finden, weil bei ihm „Interaktion" bzw. „kommunikatives Handeln" leitendes Thema geworden ist.

Zunächst einmal gilt es festzuhalten, daß insoweit die Rede von Interaktion ausschließlich in Abhängigkeit von Marx' Idee der personalen Vergesellschaftung eingeführt wurde (vgl. oben §§ 7, 8) und ihr weiterer Gebrauch allein dem Grundproblem geschuldet war, wie die immer drängender werdende Frage nach einer politischen Interpretation der bürgerlich-kapitalistischen Gesellschaft und ihrer adäquaten emanzipatorisch-politischen Transformation zu beantworten sei (vgl. oben §§ 8, 9, 12 ff.). Nur aus diesem Kontext sind auch die bislang erreichten Differenzierungen innerhalb der Rede von Interaktion zu verstehen. So z. B. die Gegenüberstellung in ein gegenständliches und interaktives Grundschema der Gesellschaft und ihre duale Einheit (vgl. oben §§ 7, 12), die Unterscheidung in eine technische und interaktive Kooperation der Arbeit (vgl. oben § 7) sowie eine technische und interaktive Rationalität im Rahmen der Arbeit (vgl. oben § 8) oder die Kennzeichnung einer interaktiv-politischen Ebene auf der einen Seite und die Bestimmung der schein-interaktiven Ebenen des Produktions- und Sozialkampfs auf der anderen Seite (vgl. oben §§ 12, 14).

Dies waren sozusagen unsere bisherigen Gebrauchsbegriffe von Interaktion, die sich aus den Sachproblemen der Marxschen Theorie ergaben, ohne daß damit schon eine begründete Stellungnahme für oder gegen eine bestimmte Theorie der Interaktion getroffen worden wäre. Vielleicht wird dies am deutlichsten daran, daß die für Habermas so wichtige kategoriale Distinktion in Arbeit und Interaktion (vgl. unten § 16) als solche noch gar nicht zur Debatte stand, geschweige denn, daß aus der immanenten Problematisierung der Marxschen Utopie der Gedanke hätte aufkommen können, der Leitbegrifff der Arbeit sei geradezu durch einen neuen Leitbegriff der Interaktion zu ersetzen (vgl. insbes. oben § 8). Der Terminus ‚Interaktion' als solcher ist theorie-neutral, so daß aus der bloßen Verwendung des Wortes keine voreiligen Schlüsse auf bestimmte theoretische Gehalte gezogen werden dürfen. Alles, was vorentschieden sein muß, ist die Relevanz der Rede von Interaktion für eine entsprechende Fragestellung. Diese „Vor-Entscheidung" jedoch glaube ich so rational wie möglich durch die argumentative Auseinandersetzung mit der Marxschen Theorie getroffen zu haben.

Natürlich besteht von den inzwischen vorliegenden Resultaten her eine allgemeine Übereinstimmung mit Habermas im Hinblick auf die Wichtigkeit von Interaktionsbegriffen und natürlich wäre es künstlich, den Einfluß von Habermas im „context of discovery" dieser Resultate übersehen zu wollen, doch dies sagt noch nichts darüber aus, ob die Theorie von Habermas ihrerseits systematisch überzeugt.

Die produktive Frage kann daher nur sein, ob es Habermas gelingt, eine Theorie der Interaktion zu entfalten, die einen Ausweg aus den Defiziten der Marxschen Theorie in der Perspektive einer politischen Theorie ermöglicht.[1] Dabei ist der Einstieg in die Theorie von Habermas durch seine eigene Abgrenzung zu Marx vorgegeben. Als erstes stellt sich daher die

---

[1] Demgegenüber stellt die erkenntnistheoretische Einbettung von 1968a einen Umweg dar, den wir mit Habermas 1982, p. 233 auf sich beruhen lassen dürfen.

Frage, wie diese Abgrenzung zu Marx im Lichte unserer bisherigen Kritik zu beurteilen ist und welche Funktion der Leitbegriff der Interaktion übernimmt.

§ 16 Arbeit und Interaktion, instrumentales und kommunikatives Handeln – die Abgrenzung zu Marx als begriffliches Problem

Habermas' Marx-Kritik ist für uns insofern leicht nachvollziehbar als er zwischen einer technologischen und interaktiven Version der Marxschen Theorie unterscheidet und allein der letzteren eine positive Funktion zugesteht (vgl. insbes. 1968 a, I, 2, 3). Angesichts der ausführlichen Diskussion der Marxschen Utopie gilt es über die Berechtigung einer solchen Sichtweise kaum noch Worte zu verlieren. Mögliche Skepsis im Hinblick auf Habermas' generelle Linie der Marx-Interpretation läßt sich vielmehr durch den Verweis auf die obige Kritik ausräumen (vgl. insbes. §§ 7, 8). Auch sind die von Habermas (1968 a, S. 66 ff.) angeführten Textbelege in diesem Zusammenhang bereits gewürdigt worden.

Freilich bestätigt dies zunächst nur die grundsätzliche Angemessenheit, zwischen Versionen der Marxschen Theorie so zu differenzieren, daß ihre interaktive Variante als allein ernstzunehmende Perspektive zum Tragen kommt. Signifikanter Ausdruck dafür war die Rekonstruktion der Marxschen Utopie in Gestalt des optimal-interaktiven Modells der personalen Vergesellschaftung.

Näherer Betrachtung indessen bedarf die Art und Weise, in der Habermas bei Marx eine technologische und interaktive Version unterscheidet. Denn dies geschieht so, daß der Begriff der Arbeit selbst für die zu kritisierende technologische Variante der Marxschen Theorie verantwortlich gemacht wird. Wie sollen wir das verstehen, nachdem es uns doch gelungen ist, *innerhalb* des Leitbegriffs der Arbeit ein optimal-interaktives Modell der personalen Vergesellschaftung zu formulieren?

Verständlich wird dies nur, wenn wir Habermas bei einer begrifflichen Gleichsetzung von Arbeit mit instrumentalem

Handeln und Interaktion mit kommunikativem Handeln folgen, die kritisch gegen Marx gewendet wird:

> „Die Selbstkonstitution durch gesellschaftliche Arbeit wird *auf kategorialer Ebene* als Produktionsprozeß begriffen; und instrumentales Handeln, Arbeit im Sinne der produktiven Tätigkeit, bezeichnet die Dimension, in der sich die Naturgeschichte bewegt. *Auf der Ebene seiner materialen Untersuchungen* rechnet Marx hingegen stets mit einer gesellschaftlichen Praxis, die Arbeit *und* Interaktion umfaßt; die naturgeschichtlichen Prozesse sind durch die produktive Tätigkeit des Einzelnen und die Organisation ihres Verkehrs untereinander vermittelt... Das Medium, in dem diese Beziehungen der Subjekte und der Gruppen normativ geregelt sind, ist die kulturelle Überlieferung; sie bildet den sprachlichen Kommmunikationszusammenhang, aus dem die Subjekte die Natur und sich in ihrer Umwelt interpretieren. Während das *instrumentale Handeln* dem Zwang der äußeren Natur korrespondiert und der Stand der Produktivkräfte das Maß der technischen Verfügung über Gewalten der Natur bestimmt, steht das *kommunikative Handeln* in Korrespondenz zur Unterdrückung der eignen Natur: der institutionelle Rahmen bestimmt das Maß einer Repression durch die naturwüchsige Gewalt sozialer Abhängigkeit und politischer Herrschaft." (1968a, S. 71)

Mit Blick auf die Rekonstruktion des optimal-interaktiven Modells der Marxschen Utopie besteht die Schwierigkeit dieser Überlegung darin, daß zwar einerseits die Gegenüberstellung in instrumentales und kommunikatives Handeln einleuchtet, daß sich aber andererseits aus einer solchen Unterscheidung noch nicht die Gleichsetzung von instrumentalem Handeln und Arbeit im Marxschen Sinn ergibt. Denn nach den obigen Klarstellungen läßt sich ja gerade das Marxsche Projekt der Befreiung nur nach Maßgabe der Idee einer interaktiven Vergesellschaftung der Arbeit auf verschiedenen Ebenen begreifen und auch nur so die Emphase erklären, die der Arbeitsbegriff bei Marx erhält (vgl. §§ 7, 8).

Doch nicht nur die Perspektive der Utopie, auch die Interpretation der kapitalistisch organisierten Arbeit selbst führt uns auf eine Schwierigkeit, die sich zunächst ganz immanent aus Habermas' Argumentation ergibt. Denn wenn wir uns daran erinnern, daß ja die kapitalistische Arbeitsteilung nicht herrschaftsneutral ist (vgl. oben § 9), dann durchdringt gewissermaßen die soziale Asymmetrie des Lohnarbeit-Kapital-Verhältnisses die technisch-instrumentalen Arbeitshandlungen als solche. Wir haben es dann mit sozialer Herrschaft zu tun, die sich die Form der technischen Arbeitsteilung gegeben hat. Nach den Worten, in denen Habermas das kommunikative Handeln erläutert, sind wir dann aber gezwungen, eine Art repressiv-kommunikativen Handelns (Herrschaft) hinter den Formen von technisch-instrumentalen Handlungen zu konstatieren. Hieraus wiederum ergibt sich für die Ebene des Arbeitsprozesses als solchen erneut nur ein Spannungsverhältnis zwischen instrumentalem und kommunikativem Handeln, das wir bislang als Spanne zwischen technischer und interaktiver Rationalität sowohl für den kapitalistischen wie postkapitalistischen Produktionsprozeß thematisiert haben (vgl. oben § 14). Aus diesem Sachverhalt jedoch bleibt nur zu schließen, daß es nicht sinnvoll ist, eine *begriffliche* Gleichsetzung von Arbeit und instrumentalem Handeln vorzunehmen, denn dann würde ein Aspekt der Arbeit für das Ganze der Arbeit erklärt.

Diese erste Problematisierung von Habermas' Begrifflichkeit macht deutlich, daß er eine richtige kritische Intention gegen Marx mit fragwürdigen begrifflichen Mitteln umsetzt. Alles wäre in Ordnung, wenn er sagen würde: insofern Marx Arbeit auf instrumentales Handeln reduziert, unterläuft ihm eine technizistische Verkürzung, die sich sowohl negativ auf die Emanzipationsperspektive als auch auf das Selbstverständnis der Marxschen Theorie auswirken muß; die Emanzipation wird zur alleinigen Frage des technischen Fortschritts und die Theorie-Konzeption ihrerseits verkümmert zu einer positivistisch-szientistischen Fortschrittsideologie (vgl. 1968a, S. 63ff.; 1968b, S. 96).

So formuliert stimmt Habermas' Kritik überein mit der Kritik derjenigen Theorie-Variante, die ich oben zunächst als Utopie des schein-interaktiven Modells von den beiden übrigen interaktiven Varianten isoliert habe, um dessen fatale Folgen für die mangelnde Reflektiertheit der Marxschen Idee der personalen Vergesellschaftung und das für diese wünschenswerte Selbstverständnis zu untersuchen (vgl. oben § 8).

Doch diese Reformulierung zeigt ironischerweise zugleich, daß Habermas selbst eine technizistische Verkürzung des Arbeitsbegriffs vornehmen muß, um zu einer systematisch triftigen Gegenüberstellung von Arbeit und Interaktion kommen zu können.[2] Denn nachdem wir uns einmal die Einheit von instrumentalem und interaktiv-kommunikativem Handeln im Arbeitsbegriff des optimal-interaktiven Modells der Marxschen Utopie zu klarem Bewußtsein gebracht haben und diesen insbesondere für die Interpretation der Ebene der Einzelarbeiten nicht ohne Not preisgeben sollten, kann umgekehrt an Habermas kritisiert werden, daß er durch die Gleichsetzung von Arbeit und instrumentalem Handeln dem Marxschen Arbeitsbegriff seine interaktive Dimension entzieht, die ihn für einen Leitbegriff der Emanzipation allein tauglich macht. Hieraus muß sich zwangsläufig die Konsequenz ergeben, die gesellschaftliche Emanzipationsperspektive vom Begriff der Arbeit abzulösen. Die Bestätigung dieser Erwartung stellt sich prompt ein, wenn wir bei Habermas weiterlesen:

> „Die Emanzipation von äußerer Naturgewalt verdankt eine Gesellschaft den Arbeitsprozessen, nämlich der Erzeugung technisch verwertbaren Wissens (einschließlich der ‚Transformation von Naturwissenschaft in Maschinerie‘); die Emanzipation vom Zwang der inneren Natur gelingt im Maße der Ablösung gewalthabender Institutionen durch eine Organisation des gesellschaftlichen Verkehrs, die einzig an herrschaftsfreie Kommunikation gebunden ist. Dies geschieht nicht unmittelbar durch produktive Tätigkeit, sondern durch die revolutionäre Tätigkeit kämpfender Klassen." (1968a, S. 71 f.)
> „...Während die Konstituierung der Gattung in der

---

[2] Vgl. Markus 1980, pp. 5f.; Sensat 1979, Ch. 6. Zur aufschlußreichen Parallele zu Gehlen vgl. Glaser 1972, S. 115 ff.

Dimension der Arbeit linear als Prozeß des Herstellens und der Selbstaufstufung erscheint, vollzieht sie sich in der Dimension des Kampfs sozialer Klassen als ein Prozeß der Unterdrückung und der Selbstbefreiung. Den Weg des wissenschaftlich-technischen Fortschritts markieren die epochalen Neuerungen, durch die Schritt für Schritt der Funktionskreis instrumentalen Handelns auf die Ebene von Maschinen abgebildet wird... Den Weg des sozialen Bildungsprozesses bezeichnen hingegen nicht neue Technologien, sondern Stufen der Reflexion, durch welche die Dogmatik überwundener Herrschaftsformen und Ideologien aufgelöst, der Druck des institutionellen Rahmens sublimiert und kommunikatives Handeln *als* kommunikatives freigesetzt wid. Antizipiert ist damit als Ziel dieser Bewegung: die Organisation der Gesellschaft auf der ausschließlichen Grundlage herrschaftsfreier Diskussion" (1968a, S. 76) „...eine... freigelassene Geschichte, die sich auf der Basis einer von menschlicher Arbeit entlasteten Produktion im Medium des Dialogs fortbewegen könnte." (1968a, S. 81)

Diese Überlegungen sind im Kontext der Marx-Kritik als der Versuch zu verstehen, die Kritik in eine Konstruktion der interaktiven Variante der Marxschen Theorie umzusetzen, die zugleich eine produktive Version von Utopie zu gewinnen erlaubt. Wie aber kann eine solche Rekonstruktion noch aussehen, nachdem der Arbeitsbegriff seine emanzipatorische Dimension eingebüßt hat und andererseits zurecht auf ein interaktives Prinzip der Vergesellschaftung abgehoben werden soll? Nur mehr so, daß die Befreiung „jenseits der Sphäre der eigentlichen materiellen Produktion" stattfindet.

Daß wir auf diese Worte von Marx (vgl. oben § 8) bei der Charakterisierung der von Habermas entwickelten Konzeption zurückgreifen können,[3] öffnet nun aber den Blick dafür, auf welches Modell Habermas' Argumentation nur noch hinauslaufen kann, wenn wir unsere obige differenzierte Aufschlüsselung

---

[3] Vgl. auch schon Habermas 1963, S. 198.

der Marxschen Utopie als Vergleichsmaßstab nehmen. Denn dann wird evident, daß die optimal-interaktive Variante der personalen Vergesellschaftung mit der Beschränkung des Arbeitsbegriffs auf instrumentales Handeln gar nicht mehr in Frage kommt. Was bleibt ist das reduziert-interaktive Modell, das zwar ein gesamtgesellschaftliches Schema der Interaktion und interaktiv vermittelte Regeln der Produktionsorganisation verlangt, das aber andererseits keine qualitative Veränderung der Einzelarbeiten im Vergleich zur kapitalistischen Produktion zuläßt (vgl. oben § 7).

Diese Kennzeichnung bietet freilich keinerlei Handhabe, um etwa im Stile einer unbelehrbaren Marx-Orthodoxie gegen Habermas zu argumentieren. Ganz im Gegenteil, denn die so charakterisierte Position findet sich ja als Variante bei Marx selbst. Wenn wir aber einmal diese Variante zugrundelegen, dann ist Habermas im Unterschied zu Marx viel konsequenter, sich am kommunikativen Handeln zu orientieren, weil dann nur so Aussicht besteht, eine Emanzipationsperspektive zu entfalten.

Die Möglichkeit also, den Theorie-Ansatz von Habermas im Lichte von Marx kritisch zu interpretieren, besteht nur dann, wenn wir sozusagen noch „interaktionistischer" sind als Habermas selbst und uns der Utopie des optimal-interaktiven Modells der personalen Vergesellschaftung mit ihrem emphatischen Arbeitsbegriff als Leitfaden der Marxschen Emanzipationstheorie bedienen.[4]

Allein so nämlich läßt sich gegenüber Habermas eine Beweislast formulieren, die er abtragen müßte, um seinen Ansatz systematisch zu rechtfertigen. Denn wenn Habermas selbst ein interaktives Prinzip der Vergesellschaftung anzielt („herrschaftsfreie Diskussion"), dann ist die Frage legitim, ob von einem solchen Prinzip nicht verlangt werden muß, daß es in der Lage ist, auf

---

[4] Weil die Marx-Orthodoxie das Problem der personalen Vergesellschaftung bei Marx übersieht, kann sie auch nicht die Gegenüberstellung von Arbeit und Interaktion adäquat problematisieren. Vgl. Tuschling 1978, I, 7, 8, 9; Hahn 1974, S. 223 ff.; Furth 1979; Held 1973, Kap. III, 2. Vgl. auch neuerdings Rüddenklau 1982, S. 155 ff.

sämtliche gesellschaftlich relevanten Akte hindurch zu greifen. Es muß dann einfach zum Problem werden, wie es mit der interaktiven Vergesellschaftung der Arbeitsakte als solcher bestellt ist.

Genau hier liegt dann die zentrale Sachfrage, die es im Interesse einer sinnvollen Emanzipationsperspektive zu klären gilt und wofür die Marxsche Utopie eine starke These beisteuert. Denn was hinter dieser Utopie steht, ist ja nichts anderes als die radikale Überlegung, daß eine gesellschaftliche Befreiung nur in dem Maße gelingen kann, in dem es gelingt, die grundlegenden gesellschaftlichen Handlungen zu emanzipieren. Und da die Arbeit hierbei einen fundamentalen Stellenwert einnimmt, war es für Marx nur selbstverständlich, ein Programm der Befreiung als Programm der Befreiung der Arbeit zu formulieren. Nun haben wir zwar gesehen, daß dieses im optimal-interaktiven Modell formulierte Programm durchaus eine Kombination mit der reduziert-interaktiven Variante zuläßt und daß nicht zuletzt Marx selbst zwischen diesen beiden Versionen schwankt – doch aus systematischen Gründen können wir die Marxsche Theorie gar nicht anders lesen als in der Emanzipationsperspektive des optimal-interaktiven Modells, weil sich nur so eine umfassende Idee der Befreiung und ein klares Kriterium dafür ergibt, welche faktischen Beschränkungen der Befreiung im Sinne einer reduziert-interaktiven Variante im Zweifelsfall in Kauf genommen werden können (vgl. oben § 8). Im Horizont der Marxschen Utopie wird somit klar, warum die fragwürdige Gleichsetzung von Arbeit und instrumentalem Handeln nicht die Gründe ersetzen kann, aus denen ein Prinzip der interaktiven Vergesellschaftung nicht mehr die Arbeit als solche zu durchdringen in der Lage sein soll.

Erst solche Gründe würden der Gleichsetzung von Arbeit und instrumentalem Handeln eine Rechtfertigung verschaffen und sie zu einer letztlich terminologischen Frage machen. Hierzu sind verschiedene Antworten denkbar. So könnte man etwa mit Hannah Arendt (1981) die prinzipielle Unvereinbarkeit von Arbeit und Freiheit behaupten oder die Relevanz bestreiten, die zumindest für den fortgeschrittenen Kapitalismus des 20. Jahrhunderts eine solche Fragestellung überhaupt noch haben kann.

Solche mögliche Linien der Argumentation unerstreichen jedoch nur, daß der Entwurf eines Prinzips der interaktiven Vergesellschaftung den Zusammenhang von Arbeit und Emanzipation nicht schon kategorial vorentscheiden darf, sondern allererst noch zu klären hat.[5] Als Bestätigung für diese Sachlage läßt sich nicht zuletzt Habermas' eigener früher Versuch anführen, im Rahmen der Arbeit zwischen „technischer" und „sozialer" Rationalisierung zu differenzieren (1970a, S. 15f.), ein zusätzlicher Beleg dafür, daß die ganz parallele Unterscheidung in instrumentales und kommunikatives Handeln triftig ist, diejenige in Arbeit und Interaktion jedoch nicht, jedenfalls insofern nicht, als ihr die Gleichsetzung von Arbeit und instrumentalem Handeln zugrunde liegt (vgl. Honneth 1980; Held 1980, pp. 390ff.; Paris 1976, S. 15f).

Problemlos läßt sich somit Habermas immer dann verstehen, wenn die tatsächlich relevante Gegenüberstellung entwickelt wird:

> „Die kategoriale Unterscheidung zwischen zweckrationalem und kommunikativem Handeln erlaubt also die Trennung der Aspekte, unter denen Handlungen rationalisiert werden können." (1967, S. 35)

Hier ist zwar statt von instrumentalem von zweckrationalem Handeln die Rede, doch nur deshalb, weil Habermas inzwischen eine zusätzliche Differenzierung vorgenommen hat:

> „Unter ‚Arbeit' oder *zweckrationalem Handeln* verstehe ich entweder instrumentales Handeln oder rationale Wahl oder eine Kombination von beiden. Instrumentales Handeln richtet sich nach *technischen Regeln*, die auf empirischem Wissen beruhen ... Das Verhalten rationaler Wahl

---

[5] Entsprechendes würde auch für eine nähere Auseinandersetzung mit Hannah Arendt gelten. Wie die vorliegende Untersuchung in anderer Weise zeigt, hat sie grundsätzlich darin Recht, daß der Verlust des Politischen mit einem Mehr an gesellschaftlicher Freiheit nicht vereinbar ist.

richtet sich nach *Strategien*, die auf analytischem Wissen beruhen… Zweckrationales Handeln verwirklicht definierte Ziele unter gegebenen Bedingungen; aber während instrumentales Handeln Mittel organisiert, die angemessen oder unangemessen sind nach Kriterien einer wirksamen Kontrolle der Wirklichkeit, hängt das strategische Handeln nur von einer korrekten Bewertung möglicher Verhaltensalternativen ab, die sich allein aus einer Deduktion unter Zuhilfenahme von Werten und Maximen ergibt." (1968b, S. 62)

Diese Ergänzung steht in Übereinstimmung mit unserem Versuch, Habermas' begrifflichen Ausgangspunkt möglichst präzise zu fassen. Denn so nachvollziehbar die Subsumtion des instrumentalen Handelns unter einen weiteren Begriff des zweckrationalen Handelns erscheint, der zugleich das strategische Handeln umfaßt,[6] so evident wird durch die rein definitorische Gleichsetzung von ,Arbeit' und ,zweckrationalem Handeln', daß damit über einen umfassenderen Begriff der Arbeit, der sich nicht auf zweckrationales Handeln beschränkt, überhaupt noch nichts ausgemacht ist. Im Grunde braucht Habermas bei seiner Begriffsbestimmung des zweckrationalen Handelns die Rede von Arbeit überhaupt nicht, was sich daran zeigt, daß sie in das Definiens dieses Begriffs nicht eingeht.

Der Begriff des zweckrationalen Handelns ist außerdem noch weiter als jener allgemeine Begriff der Arbeit selbst, der bei Marx die zweckmäßige Herstellung von Gebrauchsgegenständen meint (vgl. oben § 7) und in der Tat den *Aspekt* der Zweckrationalität der Arbeit deutlich hervorkehrt. Denn unter ,Arbeit' können wir nach diesem Begriff z. B. nicht mehr verstehen, wenn jemand „nach Kriterien einer wirksamen Kontrolle der Wirklichkeit" und „Strategien rationaler Wahl" einen Bankraub durchführt, auch wenn das für manch einen die höchste „Arbeitsbefriedigung" und Erfüllung seiner Professionalität sein mag. Gegenüber solchen Tätigkeiten enthält die „Herstellung

---

[6] Vgl. jedoch die Differenzierungen von McCarthy 1980, S. 37 ff.

von Gebrauchsgegenständen" eine Einschränkung auf unmittelbar materielle Produktionstätigkeiten, die Habermas' Begriff des zweckrationalen Handelns fallengelassen hat. Da nun aber Marx' emphatischer Arbeitsbegriff mit der materiellen Produktion immer auch den Aspekt der Vergegenständlichung als gegenständliche Verwirklichung, Selbstverwirklichung des Menschen als eines „gegenständlichen Wesens" (vgl. oben § 8) mitdenkt, wird zusätzlich deutlich, daß die Gleichsetzung von Arbeit und zweckrationalem Handeln nicht nur deshalb nicht überzeugt, weil sie aus der Arbeit die interaktive Dimension, das kommunikative Handeln, eliminiert, sondern weil sie darüber hinaus einen Aspekt der Arbeit ignoriert, den wir als poietisch-kreatives Handeln bezeichnen können.

Damit zwingt uns Habermas auf überraschende Weise zu einer ergänzenden Klarstellung des emphatischen Begriffs der Arbeit bei Marx, der sich nun als Einheit darstellt, die auf die Trias der aristotelischen Begriffe von „techne", „poiesis" und „praxis" (Interaktion) zurückverweist.[7]

Überraschend, weil wir diese Klarstellung dem Umstand verdanken, daß gerade dann, wenn wir die sinnvolle Distinktion in zweckrationales und kommunikatives Handeln akzeptieren, das Resultat eintritt, daß der Marxsche Begriff der Arbeit durch sie hindurchfällt und im Aspekt des poietisch-kreativen Handelns einen zusätzlichen Gesichtspunkt zutage fördert, der seinerseits die Frage aufwirft, wie er sich mit einem Prinzip der interaktiven Vergesellschaftung zusammenfügen könnte. Hierfür haben wir jedoch bislang nur den Maßstab des optimal-interaktiven Modells von Marx, das in die radikale qualitative Veränderung der Einzelarbeiten selbst hineinreichen soll und insofern im Verhältnis von technischer und kommunikativer Rationalität den Spielraum des poietisch-kreativen Handelns zu erfassen erlauben würde, ohne freilich der Gefahr erliegen zu dürfen,

---

[7] Vgl. zum Zusammenhang von „techne" und „poiesis" insbes. Heidegger 1962, S. 12, 29 ff. Kritisch dazu, aber im Einklang mit der hier interessierenden Differenzierung: Castoriadis 1981, S. 196 ff. Vgl. auch die Problematisierungen bei Bubner 1976, Kap. II, 2, 4, und Arnason 1980, S. 144 ff., 154 ff.

etwa das poietisch-kreative Handeln zum alleinigen Paradigma von Arbeit erheben zu wollen (vgl. oben§ 8).

Natürlich ist darin schon impliziert, daß auch der Begriff des kommunikativen Handelns nicht mit dem poietisch-kreativen Aspekt der Arbeit zusammenfällt:

> „Unter kommunikativem Handeln verstehe ich... eine symbolisch vermittelte Interaktion. Sie richtet sich nach obligatorisch geltenden Normen, die reziproke Verhaltenserwartungen definieren und von mindestens zwei handelnden Subjekten verstanden und anerkannt werden müssen." (1968b, S. 62)

Wenn wir auf diese Weise zunächst einfach die Schwierigkeiten herausstellen, die sich im Rahmen der an sich unproblematischen Distinktion in zweckrationales und kommunikatives Handeln für den Arbeitsbegriff des optimal-interaktiven Modells ergeben, dann können wir andererseits in Habermas' eigener Begrifflichkeit die Beweislast formulieren, die er abzutragen hätte, um eine Loslösung der Emanzipationsperspektive vom Begriff der Arbeit zu begründen.

Da die Begriffe des zweckrationalen und kommunikativen Handelns erlauben sollen, die „Aspekte" herauszuheben, unter denen Handlungen „rationalisiert" werden können, müßte sich zeigen lassen, daß im Handlungsbereich „Arbeit" nur Zweckrationalität, nicht jedoch kommunikative Rationalität den leitenden Typus abgeben kann (vom Problem einer „Rationalisierung" des poietisch-kreativen Handelns einmal ganz abgesehen).

Diese Formulierung des Problems steht in Einklang mit Habermas' Intentionen zur Analyse von Handlungssystemen, doch hält sie in kritischer Distanz die Frage nach dem Zusammenhang von Arbeit und Emanzipation offen. Es ist diese Offenheit, die Habermas aufgrund seiner schiefen Gleichsetzung von Arbeit und zweckrationalem Handeln nicht mehr erreichen kann:

> „Wir können anhand der beiden Handlungstypen gesellschaftliche Systeme danach unterscheiden, ob in ihnen zweckrationales Handeln oder Interaktion überwiegt.

Der *institutionelle* Rahmen einer Gesellschaft besteht aus Normen, die sprachlich vermittelte Interaktionen leiten. Aber es gibt Sub-Systeme, wie, um bei Max Webers Beispielen zu bleiben, das Wirtschaftssystem oder der Staatsapparat, in denen hauptsächlich Sätze von zweckrationalen Handlungen institutionalisiert sind. Auf der Gegenseite stehen Sub-Systeme, wie Familie und Verwandtschaft, die... hauptsächlich auf moralischen Regeln der Interaktion beruhen. So möchte ich auf analytischer Ebene allgemein unterscheiden zwischen 1. dem *institutionellen Rahmen* einer Gesellschaft oder der soziokulturellen Lebenswelt und 2. den Sub-Systemen *zweckrationalen Handelns*, die darin ‚eingebettet‘ sind." (1968b, S. 63ff.)

Hieran bestätigt sich die Charakterisierung, daß für Habermas aus rein begrifflichen Gründen nur die reduziert-interaktive Variante der Marxschen Utopie in den Blick kommen kann. Das angezielte Prinzip der interaktiven Vergesellschaftung, das uns bislang in den Begriffen des kommuniktiven Handelns, des institutionellen Rahmens und der herrschaftsfreien Diskussion begegnet ist, macht vor den Sub-Systemen des zweckrationalen Handelns Halt. Es kann sie nicht durchdringen, sondern allenfalls umgreifen. Vielleicht aus guten Gründen, doch diese kennen wir noch nicht. Und ganz sicher sind diese Gründe auch nicht schon dadurch gegeben, daß sich faktisch die von Weber herausgestellten Sub-Systeme zweckrationalen Handelns einem interaktiven Prinzip nicht fügen. Faktische Verhältnisse als solche können nicht darüber entscheiden, ob eine Emanzipationsperspektive möglich ist oder nicht.

Der Hintergrund der Marxschen Utopie kann uns so eine Testfrage liefern, auf die es zurückzukommen gilt, nachdem wir auf einer vorerst geklärten begrifflichen Grundlage die Suche nach fruchtbaren Begriffen der interaktiven Vergesellschaftung in der Theorie von Habermas fortgesetzt und in Resultate gefaßt haben. Denn daß solche Begriffe entwickelt werden sollten, ist das Fazit unserer Marx-Kritik und gilt gleichermaßen für die Perspektive des reduziert-interaktiven wie des optimal-interaktiven Modells. Sehen wir also zu, ob sich das Problem der Arbeit nicht solange beiseite setzen läßt, bis uns der Begriff des kommunikativen Handelns von selbst wieder mit der Frage konfrontiert, wie radikal ein Prinzip der interaktiven Vergesellschaftung greifen können müßte.

§ 17 Interaktive Vergesellschaftung, politisches Prinzip, Rationalität – der produktive Ansatz und die Emanzipationsnorm des herrschaftsfreien Dialogs

Der lange Schatten von Marx begleitet uns freilich auch dann, wenn wir uns dem kommunikativen Handeln als solchem zuwenden. Denn dieser Begriff erhält seine erste Prägnanz aus der gesellschaftstheoretischen Abgrenzung zu Marx und soll durch Termini wie „kulturelle Überlieferung", „sprachlicher Kommunikationszusammenhang", „institutioneller Rahmen", „soziale Abhängigkeit", „politische Herrschaft", „kämpfende Klassen", „sozialer Bildungsprozeß", und „Ideologie" (vgl. oben § 16) auf Dimensionen der Interaktion verweisen, die bei Marx inadäquat entwickelt sind.

Zugleich jedoch müssen wir festhalten, daß neben diesen Umschreibungen von Dimensionen der Interaktion bereits ein Idealbegriff von Kommunikation auftritt, der ein normatives Prinzip der interaktiven Vergesellschaftung formuliert (vgl. oben § 16: „herrschaftsfreie Diskussion"), und daß außerdem ein ganz allgemeiner – analytisch-definitorischer – Begriff des kommunikativen Handelns vorliegt, der auf eine normenorientierte Inter-Personalität abhebt (vgl. oben § 16). So sehr diese Begriffe noch der näheren Klärung bedürfen, so deutlich umgrenzt nehmen sie sich bereits aus im Vergleich zu den vielfältigen Kennzeichnungen der interaktiven Dimensionen, die Habermas gibt. Dies motiviert zunächst einmal den Versuch, die relevanten interaktiven Dimensionen genauer zu bestimmen, um dann zu fragen, wie sich der ideale und analytische Begriff des kommunikativen Handelns auf sie beziehen und jeweils explizieren lassen. Ein solcher Versuch führt uns jedoch insofern auf Marx zurück, als es die Frage nach einer Bestimmung der interaktiven Dimension des Kapitalismus war, die uns in Abgrenzung zu einem gegenständlichen Determinismus des Marxschen Typs (vgl. oben §§ 9, 11, 12) darauf gebracht hat, verschiedene Ebenen der sozialen Beziehung zu unterscheiden und die Funktion von „Interaktion" nach Maßgabe des seinerseits idealen Begriffs der personalen Vergesellschaftung zu interpretieren. Als Resultat ergaben sich drei gesellschaftliche Ebenen, die wir nun zu Hilfe nehmen können, um zu testen, wie sie sich zu den von Habermas angezielten Dimensionen der Interaktion verhalten und ob sie gegebenenfalls ergänzt werden müssen (vgl. oben § 12):

Erstens ging es um die interaktiv-politische Dimension der Gesamtgesellschaft, für die sich die Prinzipien von Gleichheit und Freiheit als konstitutiv erwiesen haben, ganz unabhängig davon, daß sie sich in der Spanne zwischen Ideologie und Utopie bewegen;

Zweitens handelte es sich um die Ebene des Sozial- bzw. Klassenkampfs, deren konstitutive Merkmale in der asymmetrischen Sozialstruktur des Lohnarbeit-Kapital-Verhältnisses und der zwar formal-symmetrischen, aber gegenständlichen Beziehung des Tauschs von Geld gegen Arbeitskraft zu sehen waren. Gemessen an einem personalen Begriff von Interaktion, der sich aus der Marxschen Utopie ergab, mußten wir daher hier von einer pseudo-interaktiven Dimension sprechen;

Drittens schließlich galt es, die Ebene des unmittelbaren Produktionsprozesses als solchen zu unterscheiden, der nach Maßgabe einer kapitalorientierten Zweckrationalität und ihrer herrschaftstechnischen Organisation verläuft und daher gleichfalls als pseudo-interaktiv zu charakterisieren ist, wenn wir die Leitidee einer personalen Interaktion zugrundelegen.

Was ergibt sich nun, wenn wir die von Habermas verwendeten Begriffe zur Beschreibung interaktiver Dimensionen mit dieser Unterteilung vergleichen? Zunächst wird evident, daß wir solche Stichworte wie „kulturelle Überlieferung", „sprachlicher Kommunikationszusammenhang", „sozialer Bildungsprozeß", „Reflexion" und „Ideologie" gar nicht auf eine der drei Ebenen beschränken können. Vielmehr ist die Verwendung dieser Termini für alle Ebenen angebracht, um die Dimension der Interaktion in unterschiedlicher Betonung herauszuheben.

Dem widerspricht nicht, daß auf der zweiten und dritten Ebene nach dem Standard der personalen Vergesellschaftung bislang von „Pseudo-Interaktion" die Rede war. Denn so interaktiv diese Ebenen unter dem Gesichtspunkt der sozialen Auseinandersetzung des Klassen- bzw. Produktionskampfs sind, so wenig interaktiv sind sie unter den strukturellen Bedingungen der kapitalistischen Tauschgesellschaft, die von der sozialen Asymmetrie zwischen Lohnarbeit und Kapital und dem gegenständlichen Schema des geldvermittelten Tauschs geprägt ist, das bis in die herrschaftstechnische Organisation der Produktion hineinreicht (vgl. zusammenfassend oben § 14). „Pseudo"- oder „schein"-interaktiv sind diese Ebenen also nach Maßgabe eines gegenständlichen bzw. technischen Schemas der gesellschaftlichen Vermittlung, das prinzipiell die Möglichkeit ausschließt, daß sich Personen als Personen gegenübertreten. Diese Feststellung läßt sich ganz unabhängig davon treffen, ob wir diesen „falschen Schein der Freiheit" (vgl. oben § 6) nach dem optimalinteraktiven Modell der Marxschen Utopie einfach kennzeichnend unterstreichen oder zusätzliche Überlegungen anschließen, inwiefern auch beim besten Willen der Realisierung so etwas wie eine gegenständliche oder technische Grenze dieses Modells unvermeidlich sein könnte.

Anhand einer Vergegenwärtigung dieser strukturellen Bedingungen wird somit selbstverständlich, daß Fragen der Repression, Reflexion und Ideologie im Zuge des „sozialen Bildungsprozesses" für alle drei der angeführten Ebenen relevant werden. Denn nun genügt es, daran zu erinnern, daß wir auf der Ebene des unmittelbaren Produktionsprozesses bereits von Ideologie im Sinne einer technischen Rechtfertigung der kapitalistischen Produktionsstruktur gesprochen haben, auf der Ebene des Sozial- bzw. Klassenkampfs der Ideologie des „gerechten Tauschs" begegnet sind und schließlich auf der allgemein politischen Ebene die konservative Funktion der Prinzipien von Gleichheit und Freiheit als ideologisch charakterisieren können (vgl. oben § 12). Wir erreichen damit eine Klarstellung, die sich mit den Einwänden gegen die Elimination der interaktiven Dimension aus dem Arbeitsbegriff in Einklang befindet (vgl. oben § 16).

Andererseits tritt deutlich hervor, welche Begriffe eine Beschränkung auf bestimmte interaktive Dimensionen zulassen. Dies sind die Begriffe des „Klassenkampfs" und der „politischen Herrschaft". Doch auch hier scheinen weitere Differenzierungen nötig zu werden. Was den Klassenkampf angeht, so ist zunächst offenkundig, daß er die zweite gesellschaftliche Ebene geradezu definiert. Wie nun aber bereits die Rede von „Pseudo-Interaktion" nach Maßgabe des Standards der personalen Vergesellschaftung zeigt, ist es angebracht, für diese Ebene verschiedene Gesichtspunkte auseinanderzuhalten, unter denen sich von Interaktion sprechen läßt. Dies führt auf die Frage nach den jeweils relevanten Interaktionsbegriffen der zur Debatte stehenden Ebenen.

Entweder nämlich wir betrachten die Lohnarbeit-Kapital-Struktur und das gegenständliche Schema des geldvermittelten Tauschs als vorgegeben und thematisieren *innerhalb* dieser Strukturen die interaktive Dimension des sozialen Antagonismus. Dann können wir in Übereinstimmung mit den Interpretationen zu Marx genauer vom Sozialkampf zwischen den Klassen reden (vgl. oben §§ 12, 9). Es muß jedoch dann weiter auffallen, daß wir zwischen der Anwendung des analytisch-definitorischen Begriffs des kommunikativen Handelns und einem möglichen Begriff der interaktiven Vergesellschaftung eine scharfe Unterscheidung zu treffen haben. Denn auch die wechselseitige Anerkennung des gegenständlichen Tausch-Schemas, die dem Arbeitsvertrag zugrunde liegt, erfüllt den allgemeinen Begriff des kommunikativen Handelns im Sinne normenorientierter reziproker Verhaltenserwartungen, ganz unabhängig davon, wie konfliktgeladen die Auseinandersetzungen um mehr Lohn oder bessere Arbeitsbedingungen faktisch verlaufen mögen.

Demgegenüber macht es zunächst überhaupt keinen Sinn, innerhalb des Lohnarbeit-Kapital-Verhältnisses und des gegenständlichen Tausch-Schemas einen Begriff von interaktiver Vergesellschaftung anwenden zu wollen. Möglich wird eine solche Anwendung erst dann, wenn wir ein anderes Verständnis des Klassenkampfs berücksichtigen, und zwar den politischen Kampf zwischen den Klassen. Für diesen Kampf, so hatten wir gleichfalls schon in Auseinandersetzung mit Marx gesehen (vgl.

oben § 14), ist gerade charakteristisch, daß eine gegenständliche Entgrenzung vom Tausch-Schema unter kapitalistischen Bedingungen stattfindet, eine Entgrenzung, die nur nachvollziehbar wird unter der emanzipatorischen Funktion der Prinzipien von Gleichheit und Freiheit. Da diese Prinzipien die interaktiv-politische Dimension als solche, also unsere erste Ebene, kennzeichnen und allein in der Lage sind, den Blick auf umfassende symmetrische Sozialbeziehungen zu lenken, erschließt also erst der politische Kampf der Klassen die Anwendungsmöglichkeiten für einen Begriff der interaktiven Vergesellschaftung.

Nur durch den Übergang zur interaktiv-politischen Ebene als solcher, die Habermas durch die Pole der „politischen Herrschaft" und „herrschaftsfreien Kommunikation bzw. Diskussion" umschreibt, vermag so nachvollziehbar zu werden, was es in einem gesellschaftlich relevanten Sinn heißen könnte, „Kommunikatives Handeln als kommunikatives" (vgl. oben § 16) freizusetzen. Das aber bedeutet in anderen Worten, daß wir den Idealbegriff der herrschaftsfreien Diskussion als *politisches* Prinzip verstehen müssen, das eine interaktive Vergesellschaftung begründen soll. Interaktive Vergesellschaftung ist politisch vermittelte Vergesellschaftung.

Habermas' Begriff der „herrschaftsfreien Diskussion" zielt so auf jenes bei Marx vermißte Vermittlungsschema der interaktiven Rationalität, das sowohl angesichts der Bestandsaufnahme der Marxschen Utopie (vgl. oben § 8) wie dem Problem einer adäquaten politischen Theorie (vgl. oben §§ 13, 14) das größte Interesse verdient. Ohne ein solches Schema, das seinerseits immer schon unter den Begriffen von Freiheit und Gleichheit steht, war ja eine sinnvolle Emanzipationsperspektive gar nicht nachvollziehbar. Sehen wir also näher zu:

> „*Rationalisierung auf der Ebene des institutionellen Rahmens* kann sich nur im Medium der sprachlich vermittelten Interaktion selber, nämlich durch eine *Entschränkung der Kommunikation* vollziehen. Die öffentliche, uneingeschränkte und herrschaftsfreie Diskussion über die Angemessenheit und Wünschbarkeit von handlungsorientierenden Grundsätzen und Normen im Lichte der sozio-

kulturellen Rückwirkungen von fortschreitenden Sub-
Systemen zweckrationalen Handelns – eine Kommunikation dieser Art auf allen Ebenen der politischen und der
wieder politisch gemachten Willensbildungsprozesse ist
das einzige Medium, in dem so etwas wie ‚Rationalisierung‘ möglich ist." (1968 b, S. 98)

Zunächst gilt es festzuhalten, daß dieser Gedankengang von
Habermas sich mit der soeben wieder aufgenommenen „gegenständlichen Entgrenzung" unter den Prinzipien von Gleichheit
und Freiheit insofern völlig deckt, als ja die „Entschränkung der
Kommunikation" dazu führen soll, politische Willensbildungsprozesse zu konstituieren, die vor allem auf gesamtgesellschaftlicher Ebene relevant werden müssen, wenn es darum gehen soll,
handlungsorientierende Grundsätze oder gar „Ziele der Lebenspraxis" (1968 b, S. 100) in öffentlicher, uneingeschränkter, herrschaftsfreier Diskussion zu eruieren.
Das Spezifikum der Überlegung jedoch besteht darin, daß
Habermas die Prinzipien von Gleichheit und Freiheit mit einem
diskursiven Verständigungsschema der gesamtgesellschaftlichen
Vermittlung zusammenschließt, das als politisches zugleich
Emanzipationsmedium sein kann. Im Vergleich zu Marx müssen
wir diesen systematischen Zug grundsätzlich als Fortschritt ver-
buchen. Denn die Schwäche der Marxschen Theorie bestand ja
darin, daß sie es zu einer politischen Theorie der Emanzipation
eigentlich nicht bringt. Dies lag ganz wesentlich an der Verdrängung der utopischen Dimension der politischen Prinzipien der
bürgerlich-kapitalistischen Gesellschaft, die zu einer verzerrten
Interpretation der bürgerlichen Demokratie führt und eine adäquate Emanzipationskritik vermissen läßt (vgl. oben zusammenfassend § 13).
Habermas überwindet diese Schwäche, indem er im Begriff der
„herrschaftsfreien Diskussion" ein politisches Vermittlungsschema einführt, das wir im Rückblick auf die Marx-Kritik als
utopische Zuspitzung jenes gesellschaftlichen Schemas erkennen
können, das die bürgerliche Revolution wie unzureichend auch
immer – faktisch schon institutionalisiert hat (Parlament, Wahlrecht, Öffentlichkeit). Damit radikalisiert Habermas den libera-

len Idealtypus der bürgerlichen Demokratie zu einem umfassenden politischen Prinzip der interaktiven Vergesellschaftung. Er dokumentiert hierin ein gegenüber Marx avanciertes Problembewußtsein, das sich der Einsicht in die Notwendigkeit eines Grundschemas interaktiver Rationalität nicht verschließt, sondern im Gegenteil zum Ausgangspunkt der Emanzipationsperspektive macht (vgl. oben § 13).

Nur wenn dies einmal klar ist, wird eine produktive Auseinandersetzung mit den weiteren Überlegungen der Theorie von Habermas möglich. Nur so auch können wir ungetrübten Sinnes die Frage im Hinterkopf behalten, inwiefern Marx' Idee der personalen Vergesellschaftung durch Habermas weiter ausgefüllt werden kann oder – vielleicht aus guten Gründen – einer anderen Konzeption weichen müßte.

Daß mit dieser Feststellung in der Tat nicht mehr als der Einstieg in den Theorie-Ansatz von Habermas markiert ist, zeigt sich an dem kühnen Entwurf, zu dem er die utopische Perspektive weitertreibt:

> „Freilich würde sich erst in einer emanzipierten Gesellschaft, die die Mündigkeit ihrer Glieder realisiert hätte, die Kommunikation zu dem herrschaftsfreien Dialog aller mit allen entfaltet haben, dem wir das Muster einer wechselseitig gebildeten Identität des Ich ebenso wie die Idee der wahren Übereinstimmung immer schon entlehnen. Insofern gründet die Wahrheit von Aussagen in der Antizipation des gelungenen Lebens." (1968b, S. 164)

Doch andererseits gründet die Antizipation des gelungenen Lebens in der Sprache:

> „Mit ihrer Struktur ist Mündigkeit *für uns* gesetzt. Mit dem ersten Satz ist die Idee eines allgemeinen und ungezwungenen Konsensus unmißverständlich ausgesprochen." (1968b, S. 163)

Aus dieser These folgt:

„Die... Fundamentalnormen möglicher Rede enthalten... eine praktische Hypothese. Von ihr, die in einer Theorie der kommunikativen Kompetenz erst entfaltet und begründet werden muß, nimmt die kritische Theorie der Gesellschaft ihren Ausgang." (1971a, S. 141)

Versuchen wir zunächst die wesentlichen Schritte zu erfassen, um vor soviel Neuem nicht gleich schwindlig zu werden. Dann müssen wir erkennen, daß Habermas offenbar das unter dem Titel der „herrschaftsfreien Diskussion" eingeführte diskursive Verständigungsschema auf einen tieferliegenden Begriff der „wahren Übereinstimmung" zurückbinden will. Diese Konsens-Behauptung dürfen wir nicht einfach terminologisch mit ‚herrschaftsfreier Diskussion' gleichsetzen, was an sich möglich, aber wenig ergiebig wäre. Denn abgesehen von der Intention, mit diesem Terminus ein diskursives Verständigungsschema einzuführen, haben wir noch keine bestimmte Vorstellung darüber gewonnen, wie dieser Vorschlag zu explizieren ist. Die Konsens-Behauptung stellt einen solchen Explikationsschritt dar und kann daher nur als zusätzliche These zum Verständnis der „herrschaftsfreien Diskussion" in Betracht kommen.
Dieser Einschätzung gilt es eine weitere Differenzierung hinzuzufügen. Sie besteht darin, daß die Konsens-Behauptung erhoben werden kann, ohne mit ihr eine „sprachanalytische Wende der kritischen Theorie" (Wellmer 1977) zwangsläufig einleiten zu müssen. Um dies zu unterstreichen, brauchen wir uns nur an den „jungen Habermas" zu halten:

> „Die ‚Herrschaft' der Öffentlichkeit ist ihrer eigenen Idee zufolge eine Ordnung, in der sich Herrschaft überhaupt auflöst: veritas non auctoritas facit legem." (1962, S. 95)
> „... die Idee der Auflösung der Herrschaft in jenen leichtfüßigen Zwang, der nurmehr in der zwingenden Einsicht einer öffentlichen Meinung sich durchsetzt" (1962, S. 101). „... Pouvoir als solche wird durch eine politisch fungierende Öffentlichkeit zur Debatte gestellt. *Diese soll voluntas in eine ratio überführen, die sich in der öffentlichen Konkurrenz der privaten Argumente als der Konsen-*

sus über das im allgemeinen Interesse praktisch Notwendige herstellt." (1962, S. 95)

Hier wird die Konsensus-Behauptung als politische Idee der Befreiung von Herrschaft schlechthin formuliert. Dies zeigt ihren Charakter als konsensuelle Emanzipationsnorm, an der Habermas natürlich nicht nur in der historischen Perspektive des „Strukturwandels der Öffentlichkeit" interessiert ist, sondern die für ihn als „Fiktion einer Herrschaft auflösenden diskursiven Willensbildung" (1978 a, S. 11) systematisch leitend wird.

Damit zeigt sich, daß es keineswegs als selbstverständlich zu gelten hat, ob wir die Einführung eines diskursiven Verständigungsschemas der politischen Vermittlung zugleich unter eine konsensuelle Emanzipationsnorm stellen müssen. Der Begriff der „herrschaftsfreien Diskussion" ist doppeldeutig. Entweder können wir hierunter ein politisches Vermittlungsschema verstehen, das ein interaktives *Organisationsprinzip* der Gesellschaft verkörpert. Dann haben wir es einfach mit einem radikalisierten Schema der demokratischen Willensbildung zu tun, dessen erste unzureichende Institutionalisierung die bürgerliche Demokratie darstellt. Die „Organisation der Gesellschaft auf der ausschließlichen Grundlage herrschaftsfreier Diskussion" (vgl. oben § 16) meint dann nichts anderes als eine umfassende Demokratisierung der Gesellschaft, eine möglichst radikale interaktive Vergesellschaftung, wobei jetzt offen bleiben kann, wie die Grenzen ihrer Institutionalisierung genau zu ziehen wären.

Hierfür jedoch scheint ein negativer Begriff der Herrschaftsfreiheit zu genügen. Negativ in dem Sinn, als die Abwesenheit von äußerem Zwang welcher Art auch immer gegeben sein muß und die demokratische Willensbildung nach menschlichem Ermessen gründlich und ohne Verfahrensmängel erfolgt. Ausdruck hierfür ist, daß Habermas eine demokratische Öffentlichkeit gelegentlich damit identifiziert, daß „alle politisch folgenreichen Entscheidungen an den Mechanismus allgemeiner und herrschaftsfreier Diskussion gebunden wären" (1970 a, S. 148).

„Herrschaftsfreie Diskussion" als „Mechanismus", als Verfahren der demokratischen Willensbildung ist jedoch weit weniger als „herrschaftsfreie Diskussion" im Sinne einer Auflösung von

Herrschaft schlechthin. Es genügt, mit Spaemann (1977, S. 122 f.) darauf hinzuweisen, daß im Rahmen demokratischer Willensbildung Gegensätze von Mehrheit und Minderheit sowie Entscheidungszwänge („Schluß der Debatte") bestehen bleiben, die es nicht erlauben, eine Aufhebung jedweder Art von „Herrschaft" selbst unter optimalen demokratischen Verhältnissen zu unterstellen. Dies sieht freilich auch Habermas in seiner Entgegnung auf Spaemann (ebd. S. 130 ff.). Darüber hinaus findet er es geradezu „kindisch" (1981 d, S. 6), von der Vorstellung auszugehen, politische Diskussionen sollten bis zum bitteren Ende einer völligen Einmütigkeit getrieben werden.[8]

Andererseits kann dies nur heißen, daß ein stärkerer, positiver Begriff der Herrschaftsfreiheit vorliegt, wenn „voluntas" prinzipiell in „ratio" überführt werden soll. Diese zweite Bedeutung des Begriffs der „herrschaftsfreien Diskussion" vermag daher die Ebene des politischen Organisationsprinzips gar nicht unmittelbar zu treffen. Sie steht als normative Idee über einem Organisationsprinzip, wenngleich sie offenbar eine spezifische Verbindung zu einem solchen Prinzip haben soll.[9]

Wie aber ist dann die Verbindung zwischen Organisationsprinzip und konsensueller Emanzipationsnorm zu bestimmen? Hier drängen sich zunächst zwei Möglichkeiten auf. Zum einen ließe sich denken, daß die konsensuelle Emanzipationsnorm so etwas wie einen idealen Grenzwert definiert, der im Zuge einer umfassenden Demokratisierung der Gesellschaft erreicht werden könnte und sollte. Auch terminologisch klar unterscheidbar würde dann der „herrschaftsfreie *Dialog*" die Ziel-Utopie abgeben, auf die hin das Organisationsprinzip der „herrschaftsfreien *Diskussion*" auszurichten wäre. Diese Utopie erschiene insofern nicht abwegig, als man sich einen offenen Prozeß immer umfassenderer Demokratisierung vorstellen könnte, in dessen Verlauf die Menschen immer mehr dazu übergehen würden, ihre demokratische Willensbildung und Entscheidungsfindung zugunsten des Ideals der Überführung von „voluntas" in „ratio" zu verändern. Man könnte eine solche Entwicklung auf die Überlegung

---

[8] Vgl. Weinrich 1973.
[9] Vgl. Habermas/Spaemann 1977, S. 130, und Wellmer 1979 a, S. 33.

stützen, daß in dem Maße, in dem eine umfassende Demokratisierung greift, sich auch die diskursiv-argumentativen Potentiale
der Gesellschaft auf sämtlichen Ebenen ausweiten und insofern
die Chance eröffnen, politische Diskussion in stetiger Progres-
sion in politischen Konsensus zu überführen.

Wie immer diese Perspektive zugunsten eines idealen Grenz-
werts des herrschaftsfreien Dialogs weiter gestützt werden
könnte, worunter wir im folgenden *nur* die konsensuelle Emanzipationsform verstehen, sie wäre doch prinzipiell schwächer als
eine zweite Alternative ihrer Interpretation. Diese besteht darin,
zwar nicht den herrschaftsfreien Dialog geradezu mit einem
Organisationsprinzip (herrschaftsfreie Diskussion) zu identifi-
zieren,[10] aber die konsensuelle Emanzipationsnorm zur konstitutiven Voraussetzung des Organisationsprinzips zu erklären.
Die Emanzipationsnorm des herrschaftsfreien Dialogs ist so
etwas wie die Bedingung der Möglichkeit des politischen Organisationsprinzips der herrschaftsfreien Diskussion.

Aus diesem Gedanken wird allerdings erst dann eine strikt
begriffliche – und insofern schön philosophische – Behauptung,
wenn wir davon absehen, die Idee des herrschaftsfreien Dialogs
als historisches Konstituens für ein diskursives Verständigungsschema der politischen Vermittlung zu reklamieren. Denn so
unbestreitbar diese Idee im von Habermas herausgearbeiteten
Sinn wirksam war und von Carl Schmitt (1961, Kap. II) geradezu
als „Metaphysik" des Parlamentarismus stilisiert werden konnte,
so wenig folgt daraus, daß der Begriff einer diskursiven politischen Vermittlung der Gesellschaft aus begrifflicher Notwendigkeit den Gedanken einer konsensuellen Emanzipationsnorm
verlangt.

Gegen eine solche Vorstellung könnte ganz analog wie gegen die
emanzipatorische Funktion der Ideale der Französischen Revolution die historische Relativierung vorgebracht werden, daß

---

[10] Diese falsche Identifikation läßt Krahl 1971, S. 254 vom „Idealismus
einer parlamentarischen Utopie" sprechen. Vgl. ebenso Jäger 1973,
Kap. VI. Auch der Vorwurf des Modells der „Gelehrtenrepublik" bei
Jäger 1975 beruht auf diesem Irrtum. Mit größerem Recht konnte die
frühe Problematisierung von Baier 1966, S. 79 f. in diese Richtung
weisen.

eben zu unterscheiden sei zwischen dem unvermeidlichen Stück Illusion wirksamer Ideen und den gesellschaftlichen Möglichkeiten ihrer Umsetzung (vgl. oben § 12). Hinzukommt, daß auch für die zuerst entwickelte Alternative zum Verständnis des herrschaftsfreien Dialogs genau dieselbe historische Rechtfertigung angeführt werden könnte. Wir müssen uns also auf die im echten Sinn philosophische Behauptung konzentrieren, derzufolge ein diskursives Verständigungsschema der politischen Vermittlung eine konsensuelle Emanzipationsnorm des herrschaftsfreien Dialogs impliziert. Dies hieße in anderen Worten, daß Habermas die starke These vertreten müßte, seine konsensuelle Emanzipationsnorm sei die notwendige Bedingung für ein diskursives Verständigungsschema (herrschaftsfreie Diskussion).[11]

So formuliert wird erst recht deutlich, daß diese zweite Variante der Verbindung von Organisationsprinzip und Emanzipationsnorm gegenüber ihrer Alternative stärker ist. Im einen Fall haben wir dem Organisationsprinzip einen idealen Grenzwert als möglich und wünschenswert zur Seite gestellt, im zweiten Fall ergibt sich das Ideal begrifflich zwingend aus dem Organisationsprinzip. Aus dieser Sachlage folgt, welches Thema zunächst unser Interesse in Anspruch nehmen muß, ganz sicher die starke These, vorausgesetzt, Habermas vertritt sie tatsächlich.

Ob er dies tut, ist inzwischen deshalb nicht so trivial, weil bei entsprechender Betonung die soweit angeführten Textstellen zum herrschaftsfreien Dialog sich sowohl für die erste wie für unsere zweite Alternative heranziehen ließen, wenngleich atmosphärisch viel für die stärkere These sprechen mag. Zum Glück haben wir jedoch bereits einen Anhaltspunkt, der uns weiterhilft. Dieser besteht in der Art und Weise, wie Habermas die Sprache ins Spiel bringt.

Die bloße Erinnerung an die zunächst so verblüffend klingende These, bereits der „erste Satz" der Sprache verweise „unmißverständlich" auf „die Idee eines allgemeinen und ungezwungenen Konsensus", kann uns nämlich vor dem Hintergrund der soweit geklärten Alternativen plötzlich ein Licht darüber aufstecken,

---

[11] Vgl. zu einer analogen Problematisierung Schnädelbach 1977, Kap. III. Dazu dann unten die Resultate von § 20.

worauf Habermas hinauswill, ja hinauswollen muß, wenn es um
die starke Behauptung der konsensuellen Emanzipationsnorm
gehen soll: weil in die Sprache die „Fundamentalnormen" eines
allgemeinen ungezwungenen Konsensus immer schon eingegan-
gen sind, deshalb haben diese Normen konstitutive Funktion für
sprachlich vermittelte Interaktion und erst recht für die Institutionalisierung eines diskursiven Verständigungsschemas der
politischen Vermittlung, denn ein solch institutioneller Vorgang
folgt geradezu der Logik einer der Sprache immanenten „praktischen Hypothese". Und weil dies so ist, spricht alles für die
starke These, daß ein diskursives Verständigungsschema der
Gesellschaft eine konsensuelle Emanzipationsnorm impliziert.
Bewundern wir einige Augenblicke den großen Wurf, den
Habermas damit zu landen verspricht. Wäre es nicht in der Tat
faszinierend, wenn sich zeigen ließe, daß bereits die Grundregeln
der Sprache uns sozusagen gar keine andere Wahl lassen, als
konsensuelle Orientierungen zu vollziehen und daß daher dieser
Sachverhalt zusammen mit der Einsicht in die elementare Wich-
tigkeit eines interaktiven Vermittlungsschemas gesellschaftlicher
Emanzipation bereits die Unabdingbarkeit der konsensuellen
Emanzipationsnorm beweisen könnte? Ja sogar, daß wir für das
Interesse an Emanzipation im Medium eines diskursiven Verständigungsschemas kaum mehr brauchen als eine Vergegenwärtigung unserer „kommunikativen Kompetenz": die Geburt der
Emanzipation aus dem Geist der Sprache? (vgl. 1976a, S. 194).
Zweifellos ist dies ein Entwurf, der beeindruckt. Er läßt den
springenden Punkt der „sprachanalytischen Wende", die Habermas vollzieht, darin zum Vorschein kommen, daß die konsensuelle Emanzipationsnorm des herrschaftsfreien Dialogs nicht
mehr nur als politische Utopie auftritt, die eine betont rationale
Zielprojektion – Überführung von „voluntas" in „ratio" – kennzeichnet. Vielmehr geht es nun darum, dieser völlig unabhängig
von einer Sprachtheorie konzipierbaren politisch-rationalen
Utopie eine systematisch tieferliegende Legitimation zu verschaffen, die sie mit einem quasi transzendentalen Begründungspotential versieht.[12]

---

[12] Ein solches Potential versucht in noch stärkerem Maße Apel 1973 zu

Denn wenn bereits das Medium, in dem sich für uns „ratio" überhaupt entfalten kann, Sprache, auf einen Leitbegriff des Konsensus verweist, dann ist die Vernunft, der wir in Aussagen prinzipiell mächtig sind und der wir theoretisch innewerden können, ganz wesentlich eben Konsens-Rationalität. Auf diese Weise läßt sich ein konsensuelles Vernunftprinzip a priori einsehen und zugleich der konsensuellen Emanzipationsnorm unterlegen. Insofern wir vernünftig sind, befinden wir uns immer schon in Einklang mit der konsensuellen Emanzipationsnorm. Ein diskursives Verständigungsschema der Gesellschaft impliziert daher deshalb eine konsensuelle Emanzipationsnorm, weil der Begriff der diskursiven Verständigung Konsens-Rationalität impliziert und seine politische Umsetzung ein entsprechendes Prinzip der Emanzipation erfordert.

Damit ist nicht nur eine Bekräftigung der starken These zur konsensuellen Emanzipationsnorm erreicht. Es zeigt sich auch, daß wir anhand dieser These den Ansatz von Habermas besser aufschlüsseln können. Denn jetzt haben wir eine Unterteilung in drei Ebenen ins Auge zu fassen, deren wechselseitige Beziehungen nicht nur zur Klärung von Habermas' Grundideen dienen, sondern ebenso die Beweislasten zu formulieren erlauben, denen er sich stellen muß. Diese Ebenen sind:

1) Das diskursive Verständigungsschema als politisches Organisationsprinzip der Gesellschaft: herrschaftsfreie Diskussion,
2) Die konsensuelle Emanzipationsnorm als rationale Utopie: herrschaftsfreier Dialog,
3) Das konsensuelle Sprachkonzept als Vernunftprinzip: Ratio als kommunikativer Konsens.

Wie sind diese Ebenen aufeinander bezogen? Logisch so, daß sich 1) aus 3) und 2) ergibt. Ratio als kommunikativer Konsens

---

entfalten. Dies wäre vor allem unter dem Gesichtspunkt des „Transzendentalen" eine Diskussion für sich. Nachdem Habermas 1976 b, S. 201 ff.; 1983 im Unterschied zu Apel diesen anspruchsvollen Titel ablegt, brauchen wir uns nicht weiter damit befassen. Mittelbar trifft die unten vorgetragene Kritik auch Apel (vgl. §§ 19, 20).

impliziert diskursive Verständigung und Emanzipation als gesellschaftlicher Konsens impliziert ein politisches Organisationsprinzip diskursiver Verständigung. Dies ist die uninteressante Seite der Beziehung der Ebenen, weil unter der Voraussetzung, daß 2) und 3) gesichert wären, 1) leicht folgen würde. Nun haben wir aber 1) ganz unabhängig von 2) oder 3) schon dadurch gewonnen, daß wir in Auseinandersetzung mit Marx ein interaktives Schema der politischen Vermittlung nachweisen konnten, dem dann nur allzu natürlich die Konkretion in ein diskursives Verständigungsschema durch Habermas folgen konnte.

Dieser Schritt ist zwar nicht trivial, doch treibt er keine gewichtigen Begründungsprobleme hervor. Es hieße daher zuviel des Guten tun, wenn wegen 1) auf die starken Prämissen 2) und 3) zurückgegriffen werden sollte.

Von wirklicher Relevanz kann daher nur sein, ob aus 1) der Schritt zu 2) mit Hilfe von 3) gelingt. Dies gibt die logische Grundstruktur und Beweisordnung der starken These wieder, um die es geht. Erst wenn diese scheitert, ist es angebracht, auf die schwache Version des Zusammenhangs zwischen politischem Organisationsprinzip und konsensueller Emanzipationsnorm erneut zu reflektieren.

Allerdings geht aus unserer Darstellung auch hervor, wo der heikle Punkt der starken These liegt. Es ist die Begründung von 3). Habermas übernimmt die Beweislast, die damit explizit wird, indem er eine Konsensus-Theorie der Wahrheit entwirft (vgl. 1973 a). Diese soll zeigen, daß die Regelbedingungen unserer elementaren Aussage-Strukturen in Gestalt von theoretischen und praktischen Sätzen tatsächlich den Grundbegriff des Konsensus verlangen.

Doch dies ist nicht alles. Wenn wir uns nämlich an den schon eingeführten analytisch-definitorischen Begriff des kommunikativen Handelns erinnern (vgl. oben § 16), ist offenkundig, daß kommunikatives Handeln und sprachliches Handeln nicht zusammenfallen.[13] Kommunikatives Handeln ist sprachlich *vermittelte* Interaktion. Demzufolge muß Habermas nicht nur für die Dimension der Sprache als solche eine Konsenstheorie

---

[13] Vgl. die Klarstellungen bei Habermas 1982, pp. 263 ff.

begründen, sondern darüber hinaus den Nachweis erbringen, daß das Modell des sprachlichen Handelns die konsensuelle Orientierung für jede Art von kommunikativem Handeln abzugeben vermag. Das konsensuelle Sprachkonzept muß sich zugleich als leitendes Handlungsmodell der Interaktion erweisen lassen. Halten wir auch dies gesondert fest, so schließt sich an 3) ein wichtiger zusätzlicher Schritt an:

4) Das konsensuelle Sprachkonzept als Handlungsmodell: kommunikatives Handeln als konsensuelle Orientierungsleistung.

Es sieht also ganz danach aus, daß erst wenn wir 4) zu 3) hinzunehmen, Aussicht besteht, die Konsequenz 2) in Gestalt der konsensuellen Emanzipationsnorm zu erreichen. Ein klares Bewußtsein über die Relevanz dieses Schrittes zeigen insbesondere Habermas' neuere Ausführungen:

> „Um Mißverständnissen vorzubeugen, möchte ich wiederholen, daß das kommunikative Handlungsmodell Handeln nicht mit Kommunikation gleichsetzt. Sprache ist ein Kommunikationsmedium, das der Verständigung dient, während Aktoren, indem sie sich miteinander verständigen, um ihre Handlungen zu koordinieren, jeweils bestimmte Ziele verfolgen. Insofern ist die teleologische Struktur für *alle* Handlungsbegriffe fundamental. Die Begriffe des *sozialen Handelns* unterscheiden sich aber danach, wie sie die *Koordinierung* für die zielgerichteten Handlungen verschiedener Interaktionsteilnehmer ansetzen ...
> Im Fall kommunikativen Handelns stellen die Interpretationsleistungen, aus denen sich kooperative Deutungsprozesse aufbauen, den Mechanismus der Handlungskoordinierung dar; die *kommunikative Handlung* geht nicht im interpretatorisch ausgeführten *Akt der Verständigung* auf. Wenn wir einen einfachen von S ausgeführten *Sprechakt*, zu dem mindestens ein Interaktionsteilnehmer mit Ja oder Nein Stellung nehmen kann, als Analyseein-

heit wählen, können wir die Bedingungen kommunikativer *Handlungskoordinierung* klären, indem wir angeben, was es für einen Hörer heißt, die Bedeutung des Gesagten zu verstehen. Aber kommunikatives Handeln bezeichnet einen Typus von Interaktionen, die durch Sprechhandlungen koordiniert werden, nicht mit ihnen zusammenfallen." (1981 a, Bd. 1, S. 150 f.)

Im Sinne der soeben umschriebenen Fragestellung sprechen diese Äußerungen für sich selber, ganz so wie es im Hinblick auf 4) natürlich nicht überraschen kann, daß sich die „Bedingungen kommunikativer Handlungskoordinierung" als *Konsens*-Bedingungen herausstellen:

> „Die Aktoren suchen eine Verständigung über die Handlungssituation, um ihre Handlungspläne und damit ihre Handlungen einvernehmlich zu koordinieren. Der zentrale Begriff der *Interpretation* bezieht sich in erster Linie auf das Aushandeln konsensfähiger Situationsdefinitionen. In diesem Handlungsmodell erhält die Sprache... einen prominenten Stellenwert." (1981 a, Bd. 1, S. 128)

Das Ziel eines sprachtheoretisch angeleiteten konsensuellen Handlungsmodells ist damit im Aufriß deutlich genug formuliert, um neben der Konsenstheorie der Wahrheit als die wesentliche Beweispflicht festgehalten werden zu können, der sich Habermas im Interesse der konsensuellen Emanzipationsnorm des herrschaftsfreien Dialogs offenbar aussetzen muß und auch will. Es wird also zu prüfen sein, was es mit der Einlösung dieser weitgehenden Ansprüche auf sich hat.

§ 18 Die konsensuelle Emanzipationsnorm als Transformation der Marxschen Utopie und das Problem der „Rationalisierung"

Bevor wir die konsenstheoretischen Ansprüche überprüfen, legt sich jedoch aus der Perspektive der Marxschen Utopie eine Zwischenfrage nahe. Diese besteht darin, ob es nicht möglich wäre, mit den von Habermas in Ansatz gebrachten Überlegungen eine Verbesserung oder Modifizierung dieser Utopie in Richtung auf eine politische Theorie der Emanzipation zu erreichen, ohne daß die konsensuelle Emanzipationsnorm als zwingende Voraussetzung fungieren müßte. Könnte man sich nicht einen großen Ballast an Beweisarbeit ersparen, wenn solch starke Annahmen wie die Konsenstheorie der Wahrheit oder ein sprachliches Handlungsmodell der Interaktion vielleicht gar nicht nötig wären? Nichts gegen die „sprachanalytische Wende" der Philosophie im allgemeinen und die Relevanz von Wahrheitstheorie sowie Sprechakttheorie im besonderen –, aber sind sie gesellschaftstheoretisch wirklich so unentbehrlich, daß eine politische Theorie der Emanzipation nicht von ihnen lassen kann?

Daß diese Frage ein ernstzunehmendes Bedenken enthält, zeigt sich, wenn wir versuchen, mit dem Teil des Ansatzes von Habermas auszukommen, der soweit als unproblematisch gelten darf und vor dem Hintergrund unserer Marx-Kritik sofort überzeugen kann: der Einführung eines diskursiven Verständigungsschemas der politischen Vermittlung als Medium interaktiver Vergesellschaftung (vgl. oben § 17). Denn nachdem wir den Grundirrtum einer Aufhebung der Politik bei Marx korrigiert (vgl. oben § 14) und dessen Berührungsängste gegen die emanzipatorische Funktion der bürgerlichen Demokratie abgelegt haben (vgl. oben §§ 12, 13), kann Habermas' Begriff der „herrschaftsfreien Diskussion" im Sinne eines umfassenden radikaldemokratischen Organisationsprinzips genau den noch ausstehenden positiven Schritt liefern, der die Marxsche Utopie des optimal-interaktiven Modells zu konkretisieren erlaubt. Was wir für dieses Modell brauchen, ist nichts anderes als die Instituitionalisierung eines radikaldemokratischen Prinzips auf allen relevanten Ebenen: herrschaftsfreie Diskussion als gesamtgesellschaftliches Leitprinzip, als Prinzip zur Direktion der Produktionseinheiten und schließlich als Kriterium zur Gestaltung des unmittelbaren Produktionsprozesses (vgl. oben § 7). Auch wenn wir nicht vergessen, daß dieses Modell nach wie vor mit den Problemen behaftet bleibt, wie seine gegenständliche (geldvermittelter Tausch) und technische Grenze zu ziehen wäre (vgl. oben § 14) und inwiefern eine Emanzipation der Arbeit überhaupt mehr zuläßt als eine reduziert-interaktive Variante (vgl. oben § 8), so ist doch unverkennbar, daß die radikaldemokratische Ausformulierung eine Verbesserung des Modells auch im Hinblick auf zusätzliche Differenzierungen darstellt. Solange es Sinn macht, die von Marx gewonnen Strukturbestimmungen der bürgerlich-kapitalisistischen Gesellschaft zugrunde zu legen (vgl. oben § 14) und auf sie die Idee einer gesamtgesellschaftlichen Emanzipation zu beziehen, solange kann gerade ein radikaldemokratisches Modell der Marxschen Theorie als Problemrahmen überzeugen.

Die Bestätigung dafür findet sich nun interessanterweise insofern bei Habermas selbst, als seine Forderung nach herrschaftsfreier Diskussion „auf allen Ebenen der politischen und wieder politisch gemachten Willensbildungsprozesse" im Prinzip ja gar nicht vor einer Durchdringung des Handlungsbereichs „Arbeit" haltmachen müßte. Wenn wir nämlich die fragwürdige Gleichsetzung von Arbeit und zweckrationalem Handeln beiseite lassen (vgl. oben § 16) und uns statt dessen an dem Sachproblem orientieren, wie denn eine Emanzipation der Arbeit im Verhältnis zu ihren technischen Bedingungen und unter Berücksichtigung des Problems der Arbeitsteilung einschließlich ihrer wissenschaftlichen Form aussehen könnte, dann stoßen wir auf nichts anderes als die Frage nach einer politischen Vermittlung der Arbeit selbst (vgl. oben § 8) und damit auf das Problem einer „politischen Willensbildung", die den Handlungsbereich „Arbeit" nicht nur von außen erfaßt, sondern durch ihn hindurchgeht. Ganz parallel dazu würde das Probelm, in welcher Proportion ein radikaldemokratisches Vergesellschaftungsprinzip sich im Verhältnis zu dem nicht-interaktiven gegenständlichen Schema des geldvermittelten Tauschs bewegen sollte, ein ganz grundlegendes Thema der politischen Willensbildung darstellen, das Thema einer adäquaten Grenzziehung zwischen Politik und Ökonomie im weitesten Sinne.

Sobald wir also Habermas' radikaldemokratisches Prinzip mit der strukturellen Perspektive wie den Problemen kombinieren, die das Marxsche Modell beinhaltet, ergänzen sich Marx und Habermas wechselseitig. Habermas hat das richtige politische Prinzip, Marx hingegen das bis dato umfassendere strukturelle

Emanzipationsmodell –, jedenfalls gemessen an der Idee der personalen Vergesellschaftung (vgl. oben § 7). Wir können daher von einer radikaldemokratischen Konkretisierung des optimal-interaktiven Modells der Marxschen Utopie durch Habermas sprechen.[14]

Unsere Zwischenfrage lautet daher genauer, ob wir für ein gleichermaßen von Habermas wie Marx inspiriertes radikaldemokratisches Modell der Gesamtgesellschaft eine konsensuelle Emanzipationsnorm des herrschaftsfreien Dialogs als notwendige Bedingung brauchen. Muß das optimal-*interaktive* Modell wirklich als optimal-*konsensuell* gedacht werden?

Gerade wenn die Marxsche Utopie radikaldemokratisch konkretisiert wird, leuchtet dies nicht mehr so recht ein. Dies ist deshalb der Fall, weil sich dann in Einklang mit dem schon unterschiedenen negativen Begriff der Herrschaftsfreiheit (vgl. oben § 17) auch ein unproblematischer Begriff des Konsens herausheben läßt, der sich auf das demokratische Verfahren als solches bezieht. Natürlich muß ein Konsens darüber bestehen, daß das Verfahren der politischen Willensbildung so demokratisch wie möglich verläuft, einschließlich der Frage nach dem demokratischen Verfahren um Verfahrensregelungen zu treffen: daß niemand, der von einer Frage betroffen ist, von der Meinungsbildung ausgeschlossen wird, daß genügend Beratungszeit und öffentliche Information zur Verfügung steht, daß keine relevanten Inhalte tabu sind etc. Endlich natürlich auch, daß eine demokratisch getroffene Entscheidung, auf welcher Ebene auch immer, respektiert wird, selbst wenn sie nach wie vor kontrovers ist und bei nächster Gelegenheit wieder zur Debatte gestellt werden kann.

Diese Art von *Verfahrens*konsens verträgt sich aber offenbar sehr gut damit, daß wir nicht das Ziel unterstellen, „voluntas" sei

---

[14] Hiervon zu unterscheiden ist die Frage, wieviel Rätedemokratie oder repräsentative Demokratie für möglich oder nötig angesehen werden muß. Das radikaldemokratische Prinzip umgreift zunächst einmal beide institutionelle Möglichkeiten. Daher ist auch der Vorwurf von Rhonheimer 1979, B., Kap. II ff. deplaziert, der „totalitäre Konsequenzen" an Habermas' Demokratiebegriff namhaft machen will.

prinzipiell in „ratio" zu überführen. Die diskursive Verständigung über Einschätzungen zu Sachfragen, Vormeinungen, Vorbehalten und Argumenten zur Problemlösung muß nicht Einigung bedeuten, sondern kann im Gegenteil grundsätzlich dem Telos einer Klärung von Alternativen der politischen Entscheidung dienen. Verfahrenskonsens verträgt sich also offenbar trivialerweise mit Problemlösungs- und Entscheidungsdissens.

Warum diese konsistente Beziehung zwischen Konsens und Dissens [15] weniger „rational" sein soll als die Aufhebung von „voluntas" in „ratio" ist vor allem dann nicht zu sehen, wenn wir uns eine radikaldemokratische Umsetzung der Marxschen Utopie vorzustellen suchen. Dann gibt es strukturelle Probleme der Gesellschaft, die ihrer Natur nach nicht aufhebbar scheinen und daher inhaltliche Konsense systematisch beschneiden. Dies gilt auf der einen Seite für das zwar benannte, aber keineswegs gelöste Problem des Verhältnisses von politischem Prinzip und nicht-interaktivem Tauschschema des Geldes. Soll dieses Schema auf ein Distributionsmedium beschränkt bleiben, und wenn ja, wie genau – oder soll es analog der kapitalistischen Wirtschaft über den Markt zugleich ein Effizienzkriterium abgeben, das auch „Kooperativfabriken" nicht vor dem Konkurs verschont?

So sehr diese Problemstellung traditionellen Marxisten als Häresie erscheinen mag, so unleugbar ist sie in der Sache dadurch begründet, daß eine sich auf das optimal-interaktive Modell zubewegende Gesellschaft allererst eine neue Gewichtsverteilung zwischen dem gegenständlichen Schema des Tauschs und einem politischen Vergesellschaftungsprinzip erarbeiten müßte (vgl. oben § 14). Da auf diesem Feld Patentlösungen offenbar schwer zu haben und schon gar nicht bei Marx zu finden sind, [16] bleibt eine wie auch immer zu proportionierende duale Einheit aus einem nicht-interaktiven· und interaktiven Vermittlungsschema der Gesellschaft eine strukturell konfligierende Einheit zweier kategorial verschiedener Prinzipien der Vergesellschaf-

---

[15] Vgl. hierzu Luhmann 1982, S. 377. Seine Begrifflichkeit und Perspektive sind freilich verschieden.
[16] Vgl. insbes. auch Heinsohn/Steiger 1981.

tung. Das Analoge gilt für das Problem, wie sich interaktive und technische Vermittlung der Arbeit zueinander verhalten sollen und ab welcher Grenze sich die Befreiung der Arbeit nur noch als Emanzipation von Arbeit überhaupt vollziehen läßt (vgl. oben § 8).

An diesen strukturellen Problemen werden sich dann aber Konflikte zwischen verschiedenen Orientierungen von Rationalität entzünden, die miteinander um die Legitimation zur gesellschaftlichen Gestaltung ringen. „Ökonomisten", „Technokraten" und „Interaktionisten" treten in radikaldemokratischen Wettstreit darüber, was die adäquate Balance zwischen nichtinteraktiven und interaktiven Vermittlungen der Gesellschaft sei und nach welchen Maßstäben von Rationalität jeweils befunden werden soll. Bei dieser Art von Auseinandersetzungen, wie „über das im allgemeinenn Interesse praktisch Notwendige" (vgl. oben § 17) Ergebnisse erzielt werden können, scheinen sich jedoch Grenzen für mögliche Konsense aufzutun, die nicht nur faktischer, sondern prinzipieller Natur sind.

Wer z. B. im Namen ökonomischer oder technischer Rationalität für mehr Effizienz und weniger interaktive Vermittlung argumentiert und nicht erwiesenermaßen „ideologisch befangen" ist, der nimmt eine theoretische Einsicht in Anspruch, die für ihn einen Orientierungsmaßstab an gesellschaftlicher Rationalität bildet, den er deshalb nicht preiszugeben bereit ist, weil er entsprechende theoretische Aussagen schlicht für „wahr" hält. Zwar wird jemand diese Wahrheit in einem gesellschaftlichen Rahmen verteidigen und verbreiten müssen, denn es geht ja um das „allgemeine Interesse", doch aus diesem politisch-praktischen Bezug zur Diskursivität folgt zunächst einmal nicht, daß er sich in Termini von Wahrheit geschlagen geben muß, wenn er im politisch-demokratischen Willensbildungsprozeß nicht durchdringt. Denn nichts scheint plausibler, als daß jemand theoretisch im Recht sein und zugleich politisch keinen Erfolg haben kann.

Hieraus legt sich eine Distinktion zwischen zwei Begriffen von diskursiver Rationalität nahe, die nicht ohne weiteres übergangen werden darf und die Beweislast einer Konsenstheorie der Wahrheit zu pointieren erlaubt. Denn ganz offenkundig ist es etwas anderes, ob ich mich als Demokrat auch gegen meine Überzeugung überstimmen lasse oder ob ich durch Gegengründe von der Falschheit meiner Auffassung überzeugt worden bin. Wir können daher zwischen einem politischen Begriff diskursiver Rationalität im Sinne einer radikaldemokratischen gesellschaftlichen Vermittlung und einem wahrheitskriterialen Begriff von Diskursivität unterscheiden.

Mit Hilfe dieser Unterscheidung wird dann aber klar, daß der politische Begriff der diskursiven Rationalität in dem Maße auf einen gesellschaftlichen *Entscheidungsprimat* diskursiver Vermittlung verweist, in dem sich herausstellt, daß die Diskursivität als Wahrheitskriterium zu schwach ist oder im Vergleich zu anderen Begriffen von Wahrheit eine bestenfalls sekundäre Rolle spielt.[17]

Dies erlaubt, insbesondere auch die gesellschaftstheoretische Relevanz des Problems der theoretischen Wahrheit zu betonen. Daß im Gegensatz zu dieser die Frage nach der praktischen Wahrheit, der Richtigkeit dessen, was zu tun sei, im Mittelpunkt einer Konsenstheorie stehen muß, die eine Emanzipationsnorm des herrschaftsfreien Dialogs begründen soll (vgl. oben § 17), leuchtet intuitiv sofort ein. Gleichfalls intuitiv könnte man daher das Beweisrisiko, das eine Konsenstheorie der theoretischen Wahrheit erwarten läßt, dadurch für nicht so relevant erklären, daß man meint, es komme hauptsächlich auf die praktische Wahrheit an. Was für die theoretische Wahrheit falsch sein mag, kann für die praktische richtig sein und diese scheint primär zu interessieren.

Wenn nun aber die Orientierungsmaßstäbe von Rationalität, die zwischen „Ökonomisten", „Technokraten" und „Interaktionisten" eine Rolle spielen, ihrerseits auf eine Abhängigkeit von theoretischen Wahrheiten zurückverweisen, dann kommt es auf die theoretische Wahrheit nicht minder an. Dies gilt auf jeden Fall so lange, als nicht vorausgesetzt werden darf, daß entsprechende theoretische Voraussetzungen gesellschaftlich einfach neutralisiert werden können. Eine solche Unterstellung macht

---

[17] Dies ist zugleich eine Problematisierung zu Wellmer 1979 a, S. 33 ff. Vgl. auch die Modifikationen bei Wellmer 1981, und neuerdings 1983.

jedoch im Hinblick auf die aufgezeigten strukturellen Probleme des optimal-interaktiven Modells wenig Sinn oder ließe sich bestenfalls rein hypothetisch denken, etwa in der Art eines Vorschlags, der besagt: „Wenn wir einmal alle ökonomischen und technischen Maßstäbe, die strittig sein können und alle empirisch kontroversen Rahmenbedingungen unserer gesellschaftlichen Situation vergessen, was würden wir dann sagen, was im allgemeinen Interesse gewollt werden soll?"

So wie die leere Abstraktheit eines solchen Vorschlags zeigt, wie wenig plausibel er ist, so wird andererseits evident, wann es gar kein prinzipielles Problem darstellen würde, daß wir eben konfligierende Rationalitätsstandards und empirische Bedingungen nicht vergessen können. Dies wäre dann der Fall, wenn die Konsenstheorie der theoretischen Wahrheit gelten würde. Denn dann hätten wir die Gewähr, daß zwar nicht immer faktisch, aber im Prinzip eine diskursrationale Auflösung von Kontroversen möglich wäre und Entscheidungen, die getroffen werden müßten, gleichwohl idealiter konsensuell gedacht werden könnten.

Es ist daher nur konsequent, wenn Habermas behauptet, nicht nur die praktische, sondern auch die theoretische Wahrheit sei wesensmäßig diskursiv und habe ihren Sinn im Konsens. Er braucht diese Behauptung für seine konsensuelle Emanzipationsnorm insofern, als gesellschaftliche Fragen von der Anerkennung theoretischer Wahrheiten und mit ihnen verknüpfter Standards von Rationalität abhängig sind.

Dies erlaubt zugleich die Gegenthese zu Habermas zu formulieren und der weiteren Diskussion als Orientierung voranzustellen. Diese These lautet für die theoretische Wahrheit, daß der Begriff der Diskursivität entweder ein triviales oder falsches Kriterium abgibt. Trivial ist eventuell, daß ich etwas sagen muß (inklusive „innerem Reden"), um etwas zu behaupten, aber ob das, was ich behaupte, wahr ist, zeigt sich nicht im Diskurs als solchem, sondern daran, ob die Behauptung an der „Welt" zu bestätigen ist. Und weil das den eigentlichen Tatbestand ausmacht, braucht es nicht zu wundern, daß unsere „Ökonomisten", „Technokraten" und „Interaktionisten" sich im Zweifelsfall zwar demokratisch geschlagen geben, aber nicht deshalb, weil sie von einer gegenteiligen Wahrheit überzeugt worden wären, sondern weil sie den Primat der politisch vermittelten Willensbildung anerkennen: voluntas, non veritas, facit legem. Ob wir uns damit bereits der „Finsternis der bloßen Dezision" (1968 b, S. 166) überantwortet haben, muß sich noch zeigen. Wir können diesem Vorwurf insofern gelassen entgegensehen, als ja der vorliegende Argumentationsansatz gegen die konsensuelle Emanzipationsnorm explizit voraussetzt, daß ein radikaldemokratisches Prinzip die Gesellschaft leitet und daher eine Herrschaftsschranke gegen eine diskursive Verständigung nicht besteht. Wenn wir aber in dieser Weise ziemlich ideale Bedingungen an Demokratie und entsprechende Dispositionen zu diskursiver Verständigung bei den Mitgliedern der Gesellschaft voraussetzen, dann dürfen wir auch unterstellen, daß Entscheidungen nicht etwa einer dunklen Irrationalität entspringen, sondern unter vitalem Einsatz diskursiv-argumentativer Potentiale das Tageslicht nicht zu scheuen brauchen. Aus der Sicht des Organisationsprinzips der herrschaftsfreien Diskussion ist das ja eh die Situation, die auch Habermas anerkennt (vgl. oben § 17). Und selbst wenn sich herausstellen sollte, daß auch der wahrheitskriteriale Begriff der Diskursivität für das Problem der praktischen Wahrheit zu schwach ist, könnte sein gesellschaftlich-politisches Pendant gleichwohl ausreichen. Ist es also nicht eher so, daß der Verzicht auf die konsensuelle Emanzipationsnorm weit einleuchtender Organisationsprinzip und utopischen Entwurf zusammenschließen würde?

Damit haben wir eine Vorklärung der gesellschaftstheoretischen Implikation erreicht, auf die wir Erfolg oder Scheitern von Habermas' Wahrheitstheorie zuspitzen können. Denn das hypothetische Gegenargument zur konsensuellen Emanzipationsnorm, um dessen Antecedens es im folgenden gehen wird, lautet nun: *wenn* Diskursivität für Wahrheit nicht konstitutiv ist, wohl aber für ein gesellschaftliches Vermittlungsschema, dann kann das Telos der politischen Willensbildung nicht die Überführung von „voluntas" in „ratio" sein, sondern eher so etwas wie die Einbindung von „ratio" in „voluntas" so gut es eben geht.

Gegen diese Art und Weise die Beweislast für Habermas' Wahrheitstheorie zu formulieren, könnte eingewendet werden, daß

sie aus einer verbissenen Anhänglichkeit an die Marxsche Utopie
Schwierigkeiten konstruiert, die Habermas schon längst hinter
sich gelassen hat, wenn man nur seine bereits angeführten Unter-
scheidungen ernst nimmt. Man muß eben nicht nur die Unterscheidung in zweckrationales und kommunikatives Handeln
beachten (vgl. oben § 16), sondern auch die zwischen „Subsystemen zweckrationalen Handelns" und dem „institutionellen Rahmen" der Gesellschaft, in die sie „eingebettet" sind (vgl. ebd.).
Dieser Rahmen bezeichnet die gesellschaftlich entscheidende
Dimension der Interaktion und ihrer Rationalität und muß daher
prinzipiell unabhängig von Rationalitätsansprüchen betrachtet
werden, die eigentlich in die Subsysteme zweckrationalen Handelns gehören. Ist es nicht gerade der Sinn einer „Rationalisierung" des institutionellen Rahmens, daß ökonomische oder
technische Rationalität zwar ihre Funktion in den Subsystemen
zweckrationalen Handelns haben, aber keine Orientierungsan-
sprüche mehr für „Ziele der Lebenspraxis" (vgl. oben § 17)
erheben dürfen? Alles andere wäre doch ideologieverdächtig,
wenn man Habermas' Kritik der szientistischen (positivistischen) und technokratischen Ideologie (vgl. 1968 b) relevant
findet.
Dieser Einwand macht stutzig. Werfen wir jedoch einen Blick
zurück, so löst er sich auf und zwingt weit mehr dazu, eine
zusätzliche Problematisierung von Habermas' Begrifflichkeit
vorzunehmen. Hierzu brauchen wir uns nur genauer anzusehen,
was Habermas zur „Rationalisierung des institutionellen Rahmens" ausführt. Dann ist zum einen unkontrovers, daß dieser
Rahmen einem radikaldemokratischen Prinzip folgen soll, das
sich gesamtgesellschaftlich unter den Prinzipien von Gleichheit
und Freiheit konstituiert. Unkontrovers ist weiter, daß das
radikaldemokratische Prinzip so umfassend wie möglich auf
„allen Ebenen" umzusetzen ist. Selbst unser Strukturproblem
scheint unkontrovers, wenn wir in Habermas' Fragestellung das
Problem einer adäquaten Verhältnisbestimmung von Bereichen
nicht-interaktiver Rationalität zur interaktiven Rationalität
erkennen und in diesem Sinn die „herrschaftsfreie Diskussion
über die Angemessenheit und Wünschbarkeit von handlungs-
orientierenden Grundsätzen und Normen im Lichte der sozio-

kulturellen Rückwirkungen von fortschreitenden Subsystemen zweckrationalen Handelns" verstehen. Die Frage ist also, wie der institutionelle Rahmen mit den nicht-interaktiven gesellschaftlichen Schemata fertig wird, die für die Subsysteme zweckrationalen Handelns charakteristisch sind.

Dafür, daß der Rahmen überhaupt mit ihnen fertig werden kann, ist ein gesellschaftliches Verständigungsschema der Interaktion unerläßlich, das eine emanzipatorische „Entschränkung der Kommunikation" ermöglicht, aber diese Herausarbeitung einer interaktiv-politischen Dimension als solcher ist nur ein Aspekt der Rationalisierung. Der zweite Aspekt, unter dem wir von interaktiver Rationalisierung sprechen können, betrifft die rationale Bestimmung des gesellschaftlichen Verhältnisses von diskursiv-interaktiver und nicht-interaktiver Rationalität selbst. Faktisch ist dieser Aspekt bei Habermas angesprochen, wenn es um „handlungsorientierende Grundsätze" eben „im Lichte" der Subsysteme geht, doch gibt sich Habermas bislang keine Rechenschaft darüber, daß damit ein Rationalisierungsproblem eigener Art auftaucht, das nicht einfach mit der Ausdehnung oder Intensivierung eines diskursiven Verständigungsschemas zu lösen ist (vgl. z. B. 1976 a, S. 34 f.). Selbst wenn ganz im Einklang mit Habermas' Unterscheidung in zweckrationales und kommunikatives Handeln das letztere im institutionellen Rahmen „überwiegt" und insofern interaktive Rationalisierung dominiert (vgl. oben § 16), heißt das noch nicht, daß für „handlungsorientierende Grundsätze" eine Rationalität keine legitimierende Kraft beanspruchen dürfte, die sich an Kriterien nichtinteraktiver Vermittlungen der Gesellschaft orientiert, wie sie in ökonomischer und technischer Hinsicht vorliegen. Damit jedoch sind wir wieder zu unserem Problem konfligierender Rationalitätsansprüche und seinen Konsequenzen für die Beweislast einer Konsenstheorie der Wahrheit zurückgekehrt.

Von daher legt sich nahe, den Doppelaspekt der interaktiven Rationalität auch terminologisch klar zu trennen. Wir können von *horizontaler* interaktiver Rationalisierung sprechen, wenn es um den Aspekt der Freisetzung eines interaktiven Verständigungsschemas als eines solchen geht. Wir können von *vertikaler* interaktiver Rationalisierung sprechen, wenn es darum geht, im

Verhältnis zu Formen nicht-interaktiver Rationalität den Rationalitätsmaßstab der Interaktion, die Diskursivität, gesellschaftlich zu behaupten oder durchzusetzen. Somit ist der „institutionelle Rahmen" selbst durch eine Spannung gekennzeichnet, die sich dem Problem der vertikalen Rationalisierung verdankt. Außerdem ist dieses Problem nicht auf den gesamtgesellschaftlichen Rahmenn beschränkt, sondern tritt in unterschiedlicher Weise auf allen Ebenen hervor.

Wenn wir etwa daran denken, wie eine partizipative Ökonomie funktionieren könnte, die Marx' Postulate des optimal-interaktiven Modells z. B. auf Betriebsebene umzusetzen versucht, ohne die Schwierigkeiten zu verkennen, die damit verbunden sind (vgl. dazu oben §§ 8, 14), dann ist klar, daß die Freisetzung eines interaktiven Partizipationsprinzips als solchem (horizontale Rationalisierung) noch nicht ausreicht, um zu einer adäquaten Ersetzung von nicht-interaktiven Vermittlungen (hierarchische Arbeitsteilung, technische Prozesse) durch Interaktionen zu kommen (vertikale interaktive Rationalisierung).[18]

Nun kann man natürlich sagen, die Freisetzung des interaktiven Prinzips sei die Hauptsache und alles weitere werde sich finden. Hiermit läßt sich in allgemeiner Weise jedoch nur dann operieren, wenn man an die Konsenstheorie der Wahrheit glaubt. Denn nur dann dürften wir unterstellen, daß wir prinzipiell eine adäquate Verhältnisbestimmung von interaktiven und nicht-interaktiven Vermittlungen der Gesellschaft bzw. ihrer Teileinheiten deshalb zu erwarten haben, weil wir die Lösung dieser Probleme einem diskursiven Prozeß überlassen. Wenn hingegen die Diskursivität zwar gesellschaftlich-politisch primär ist, jedoch nicht oder nur beschränkt in wahrheitskriterialer Hinsicht, dann folgt, daß wir von vornherein das Problem der vertikalen interaktiven Rationalisierung viel stärker betonen müssen als dies bei Habermas der Fall ist. Das heißt noch nicht, daß Habermas bereits chancenlos wäre, sich diesem Problem zu stellen, doch fragt sich, ob nicht letztlich seine Wahrheitstheorie einer solchen Problematisierung im Wege steht.

---

[18] Vgl. z. B. die ökonomische Diskussion in Backhaus/Eger/Nutzinger 1978, Teil I.

Hierin liegt deshalb ein wichtiges vorlaufiges Resultat, weil wir nun eine vertiefte Sicht des inneren Zusammenhangs von Habermas' Theorie gewinnen können. Wir waren ausgegangen von der Zwischenfrage, ob nicht das optimal-interaktive Modell von Marx mit Hilfe von Habermas verbessert werden könnte, ohne zwangsläufig eine konsensuelle Emanzipationsnorm unterstellen zu müssen. In Anbetracht der Struktur dieses Modells (vgl. oben §§ 7, 8) können wir dies nun als die Frage erkennen, ob eine vertikale interaktive Rationalisierung der Gesellschaft konsensuell gedacht werden muß.

Daß wir diese Frage jetzt so stellen können, zeigt die Fruchtbarkeit des Marxschen Modells für eine nähere Befragung von Habermas' Theorie. Die Emanzipationsperspektive der Befreiung der Arbeit bleibt darin virulent, daß sie sich in die allgemeinere Frage nach der vertikalen interaktiven Rationalisierung der Gesellschaft transformieren läßt. Indem das optimal-interaktive Modell von Marx dieses Problem sehen hilft, wird deutlich, daß von einer optimal-interaktiven Vergesellschaftung nur in dem Maße gesprochen werden kann, in dem das Problem der vertikalen interaktiven Rationalisierung eine prinzipielle Lösung erfährt. Diese Lösung aber, so zeigt unsere Beweislastverteilung gegenüber Habermas, könnte der Sache nach ohne eine Konsenstheorie der Wahrheit und dementsprechend auch ohne konsensuelle Emanzipationsnorm auskommen. Für Habermas hingegen muß sie insoweit durch diese Konzeptionen bewerkstelligt werden.

Diese Konstellation nötigt zu Klarstellungen, an denen wir Habermas' Beiträge im folgenden messen können. Denn ganz offenkundig besteht die Gefahr, daß nicht scharf genug unterschieden wird zwischen

1) Kommunikativem Handeln,
2) Interaktiver Vergesellschaftung und
3) Vertikaler interaktiver Rationalisierung.

Wie wir schon früher festgestellt haben, folgt aus 1) nicht 2), da kommunikatives Handeln mit einem nicht-interaktiven Schema der Vergesellschaftung kompatibel ist (vgl. oben § 17). Wie wir inzwischen weiter gesehen haben, folgt aus 2) keine prinzipielle

Lösung von 3), weil horizontale und vertikale interaktive Rationalisierung voneinander zu unterscheiden sind.

Für eine emanzipatorische Gesellschaftstheorie ist offenkundig, daß sie insbesondere die Gesichtspunkte 2) und 3) in den Vordergrund rücken muß, um den möglichen „Weg des sozialen Bildungsprozesses" im Sinne einer „Freisetzung des kommunikativen Handelns" (vgl. oben § 16) zu entwickeln. Doch dies bedeutet zugleich Vorsicht gegenüber Tendenzen, bereits dem Gesichtspunkt des kommunikativen Handelns selbst die gesellschaftliche Unmittelbarkeit einer konsensuell orientierten „Dialektik der Sittlichkeit" zu unterlegen:

> „Die Dialektik des Klassenantagonismus ist... eine Bewegung der Reflexion. Denn das dialogische Verhältnis der komplementären Vereinigung entgegengesetzter Subjekte, die wiederhergestellte Sittlichkeit, ist ein Verhältnis der *Logik* und *Lebenspraxis* in einem. Das zeigt sich in der Dialektik des sittlichen Verhältnisses, das Hegel unter dem Titel des *Kampfes um Anerkennung* entfaltet. Darin ist die Unterdrückung und Erneuerung der Dialogsituation als eines sittlichen Verhältnisses rekonstruiert. Die grammatischen Beziehungen einer durch Gewalt verzerrten Kommunikation üben praktische Gewalt aus. Erst das Ergebnis der dialektischen Bewegung tilgt die Gewalt und stellt die Zwanglosigkeit des dialogischen Sich-Erkennens-im-Anderen her, in der Sprache des jungen Hegel: Liebe als Versöhnung. Dialektisch nennen wir daher nicht die zwanglose Intersubjektivität selber, sondern die Geschichte ihrer Repression und Wiederherstellung." (1968 a, S. 81)

In dieser von Habermas auch neuerdings bekräftigten Intuition der „Versöhnung" im Sinne einer zwanglos „unversehrten Intersubjektivität" (1981 b, S. 151 f.) bestätigt sich nicht nur, daß Anlaß zu kritischer Aufmerksamkeit besteht. Vielmehr stoßen wir nun in überraschender Weise auf eine kaum zu erwartende Parallele zu Marx. Diese beruht auf nichts anderem als der Wiederbelebung von Marx' Konzeption des dialogischen Gattungsakts zur Umsetzung der personalen Vergesellschaftung (vgl. oben § 8).

Um die Stichhaltigkeit dieser Parallele zu sehen, dürfen wir uns freilich weder von Habermas' Marx-Kritik (1968 a, Kap. I, 3) noch von dem gegenüber Marx modifizierten Stellenwert des dialogischen Gattungsakts in Gestalt des herrschaftsfreien Dialogs irritieren lassen. Denn Habermas' Marx-Kritik zeigt in ihrem Kern nur, daß es eines interaktiven Vermittlungsschemas der Gesellschaft bedarf, das als politisches Organisationsprinzip der herrschaftsfreien Diskussion die Lücke füllt, die in unserer Marx-Interpretation nur allzu sichtbar wurde (vgl. oben § 17). Insofern lehnt Habermas also das Unmittelbarkeitspostulat ab, das Marx mit dem dialogischen Gattungsakt verbindet und das ihn unfähig macht, das politische Problem einer Emanzipationstheorie zu sehen (vgl. oben insbes. § 8).

Doch dies hindert Habermas nicht, die Idee des dialogischen Gattungsakts auf der Ebene einer Emanzipationsnorm zu rehabilitieren und weiterzutreiben. Die zwanglose Intersubjektivität des herrschaftsfreien Dialogs wird zur undialektischen Norm, um die die soziale Auseinandersetzung ihrerseits „dialektisch" oszilliert. Auf diese Weise verschafft Habermas Marx' Idee der personalen Vergesellschaftung eine Art transzendentalphilosophische Legitimation.

Damit aber kehrt das von Marx verkannte Problem der politischen Vermittlung auf anderer Ebene wieder. Indem Habermas den dialogischen Gattungsakt zu einer Emanzipationsnorm erhebt, produziert er unversehens ein Unmittelbarkeitspostulat mit anderen theoretischen Mitteln, das darin zum Ausdruck kommt, daß er seinerseits noch keine Antwort auf ein zentrales Problem der politischen Vermittlung gegeben hat: das Problem der vertikalen interaktiven Rationalisierung.

Es ist keineswegs Zufall, wenn sich die Bestätigung für diese Sichtweise zunächst da findet, wo Habermas seinerseits Marx interaktionistisch interpretiert:

„Marx analysiert eine Gesellschaftsform, die den Klassenantagonismus nicht mehr in Gestalt unmittelbarer politischer Abhängigkeit und sozialer Gewalt institutionalisiert, sondern im Institut des freien Arbeitsvertrags, das der produktiven Tätigkeit die Warenform überstülpt, festmacht. Diese Warenform ist objektiver Schein, weil sie beiden Parteien, den Kapitalisten wie den Lohnarbeitern, den Gegenstand ihres Streites unkenntlich macht und ihre Kommunikation einschränkt. Die Warenform der Arbeit ist Ideologie, weil sie die Unterdrückung eines zwanglos dialogischen Verhältnisses zugleich verheimlicht und ausdrückt... Der institutionell befestigten Unterdrückung einer Kommunikation durch die eine Gesellschaft in soziale Klassen sich spaltet, entspricht eine Fetischisierung der wahren gesellschaftlichen Beziehungen... In der liberalen bürgerlichen Gesellschaft ist die Legitimation der Herrschaft aus der Legitimation des Marktes, nämlich der dem Tauschverkehr innewohnenden ‚Gerechtigkeit' des Äquivalententauschs abgeleitet. Sie wird durch die Kritik des Warenfetischs entlarvt." (1968 a, S. 81 ff.)

Habermas zitiert in diesem Zusammenhang jene schwierige Passage über das „Geheimnisvolle der Warenform", mit der wir unsere liebe Not bei der Interpretation von Marx' „Fetischkapitel" hatten (vgl. oben §6). Obwohl Anlaß bestünde, unsere obigen Klarstellungen schon deshalb zu vergegenwärtigen, weil auch Habermas kein genaues Verständnis des Problems des Warenfetischs erreicht, so ist dies jetzt nicht der eigentliche Punkt. Worum es vielmehr geht, ist, anhand der wesentlichen Bestimmungen exemplarisch die Gefahr einer Konfundierung zwischen kommunikativem Handeln, interaktiver Vergesellschaftung und vertikaler interaktiver Rationalisierung zu bezeichnen, die weniger mit Marx als mit Habermas zu tun hat. Erinnern wir uns dazu, worin die Warenform besteht: Im Grunde ist sie nichts anderes als die Tausch-Arbeit-Struktur als solche, wie Marx sie zunächst ganz allgemein für den Warentausch analysiert und dann auch auf die Ware Arbeitskraft überträgt (vgl. oben §§6, 9). Wenn wir beides zusammen nehmen, dann stellt die Warenform die klassenantagonistische Etablierung eines gegenständlichen Vermittlungsschemas (Geld/

Tausch) der Gesellschaft dar. Um dies einzusehen, brauchen wir weder eine spezifische Theorie des Warenfetischs, noch bedarf es einer solchen Theorie, um die Ideologie des „gerechten Tauschs" zu durchschauen. Der Warenfetisch im engeren Sinn ist vielmehr eine substanzmetaphysische Spekulation (vgl. oben §§ 3, 4, 6) und die Ideologie des „gerechten Tauschs" löst sich auf, wenn nur deutlich gemacht wird, worum es im Sozialkampf zwischen Kapitalisten und Arbeitern geht, nämlich um den Verteilungskampf zwischen Profit und Lohn, der seinerseits zu verstehen ist vor dem Hintergrund eines strukturellen Interessengegensatzes aus der Asymmetrie zwischen Lohnarbeit und Kapital (vgl. oben § 9). Insofern ist die Warenform überhaupt nichts „Geheimnisvolles" und auch kein „objektiver Schein", sondern bezeichnet nur die strukturellen Bedingungenn der kapitalistischen Tauschgesellschaft.

Dem entspricht, daß auch der „Gegenstand des Streits" zwischen Arbeitern und Kapitalisten keineswegs „unkenntlich" wird, sondern den beteiligten Akteuren in barer Münze zum Bewußtsein kommt, vorausgesetzt natürlich, sie sind bei Verstand. Von „Einschränkung" oder „Unterdrückung" der Kommunikation kann daher zunächst innerhalb der strukturellen Bedingungen des Kapitalismus nur insoweit die Rede sein, als es etwa den Kapitalisten oder ihren politischen Parteigängern gelingt, die Artikulationsmöglichkeiten und Kampfbedingungen der Arbeiter repressiv zu beschneiden. Sobald jedoch die Arbeiter ihre soziale Position einigermaßen halten oder gar zu „Tarifpartnern" werden, ist nicht mehr zu sehen, wodurch das kommunikative Handeln im Rahmen des Arbeitsvertrags der kapitalistischen Gesellschaft prinzpiell eingeschränkt werden sollte.

Ganz anders sieht es dagegen aus, wenn wir die „wahren gesellschaftlichen Beziehungen" durch ein Modell der interaktiven Vergesellschaftung denken. Dann – und nur dann – läßt sich am Kapitalismus in der Tat kritisieren, daß er einer „Fetisisierung" der Verhältnisse in dem Sinne Vorschub leistet, als er einen „falschen Schein der Freiheit" erzeugt, der wesentlich in seinen nicht-interaktiven, gegenständlichen Formen der gesellschaftlichen Vermittlung besteht (vgl. oben § 6). Doch die Natur dieser Kritik läßt es nicht zu, von einer „Verheimlichung" oder „Unterdrückung" eines bereits irgendwie vorhandenen „dialogischen Verhältnisses" zu sprechen, das durch den Klassengegensatz nur zugedeckt wird. Vielmehr lebt die Kritik bei Habermas genauso wie bei Marx (vgl. oben § 7) davon, daß eine strukturelle Alternative qua personale Vergesellschaftung entworfen wird, die in einem kategorialen Sinn verschieden sein soll von der nicht-interaktiven Vergesellschaftung des Kapitalismus. Habermas schwankt also hier in aufschlußreicher Weise zwischen der Dimension des kommunikativen Handelns auf der Ebene des Klassenantagonismus und dem Vorschein eines Prinzips der interaktiven Vergesellschaftung.

Weil dieser Vorschein jedoch am Klassenantagonismus festgemacht wird, scheint Habermas außerdem zu entgehen, daß selbst die Aufhebung dieses Antagonismus nicht den möglichen Gegensatz unterschiedlicher Schemata der Vergesellschaftung beseitigt und damit auch ein interaktives Grundschema der Gesellschaft einem strukturellen Konflikt mit nicht-interaktiven gesellschaftlichen Vermittlungen aussetzt. Der Klassenantagonismus ist in anderen Worten ein Spezialfall des Problems der vertikalen interaktiven Rationalisierung. Das unter der Perspektive einer „Dialektik der Sittlichkeit" antizipierte „dialogische Verhältnis" kann daher interaktive Vergesellschaftung bestenfalls als horizontale Rationalisierung denken.

In dem Maße also, in dem das Problem der vertikalen interaktiven Rationalisierung ignoriert wird, müssen wir der konsensuellen Emanzipationsnorm als spekulativem Prinzip gesellschaftlicher Unmittelbarkeit kritisch entgegentreten. Die Konsenstheorie der Wahrheit und das konsensuelle Sprachkonzept als Handlungsmodell sind daher nicht nur unter dem Aspekt zu sehen, wie eine prinzipielle Lösung des Problems der vertikalen interaktiven Rationalisierung aussehen könnte. Sie lassen sich *auch* als letzte Chance für ein Modell gesellschaftlicher Unmittelbarkeit verstehen, das wir erreichen, wenn wir Habermas' Verhältnis zu Marx als fortschreitenden Versuch der Verbesserung lesen: zunächst verschafft Habermas der Emanzipationstheorie ihr fehlendes politisches Organisationsprinzip, um dann auch noch der Idee der personalen Vergesellschaftung ihre gesellschaftliche Unmittelbarkeit zurückzugeben.

Dem steht jedoch auf der anderen Seite das offene Sachproblem
der vertikalen interaktiven Rationalisierung gegenüber. Zwar
konnte das rekonstruierte optimal-interaktive Modell der Marxschen Utopie dieses Problem aus der Perspektive einer Befreiung
der Arbeit sichtbar machen, doch blieb diese Perspektive im
Rahmen der Marxschen Theorie genauso uneingelöst wie der
soweit diskutierte Ansatz von Habermas noch keine Antwort
erkennen läßt. Der einzige Gewinn, den wir vorerst systematisch
verrechnen dürfen, besteht in einer aufschlußreichen Neufas-
sung des Klassenantagonismus, der offenbar auch eine radikaldemokratische Transformation des Kapitalismus überleben
könnte: unsere „Ökonomisten", „Technokraten" und „Interaktionisten" repräsentieren keine sozialen Klassen mehr, sondern
sind Protagonisten einer politischen Auseinandersetzung, die
sich einem Antagonismus der Rationalisierung verdankt. Können wir dann aber wirklich noch auf einen uns wenigstens im
Prinzip erlösenden Konsens hoffen?

§ 19 Die Beweislast der Konsens-Rationalität –
theoretische Wahrheit und Diskursivität

Nachdem die gesellschaftstheoretische Funktion von Habermas'
Konsenstheorie der Wahrheit deutlich geworden ist (vgl. soeben
§ 18), sollte auch klar sein, daß wir uns dem Wahrheitsproblem
nur insofern zu widmen brauchen, als es Habermas' eigener
Theorie-Ansatz erfordert. Es genügt daher, eine immanente
Auseinandersetzung bis zu dem Punkt zu führen, an dem sichtbar wird, ob eine Konsenstheorie der Wahrheit in der von
Habermas vorgeschlagenen Fassung die selbst gesetzten Ansprüche einlösen kann. Habermas ist kein Wahrheitstheoretiker, der
nach einem Übergang zur Gesellschaftstheorie strebt, sondern
ein Gesellschaftstheoretiker, der eine Wahrheitstheorie braucht.
Eine ganz entsprechende Theorie-Situation trifft auch für das
Verhältnis von Gesellschaftstheorie und Sprechakttheorie zu,
das unten zur Diskussion steht (vgl. § 21).
Andererseits ist das systematische Gewicht, das der Konsenstheorie der Wahrheit zukommt, immens. Die Wahrheitstheorie

erhält bei Habermas einen vergleichbar fundamentalen Stellenwert wie bei Marx die Werttheorie. So wie für Marx die Werttheorie den (unhaltbaren) normativen Begriff gesellschaftlicher Rationalität abgibt (vgl. oben § 9), so grundlegend wird für Habermas die These seiner Wahrheitstheorie für die normative Bestimmung gesellschaftlicher Rationalität im Sinne des herrschaftsfreien Dialogs.

Ich gebe deshalb im folgenden eine relativ detaillierte Analyse von Habermas' „Wahrheitstheorien" (1973 a), um anhand dieses Textes, in dem die Theorie am ausführlichsten expliziert wird, ihre Tragfähigkeit zu überprüfen.[19] Die Sorgfalt, die Marx recht war (vgl. oben §§ 2 ff.), soll Habermas billig sein, nicht zuletzt auch um den möglicherweise unvermeidlichen Abschied von einer intuitiv großen Idee rational gut kontrollierbar und erträglich zu machen.

Habermas beginnt seine Untersuchung mit drei Vorfragen, die ihn jedoch bereits auf zentrale Thesen seines Ansatzes führen. Nur die erste Frage läßt sich eigentlich als Vorfrage verstehen:

> „... was ist es, wovon wir sagen dürfen, es sei wahr oder falsch?" (1973 a, S. 211)

Die Antwort:

> „Wahrheit ist ein Geltungsanspruch, den wir mit Aussagen verbinden, indem wir sie behaupten. Behauptungen gehören zur Klasse konstativer Sprechakte. Indem ich etwas behaupte, erhebe ich den Anspruch, daß die Aussage, die ich behaupte, wahr ist." (1973 a, S. 212)

Soweit beschreibt Habermas ein Vorverständnis, das geläufig ist und allenfalls nach einer ergänzenden terminologischen Klarstellung verlangt. Mit ‚Behauptung' ist der Sprechakt des Behauptens, mit ‚Aussage' ist nicht der Sprechakt, sondern das

---

[19] Die Grundkonzeption findet sich schon bei Habermas 1971 a, S. 123 ff., 221 ff., und 1972; in Kurzform 1973 c, S. 382 ff. Vorausgesetzt wird die Theorie später in 1976 a, S. 23; 1976 b, S. 201; 1981 a, Bd. 1, I, 1.

Behauptete, das Ausgesagte, gemeint. Bereits merkwürdig mutet jedoch die Fortsetzung an:

> „Im Vollzug der konstatierenden Sprechakte zeigt sich, was wir mit der Wahrheit von Aussagen meinen; darum können diese Sprechakte nicht selbst wahr sein. Wahrheit meint hier den Sinn der Verwendung von Aussagen in Behauptungen. Der Sinn von Wahrheit läßt sich daher mit Bezugnahme auf die Pragmatik einer bestimmten Klasse von Sprechakten klären." (1973 a, S. 212)

Unproblematisch ist die nach dem Vorhergehenden völlig evidente Feststellung, daß nicht die Sprechakte, sondern das durch sie Behauptete, die Aussage, wahr oder falsch ist. Problematisch erscheint, daß Habermas dies zum Anlaß nimmt, von Wahrheit in einem zweiten Sinn, nämlich dem „Sinn der Verwendung von Aussagen in Behauptungen" zu sprechen. Das steht ihm natürlich frei, doch sollte deutlich gemacht werden, daß nur dieser Sinn von Wahrheit, der Handlungssinn von Wahrheit, wie wir sagen können, den Schluß auf eine „Pragmatik von Sprechakten" nahelegt. Der erste Sinn von Wahrheit, die propositionale Wahrheit der Aussage, mit der Habermas selbst beginnt, tut dies keineswegs, es sei denn, man wollte dem Umstand, daß es selbstredend um die Aufklärung des begrifflichen Zusammenhangs zwischen Behauptung, Aussage und Wahrheit geht, mit besonderer Emphase nach der Seite des Sprechakts betonen. Hier kündigt sich an, was wir als Problem der ganzen Theorie ansehen müssen – die vermeintliche Fundierung des propositionalen Sinns von Wahrheit in ihrem Handlungssinn. Die Bestätigung dieses Eindrucks findet sich in dem, was Habermas als erste Ausgangsthese formuliert:

> „Wahrheit nennen wir den Geltungsanspruch, den wir mit konstativen Sprechakten verbinden. Eine Aussage ist wahr, wenn der Geltungsanspruch der Sprechakte, mit denen wir unter Verwendung von Sätzen, jene Aussagen behaupten, berechtigt ist." (1973 a, S. 218)

Warum, so fragt sich, liegt hierin überhaupt eine These? Denn wissen wir nicht bereits aus dem zunächst umschriebenen Vorverständnis, daß wir Wahrheit den Geltungsanspruch von Aussagen nennen, die wir behaupten, und daß wenn eine Aussage wahr ist, ihr Geltungsanspruch erfüllt und ihre Behauptung berechtigt ist? Daß Habermas dem gegenüber vom „Geltungsanspruch der Sprechakte" spricht, scheint die Verschiebung darzustellen, die eine These ins Spiel bringt. Freilich in undurchsichtiger Weise, denn nach den vorliegenden Überlegungen ist es genau genommen unrichtig, von einem Geltungsanspruch der Sprechakte als solcher zu reden. Indem ich einen Akt vollziehe, melde ich im Hinblick auf die Aussage einen Geltungsanspruch an. Dem Akt als solchem kommt kein separater Geltungsanspruch zu, er ist berechtigt oder nicht.

Das ungute Gefühl, das uns bei der ersten „Vorfrage" vielleicht zu unrecht beschleicht, könnten wir schnell wieder abschütteln, wenn uns nicht Habermas' Umgang mit Geltungsansprüchen durch die zweite „Vorfrage" neue Rätsel aufgeben würde. Jetzt nämlich geht es um den Unterschied zwischen implizit unterstellten Geltungsansprüchen von Aussagen und deren expliziter Thematisierung, den Habermas an die sogenannte Redundanztheorie der Wahrheit anschließt, die uns nicht zu kümmern braucht.[20] Wichtig ist, was Habermas aus dieser Unterscheidung entwickelt:

> „Unter dem Stichwort ‚Handeln' führe ich den Kommunikationsbereich ein, in dem wir die in Äußerungen (auch in Behauptungen) implizierten Geltungsansprüche stillschweigend voraussetzen und anerkennen, um Informationen (d. h. handlungsbezogene Erfahrungen) auszutauschen. Unter dem Stichwort ‚Diskurs' führe ich die durch Argumentation gekennzeichnete Form der Kommunikation ein, in der problematisch gewordene Geltungsan-

---

[20] Entsprechendes gilt für die übrigen historischen Bezüge, die Habermas herstellt. Ich finde es für den hier interessierenden Kontext eine nebensächliche Frage, wie Habermas mit anderen Positionen umgeht. Was zählt ist seine eigene These, soweit sie systematisch ist.

sprüche zum Thema gemacht und auf ihre Berechtigung hin untersucht werden." (1973 a, S. 214)

Man fragt sich, warum eine derartige Rede von Kommunikationsformen erforderlich ist, um den einfachen Unterschied zwischen impliziten und expliziten Geltungsansprüchen auszudrücken.[21] Aufschluß bringt die dritte „Vorfrage", die Habermas an die sogenannte Korrespondenztheorie anknüpft:

> „Daß eine Ampel auf Gelb steht oder ein Apfel schon gelb ist, ist im Handlungszusammenhang des Straßenverkehrs oder des Verkaufs reifer Früchte eine Information (die Mitteilung einer handlungsbezogenen Erfahrung); man kann auch sagen, daß dies Tatsachen sind, aber man sagt es erst, d. h. man spricht erst von Tatsachen, wenn nach einem Verkehrsunfall der *Sachverhalt* geklärt werden muß, ob jene Ampel zu einem bestimmten Zeitpunkt auf Gelb gestanden hat... In diesen Fällen haben wir es mit Behauptungen derselben grammatischen Form zu tun, aber in beiden Kommunikationsbereichen *bedeuten* sie etwas Verschiedenes. Im Handlungszusammenhang hat die Behauptung die Rolle einer Information über eine Erfahrung mit Gegenständen, im Diskurs hat sie die Rolle einer Aussage mit problematisiertem Geltungsanspruch. Der gleiche Sprechakt bringt dort eine Erfahrung zum Ausdruck, die objektiv ist oder bloß subjektiv, hier einen Gedanken, der wahr oder falsch ist. In Handlungszusammenhängen kann ich mich in meinen Erfahrungen mit Gegenständen täuschen, in Diskursen habe ich mit dem für meine Aussagen behaupteten Geltungsanspruch recht oder unrecht." (1973 a, S. 217)

Hier wird der obigen Unterscheidung zwischen Information und Argumentation, die ausschließlich unter dem Gesichtspunkt impliziter-expliziter Geltungsanspruch eingeführt wurde, die

---

[21] Vgl. zur Kritik dieser Unterscheidung insbes. auch Schnädelbach 1977, Kap. III.

gewagte These hinzugefügt, daß sich Informationen und Argumentationen der Bedeutung ihrer Behauptungen nach unterscheiden. Dies erscheint absurd, denn gerade das Gegenteil muß gelten, wenn wir hinsichtlich ein und derselben Behauptung überhaupt davon sprechen können sollen, daß einmal ihr Geltungsanspruch nur implizit, ein andermal aber explizit ist. Der Beleg dafür läßt sich darin erkennen, daß es Habermas nur zum Schein gelingt, quasi unabhängige Charakterisierungen für Informationen zu geben. Diese geben auf einmal eine nicht näher erläuterte „Erfahrung mit Gegenständen" wieder, die objektiv oder subjektiv ist. Was aber heißt das? Nichts anderes, als daß eine Erfahrungsaussage wahr oder falsch bzw. ungesichert ist. Auch Täuschungen sind auf die Gegenüberstellung von Wahrheit und Falschheit bezogen, genauso wie andererseits prima facie nichts dagegen spricht, bei Diskursen von möglichen Täuschungen über Geltungsansprüche zu sprechen.

Anstatt es also bei der sinnvollen Unterscheidung zwischen Informationen und Argumentationen in Termini von impliziten und expliziten Geltungsansprüchen zu belassen, versucht Habermas plötzlich bei Informationen den Wahrheitsbezug überhaupt fallenzulassen, um schließlich auch zu sagen: „Wahrheit... ist keine Eigenschaft von Informationen, sondern von Aussagen." (1973 a, S. 219) Dies ist widersprüchlich, da zunächst ja Informationen nichts anderes waren als Behauptungen mit nur impliziten Geltungsansprüchen von – Aussagen!

Der Fehlschluß, der dem zugrunde liegen dürfte, lautet: Wenn nur Argumentationen den Wahrheitsanspruch von Aussagen einlösen, dann haben auch nur Behauptungen mit explizitem Geltungsanspruch einen eigentlichen Wahrheitsbezug. Im Grunde macht Habermas diese Überlegung zum Ausgangspunkt:

> „Darüber, ob Sachverhalte der Fall sind oder nicht der Fall sind, entscheidet nicht die Evidenz von Erfahrungen, sondern der Gang von Argumentationen. Die Idee der Wahrheit läßt sich nur mit Bezugnahme auf die diskursive Einlösung von Geltungsansprüchen entfalten." (1973 a, S. 218)

Wie schwerwiegend diese These ist, wird deutlich, wenn wir uns vergegenwärtigen, was bisher an gesicherten Tatbeständen anführbar ist. Für eine Wahrheitstheorie ist entscheidend, so können wir feststellen, den Geltungsanspruch explizit zu problematisieren, der für Aussagen durch implizite oder explizite Behauptungen erhoben wird, einfach aufgrund dessen, daß es sich um Behauptungen handelt. Die Aufklärung dieses Geltungsanspruchs hängt offenbar wesentlich mit unserem Wahrheitsverständnis zusammen. Wenn wir nun die Bedingungen freilegen können, unter denen die Einlösbarkeit des Geltungsanspruchs steht, haben wir zugleich unser Verständnis von Wahrheit erhellt. Sind diese Bedingungen Erfahrungsbedingungen oder Argumentationsbedingungen oder beides und welche Bedingungen sind gegebenenfalls fundamental?

Da Habermas eine Argumentations-These vertritt, wird nun deutlicher, worin das eigentliche Problem für die theoretische Wahrheit bestehen muß, nämlich darin, das Verhältnis von Erfahrung und Argumentation zu klären. Denn die Gegen-These liegt ja auf der Hand. Welche Rolle auch immer Argumentationen bei Begründungen von theoretischen Aussagen über die Welt spielen mögen, letzten Endes entscheiden Erfahrungen über die Wahrheit (vgl. oben § 18). Habermas antwortet auf diese Gegen-Position mit einer These, durch die er seine eigene Beweislast formuliert:

> „ ... die methodische Inanspruchnahme von Erfahrung, z. B. im Experiment, bleibt ihrerseits abhängig von Interpretationen, die ihre Geltung nur im Diskurs bewähren können. Erfahrungen *stützen* den Wahrheitsanspruch von Behauptungen ... Aber *einlösen* läßt sich ein Wahrheitsanspruch nur durch Argumentation. Ein in Erfahrung *fundierter* Anspruch ist noch keineswegs ein *begründeter* Anspruch." (1973 a, S. 218)

Daher ist das Problem,

> „was ‚diskursive Einlösung‘ von erfahrungsfundierten Geltungsansprüchen bedeutet" (1973 a, S. 219).

309

Und die allgemeine Antwort soll sein:

> „Die Bedingung für die Wahrheit von Aussagen ist die potentielle Zustimmung aller anderen. Jeder müßte sich überzeugen können, daß ich dem Gegenstand x das Prädikat p berechtigterweise zuspreche und müßte mir dann zustimmen können. Wahrheit meint das Versprechen, einen vernünftigen Konsensus zu erzielen." (1973 a, S. 219)

Wenden wir uns nun den Gedankengängen zu, durch die Habermas diese Konsenstheorie der Wahrheit abzusichern versucht. Das Grundproblem des Verhältnisses von Erfahrung und Argumentation für die theoretische Wahrheit vor Augen, müssen wir zunächst eine begriffliche Entwicklung zur Kenntnis nehmen, in deren Rahmen auch bereits die Erweiterung der Konsenstheorie auf die praktische Wahrheit, die Richtigkeit von Normen, auftaucht. Habermas geht dazu über, seiner Konsenstheorie einen allgemeinen sprechakttheoretischen Rahmen zu verschaffen, durch den er einen Begriff von Vernünftigkeit einführt, der durch vier Geltungsansprüche definiert wird, „die kompetente Sprecher mit jedem ihrer Sprechakte gegenseitig erheben müssen" (1973 a, S. 220): Verständlichkeit, Wahrheit, Richtigkeit, Wahrhaftigkeit. Diese sollen einen „Hintergrundkonsensus" (1973 a, S. 220) für ein funktionierendes Sprachspiel darstellen. Die Erläuterungen von Habermas zeigen, daß es sich dabei um die allgemeinsten Begriffe handelt, an denen sich ein Sprachspiel orientieren können muß:

> „Wenn die *Verständlichkeit* einer Äußerung problematisch ist, stellen wir Fragen des Typs: Wie meinst du das? Wie soll ich das verstehen? Was bedeutet das? Antworten auf solche Fragen nennen wir *Deutungen*. Wenn die *Wahrheit* des propositionalen Gehalts einer Äußerung problematisch ist, stellen wir Fragen des Typs: Verhält es sich so, wie du sagst? Warum verhält es sich so und nicht anders? Diesen Fragen begegnen wir mit *Behauptungen* und *Erklärungen*. Wenn die Richtigkeit der Norm, die dem Sprechakt zugrundeliegt, problematisch ist, stellen

wir Fragen des Typs: Warum hast du das getan? Warum hast du dich nicht anders verhalten? Darfst du das tun? Solltest du dich nicht anders verhalten? Darauf antwortenn wir mit *Rechtfertigungen.* Wenn wir in einem Interaktionszusammenhang schließlich die *Wahrhaftigkeit* eines Gegenübers in Zweifel ziehen, dann stellen wir Fragen des Typs: Täuscht er mich? Täuscht er sich über sich selbst?" (1973 a, S. 221)

Daß wir diese *Fragen* sozusagen ständig zu unserer Disposition haben müssen, wenn wir uns eines nachvollziehbaren Sprachspiels bedienen, ist nicht zu bestreiten. Insofern könnte man sagen, daß die vier Begriffe einfach analytisch zu unserem Begriff von Sprache gehören.[22] Allerdings ist fraglich, ob man unter dem Begriff „Geltungsanspruch" eine Vereinheitlichung vornehmen soll, die zumindest für die „Verständlichkeit" Schwierigkeiten macht, weil Habermas sie selbst wenig später zu den „Bedingungen der Kommunikation" und nicht zu den kommunikativ erhobenen diskursiven (Wahrheit/Richtigkeit) oder nicht-diskursiven (Wahrhaftigkeit) Geltungsansprüchen zählt (1973 a, S. 222). Keineswegs selbstverständlich ist ferner, warum „Wahrhaftigkeit" deshalb nicht-diskursiv verstanden wird, weil sich an Handlungszusammenhängen zeigen soll, ob jemand Intentionen nur vortäuscht oder ernst meint. Man könnte ganz im Gegenteil der Auffassung sein, nur eine diskursive Hermeneutik von sprachlichen wie nichtsprachlichen Handlungsintentionen sowie ihrer Verbindung könne solche „Geltungsansprüche" erschließen.
Wie dem auch sei, für unsere Fragestellung brauchen wir vorerst nicht mehr als die von Habermas in seinem Sinne gebrauchten Begriffe, um uns erneut dem Verhältnis von Erfahrung und Argumentation zuwenden zu können. Hierzu stellt sich jetzt die weitere These ein,

---

[22] Ganz anders sieht es mit der viel stärkeren These aus, *jeder* Sprechakt als solcher impliziere genau vier Geltungsansprüche (vgl. Habermas 1981 a, S. 149). Hierzu kritisch treffend Schneider 1982. Vgl. unten § 21.

„daß Aussagewahrheit und Richtigkeit im Unterschied zu Verständlichkeit und Wahrhaftigkeit einer *unmittelbaren* Erfahrungsgrundlage entbehren" (1973 a, S. 223).

Warum aber, so fragt sich, soll nun die Gegenüberstellung zu Verständlichkeit und Wahrhaftigkeit zum Ausgangsproblem des Verhältnisses von Erfahrung und Argumentation beitragen? Dies leuchtet nicht ein, da die Art von „Erfahrung", die Habermas in Gestalt von „unmittelbarer Interaktionserfahrung" für Wahrhaftigkeit (vgl. 1973 a, S. 224) anführt, mit dem doch für das eigentliche Problem relevanten Fall der empirischen Erfahrung und ihrem Verhältnis zu theoretischen Aussagen nichts zu tun hat, jedenfalls nicht, wenn wir uns an die von Habermas eingeführten Überlegungen halten. Das Verstehen von Zeichen und das Verstehen von Intentionen vollzieht sich zwar in unserer Welt der empirischen Erfahrung, doch sind die Kriterien des Verstehens keine solchen der empirischen Evidenz.[23] Dies bringt Habermas selber zum Ausdruck, wenn er der Verständlichkeit eine „nichtsinnliche Gewißheit" und der Wahrhaftigkeit eine „Glaubensgewißheit" zuordnet. Daher gilt unter dem Gesichtspunkt der empirischen Erfahrung eigentlich, daß Verständlichkeit und Wahrhaftigkeit einer unmittelbaren Erfahrungsgrundlage entbehren, einfach deshalb, weil sie nicht durch empirische, sondern hermeneutische Erfahrung eingelöst werden.
Daß inzwischen von ‚Erfahrung' in einem doppelten Sinn die Rede ist, sehen wir an der Art, wie Habermas seine These nun wieder aufnimmt:

> „Die Akte des Wissens und der Überzeugung, welche die Anerkennung diskursiv einlösbarer Wahrheits- und Richtigkeitsansprüche ausdrücken, sind, wie wir gesagt haben, in Erfahrung nur fundiert. Sie sind von einem Typus von ‚Gewißheitserlebnis' begleitet, das sich allein der Erfahrung des eigentümlich zwanglosen Zwangs des besseren Arguments verdankt. Sowenig wir *diese* Erfahrung nor-

---

[23] Vorausgesetzt natürlich, der Behaviorismus hat unrecht, was ich hier unterstelle. Vgl. dazu Habermas 1967, S. 72 ff., 147 f.

malerweise Erfahrung nennen, so entfernt ist jene Gewißheit von der paradigmatischen Form der sinnlichen
Gewißheit, die stets etwas Unmittelbares ausdrückt."
(1973 a, S. 226)

Auf der einen Seite geht es um Erfahrung qua „Gewißheitserleb-
nis" – das ist der neue Punkt – auf der anderen Seite geht es um
das nach wir vor offene Probleme, wie der Wahrheitsanspruch
von Aussagen in Erfahrung „fundiert", aber nicht durch sie
begründet werden soll, Erfahrung also qua empirische Erfahrung. Alles, was damit erreicht wird, ist ein problematischer
Vergleich zwischen Gewißheitserlebnissen, der auf anderer
Ebene nur die Ausgangsthese wiederholt, ohne irgendetwas
bewiesen zu haben.

Was es noch zu zeigen gilt, können wir uns klar machen, wenn
wir uns dem zuwenden, was Habermas über sinnliche Gewißheit
sagt. Hier muß ja im Unterschied zu Verständlichkeit und
Wahrhaftigkeit in besonderer Weise ein empirischer Erfahrungsbezug ins Spiel kommen, den es seinerseits für Aussagen noch zu
bestimmen gilt. Dabei stoßen wir auf eine krude Wahrneh-
mungstheorie:

> „Etwas wahrnehmen heißt, der wahrgenommenen Dinge
> und Ereignisse gewiß sein. Der Akt des Sehens ist mit der
> Gewißheit, daß ich sehe, was ich sehe, eins... nur als
> vergangene kann eine sinnliche Gewißheit in Frage
> gestellt werden." (1973 a, S. 224 f.)
>
> „Wahrnehmungen, die eo ipso sinnlich gewiß sind, sind
> Akte denen im Unterschied zu ‚verstehen', ‚glauben',
> ‚überzeugt sein' und ‚wissen' ein Geltungsanspruch *nicht*
> unmittelbar korrespondiert." (1973 a, S. 225)

Habermas thematisiert hier die unmittelbare Wahrnehmung so,
als könne man davon absehen, daß diese sich schon immer in der
propositionalen Struktur von Wahrnehmungs*aussagen* bewegt,
die wir explizit machen in Wendungen „ich sehe, daß dies und
dies der Fall ist" ect.[24] Natürlich gibt es eine vor-propositionale

---

[24] Vgl. hierzu Freundlieb 1975, S. 90 ff.

Wahrnehmung auf sinnesphysiologischer Ebene, doch diese kann hier außer Betracht bleiben, da Habermas ja bereits von der Wahrnehmung von Dingen und Ereignissen spricht. Und nur für die sinnesphysiologische Ebene gilt die dann allerdings triviale These, daß sich von Täuschungen nicht sprechen läßt, weil ich Wahrnehmungsdaten eben habe oder nicht habe.

Es ist also falsch, daß Wahrnehmungen kein *Geltungsanspruch unmittelbar* korrespondiert. Er *muß* ihnen korrespondieren, weil wir es mit elementaren Wahrnehmungsaussagen von Beginn an zu tun haben. Damit wiederholt sich derselbe Fehler, den Habermas begeht, indem er Informationen einen zunächst zugestandenen Wahrheitsbezug wieder wegnimmt.

Falsch oder zumindest unbegründet ist dann auch die Auffassung, bei unmittelbarer Wahrnehmung sei keine Täuschung möglich. Nicht alle Wahrnehmungsaussagen sind im Prinzip von Irrtum ausgeschlossen. Es müßte also gerade gezeigt werden, welche Art von elementaren Wahrnehmungsaussagen diesen Anspruch tragen können. Dann erst wäre zu sehen, wie sich eine solche Wahrnehmungswahrheit grundsätzlich von einer nicht-unmittelbaren Wahrheit anderer Arten von Aussagen unterscheidet und wie ein möglicher Wechselbezug zu denken wäre.[25] Habermas verdrängt das Problem der situationsbezogenen Wahrheit zugunsten der situationsunabhängigen Wahrheit, ohne zu sehen, daß dies eine Scheinalternative darstellt, die für eine Wahrheitstheorie fatale Folgen haben muß. Vielleicht am deutlichsten kommt der Fehlschluß, dem er unterliegt, in folgender Stelle zum Ausdruck:

> „Paradigmata der Erkenntnis, anhand deren der Sinn von Wahrheit expliziert werden kann, sind nicht die Wahrnehmungen oder singulären Aussagen, in denen Wahrnehmungen mitgeteilt werden, sondern generelle, negative und modale Aussagen; diese bringen das Spezifische

---

[25] Vgl. hierzu Zimmermann 1981, Kap. 4, 5. Zum Verhältnis von Erfahrung und Wahrheit treffend auch Hesse 1982, pp. 100 f. Ebenso Thompson 1982, pp. 130 f. Die Trennung von Wahrheitstheorie und Erkenntnistheorie, die Habermas 1982, p. 274 als Ausweg vorschlägt, ist aus den hier vorgetragenen Gründen nicht überzeugend.

von Erkenntnis zum Ausdruck: nämlich die begriffliche Organisation des Erfahrungsmaterials. Erkenntnis, die Erfahrungen auf den Begriff bringt, wird in Sätzen geäußert, die keineswegs unmittelbar Wahrnehmungen wiedergeben. Deren Geltungsanspruch ist daher auf Argumentation bezogen." (1973 a, S. 233)

Richtig ist, daß es Aussagen gibt, die nicht unmittelbare Wahrnehmungen wiedergeben. Daraus folgt jedoch keineswegs, daß solche Aussagen zur Einlösung ihres Geltungsanspruchs nicht auf mögliche Wahrnehmungen zu einem bestimmten Ort zu einer bestimmten Zeit verweisen können, ja, dem Sinn nach verweisen müssen. Ein einfaches Beispiel stellt eine Existenzaussage wie „Es gibt Tiger" dar. Dies ist eine generelle Aussage (logisch: $(\exists x)Fx$) und fällt somit unter die von Habermas zum Paradigma erhobene Gruppe. Wie wird der Anspruch dieser Aussage, wahr zu sein, eingelöst? Indem wir eine Wahrnehmungssituation herbeiführen, in der die Wahrnehmungsaussage „Hier ist ein Tiger" unbestreitbar wahr ist. Nur jemanden, der die Art und Weise nicht kennt, wie solche Aussagen zu begründen, zu verifizieren sind, müßten wir gegebenenfalls durch „Argumentation" davon überzeugen, wie der Geltungsanspruch einzulösen sei.
Daher ist es falsch, aus einem nicht unmittelbaren Wahrnehmungsbezug von Aussagen zu schließen, sie hätten gar keinen Bezug zur Wahrnehmung und dafür eine konstitutive Beziehung zur argumentativen Einlösung ihrer Geltungsansprüche. Zugrunde liegt diesem Fehler die Orientierung der Wahrheitstheorie an einem bestimmten Paradigma von Erkenntnis. Wenn es den Sinn von Wahrheit im allgemeinen aufzuklären gilt, dann muß jede solche paradigmatische Orientierung zu Einseitigkeiten führen und vergessen lassen, daß Wahrheit ja rein formal mit jeder Behauptung qua Behauptung verbunden ist, wie immer die innere Struktur von Behauptungen aussehen und wie immer es mit ihrem Erfahrungsbezug bestellt sein mag.[26] Das Problem besteht gerade darin, den Sinn von Wahrheit so zu entfalten, daß

---

[26] Vgl. Tugendhat 1976, Vorl. 4.

die Vielgestaltigkeit von Aussagen gewahrt und gleichwohl eine allgemeine Wahrheitstheorie ermöglicht wird.

Daß nicht der Begriff der Argumentation, sondern der Begriff der Begründung oder Verifikation für das Wahrheitsverständnis theoretischer Aussagen leitend ist, ergibt sich als der starke Verdacht der vorangegangenen kritischen Analyse. Sehen wir also zu, ob sich dieser Verdacht weiter erhärten läßt oder ob es Habermas doch noch gelingt, mit seiner Argumentationsthese durchzukommen.

Zunächst bestätigt er selbst das Problem, das wir haben:

> „Wenn wir unter ,Konsensus' jede zufällig zustande gekommene Übereinstimmung verstehen würden, könnte er offensichtlich als Wahrheitskriterium nicht dienen. Deshalb ist ,diskursive Einlösung' ein normativer Begriff: die Übereinstimmung, zu der wir in Diskursen gelangen können, ist allein ein *begründeter Konsensus.*" (1973 a, S. 239)

Genau das war von der Sache her zu erwarten. Nicht primär Argumentation, sondern primär Begründung ist das Telos, auf das die Geltungsansprüche von Aussagen qua Wahrheit ausgerichtet sind. Insofern kann die sinnvolle Frage dann nur sein, in welchem *Verhältnis* möglicherweise Argumentation und die jeweils spezifischen Begründungsverfahren für verschiedene Aussage-Typen zueinander stehen (empirische, analytische). Anstatt eine solche Reflexion zu vollziehen und damit seine starke Argumentationsthese abzuschwächen, wiederholt sie Habermas jedoch einfach:

> „Die Konsensustheorie der Wahrheit beansprucht den eigentümlich zwanglosen Zwang des besseren Arguments durch formale Eigenschaften des Diskurses zu erklären und nicht durch etwas, das entweder, wie die logische Konsistenz von Sätzen dem Argumentationszusammenhang zugrundeliegt, oder, wie die Evidenz von Erfahrungen, von außen gleichsam in die Argumentation eindringt. Der Ausgang des Diskurses kann weder durch logischen

noch durch empirischen Zwang allein entschieden werden, sondern durch die ‚Kraft des besseren Arguments‘. Diese Kraft nennen wir *rationale Motivation*.“ (1973 a, S. 240)

Gemessen an der starken Ausgangsthese, daß sich Wahrheit *nur* durch Argumentation einlösen läßt, könnte man dies als Abschwächung lesen, da nun immerhin ein Verhältnis von logischer bzw. empirischer Begründung und Argumentation angesprochen wird. Dies kehrt später als Variante einer Art Kohärenztheorie der Wahrheit wieder. Zunächst jedoch versucht Habermas als Stütze seiner Theorie eine „pragmatische Logik des Diskurses“ (1973 a, S. 241 ff.) zu beschreiben:

„Die Erwartung, daß die Triftigkeit eines Arguments in logischer Notwendigkeit und/oder Erfahrungsevidenz gründen müsse, entsteht unter der irrigen Voraussetzung daß eine Argumentation aus einer Kette von Sätzen besteht. Nur in diesem Fall muß der Übergang … durch logische Verknüpfung oder durch einen … Bezug zur Erfahrungsbasis gerechtfertigt werden. Diese Alternative stellt sich nicht, sobald wir sehen, daß eine Argumentation aus einer Kette nicht von Sätzen, sondern von Sprechakten besteht: zwischen diesen … kann der Übergang weder logisch … noch … empirisch begründet werden …“ (1973 a, S. 241)

Habermas verbindet hier eine richtige Feststellung mit einer ungerechtfertigten Problemverschiebung. Zuzugestehen ist, daß eine Kette von Sprechakten qua Akten weder durch logische noch durch empirische Evidenz verbunden ist, einfach deshalb, weil sie sich spontan vollziehen kann oder auch nicht. Man kann mit keiner Logik die Notwendigkeit zum *Vollzug* von Sprechakten ableiten. *Wenn* jedoch Sprechakte vollzogen werden, zählt für die jeweiligen Geltungsansprüche nicht der Akt, sondern die Aussage. All das hatten wir vermeintlich mit Habermas angenommen. Dann aber interessiert gar nicht die Verkettung von Akten qua Akten, sondern das mögliche Begründungsverhältnis, Implikationsverhältnis oder auch nur wahrscheinliche Evidenzverhältnis der Aussagen untereinander. Hieraus folgt, daß Habermas den Ansatz einer „pragmatischen Logik" mit einem haltlosen Argument einzuführen versucht. Tatsächlich bleibt auch in der Schwebe, was seine Beispiele eigentlich zeigen sollten (vgl. 1973 a, S. 242 ff.).

Die weitere Stütze seines Gedankengangs versucht Habermas durch einen neuen Gesichtspunkt zu gewinnen, indem er auf den Zusammenhang von Argumentation und Sprachsystem reflektiert:

> „Mir scheint, daß die konsensuserzielende Kraft eines Arguments mit der Angemessenheit der zu Argumentationszwecken verwendeten Sprache und des entsprechenden begrifflichen Systems zusammenhängt. Ein befriedigendes Argument liegt nur dann vor, wenn alle Teile des Arguments derselben Sprache angehören." (1973 a, S. 244)
>
> „Nur als Elemente ihres Sprachsystems sind Behauptungen und Empfehlungen begründungsfähig. Begründungen haben nichts mit der Relation zwischen einzelnen Sätzen und der Realität zu tun, sondern zunächst einmal mit der Kohärenz zwischen Sätzen innerhalb eines Sprachsystems." (1973 a, S. 245)

Wiederum ist der Ausgangspunkt nicht zu bestreiten. Nehmen wir als Beispiel das Sprachsystem unserer gewöhnlichen raumzeitlichen Gegenstände des Common sense und das früher viel diskutierte Beispiel des Systems von Sinnesdaten, die private Erfahrungsdaten darstellen. Dann leuchtet unmittelbar ein, daß Begründungen und Argumentationen durchaus verschiedenen Charakter haben dürften, je nachdem, welches System zugrundeliegt. Was Habermas also zurecht fordert, ist die Vermeidung von Systemverwirrung. Dies läßt sich auch als die Forderung nach Systemkohärenz ausdrücken, die bei jeder Art von Begründung zu beachten ist. Hieraus folgt jedoch keineswegs, daß sich Begründungen, die im Rahmen dieser Forderung stehen, ausschließlich qua Begründungen auf die Kohärenz zwischen Sätzen beschränken müssen. Der Gesichtspunkt der Systemkohärenz impliziert nicht eo ipso eine Kohärenztheorie der Begründung. Halten wir dies zunächst für das Folgende fest.

Der nächste Schritt, den Habermas vollzieht, führt wieder einen neuen Gedanken ein, nämlich denn der kognitiven Genese von Sprachsystemen:

„Die Grundprädikate bewährter Begründungssprachen drücken kognitive Schemata aus. Kognitive Schemata sind Ergebnisse einer aktiven Auseinandersetzung des Persönlichkeits- und des Gesellschaftssystems mit der Natur: sie bilden sich in Assimilations- und gleichzeitigen Akkomodationsprozessen aus ... Wir dürfen uns durch kasuistische Evidenz der Wahrheit einer universellen Aussage induktiv nur dann vergewissern, wenn das gewählte Sprach- und Begriffssystem Ergebnisse kognitiver Entwicklung aufnimmt; diese verbürgt nämlich das, was wir die ‚Angemessenheit' einer Begründungssprache an einen bestimmten... Gegenstandsbereich nennen wollen." (1973 a, S. 246)

„Die induktiv zur Bestätigung oder Widerlegung zugelassenen Daten sind durch das gewählte Sprachsystem unvermeidlicherweise soweit selegiert, daß ‚Erfahrung' keine schlechthin unabhängige Instanz der Überprüfung darstellen kann... dieses Verfahren konfrontiert nicht einzelne Sätze, sondern ein Sprachsystem insgesamt mit der Realität... Worauf, wenn nicht auf der Konfrontation einzelner Sätze mit interpretierten Erfahrungen, beruht dann aber die konsenserzielende Kraft des Arguments?" (1973 a, S. 247)

Angesichts dieser letztgenannten Überlegung fragt man sich, warum Habermas die Rede von kognitiver Genese überhaupt braucht, denn alles Wesentliche läßt sich auf der Geltungsebene fassen. Die Überlegung ist außerdem zutreffend soweit sie die Ablehnung einer vermeintlich reinen Datenbasis der Erfahrung angeht, die sich manche als neutrale „schlechthin unabhängige Instanz" denken mögen. Richtig deshalb, weil Erfahrung für uns immer schon in Sprache sinnhaft ergriffene Realität bedeutet, immer schon semantisierte Erfahrung darstellt. Nicht eine Erfahrung an sich, sondern elementare Wahrnehmungsaussagen unseres Common sense-Systems sind so die unterste Erfahrungsbasis.[27] Wenn wir also Begründungen für empirische Aussagen geben, die keine elementaren Wahrnehmungsaussagen sind, dann letztlich im Rekurs auf diese. Dies entspricht dem Zusammenhang, dem wir oben kritisch gegen Habermas zu seinem Recht verhelfen mußten.

Die zusätzliche These ist nun die einer holistischen Kohärenztheorie der Begründung und insofern der Wahrheit. Eine Konfrontation mit der Erfahrung in Gestalt elementarer Wahrnehmungsaussagen geschieht im Lichte des kohärenten Zusammenhangs jeder Aussage unseres Sprachsystems mit jeder anderen und umgekehrt ist der empirische Begründungswert einer Wahrnehmungsaussage nur nach Kohärenzkriterien der Aussagen untereinander zu bestimmen.

Festzuhalten bleibt, daß diese These keineswegs unmittelbar aus dem zunächst semantisch reflektierten Erfahrungsbegriff folgt, sondern einer eigenen Abstützung bedarf, die Habermas allerdings nicht anführt, weil es ihm ja darauf ankommt, zu seiner eigentlichen Argumentationsthese weiterzuschreiten. Machen wir uns jedoch in einer Zwischenüberlegung klar, daß die holistische Kohärenztheorie eigentlich das für Habermas soweit optimal Erreichbare bedeutet: sie trägt dem Gedanken einer immer schon interpretierten Erfahrung Rechnung, den er bei Einführung seiner Argumentationsthese emphatisch betont; sie erfüllt die Forderung nach einem kohärenten Sprachsystem; und schließlich relativiert sie das Begründungsproblem theoretischer Aussagen, das sich Habermas ja selbst stellt, so weit wie irgend möglich auf eine Geltungskohärenz des Systems im Hinblick auf Erfahrung.

Warum, so müssen wir fragen, gibt Habermas sich damit nicht zufrieden, da diese Theorie doch alles enthält, was er sich bestenfalls zu zeigen vornehmen und gegebenenfalls mit Hilfe

---

[27] Vgl. Zimmermann 1981, Kap. 5.

von Quine (1963, Ch. 2) weiter verobjektivieren könnte?[28] Habermas fragt sich das in gewisser Weise selbst:

> „Worauf, wenn nicht auf der Konfrontation einzelner Sätze mit interpretierten Erfahrungen, beruht dann aber die konsenserzielende Kraft des Arguments?" (1973 a, S. 247)

Diese Frage macht deutlich, daß der entscheidende Punkt für eine Konsenstheorie noch immer nicht gefunden ist, denn bisher ist systematisch allerhöchstens eine Rede von Argumentation im Rahmen der Begründungskonzeption einer holistischen Kohärenztheorie gerechtfertigt. Wie schwierig es ist, mehr nachweisen zu wollen, zeigt sich daran, daß Habermas rein postulatorisch den bereits erwähnten Gedanken der Angemessenheit eines Sprachsystems an einen bestimmten Gegenstandsbereich wieder aufnimmt und mit einer allgemeinen Reflexions- und Überprüfungsklausel verbindet:

> „Nur Aussagen können wahr oder falsch sein. Wahrheit muß also (!) mit Bezugnahme auf Argumentation bestimmt werden. Diese kann freilich konsenserzielende Kraft qua Argumentation allein beanspruchen, wenn sichergestellt ist, daß sie sich nicht auf ein vorgängig durch kognitive Entwicklung naturwüchsig eingeregeltes, d. h. ‚angemessenes‘ Verhältnis von Sprachsystem und Wirklichkeit nur stützt, sondern selber das Medium darstellt, in dem jene kognitive Entwicklung als bewußter Lernprozeß fortgesetzt werden kann. Ob eine Sprache einem Objektbereich angemessen ist und ob das erklärungsbedürftige Phänomen genau demselben Gegenstandsbereich zugeordnet werden soll... diese Frage muß selbst Gegenstand der Argumentation sein können... Die formalen

---

[28] Damit will ich nicht sagen, daß Quine eine Kohärenztheorie der Wahrheit vertritt, aber man könnte ihn so interpretieren. Den Gesichtspunkt der Kohärenz betonen zurecht auch Höffe 1979, S. 264 f., und Puntel 1978, S. 161 ff.

Eigenschaften des Diskurses müssen deshalb so beschaffen sein, daß die Diskursebene jederzeit gewechselt und ein zunächst gewähltes Sprach- und Begriffssystem gegebenenfalls als unangemessen erkannt und revidiert werden kann: Erkenntnisfortschritt vollzieht sich in Form einer substantiellen Sprachkritik... Ein argumentativ erzielter Konsensus darf dann, aber auch nur dann als Wahrheitskriterium angesehen werden, wenn strukturell die Möglichkeit besteht, die jeweilige Begründungssprache... zu hinterfragen, zu modifizieren und zu ersetzen." (1973 a, S. 249 f.)

Damit erhebt Habermas eine Forderung, die wir einfacher so formulieren können: die Begründungsverfahren im Rahmen einer holistischen Kohärenztheorie bedürfen ständiger kritischer Selbstreflexion und Überprüfung, sowohl was die Angemessenheit des Sprachsystems als ganzes als auch den Zusammenhang einzelner Aussagen mit dem System angeht, tiefgreifende Revisionen nicht ausgeschlossen. Hierbei handelt es sich um einen *Verfahrensvorschlag* zur kritischen Wahrheitsfindung und noch immer nicht um eine Wahrheitstheorie.

Näher betrachtet bleibt die Rede von der Angemessenheit eines Sprachsystems an die Wirklichkeit (Gegenstandsbereich) sowie die Rede von Sprachsystemen selbst sehr im allgemeinen. Vor allem sagt Habermas nicht, wie wir uns denn eine Überprüfung der Angemessenheit eines Sprachsystems zu denken hätten – das an sich sinnvolle kritische Reflexions- und Begründungspostulat einmal unterstellt.

Bei dieser Frage entsteht folgende Schwierigkeit. Wenn es sich um ein System handelt, das nicht auf ein anderes reduzierbar ist, wie z. B. unsere Common sense-Sprache, und nur solche Systeme sind eigentlich interessant, dann wissen wir zunächst einmal nicht, wie denn die Angemessenheit geprüft werden soll, da wir doch schon mit dem System den entsprechenden Gegenstandsbereich zugrundelegen und nicht von einem Standpunkt außerhalb des Systems überprüfen können. Die einzige Möglichkeit, die wir also haben, die Angemessenheit eines solchen Systems zu testen, ist gleichsam von innen heraus. Unter welchem Gesichtspunkt steht dann aber das von Habermas geforderte Hinterfragen, Modifizieren und Ersetzen des Systems? Unter keinem anderen als dem der möglichen Wahrheit von Aussagen des Systems.

Dies macht den Zusammenhang zwischen der Angemessenheit des Systems und der Wahrheit seiner Aussagen sehr direkt und nicht „indirekt" wie Habermas meint (vgl. 1973 a, S. 248).[29] Der Gedankengang wird dadurch zirkulär. Die Angemessenheit des Sprachsystems wurde ja nur deshalb thematisch, um eine konsensuelle Begründung von Wahrheit zu erklären, die nach wie vor unser Problem abgibt. Statt einer solchen Klärung kehren wir zur Ausgangsfrage zurück, wie wir die Wahrheit von Aussagen innerhalb eines entsprechenden Systems anders denn im Rekurs auf eine Konfrontation mit der Erfahrung, wenn auch holistisch, zu denken haben.

Damit erreichen wir den letzten Schritt der Theorie. Mit diesem wird deutlich, daß Habermas eigentlich keine Wahrheitstheorie, sondern eine *kritische Organisationstheorie der Wahrheitsfindung* anstrebt:

> „Ein argumentativ erzielter Konsensus ist dann und nur dann ein zureichendes Kriterium für die Einlösung diskursiver Geltungsansprüche, wenn aufgrund der formalen Eigenschaften des Diskurses Freizügigkeit zwischen den Diskursebenen gesichert ist. Welches sind nun die formalen Eigenschaften, die diese Bedingung erfüllen? Meine These heißt: die Eigenschaften einer idealen Sprechsituation." (1973 a, S. 255)

Diese besteht dann,

> „wenn für alle Diskursteilnehmer eine symmetrische Verteilung der Chancen, Sprechakte zu wählen und auszuführen, gegeben ist" (1973 a, S. 255).

---

[29] Vgl. dazu Habermas 1981 a, Bd. 1, S. 93 wo ein solch enger Zusammenhang von System und Aussagewahrheit unterstellt zu werden scheint. Falsch wäre dann freilich der Hinweis, dies sei schon in „Wahrheitstheorien" so gemeint gewesen.

Habermas kommentiert die Konsequenz so:

> „Überraschenderweise verlangt die ideale Sprechsituation
> Bestimmungen, die sich nur mittelbar auf Diskurse,
> unmittelbar jedoch auf die Organisation von Handlungs-
> zusammenhängen beziehen." (1973 a, S. 255)

Erinnern wir uns: ‚Diskurs' steht für das immer noch offene
Problem der konsensuellen Begründung von Wahrheit. Das
Kriterium aber, das wir nun zur „Einlösung diskursiver Geltungsansprüche" präsentiert bekommen, bezieht sich gar nicht
„unmittelbar" auf Diskurse, sondern auf Handlungszusammenhänge. Dies stellt die reductio ad absurdum des selbstgesetzten
Anspruchs dar, eine Wahrheitstheorie als Konsensustheorie zu
begründen.

Alles, was Habermas über die Freizügigkeit zwischen Diskurs-
ebenen, die von Behauptungen über theoretische Erklärungen
und metatheoretische Veränderungen des Sprachsystems bis zur
Erkenntniskritik gehen soll, sagt, ist als Forderung optimaler
kritischer Selbstreflexion sinnvoll. Sinnvoll ist auch die im
Begriff der idealen Sprechsituation ausgesprochene Forderung
nach Chancengleichheit zur Teilnahme an kritischer Selbstreflexion hinsichtlich jeder möglichen theoretischen oder praktischen
Behauptung. Falsch aber ist es, diese Forderungen zu konstitutiven Wahrheitskriterien zu machen:

> „... jeder Konsensus, der argumentativ unter Bedingun-
> gen einer idealen Sprechsituation erzeugt worden ist,
> (darf) als Kriterium für die Einlösung des jeweils themati-
> sierten Geltungsanspruchs angesehen werden. Ein ver-
> nünftiger Konsensus kann von einem trügerischen in
> letzter Instanz allein durch Bezugnahme auf eine ideale
> Sprechsituation unterschieden werden." (1973 a, S. 257)

Als Resultat bleibt daher nur festzuhalten, daß Habermas diese
starke These nicht begründet hat.[30] Der Begriff der idealen

---

[30] Im negativen Resultat treffe ich mich also mit: Beckermann 1972;

Sprechsituation formuliert eine Norm zur Organisation der Wahrheitsfindung, nicht jedoch ein Wahrheitskriterium. Die Chancen der Wahrheitsfindung mögen steigen, wenn wir die Norm der idealen Sprechsituation akzeptieren, aber diese garantiert nicht Wahrheit. Und umgekehrt ist der Konsens, den wir erzielen können, *wenn* eine infragestehende Aussage wahr ist, nicht das Kriterium, sondern die einfache Folge von Wahrheit, weil alles dafür spricht, daß diese primär durch Rekurs auf die Begriffe der Begründung oder Verifikation aufzuklären wäre.

Wir haben so ex negativo die Einsicht erreicht, die durch eine verifikationistische Semantik positiv ausgeführt werden kann und bei Dummett (1973, Ch. 13; 1976) und Tugendhat (1976) bereits vorliegt. Wie immer die internen Schwierigkeiten dieser Theorie-Entwürfe aussehen mögen (vgl. z. B. Puntel 1978, Kap. 3, 4.2), sie haben wenigstens die Chance, den Sinn der theoretischen Wahrheit wirklich zu treffen, während Habermas daran vorbeizielt.[31] Natürlich aus verständlichen Motiven, wenn wir uns den gesellschaftstheoretischen Stellenwert seiner Wahrheitstheorie klar machen (vgl. oben §§ 17, 18), aber diese können fehlende Nachweise nicht ersetzen.

Angesichts der Relevanz des hier anstehenden Problems und den Folgen für Habermas' Emanzipationstheorie, mit denen wir uns gleich befassen müssen, scheinen an dieser Stelle zusätzliche sprachtheoretische Klarstellungen angebracht, die sich auch für die Frage nach der praktischen Wahrheit und Habermas' Rezeption der Sprechakttheorie hilfreich erweisen können.

Ist es nicht paradox, so ließe sich fragen, daß ausgerechnet dann, wenn wir uns dem Medium von Verständigung als solchem, der Sprache, in einer Analyse ihrer Grundstruktur zuwenden und in

---

Ilting 1976; Gerber 1976; Höffe 1979, Kap. 9; Keuth 1979. Vgl. auch Barley 1980, Kap. V. Auch Held 1973, S. 138 liegt hier richtig. Vgl. neuerdings auch Nagl 1983, S. 309 ff., der einen „wahrheitstheoretischen Publizismus" diagnostiziert.

[31] Hieran ändert auch nichts Habermas 1981 a, Bd. 1, S. 424 ff. Im übrigen hat dieser semantisch orientierte Verifikationismus mit Szientismus oder sensualistischem Positivismus nichts zu tun. In dieser Hinsicht ist daher auch der alte „Positivismusstreit" überholt. Vgl. jedoch als Hintergund Habermas 1969.

Orientierung an assertorischen Sätzen den Wahrheitsbegriff zu klären suchen – daß ausgerechnet dann die Begriffe des Diskurses, der Argumentation und möglichen konsensuellen Übereinstimmung gar nicht mehr so wichtig werden, wo es doch umgekehrt evident ist, daß wir als sprechende gesellschaftliche Wesen immer schon auf Regeln diskursiver Verständigung zurückgreifen müssen? Und zeigt nicht gerade das gesellschaftliche Problem, ein diskursives Verständigungsschema zu etablieren (vgl. oben § 17), das wie selbstverständlich den Rekurs auf Sprache voraussetzt, die wesensmäßige Diskursivität sprachlicher Verständigung?

Eine reflektierte Bewältigung dieses Anflugs von Paradoxie kann nur gelingen, wenn man einsieht, daß der gesellschaftlich-kommunikative Primat der Diskursivität nicht ihre kategoriale Fundamentalität für den Begriff der Sprache impliziert. Man übersieht dies leicht, wenn man wie Habermas von einem gesellschaftlich orientierten Begriff des kommunikativen Handelns ausgeht (vgl. oben § 16) und in diesen die Frage nach der Sprache als „Kommunikationsmedium" (vgl. oben § 17) zu integrieren sucht. Denn so legitim dieser interaktionistische Ausgangspunkt gesellschaftstheoretisch und politisch ist und so sehr unter dieser Perspektive die Konzentration auf eine „pragmatische Logik des Diskurses" einleuchten mag, so wenig darf damit als vorentschieden angesehen werden, welcher Art die Regeln sind, die sprachliche Bedeutung konstituieren.

Die Frage nach der sprachlichen Bedeutung als solcher liegt der Thematisierung der Sprache als eines Kommunikationsmediums voraus, weil sie allererst die Aufklärung dessen beabsichtigt, was es heißt, eine Sprache zu verstehen und in ihr zu kommunizieren. Die ist jedoch zunächst einmal eine semantische Frage nach den Strukturen sprachlicher Bedeutung und ihren Regeln, die wir seit Frege an der Verständigungseinheit der Sätze orientieren und mit Dummett (1976) als die theoretische Aufgabe formulieren können, die Explikation jenes impliziten Regel-Wissens zu erreichen, das wir als kompetente Sprecher unserer Sprache gleichsam natürlich besitzen. Wie wir dieses Wissen erworben haben oder es gesellschaftlich anwenden, ist hierbei gleichgültig, denn wir können uns der Bedeutungsregeln sprachlicher Ausdrücke ganz unabhängig von Genese und gesellschaftlich variierendem Kontext vergewissern. Wohlgemerkt, hier geht es um die Grundstrukturen von Sprache in Form von assertorischen und anderen Satz-Typen und die solcherart strukturierten Handlungsmuster, des weiteren um Prädikatsregeln, singuläre Termini etc., kurz um jene Elemente, die so etwas wie die unhintergehbare Konventionalität unserer Sprache repräsentieren und uns daher leiten, ob wir wollen oder nicht. Dieses „uns" ist mir aber immer schon durch mich allein zugänglich, insofern ich eine Sprache verstehe. Ausdruck dafür ist, daß ich dieselben semantischen Regeln befolge, ob ich nun bloß zu mir selber oder zu anderen rede.

Dieser Tatbestand läßt sich mit Tugendhat (1980, S. 6 ff.) in die trennscharfe Unterscheidung zwischen semantischen und pragmatischen Regeln umsetzen. Semantische Regeln gründen in der Bedeutungsstruktur der Sprache als solcher, es ist für sie daher gar nicht spezifisch, ob sie nur ein einzelner oder mehrere zugleich kommunikativ befolgen. Pragmatische Regeln hingegen beziehen sich auf die Kommunikation unter mehreren Teilnehmern und lassen sich daher wesentlich als Diskursregeln verstehen.

Wie triftig diese Unterscheidung ist, zeigt sich nun in Einklang mit unserer Kritik der Konsenstheorie der Wahrheit daran, daß wir einfach fragen können, ob die Regeln für theoretische Wahrheitsfragen semantische oder pragmatische Regeln sind. Ja, wir können sogar in unproblematischer Weise fragen, ob der Wahrheits*diskurs* unter mehreren nach semantischen oder pragmatischen Regeln erfolgt, weil diese harmlose Rede von Diskurs noch nichts über die systematisch leitenden Regeln präjudiziert.

Wie aber ist diese Frage zu beantworten? Mit Blick auf Habermas so, daß er zwar eine pragmatische Norm der Wahrheitsfindung in Gestalt der idealen Sprechsituation erreicht, daß er aber *nicht* nachweisen kann, daß das von ihm nolens volens enthüllte Telos der Wahrheitsfrage, der Begriff der Begründung, wesensmäßig auf pragmatische Regeln führt. Die Vergegenwärtigung unseres impliziten Regelverständnisses von theoretischen Aussagen, die wir in der Auseinandersetzung mit Habermas vorgenommen haben, zeigt vielmehr, daß alles dafür spricht, den

Begriff der Begründung in Richtung auf semantische Verifikationsregeln zu entfalten. Die pragmatische Norm der Wahrheitsfindung ist gegenüber den eigentlich entscheidenden Wahrheitsfindungsregeln, den semantischen Regeln, sekundär. Selbst wenn wir also die semantischen Regeln diskursiv-kommunikativ zur Geltung bringen, heißt das nicht, daß sie von Natur aus diskursiv-pragmatische Regeln sind. Und genau das ist der Punkt, dem die Differenz in den gesellschaftlichen Primat der Diskursivität und die kategoriale Fundamentalität der semantischen Beziehungen unserer theoretischen Sprache entspricht.

Diese Differenz läßt sich auch nicht dadurch aus der Welt schaffen, daß man unter Hinweis auf den Handlungscharakter von Sprache darauf beharrt, auch die semantischen Regeln seien doch eigentlich pragmatischer Art. Der Handlungscharakter von Sprache wie ihn Habermas auch neuerdings (vgl. 1981a, Bd. 1, Kap. III) in Anlehnung an Austin (1962) und Searle (1969) aufnimmt, impliziert keineswegs die Fundamentalität von pragmatischen Regeln im soeben erläuterten Sinn, sondern ist mit der Suche nach semantischen Regeln in Übereinstimmung zu bringen, da diese selbstverständlich für unseren Fall die Aufklärung des Zusammenhangs der Handlung des Behauptens, der Aussage und der Einlösung ihrer Wahrheit umschließen.

Wem das zu künstlich erscheint, dem sei das Wort ‚pragmatisch‘ auch für die semantischen Regeln zugestanden. In diesem Fall müssen wir dann eben unterscheiden zwischen strukturpragmatischen und *interaktions*pragmatischen Regeln, was dem bisherigen Unterschied in semantische und pragmatische Regeln entspricht. An der Sache ändert dies nichts.

Stellen nun aber nicht die strukturpragmatischen Regeln ihrerseits Konventionen dar und verweist diese Konventionalität nicht wiederum auf einen Konsens, der nur interaktionspragmatisch zu denken ist? Nein, weil es unsinnig wäre, an die unhintergehbare Konventionalität der Sprache einen Begriff von Konsens heranzutragen, der auf eine interaktiv herzustellende Übereinstimmung angewiesen ist. Auf das Wort kommt es auch hier nicht an und Habermas’ eigene Rede von „Hintergrundkonsens“ läßt eine akzeptable Differenzierung erkennen. Besser wäre es jedoch, in diesem Fall das Wort ‚Konsens‘ ganz zu vermeiden, um nicht einer Verwirrung Vorschub zu leisten, die Konventionalität immer gleich mit Konsensualität assoziiert.[32]

Wenn wir auch hier die Wortfragen auf sich beruhen lassen, kann vielleicht folgende Überlegung zur Klärung beitragen: die unhintergebbare Konventionalität unserer elementaren Sprachstrukturen läßt sich sozusagen als unser strukturpragmatischer (semantischer) Verfahrenskonsens möglicher Verständigung verstehen, der prinzipiell überhaupt nicht zur Disposition gestellt werden kann. Dies zeigt sich einmal daran, daß wir – mit Wittgenstein zu reden – nicht mit der Sprache aus der Sprache herauskönnen und uns insofern hinsichtlich unserer elementaren Sprachstrukturen in der Situation eines hermeneutischen Zirkels befinden.

Zum zweiten läßt sich diese Einsicht mit Quine (1960, Ch. 2) dahingehend vertiefen, daß uns der kategoriale Apparat der eigenen Sprache wie eine unlösbare Fessel bindet, wenn wir uns fremde Sprachen aneignen.[33] Es ist daher genauso gut möglich, von einem nicht-konventionellen Verfahrenskonsens wie von einer nicht-konsensuellen Konventionalität der Sprache zu reden. Beide Wendungen enthalten die Verneinung der Auffassung, daß strukturpragmatische (semantische) Regeln doch irgendwie auf interaktionspragmatischen Regeln zurückgeführt werden müßten.

Damit kommen wir zu den Konsequenzen, die das Scheitern der Konsenstheorie der theoretischen Wahrheit für Habermas' Emanzipationstheorie hat. In negativer Hinsicht sind diese schnell benannt:

Erstens hat Habermas ein konsensuelles Vernunftprinzip sprachtheoretisch nicht fundieren können und daher die Rechtfertigung seiner Emanzipationsnorm des herrschaftsfreien Dialogs nicht vorangebracht (vgl. oben § 17). Die Rationalität der

---

[32] Wie zumindest tendenziell Habermas 1975, S. 329 ff.
[33] Dies muß nicht zum „Kulturrelativismus" führen, sondern kann universalistisch gewendet werden. Vgl. Hollis 1970, 1979. Genauso wenig schließt im übrigen die Anerkennung des hier benannten Zirkels die Kritik der Hermeneutik unter der Idee der Wahrheit aus. Entgegen Habermas 1971 b, S. 154 f. bedarf es dazu jedoch keiner Konsenstheorie.

theoretischen Begründung ist nicht wesensmäßig diskursiv-kon-
sensuell.

Zweitens kann deshalb nicht erwartet werden, daß konfligierende Rationalitätsmaßstäbe der gesellschaftlichen Orientierung
konsensuell aufgelöst werden können, weil offenbar die Diskursivität die Rationalität der Begründung nicht konstituiert (vgl.
ebd.).

Drittens bedeutet dies, das Habermas' bislang fehlende Unterscheidung zwischen horizontaler und vertikaler interaktiver
Rationalisierung einen noch unbehobenen Mangel darstellt, weil
er diesen nicht durch eine Konsenstheorie der theoretischen
Wahrheit ausgleichen kann (vgl. oben ebd.).

Die erste Konsequenz spricht für sich selbst. Die zweite läßt sich
dadurch weiterführen, daß wir das Problem konfligierender
Rationalitätsmaßstäbe an Habermas' eigenen Argumentationen
bestätigen und ergänzen. Denn im Rahmen seiner Überlegungen
zur Angemessenheit eines Sprachsystems an seinen Gegenstandsbereich liefert uns Habermas selbst eine Begrifflichkeit,
die nur den Schluß zuläßt, daß bei aller selbstkritischen Hinter-
fragung einer entsprechenden „Begründungssprache" der leitende Gesichtspunkt für die Angemessenheit des Systems eben
nur die Wahrheit seiner Aussagen sein kann. Und da Diskursivität für Wahrheit nicht primär ist, folgt nahezu immanent aus
Habermas' Vorgabe, daß ein Streit über konfligierende Rationalitätsmaßstäbe in Form eines Streits über die Angemessenheit
eines Sprachsystems an seinen Gegenstandsbereich eine konsensuelle Auflösung nicht zwingend macht.

Hieraus folgt dann aber zusätzlich, daß Habermas unter dem
Leitbegriff einer „diskursiven Einlösung von Geltungsansprüchen" keine Einheit von Rationalität reklamieren kann, auf die es
ihm z. B. in der Kritik an Max Weber so sehr ankommt:

> „ ... Weber geht zu weit, wenn er aus dem Verlust der
> substantiellen Einheit der Vernunft auf einen Polytheis-
> mus miteinander ringender Glaubensmächte schließt,
> deren Unversöhnlichkeit in einem Pluralismus *unverein-*
> *barer* Geltungsansprüche wurzelt. Gerade auf der forma-
> len Ebene der argumentativen Einlösung von Geltungsan-

sprüchen ist die *Einheit* der Rationalität in der Mannigfaltigkeit der eigensinnig rationalisierten Wertsphären gesichert... Freilich erfordern die differentiellen Geltungsansprüche der propositionalen Wahrheit, der normativen Richtigkeit, der Wahrhaftigkeit und Authentizität... nicht nur Begründungen überhaupt, sondern Gründe in jeweils typischen Formen der Argumentation; und je nachdem übernehmen Argumente verschiedene Rollen mit einem differentiellen Grad diskursiver Verbindlichkeit. Bis heute fehlt... eine pragmatische Logik der Argumentation, die auf befriedigende Weise die internen Zusammenhänge zwischen Sprechakt*formen* erfaßt. Erst eine solche Diskurstheorie könnte explizit angeben, worin die Einheit der Argumentation besteht..." (1981 a, Bd. 1, S. 339 f.; vgl. Bd. 2, S. 451)

Die Kraft der Argumentation ist prinzipiell beschränkt, wenn die Rationalität der Begründung nicht auf „diskursiver Verbindlichkeit" beruht. Dem uneingelösten Programm einer „Diskurstheorie" läßt sich so nur skeptisch entgegensehen. Wir müssen uns also wohl oder übel damit abfinden, daß die – wie Weber sagen würde – „wertrationalen" Orientierungen[34] unserer „Ökonomisten", „Technokraten" und „Interaktionisten" keine konsensrationale Auflösung grundsätzlicher Art erwarten lassen (vgl. oben § 18).

Mit der Konzeption einer einheitlichen Konsens-Rationalität wird ein starkes Motiv sichtbar, das unsere vorerst dritte Konsequenz, die mangelnde Differenzierung in horizontale und vertikale interaktive Rationalisierung, verständlich werden läßt. Denn wie soll dieser Unterschied wirklich zu problematisieren sein, wenn man immer schon der Meinung ist, konkurrierende Rationalitätsstandards ließen sich in der Einheit einer konsensuellen Rationalität versöhnen?

Diese Resultate führen zu einer Folgerung, durch die wir nun die Vermutung, daß diskursive Rationalität gesellschaftlich durch einen Entscheidungsprimat gekennzeichnet werden muß, in ein

---

[34] Vgl. z. B. Weber 1973, S. 565 f.

analytisches Ergebnis fassen können (vgl. oben § 18): Da Diskursivität für Wahrheit nicht konstitutiv ist, sehr wohl aber für ein
politisches Vermittlungsschema der Gesellschaft, kann das Telos
der politischen Vermittlung nicht Wahrheit sein. Ihr Telos ist
nicht die Überführung von „voluntas in ratio" (vgl. oben § 17),
sondern die Einbindung von „ratio" in „voluntas". Da diese
Einbindung im Rahmen eines radikaldemokratischen Modells
gedacht werden kann, besteht kein Anlaß zur Resignation.

§ 20 Praktische Wahrheit, politische Ethik und
utopisches Projekt – zwischen diskursiver
Rationalität und materialer Freiheit

Ist unser Ergebnis aber nicht sehr voreilig, solange von der
praktischen Warheit im Sinne der Konsenstheorie noch gar nicht
ernsthaft die Rede war? Könnte durch eine solche Theorie nicht
die ganze Sachlage grundlegend geändert werden? Und außerdem: setzt nicht der für ein radikaldemokratisches Modell unterstellte *Verfahrens*konsens der gesellschaftlichen Organisation
(vgl. oben § 18) seinerseits eine konsensuelle praktische Norm
und insofern einen impliziten Bezug auf so etwas wie eine
Konsenstheorie der praktischen Wahrheit voraus?
Fragen wir also, was es mit der Konsenstheorie der praktischen
Wahrheit auf sich hat. Genauso wie im Fall der theoretischen
Wahrheit kann dies in unserem Kontext nur bedeuten, die
Diskussion auf die von Habermas vorgetragenen Überlegungen
zu konzentrieren und eventuell eine Alternative ex negativo zu
gewinnen. Freilich ist es dafür aufschlußreich, den beschränkten
Rahmen zu vergegenwärtigen, in dem Habermas die Frage nach
der praktischen Wahrheit überhaupt verfolgt.
Weit entfernt diese Frage in umfassender Weise an den Problemen des ethisch bzw. moralisch Guten und den Möglichkeiten
seiner rationalen Bestimmung zu orientieren, wozu dann auch
solche Themen wie etwa Selbstmord gehören würden,[35] interessiert ihn nur die Frage nach gesellschaftlich „guten" oder

---

[35] Vgl. jedoch den Aperçu in Habermas 1978b, S. 223.

„gerechten" Normen. Und weit entfernt den anspruchsvollen Ansatz einer „kommunikativen Ethik" sprachtheoretisch an einer Einzelanalyse moralisch relevanter Sätze zu erreichen, begnügt sich Habermas damit, in ganz allgemeiner Weise einen Geltungsoperator der praktischen Wahrheit sprechakttheoretisch dadurch einzuführen, daß er nach der „Richtigkeit der Norm" fragt, auf die sich ein Sprechakt bezieht (vgl. oben § 19; 1976 b, S. 253), um dann die Richtigkeit von Normen wie selbstverständlich durch die Begriffe der rationalen Kritisierbarkeit und Begründungsfähigkeit interpretieren zu können (vgl. 1981 a, Bd. 1, I,1). Der Ansatz der Konsenstheorie der praktischen Wahrheit ist somit gekennzeichnet durch eine thematische Beschränkung auf das Problem gesellschaftlicher Normen und einen am Modell der theoretischen Wahrheit orientierten Zusammenhang von Geltungsanspruch und Begründung.

Die thematische Beschränkung stellt für uns kein Problem dar, da wir ohnehin eine gesellschaftstheoretische Fragestellung verfolgen. Bleibt also das Problem, was die Geltung bzw. Begründung von gesellschaftlichen Normen ausmacht. Im Lichte der Kritik an der Konsenstheorie der theoretischen Wahrheit läßt sich daher einfach fragen, ob es Habermas gelingt, für das praktische Wahrheitsproblem in seinem Sinne zu zeigen, daß die Distinktion in eine Organisationstheorie der Wahrheitsfindung und ein Wahrheitskriterium irrelevant wird und daß dementsprechend die zu explizierenden Begründungsregeln der praktischen Wahrheit interaktionspragmatisch-konsensuell sind (vgl. oben § 19).

Dies ist kein Anspruch, der äußerlich an das Problem der praktischen Wahrheit herangetragen würde, sondern ergibt sich zwingend daraus, daß wir zunächst allein für die theoretische Wahrheit ein einigermaßen geklärtes Bild davon gewonnen haben, wie Geltung und Begründung zusammenhängen.

Tatsächlich geht auch Habermas so vor, daß er das Problem der praktischen im Vergleich zur theoretischen Wahrheit formuliert:

„Da wir in praktischen Diskursen nicht, wie bei der Überprüfung von Wahrheitsansprüchen, auf Erfahrungen mit einer äußeren, objektivierten Wirklichkeit rekurrieren und gar nicht erst den Versuch machen können, den... Geltungsanspruch als eine Relation zwischen Sprache und äußerer Natur aufzufassen,... scheint auf der Hand zu liegen, daß praktische Fragen, die sich in Ansehung der Wahl von Normen stellen, nur durch einen Konsensus unter allen Beteiligten und allen potentiell Betroffenen entschieden werden können." (1973a, S. 250f.)

Worum es also geht, ist die gesellschaftliche Wahl von Normen, die gesellschaftlich konsensuell erfolgen soll. Wenn wir die spezifische These der konsensuellen Begründung dieser Wahl vorerst beiseite lassen, so können wir zunächst einmal feststellen, unter welchen Voraussetzungen das Programm einer Diskurstheorie der praktischen Begründung einzuleuchten vermag. Die erste Voraussetzung besteht darin, daß es überhaupt Sinn macht, die Wahl von Normen mit der Frage nach Gründen für ihre Annahme oder Ablehnung zu konfrontieren. Man kann diese Voraussetzung als minimal-kognitivistische Position zur Ethik bezeichnen, die in der Semantik der Worte „gut" und „gerecht" eine nachvollziehbare Grundlage hat.
Hierzu bedarf es nur der Einsicht, daß es einen Unterschied darstellt, ob ich ein Urteil wie „Die Todesstrafe ist schlecht (nicht gut, ungerecht)" fälle, wobei die Nachfrage „Warum denn?" auf die Beibringung von Gründen verweist, oder ob ich einfach ein Urteil der Art „Die Todesstrafe widert mich an" zum Ausdruck bringe, das den Status einer Gefühlsäußerung hat, von der weitere Gründe nicht erwartet werden können (vgl. Taylor 1975, S. 52f.). Dadurch also, daß wir gesellschaftliche Normen den Bewertungen „gut" oder „schlecht", „gerecht" oder „ungerecht" unterwerfen, erkennen wir auch an, daß diese Bewertung nach Gründen verlangen. Daß die Frage der Anerkennung von Normen auf die Angabe von Gründen verweist, ist so die minimal-kognitivistische Voraussetzung, die wir mit Habermas ohne Bedenken teilen dürfen.[36] Und natürlich hat diese Voraus-

---

[36] Dies entspricht in etwa dem *logischen* Universalismus von Hare 1962, Ch. 3.

setzung mit einer Konsenstheorie der Begründung noch gar nichts zu tun.

Die zweite Voraussetzung betrifft die Diskursivität möglicher Begründung, die durch den gesellschaftlichen Charakter der Normen vorgegeben scheint. Muß nicht für die Frage der Wahl oder Anerkennung gesellschaftlicher Normen eine wechselseitige Verständigung der Gesellschaftsmitglieder über mögliche Gründe für diese Normen ganz selbstverständlich erfolgen und auch ganz selbstverständlich so, daß „alle Beteiligten und Betroffenen" einbezogen werden?

Selbstverständlich dann, wenn wir unter den Idealen der Französischen Revolution, Freiheit und Gleichheit, die Idee der Demokratie anerkennen und mit Habermas zu einem diskursiv-politischen Organisationsprinzip der Gesellschaft machen (vgl. oben § 17). Diese radikaldemokratische Version der interaktiven Vergesellschaftung erhält im Hinblick auf die Frage nach der Rechtfertigung von gesellschaftlichen Normen den Charakter eines universalistischen Organisationsprinzips der praktischen Begründung. Für dieses Prinzip können wir einen Bedingungszusammenhang folgender Art formulieren:

wenn 1) die Anerkennung von Normen gesellschaftlich allgemein sein soll,

wenn 2) eine nicht-diskursive Begründungsinstanz nicht zur Verfügung steht,

wenn 3) eine dogmatisch-autoritäre oder traditionale Festlegung der Normen nicht in Frage kommt,

dann kann

4) die Anerkennung von gesellschaftlich-allgemeinen Normen nur dann gefordert werden, wenn alle, die betroffen sind, im Prinzip die Möglichkeit haben, an der Erwägung der Gründe für oder gegen die Anerkennung der Normen teilzunehmen.

Sofern wir 1) und 4) unmittelbar zusammennehmen, erhalten wir eine allgemeine interaktionspragmatische Regel der praktischen Wahrheitsfindung, während 2) und 3) die Prämissen formulieren, unter denen sie akzeptabel ist.

Die unter 3) gefaßte Prämisse ist für unseren Kontext ganz sicher die am wenigsten zu debattierende. Sie läßt sich durch den historischen Vorgang der Auflösung partikularer Traditonen und Herrschaftsformen, der für die Moderne charakteristisch ist, einerseits beschreiben und andererseits problemlos aufnehmen, insofern wir überhaupt ein minimales Interesse an Emanzipation haben. Diese Sicht gibt keinen Anlaß zu einer Diskussion mit Habermas, da wir sie mit ihm selbst als Voraussetzung einer emanzipationstheoretischen Perspektive fassen können (vgl. z. B. 1981a, Bd. 1, Kap. I,2, II,3, IV,2; Bd. 2, Kap. V,3, VIII,1).

Ganz anders sieht es dagegen aus, wenn wir uns die Prämisse unter 2) betrachten. Diese verweist zunächst auf die Rede von nicht-diskursiven Begründungsregeln zurück, die wir beim Problem der theoretischen Wahrheit als semantische (strukturpragmatische) den (interaktions-) pragmatischen Regeln gegenübergestellt haben (vgl. oben § 19). Im Sinne dieser Unterscheidung bedeutet also die Ablehnung einer nicht-diskursiven Begründungsinstanz für gesellschaftliche Normen, daß Habermas die These vertreten muß, es gebe für die hier interessierenden Fragen keine semantischen Begründungsregeln.

Nun kann man in der Tat der Meinung sein, daß der aus der Semantik der Worte „gut" und „gerecht" sichtbar gewordene minimal-kognitivistische *Zugang* zum Problem der normativen Begründung nicht bedeuten muß, daß dieses Problem durch Rekurs auf semantische Regeln zu lösen wäre (vgl. Tugendhat 1984). Es könnte sich also durchaus herausstellen, daß Habermas von einer richtigen Prämisse ausgeht, auch wenn er sie nicht ausgewiesen hat.

Doch was heißt dies für das Begründungsproblem der praktischen Wahrheit? Zunächst einmal soviel, daß ein Begründungs-*defizit* gemessen an der Möglichkeit eintritt, auch die praktische Wahrheit in analoger Weise wie die theoretische Wahrheit mit semantischen Begründungsregeln zu verknüpfen.[37] Dies gibt

---

[37] Sehr klar sieht dieses Problem im Diskussionszusammenhang des Konstruktivismus Schneider 1974. Vgl. im übrigen die Parallelen zu Habermas bei Kambartel 1974.

Anlaß zur Skepsis, weil wir bislang nur die theoretische Wahrheit als Paradigma dafür haben, was Begründung im Sinne semantischer Verifikationsregeln genauer heißen kann. Wir stehen also vor einer Verschärfung des Begründungsproblems der praktischen Wahrheit.

Genau dieselbe Konsequenz müssen wir ziehen, wenn eine nicht-diskursive Begründungsinstanz nach dem Vorbild von Kants reiner praktischer Vernunft abgelehnt wird. Eine solche Ablehnung folgt nicht unmittelbar aus der Ablehnung nicht-diskursiver semantischer Begründungsregeln, sondern stellt ein eigenes Problem der Auseinandersetzung mit Kants Ethik dar. Doch unterstellen wir auch in diesem Fall, daß es gute Gründe geben mag, die Position Kants nicht zu teilen. Erneut folgt dann zunächst nur, daß eine starke Möglichkeit der normativen Begründung entfällt.

Durch die unter 2) angeführte Prämisse wird also dem Problem der praktischen Wahrheit ein mögliches starkes Begründungspotential entzogen. Der Übergang zu einer diskursiv-interaktionspragmatischen Regel der praktischen Wahrheitsfindung ist so betrachtet eine Verlegenheitslösung, die mit der Skepsis in eine zureichende Begründungsfähigkeit gesellschaftlich-normativer Fragen und mit einer minimal-kognitivistischen Zugangsweise durchaus verträglich ist.

Weil Habermas schon bei der theoretischen Wahrheit den Fehler begeht, die Suche nach einem Wahrheitskriterium mit einem Organisationsprinzip der Wahrheitsfindung zu verwechseln (vgl. oben § 19), kann ihm bei der praktischen Wahrheitsfrage gar nicht bewußt werden, was der Verzicht auf starke Kriterien der praktischen Wahrheit im Sinne semantischer Regeln oder eines Kantischen Vernunftbegriffs bedeutet (vgl. erneut 1981 a, Bd. 2, S. 144 ff.). Für das Problem der Begründung heißt dies nämlich nichts anderes als das Eingeständnis, daß es ein vergleichbar eindeutiges Wahrheitskriterium wie für die theoretische Wahrheit nicht gibt.

Die Distinktion zwischen dem universalistischen Organisationsprinzip der praktischen Begründung und einem möglichen Kriterium der praktischen Wahrheit verschwimmt nicht deshalb, weil es Habermas gelungen wäre, ein kommunikatives Wahrheitskriterium zu entwickeln, sondern deshalb, weil es kein starkes Wahrheitskriterium mehr gibt und aus *diesem Grund* viel dafür spricht, so gut es eben geht, Begründungen über einen diskursiven Prozeß zu suchen. Wenn das jedoch so ist, kann die Orientierung am Konsens der Betroffenen bestenfalls eine regulative Idee sein, die zu erreichen *faktisch* nicht ausgeschlossen ist, die aber nicht den konstitutiven Sinn der prozessuralen Suche nach der Anerkennungsfähigkeit gesellschaftlicher Normen ausmachen kann. Denn wir können uns genauso engagiert an diesem Prozeß beteiligen, auch wenn wir den möglichen Konsens nur als faktischen Glücksfall betrachten. Anders gesagt heißt dies, daß aus dem politisch-universalistischen Organisationsprinzip der Demokratie kein begründungstheoretischer Konsens-Universalismus der praktischen Wahrheit folgt.

Es ist aufschlußreich, diesen Sachverhalt an Habermas' eigenen Ausführungen zur Geltung bringen zu können:

> „Welche Beweislast nimmt man mit einer universalistischen Kommunikationsethik eigentlich für eine Theorie der gesellschaflichen Entwicklung auf sich? Das ist nicht soviel wie einem oft unterstellt wird. Als Beweislast übernimmt man die Pflicht nachzuweisen (ich sage nicht, daß ich das kann; aber man kann sich doch vergegenwärtigen, was man können sollte . . .), daß überall dort, wo Modernisierungsprozesse mit einer gewissen Konsequenz ablaufen, im Verkehr der Privatleute untereinander prinzipiengeleitete Moralen und im Staat postkonventionelle Rechtfertigungsniveaus auftreten. Ein postkonventionelles Rechtfertigungsniveau bedeutet, daß die formalen Bedingungen der Rechtfertigung selber legitimierende Kraft erhalten. Das ist die Idee der Demokratie: die Prozeduren vernünftiger Einigung selbst werden anstelle inhaltlicher Prinzipien wie Gott oder Natur zum Prinzip erhoben." (1978b, S. 129)

Die Bestimmung der Demokratie im Sinne der Inaugurierung eines postkonventionellen Rechtfertigungsniveaus der Gesellschaft ist in seiner negativen Abgrenzung gegen autoritäre oder traditionelle Instanzen der Normensetzung gleichermaßen unstrittig wie die Betonung des formalen Charakters demokratischer Verfahrensregelungen. Strittig dagegen ist, wie stark im Prinzip die legitimierende, also begründende Kraft eines solcherart vorausgesetzten universalistischen Organisationsprinzips der Demokratie im Vollzug der diskursiven Rechtfertigung selbst sein kann. Die „universalistische Kommunikationsethik" ist unproblematisch als politische Ethik der diskursiven Verständigungsbereitschaft, aber keineswegs als begründungstheoretische Konsens-Ethik.

Habermas überspielt diesen Unterschied, indem er wiederum ganz selbstverständlich von „Prozeduren vernünftiger Einigung" im Hinblick auf demokratische Verfahren spricht, während ja gerade in Frage steht, ob diese Verfahren auf ein konstitutives Konsensprinzip der Begründung zu verpflichten sind. Daß es sich dabei um Prozeduren handelt, die eine „vernünftige Einigung" faktisch zulassen, haben wir gesehen, doch folgt daraus eben keine konsensuelle Rechtfertigungstheorie. Eine solche Theorie im Sinne einer Konsenstheorie der praktischen Wahrheit verlangt einen zusätzlichen Schritt, der nicht in einem universalistischen Organisationsprinzip, sondern in einem entsprechenden Begründungsprinzip zu suchen ist:

„In diesem Zusammenhang kommt nun dem Grundsatz der Universalisierung, demzufolge nur Normen, die in ihrem Geltungsbereich allgemeine Anerkennung finden können, zugelassen sind, zentrale Bedeutung zu. Der Grundsatz der Universalisierung dient nämlich dazu, alle die Normen, deren Inhalt und deren Geltungsbereich partikular sind, als nicht konsensfähig auszuschließen... Universalisierung (spielt) die Rolle eines Brückenprinzips, das erklären soll, warum wir eine vorgeschlagene Handlungsnorm durch Hinweise aus Folgen und Nebenfolgen der Normenanwendung für akzeptierte Bedürfnisse plausibel machen können. Dieser Übergang ist einleuchtend, wenn sich die kasuistische Evidenz auf *allgemein* akzeptierte Bedürfnisse stützen kann. Dabei beruht freilich die konsenserzielende Kraft des Arguments auf

339

der Unterstellung, daß das Sprachsystem, in dessen Rahmen sowohl die rechtfertigungsbedürftige Empfehlung wie auch die Norm und die zur Stützung herangezogenen allgemein akzeptierten Bedürfnisse interpretiert werden, *angemessen* ist." (1973 a, S. 251)

Daß eine *Orientierung* an einem solchen Grundsatz der Universalisierung sinnvoll ist, ja geradezu analytisch aus der Einbeziehung aller Betroffenen in den diskursiven Prozeß folgt, brauchen wir nicht einmal in Frage zu stellen, um die Schwierigkeiten zu sehen, die für das relevante Begründungsproblem bleiben. In ganz analoger Weise zum Problem der theoretischen Wahrheit (vgl. oben § 19) bringt nämlich der Rekurs auf die Angemessenheit eines zur Begründung nötigen Sprachsystems wiederum einen nur formalen Gesichtspunkt ins Spiel, der einen konsensuellen Begründungsbegriff nicht zwingend macht:

> „Die Argumentation kann... konsenserzielende Kraft qua Argumentation auch hier nur beanspruchen, wenn sichergestellt ist, daß die Beteiligten die Begründungssprache, in der sie ihre Bedürfnisse interpretieren, hinterfragen und revidieren können. Der praktische Diskurs muß schon aufgrund seiner formalen Eigenschaften die Garantie geben, daß die Teilnehmer jederzeit die Diskursebene wechseln und sich der Unangemessenheit tradierter Bedürfnisinterpretationen innewerden können..." (1973 a, S. 252)

Anstatt uns einen Begründungsbegriff zu liefern, formuliert Habermas nur wiederum ein neues formales Organisationsprinzip, das die *Möglichkeit* des Konsenses nicht ausschließt, aber auch nicht die konstitutive Funktion des Konsensbegriffs zeigt. Der zusätzliche Schritt, der nötig wäre, um aus dem universalistischen Organisationsprinzip eine Begründungstheorie zu machen, fällt aus. Wir bleiben bei dem schon zugestandenen Prozeß einer diskursiven Suche nach der Rechtfertigung von Normen stehen, gewonnen haben wir wiederum nur ein Postulat möglichst umfassender kritischer Selbstreflexion wie es dem

Vorschlag der idealen Sprechsituation entspricht (vgl. oben § 19).[38]

Wenn wir dann noch hinzunehmen, was diese Selbstreflexion leisten soll, wird endgültig klar, daß die Konsenstheorie der praktischen Wahrheit auf verlorenem Posten steht:

> „... eine weitere Radikalisierung besteht im Übergang zu einer Reflexion auf die Abhängigkeit unserer Bedürfnisstrukturen vom Stand unseres Wissens und Könnens: wir einigen uns auf Interpretationen unserer Bedürfnisse im Lichte der vorhandenen Informationen über Spielräume des Machbaren und des Erreichbaren" (1973a, S. 254)

Diese „Informationen" machen die Frage nach den allgemein akzeptablen Bedürfnissen und eine dementsprechende Begründung gesellschaftlicher Normen abhängig von theoretischen Wahrheitsfragen. In dem Maße also, in dem diese Abhängigkeit im Rahmen der praktischen Wahrheitsfindung besteht, geraten wir auf einen Wechselbezug zwischen theoretischer und praktischer Wahrheit.[39] Da wir nun aber gesehen haben, daß die Konsenstheorie der theoretischen Wahrheit falsch ist (vgl. oben § 19), folgt daraus, daß die konsensuelle Begründung von Normen zumindest in den Fällen, in denen eine Abhängigkeit von theoretischer Wahrheit besteht, eine ihrerseits verfehlte begriffliche Konzeption darstellt.

Dies wäre vielleicht nicht weiter schlimm, wenn diese Fälle gesellschaftlich nicht besonders relevant wären. In Wirklichkeit handelt es sich hierbei jedoch gerade um den gesellschaftlich entscheidenden Problembereich, wie Habermas selbst durch sein hypothetisches Kriterium der „Organisation des gesellschaftlichen Verkehrs" zu erkennen gibt:

> „Wie hätten die Mitglieder eines Gesellschaftssystems bei einem gegebenen Entwicklungsstand der Produktivkräfte ihre Bedürfnisse kollektiv verbindlich interpretiert und

---

[38] Dies gilt entsprechend auch für die Vorschläge von Alexy 1978, Kap. II.
[39] Vgl. McCarthy 1980, S. 360.

341

welche Normen hätten sie als gerechtfertigt akzeptiert, wenn sie mit hinreichender Kenntnis der Randbedingungen und der funktionalen Imperative ihrer Gesellschaft in diskursiver Willensbildung über die Organisation des gesellschaftlichen Verkehrs hätten befinden können und wollen?" (1973 b, S. 156)

Dieses Problem der „Organisation des gesellschaftlichen Verkehrs", das Habermas in deutlichem Anklang an Marx' Rede von der Verkehrsform der Gesellschaft im Sinne ihrer Produktionsverhältnisse formuliert, ist nichts anderes als das Problem der interaktiven Vergesellschaftung, das wir mit Marx und Habermas gleichermaßen entwickelt haben (vgl. oben § 17). Für dieses Problem mußten wir jedoch außerdem einsehen, daß es als Problem der *vertikalen* interaktiven Rationalisierung eine konsensuelle Lösung dann nicht erwarten läßt, wenn verschiedene Rationalitätsmaßstäbe unter Berufung auf theoretische Wahrheit konkurrieren.

Weil theoretische Wahrheit nicht wesensmäßig diskursiv ist, legt sich auch nicht zwingend ein Konsens über den „Entwicklungsstand der Produktivkräfte", die „Kenntnis der Randbedingungen" und die Interpretation der „funktionalen Imperative" der Gesellschaft nahe, obwohl er faktisch nicht ausgeschlossen werden muß. Und dies, so unterstellten wir bisher, selbst wenn ein radikaldemokratisches Modell die Mitglieder der Gesellschaft leiten sollte (vgl. oben § 18).

Nachdem wir andererseits zu unterscheiden gelernt haben zwischen einer universalistischen Kommunikationsethik als einer politischen Ethik der diskursiven Verständigungsbereitschaft und einer begründungstheoretischen Konsens-Ethik, bestätigt sich mit der uneingelösten Beweislast der letzteren, die wir immanent an Habermas' Gedankenführung studieren konnten, daß die diskursive Rationalität der gesellschaftlichen Vermittlung bei aller ihrer politischen Relevanz jene „dezisionistische Restproblematik" (1976 a, S. 338) bestehen läßt, die für Habermas so etwas wie ein rotes Tuch verkörpert.[40]

---

[40] An *dieser* Sachlage ändert auch nichts der neue Versuch von Habermas

Ich halte diese Konsequenz im Sinne eines Entscheidungsprimats der diskursiven Rationalität (vgl. oben §§ 18, 19) für keineswegs tragisch und schon gar nicht für ein politisch „rechtes" Präjudiz. Vielmehr sollten wir einsehen lernen, daß die strukturelle Gegenläufigkeit der theoretischen und praktischen Wahrheit eine in ihrer Art weise Arbeitsteilung repräsentiert: die Möglichkeit zu starken Begründungen für die theoretische Wahrheit (Verifikation) zwingt uns zu einem Realitätsbezug, der sozial kompromißlos, weil nicht diskursiv, genannt werden kann;[41] die Unmöglichkeit zu starken Begründungen für die praktische Wahrheit (soweit sie hier interessiert) zwingt uns zu einer diskursiven Haltung gegenüber der sozialen Realität, die uns zugleich innewerden läßt, daß wir uns zu ihrer Gestaltung entschließen müssen. Dies ist nicht als eine bedauerliche Situation von Rationalitätsdefizit zu interpretieren, sondern kann im Gegenteil die Einsicht in Bedingungen unserer Handlungsfreiheit fördern.

Dem entspricht, wie unsere Antwort auf die Frage ausfallen muß, ob die Unterstellung eines radikaldemokratischen Modells im Sinne eines Verfahrenskonsenses der gesellschaftlichen Organisation nicht seinerseits eine konsensuelle praktische Norm impliziert. Dies finde ich deshalb nicht zwingend, weil sich unsere radikaldemokratische Bereitschaft zu politischem Handeln nicht auf Vernunft im Sinne der Gleichung „ratio = veritas" gründet, sondern auf das Interesse an Freiheit qua autonomer Selbstbestimmung. Nicht Wahrheit, sondern Freiheit ist das politische *Grund*prädikat, an dem wir unser politisches Handeln und die Anerkennung von Normen zu orientieren haben.[42] Und da, wie wir gesehen haben, praktische Wahrheitsfragen, die wir gleichwohl rational zu stellen haben, keine starken Begründungen zulassen, müssen wir ständig sensibel für die mögliche Einschränkung unserer Freiheit durch falsche Ansprüche an

---

1983 und die Erwiderung auf den Dezisionismus bei Lukes 1982 (1982, pp. 254ff.). Vgl. Tugendhat 1981, pp. 1067ff.; Lübbe 1978.

[41] Vgl. insbes. auch Krüger 1974, S. 209ff.

[42] Vgl. hierzu Pieper 1979, Kap. 6, 8. Ob dies auf ein Desiderat der Letztbegründung verweist, ist eine andere Frage.

praktischer Wahrheit sein. Denn Irrtümer in Sachen praktischer Wahrheit bedeuten gesellschaftlich nichts anderes als Einschränkungen an Freiheit.

Ich erlaube mir an dieser Stelle einen solch thetischen Entwurf, weil damit die Kritik an Habermas in produktive Beziehung gebracht werden könnte zu einer Konzeption von Emanzipationstheorie, die Castoriadis bereits entwickelt hat:

> „...lediglich im Kontext eines *politischen* Projekts und einer *politischen* Zielsetzung läßt sich eine andere Einrichtung/Institution der Gesellschaft vorschlagen. Über diese politische Zielsetzung kann man gewiß diskutieren und argumentieren, aber man kann sie auf keine Vernunft gründen (nicht einmal auf die ‚Natur‘ oder ‚Vernunft‘ der ‚Geschichte‘)...
> Es sind vielmehr politische Ideen/Bedeutungen, die die Einrichtung/Institution der Gesellschaft betreffen, wie sie sein könnte und wie wir sie haben möchten – eine Einrichtung, die in keiner natürlichen, logischen oder transzendentalen Ordnung verankert ist. Die Menschen werden weder frei noch unfrei geboren, weder als Gleiche noch als Ungleiche. *Wir wollen* vielmehr, daß sie (wir) in einer gerechten und autonomen Gesellschaft frei und gleich sind, wohl wissend, daß der Sinn dieser Ausdrücke niemals definitiv bestimmt werden kann und daß die Hilfe, die die Theorie bei dieser Aufgabe leisten kann, stets radikal begrenzt und im wesentlichen negativ ist." (Castoriadis 1981, S. 275)

Warum, so können wir im Lichte dieser Thesen[43] auf unsere Überlegungen zurückblicken, ist die Frage der normativen Rechtfertigung eines radikaldemokratischen Modells als solchem gewissermaßen nur als Nebenproblem der Konsenstheorie der praktischen Wahrheit und nicht schon früher in der Dimension der Marx-Kritik thematisch geworden?

---

[43] Vgl. ähnlich Markovic 1974, p. 212.

Weil uns in Auseinandersetzung mit Marx ein Projekt der Befreiung geleitet hat, das ohne die historische Innovation der Ideale der Französischen Revolution undenkbar wäre.[44] Dieses Projekt bestimmte den Horizont, innerhalb dessen wir uns um Rationalität bemüht und seine Präzisierung voranzutreiben versucht haben. Und unter der Prämisse dieses Projekts im Sinne des optimal-interaktiven Modells der personalen Vergesellschaftung (vgl. oben § 7) wurde es *dann nur vernünftig*, mit Habermas ein politisches Organisationsprinzip der interaktiven Vergesellschaftung zu gewinnen, das wir zu einem radikal-demokratischen Modell einer denkbaren Umsetzung der Marxschen Utopie stilisieren konnten (vgl. oben §§ 17, 18). Das radikaldemokratische Prinzip ergab sich als Folge eines Projekts der Befreiung, das wir bei Marx als die Konzeption ansehen mußten, einen „falschen Schein der gesellschaftlichen Freiheit" zu überwinden (vgl. oben § 7).[45]
Nicht ein konsensethisches Prinzip begründet so gesellschaftliche Emanzipation, sondern ein politisches Projekt der Befreiung impliziert eine minimal-kognitivistische Kommunikationsethik. Wenn aber unser politisches Grundprädikat „Freiheit" heißt, dann bedeuten die normativen Bewertungen „gesellschaftlich gut/gerecht" dasselbe wie „wahr im Sinne der Freiheit".
Natürlich handelt es sich hierbei um einen vorerst nur allzu ungesicherten Problemaufriß, in dessen Verfolgung der Zusammenhang von Freiheit und praktischer Begründung allererst auszuarbeiten wäre. Im Hinblick auf diese Fragestellung kann jedoch schon deutlich werden, daß dazu ein materialer Freiheitsbegriff nötig wäre, der bei Habermas nicht vorhanden ist. Wir können uns dies daran klar machen, daß die bloße Beschränkung auf einen negativen Begriff der Herrschaftsfreiheit, wie er dem politischen Organisationsprinzip der herrschaftsfreien Diskus-

---

[44] Vgl. Hesse 1980, p. 228.
[45] Wir haben uns also immer schon teleologisch orientiert und sind implizit dem Gedankenschema eines „hypothetischen Imperativs" gefolgt. Vgl. zur Analyse dieser ethischen Zugangsweise Foot 1972; Harsanyi 1976. Zu einer sehr reflektierten neueren teleologischen Orientierung vgl. insbes. Wolf 1984.

sion entspricht (vgl. oben § 17), keinen ausreichenden Anhalts-punkt bietet.[46] Dieser Begriff der Herrschaftsfreiheit setzt zwar den Bezug auf die emanzipatorische Funktion der Begriffe von Freiheit und Gleichheit voraus, aber in einem nur formalen Sinn. Dies kann auch gar nicht anders sein, da wir es auf dieser Ebene mit einem umfassenden Prinzip der interaktiven Vergesellschaf-tung qua politische Vermittlung zu tun haben.

Die tatsächliche Umsetzung dieses Prinzips andererseits verlangt Bestimmungen von materialer Freiheit, ohne die sich eine frei-heitliche Lebensform kaum denken läßt. An diesem Punkt wird sichtbar, daß die Begriffe Freiheit und Gleichheit nicht dasselbe systematische Gewicht haben. Zwar ist es möglich, in einem durchaus materiell-ökonomischen Sinn von der Gleichheit der Menschen zu sprechen und sie politisch herstellen zu wollen (vgl. oben § 14), aber der Leitbegriff einer solch politischen Absicht ist die Überzeugung, daß ohne symmetrische Sozialbe-ziehungen keine gesellschaftliche Freiheit möglich sei. Die Reali-sierung von Gleichheit steht ihrerseits unter Bedingungen posi-tiv-materialer (nicht materi*eller*) Freiheit, die nur in ständiger Auseinandersetzung um Sachfragen der Gesellschaft zu gewin-nen sind, die sich auf das Problem der vertikalen interaktiven Rationalisierung bringen lassen.

Dieses Problem hat Marx in Form eines Projekts zur Befreiung der Arbeit zu lösen versucht (vgl. oben § 18), was wir nun als Zeichen dafür verstehen können, daß ein Prinzip der interakti-ven Vergesellschaftung zugleich nach einem material herzustel-lenden Begriff von Freiheit verlangt. Selbst wenn man also die Idee der Freiheit vom Begriff der Arbeit ablösen sollte, bleibt das Problem ihrer materialen Bestimmung. Der Struktur nach, so scheint es, gibt uns dieses Problem immer neu zu gewinnende Handlungsalternativen der politischen Entscheidung auf.[47]

Dieser, wie ich betonen muß, tentative Gedankengang kann uns über die Kritik zur Wahrheitstheorie hinaus Hoffnung geben,

---

[46] Vgl. Wellmer 1979b; Maurer 1977, S. 56ff.
[47] Damit würde auch die Befürchtung von Bubner 1971, S. 189ff. hinfäl-lig, daß irgendwann nichts Ernsthaftes mehr zur Debatte stehen könnte. Entsprechendes gilt für die Einwände von Benhabib 1982a, S. 69ff.

warum die aus ihr folgende Destruktion von Habermas' konsensueller Emanzipation des herrschaftsfreien Dialogs (vgl. oben § 17) zu keiner Resignation in Sachen Emanzipationstheorie Anlaß geben sollte. Wir können uns nämlich zu Bewußtsein bringen, daß diese utopische Norm ein hyper-rationales Ideal der kommunikativen Transparenz formuliert, das den Marxschen Fehler einer entsprechenden technischen Transparenz in neuer Weise wiederholt (vgl. oben § 9).

Genauso wie zunächst der Begriff der „herrschaftsfreien Diskussion" doppeldeutig war und in ein Organisationsprinzip und Utopie-Prinzip ausdifferenziert werden mußte (vgl. oben § 17), genauso gilt dies für eine Rede von „kommunikativer Lebensform", die diesem Unterschied entspricht. „Kommunikative Lebensform" kann nämlich einmal so bestimmt werden,

> „... daß die Geltung aller politisch folgenreichen Handlungsnormen von diskursiven Willensbildungsprozessen abhängig gemacht werden können" (1973a, S. 265).

In diesem Fall zielt sie auf die Umsetzung eines radikaldemokratischen Modells der Gesellschaft und ist nicht weiter problematisch. Im anderen Fall jedoch begegnet uns die „ideale Sprechsituation" als Modell kommunikativer Lebenspraxis:[48]

> „Das gewählte Sprachsystem muß die und genau die Interpretationen von Bedürfnissen zulassen, in denen die Diskussionsteilnehmer sich ihre innere Natur transparent machen und erkennen können, was sie wirklich wollen." (1973a, S. 252, vgl. S. 256; 1976a, S. 87f., 344)

In dieser Art der rationalistischen Auflösung von „voluntas" kann man vielleicht so etwas wie den materialen Freiheitsbegriff sehen, zu dem Habermas kommt. Da freilich die ideale Sprechsituation ihrerseits nur ein ideales Organisationsprinzip darstellt, also formal bestimmt ist, zeigt sich daß Habermas' positiver Begriff der Herrschaftsfreiheit (vgl. oben § 17) nur durch ein

---

[48] Vgl. Wellmer 1981, p. 44.

zusätzliches Ideal der „inneren Transparenz" einen materialen Bezug bekommt.[49]

So wenig damit dieses Ideal eine Begründung aufweisen kann, so wenig dürfen wir erwarten, daß es einer sinnvollen Begründung überhaupt fähig ist. Denn wenn es stimmt, daß wir uns um materiale Bestimmungen der Freiheit ständig dadurch bemühen müssen, daß wir uns in politischen Handlungsalternativen gemessen am Problem der vertikalen interaktiven Rationalisierung bewegen, dann enthüllt sich unsere „innere Natur" an Entwürfen von Freiheit, für die wir uns ab einem gewissen Punkt – diskursiv-vermittelt bis faktisch konsensuell – entscheiden. Dies ist kein Zeichen von Irrationalismus, sondern verweist auf ein Spannungsverhältnis von Freiheit und praktischer Wahrheit, das seinerseits einer weiteren Klärung zugeführt werden müßte.[50]

Mit Blick auf das von Habermas entworfene Programm einer sprachtheoretischen Fundierung der kritischen Gesellschaftstheorie (vgl. oben § 17), demzufolge bereits der „erste Akt sprachlicher Verständigung" (vgl. 1973 a, S. 258) auf die ideale Sprechsituation und insofern auf die konsensuelle Emanzipationsnorm verweist, läßt sich eine sprachtheoretische Pointe anfügen, die die grundsätzliche Angemessenheit unserer Kritik wie der durch sie aufgerollten Problematik unterstreicht.

Wenn nämlich irgend etwas in einem begrifflichen Sinn für uns mit dem ersten Akt der sprachlichen Verständigung „gesetzt" ist, dann nicht „Konsens", sondern Wahrheit und Freiheit. Wahrheit dadurch, daß uns bereits die Behauptung des einfachsten Satzes zu einer Stellungnahme über seine Gültigkeit herausfor-

---

[49] Habermas 1981 a, Bd. 1, S. 110 ff. scheint andererseits einen solchen Bezug nicht für nötig zu erachten, was das Problem freilich nur bestätigt. Vgl. entsprechend Habermas 1982, pp. 261 ff. Die explizite Negation eines Transparenzideals (vgl. ebd. p. 235) mag so zwar die aufgezeigte Doppeldeutigkeit beheben, nicht aber unser Problem in Termini von Freiheit.

[50] Vgl. z. B. Hare 1962, II; Hare 1981, III. Sehr erhellend zur Problemorientierung Berlin 1969. Hierher gehören dann auch Fragen wie die, was die Vermutung politisch bedeutet, Emanzipation sei ein „essentially contested concept". Vgl. etwa Nielsen 1976/1977.

dert, die uns zu einer theoretischen ja-nein Alternative zwingt, Freiheit dadurch, daß uns bereits der einfachste praktische Satz z. B. in Gestalt einer Aufforderung zu der praktischen Stellungnahme zwingt, ob wir ihr nachkommen wollen oder nicht (vgl. Tugendhat 1976, Vorl. 28). Nicht der „Diskurs", sondern Wahrheit und Freiheit sind, wenn man so reden will, „Gegeninstitution schlechthin" (vgl. 1971a, S. 201).

Das negative Resultat, zu dem wir gezwungen sind, läßt sich daher für Habermas' Wahrheitstheorie insgesamt in einem Satz formulieren: die theoretische Wahrheit ist nicht wesensmäßig diskursiv (vgl. oben § 19), die praktische Wahrheit nicht wesensmäßig konsensuell (soeben § 20).

Gesellschaftstheoretisch bedeutet dies,

- daß die konsensuelle Emanzipationsnorm des herrschaftsfreien Dialogs unhaltbar ist (vgl. oben § 17),
- daß diskursive Rationalität einen gesellschaftlichen Entscheidungsprimat hat (vgl. oben § 18),
- daß sich das Problem der vertikalen interaktiven Rationalisierung erneuert und mit dem Problem eines materialen Freiheitsbegriffs verbindet,
- daß die Loslösung der Emanzipationsperspektive vom Begriff der Arbeit solange nicht zwingend erscheint, bis nicht vertikale interaktive Rationalisierung und materiale Freiheit eine befriedigende Bestimmung erfahren haben (vgl. oben § 16),
- daß Habermas mit der fruchtbaren Einführung eines richtigen politischen Prinzips die Komplementärfunktion der Marxschen Utopie noch nicht hinter sich gelassen hat.

II. Kommunikative Vergesellschaftung als Prinzip emanzipatorischer Politik

§ 21 Sprachmodell, soziales Handeln, Rationalität –
begriffliche Grundlagenprobleme
der „Theorie des kommunikativen Handelns"

Nach der Kritik an der Konsenstheorie der Wahrheit fragt sich, welche Möglichkeiten Habermas bleiben, um das anspruchsvolle Programm einer Grundlegung der kritischen Gesellschaftstheorie aus „Fundamentalnormen möglicher Rede" (vgl. oben § 17) auszufüllen. Mit dieser Frage können wir uns insbesondere dem neueren Versuch einer „Theorie des kommunikativen Handelns" (1981 a) zuwenden, den Habermas selbst als weiterführende Aufklärung der „normativen Grundlagen einer kritischen Gesellschaftstheorie" (1981 a, Bd. 2, S. 583) versteht. Im Lichte unserer Kritik bedeutet dies freilich, daß wir von vornherein unterscheiden müssen zwischen denjenigen Überlegungen, die mit der wahrheitstheoretischen Konzeption der Konsens-Rationalität stehen und fallen und solchen Argumenten, die sich unabhängig von dieser fragwürdigen Auffassung diskutieren lassen. Ist es möglich, den Begriff des kommunikativen Handelns an die „Fundamentalnormen möglicher Rede" so anzuschließen, daß ein konsensuelles Handlungsmodell entwickelt werden kann, das nicht auf eine Übereinstimmung im Sinne von Wahrheit, sondern auf Übereinstimmung in einem anderen Sinn, etwa dem der Lebenspraxis zielt?

Wenn wir in dieser Weise fragen, können wir einerseits Habermas' Intention Rechnung tragen, die der Sprache für die Entwicklung eines kommunikativen Handlungsmodells einen „prominenten Stellenwert" beimißt und andererseits die Durchführung dieses Vorhabens den kritischen Maßstäben unterwerfen, die sich aus der Diskussion der Wahrheitstheorie ergeben haben. Terminologisch ist dies zum Ausdruck zu bringen, indem wir zwischen Übereinstimmung und Konsens (-Rationalität) unterscheiden und fragen, ob sich möglicherweise Formen der Übereinstimmung aus der Sprache gewinnen lassen, die zwar nicht konsensrational sind, aber gleichwohl ein kommunikatives Handlungsmodell tragen könnten. Dieses Handlungsmodell müßte dann seinerseits nach der Tauglichkeit für ein interaktives Prinzip der Vergesellschaftung untersucht werden (vgl. 1981 a, Bd. 1, S. 430, 452). Und ein solches Prinzip wiederum wäre mit dem Problem der vertikalen interaktiven Rationalisierung der Gesellschaft (vgl. oben § 18) und unserer These vom politischen Entscheidungsprimat diskursiver Rationalität zu konfrontieren.

Aus der Perspektive dieser kritisch vorgeklärten Fragestellung darf freilich nicht überraschen, wenn wir in der „Theorie des kommunikativen Handelns" immer wieder mit dem Tatbestand konfrontiert werden, daß Habermas wie selbstverständlich seine konsensrationalen Überzeugungen zugrundelegt und sie geradezu zum Leitfaden der Untersuchung macht. Dies braucht uns so lange nicht zu stören, als es gelingt, die Aufklärung des kommunikativen Handelns unabhängig von der Prämisse einer wahrheitstheoretischen Konsensualität zu verfolgen.

Dieser Versuch mag schwierig erscheinen, wenn man sieht, wie Habermas schon zu Beginn seiner Theorie einen Begriff von „kommunikativer Rationalität" einführt, der den Schlüsselbegriff der „konsensstiftenden Kraft argumentativer Rede" zum Maßstab nimmt (vgl. 1981 a, S. 28) und den Begriff der Argumentation wiederum im Rekurs auf die Konzeption der „idealen Sprechsituation" nach dem Vorbild der „Wahrheitstheorien" erläutert (vgl. S. 47 ff.) [1] Doch andererseits lassen sich diese spezifisch konsensrationalen Bestimmungen als vorläufige Thesen verstehen, die mit der allgemeinen Idee, den Rationalitätsbegriff an „Kritisierbarkeit und Begründungsfähigkeit" von Äußerungen festzumachen (vgl. S. 27), keineswegs zusammenfallen. Wir können so Habermas' zunächst „eher intuitiv eingeführten Rationalitätsbegriff" (S. 44) anhand seiner eigenen Charakteri-

---

[1] Einfache Seitenangaben beziehen sich im folgenden II. Kapitel auf Habermas 1981 a, Bd. 1.

sierung in eine begründungsorientierte und konsenstheoretische Komponente aufspalten:

> „Unsere Überlegungen können wir dahingehend zusammenfassen, daß wir Rationalität als eine Disposition sprach- und handlungsfähiger Subjekte verstehen. Sie äußert sich in Verhaltensweisen, für die jeweils gute Gründe bestehen... Das trifft für alle symbolischen Äußerungen zu, die mindestens implizit mit Geltungsansprüchen verbunden sind... Jede explizite Überprüfung von kontroversen Geltungsansprüchen verlangt die anspruchsvolle Form einer Kommunikation, welche die Voraussetzungen der Argumentation erfüllt." (S. 44)

Die Orientierungen des Rationalitätsbegriffs an „Begründungsfähigkeit" ist selbstverständlich möglich, ohne daß man eine Diskurstheorie der theoretischen und praktischen Wahrheit vertreten muß, die der Überpüfung von kontroversen Geltungsansprüchen allererst eine konsenstheoretische Grundlage verschaffen kann. Hieraus wird deutlich, daß wir einen konsensuellen Begriff der kommunikativen Rationalität solange als unbegründet ansehen können, als dieser nicht aus einer überzeugenden *zusätzlichen* Analyse des Begriffs des kommunikativen Handelns selbst gewonnen wird. Der Rückgriff auf die Konsenstheorie der Wahrheit reicht nach unserer Kritik nicht aus, um eine solche Konzeption von Rationalität zu verobjektivieren.

Dies zeigt, daß wir gerade auch im Interesse der Freilegung neuer Argumentationsansätze, durch die Habermas einen konsensuellen Begriff von kommunikativer Rationalität vielleicht einlösen könnte, den Zusammenhang zwischen kommunikativem Handeln und Rationalität so problematisieren müssen, daß wir zunächst vom Begriff des kommunikativen Handelns ausgehen, um dann zu sehen, welche Konzeption von Rationalität sich daraus nahelegt. Diese zu Habermas' tatsächlichem Vorgehen gegenläufige Blickrichtung ist unvermeidlich, wenn die Chance gewahrt werden soll, eine Theorie des kommunikativen Handelns nicht von vornherein mit der schweren Hypothek einer Konsenstheorie der Wahrheit zu belasten. Zugleich müssen wir illusionslos als Kriterium festhalten, daß in dem Maße, in dem diese Theorie als Prämisse in Anspruch genommen wird, die Theorie des kommunikativen Handelns in erneute Beweisdefizite kommt.

Sehen wir also zu, wie Habermas den Begriff des kommunikativen Handelns zu entfalten sucht. Hierbei können wir uns freilich auf keine griffig gedrängten Begriffsbestimmungen beziehen, sondern müssen uns auf die sukzessiven Aufklärungsschritte einlassen, die Habermas unter verschiedenen theoretischen Perspektiven mit dem umfassenden Ziel verfolgt, durch die Theorie des kommunikativen Handelns „eine Konzeptualisierung des gesellschaftlichen Lebenszusammenhangs (zu) ermöglichen, die auf die Paradoxien der Moderne zugeschnitten ist" (S. 8). Bei diesem Unternehmen kreuzen sich von Beginn an evolutionstheoretische (vgl. Kap. I,2), soziologisch-handlungstheoretische (vgl. Kap. I,3) und methodologische (vgl. Kap. I,4) Argumentationen in dem Bemühen, eine Klärung des kommunikativen Handelns zu erreichen (vgl. Kap. III), die mit dem zunächst eingeführten Rationalitätsbegriff in Einklang stehen soll (vgl. Kap. I,1).

Hinzu kommt die gleichfalls mit begrifflichen Reflexionen zum kommunikativen Handeln verwobene theoriegeschichtliche Aufarbeitung der „soziologischen Ansätze zu einer Theorie der gesellschaftlichen Rationalisierung" (S. 200). In diesem Rahmen begegnen uns wie selbstverständlich die Probleme der interaktiven Vergesellschaftung und vertikalen interaktiven Rationalisierung, die uns über die soeben erneuerte Fragestellung hinaus bereits in Form einer vermeintlichen Kritik an Max Weber beschäftigt haben (vgl. oben § 19).

Diese etwas verschlungenen Pfade von Habermas' Theoriebildung schließen andererseits nicht aus, mit der für begriffliche Analysen unerläßlichen „déformation professionelle" des Philosophen die Konzeption des kommunikativen Handelns auf ihre zentralen Punkte und Probleme zu konzentrieren. Allerdings gilt es dabei die Kontexte zu beachten, in denen Habermas jeweils operiert, und sei es auch nur, um die Intentionen zu würdigen, die er mit seiner Theorie umsetzen will.

Der nähere Einstieg in die Theorie bietet sich an mit der Unterscheidung verschiedener „soziologischer Handlungsbegriffe", die zu einer aufschlußreichen Auszeichnung des kommunikativen Handelns unter Zuhilfenahme von „drei Weltbezügen" führt. Diese Weltbezüge gewinnt Habermas zunächst als Differenzierung von Grundeinstellungen, durch die sich das „mythische" und „moderne" Weltverständnis unterscheiden lassen:

> „... die Entmythologisierung der Weltsicht (bedeutet) gleichzeitig eine Desozialisierung der Natur und eine Denaturalisierung der Gesellschaft.
> Dieser intuitiv leicht zugängliche Vorgang führt, so scheint es, zu einer grundbegrifflichen *Differenzierung zwischen* den *Objektbereichen* Natur und Kultur... der sich besser anhand *von Grundeinstellungen* gegenüber *Welten* analysieren läßt. Das mythische Konzept der ‚Mächte' und das magische Konzept der ‚Beschwörung' verhindern systematisch die Trennung zwischen der objektivierenden Einstellung gegenüber einer Welt existierender Sachverhalte und der konformen bzw. nicht-konformen Einstellung gegenüber einer Welt legitim geregelter interpersonaler Beziehungen." (S. 80)

Dieser Unterscheidung von „objektiver" und „sozialer" Welt läßt sich der Begriff der „subjektiven Welt" hinzufügen:

> „Erst in dem Maße wie sich das formale Konzept einer *Außenwelt*, und zwar einer objektiven Welt existierender Sachverhalte wie einer sozialen Welt geltender Normen ausbildet, kann sich der Komplementärbegriff der *Innenwelt* oder der Subjektivität ergeben, der alles zugerechnet wird, was der Außenwelt nicht inkorporiert werden kann und wozu der Einzelne einen privilegierten Zugang hat." (S. 82)

Das moderne Weltverständnis ist im Unterschied zum mythischen dadurch gekennzeichnet, daß es die Abgrenzung dieser Weltbezüge im Sinne verselbständigter Grundeinstellungen entwickelt hat und die Individuen befähigt, die entsprechenden Abgrenzungen gleichzeitig vorzunehmen. Diese Art von Differenzierung, die Habermas mit Piaget als „Dezentrierung eines egozentrisch geprägten Weltverständnisses" (S. 106) beschreibt, führt nun aber dazu, daß das Weltverständnis „reflexiv" wird:

> „Erst in dem Maße wie das formale Bezugssystem der drei Welten ausdifferenziert wird, kann ein reflexiver Begriff von Welt ausgebildet und der Zugang zur Welt durch das Medium gemeinsamer Interpretationsanstrengungen im Sinne eines kooperativen Aushandelns von Situationsdefinitionen gewonnen werden." (S. 106)

Diese „Reflexivität des Weltbildes" (S. 85) können wir uns dadurch leicht klarmachen, daß aus der Abgrenzung der drei Grundeinstellungen qua Weltbezüge folgt, daß jeder Weltbezug vom anderen *als ein solcher* unterschieden werden können muß und insofern eine je gesonderte Thematisierung der einzelnen Weltbezüge verlangt. Eine solche je gesonderte Thematisierung im Hinblick auf mögliche andere Weltbezüge läßt sich in unproblematischer Weise als Reflexivwerden des Weltbezugs insgesamt verstehen. Aus diesem Reflexivwerden des Weltbezugs wiederum scheint eine verständigungsorientierte Einstellung über die jeweils thematisierten Weltbezüge zu folgen, so daß „Einverständnis darüber erzielt wird, was die Beteiligten jeweils als Faktum oder gültige Norm oder als subjektives Erlebnis behandeln dürfen" (S. 107). Kurz, das Reflexivwerden des Weltbezugs impliziert kommunikative Deutungsleistungen.

Diese kommunikativen Deutungsleistungen sind nun jedoch nach Habermas ausgerichtet an den für die einzelnen Weltbezüge charakteristischen „Geltungsansprüchen". Die Behandlung von etwas als Faktum verweist auf assertorische Sätze und den Geltungsanspruch der Wahrheit, der Bezug auf Normen verweist auf Sollens-Sätze und den Geltungsanspruch der praktischen Richtigkeit, die subjektive Erlebniswelt schließlich hat ihr Pendant in expressiven Sätzen und dem Geltungsanspruch der Wahrhaftigkeit. Diese Unterteilung von Geltungsansprüchen kennen wir bereits (vgl. oben § 19). Genau wie früher interessiert uns jedoch auch jetzt weniger das Problem einer solchen Einteilung unter dem Titel „Geltungsanspruch", den Habermas auch der Einführung seines Rationalitätsbegriffs gleich zu Beginn unterlegt (vgl. S. 27, 35), sondern welche Funktion diese Orientierung an Geltungsansprüchen für die drei Weltbezüge hat. Dann müssen wir zunächst feststellen, daß die Unterscheidung der drei Weltbezüge eigentlich völlig abhängig ist von den drei genannten Geltungsansprüchen und daß demzufolge die „Grundeinstellungen gegenüber Welten" nichts anderes repräsentieren als verselbständigte Dimensionen von verschiedenen Geltungsansprüchen. Wir können uns nämlich eine nicht bloß metaphorische Rede von „Welt" in einem objektiven, sozialen und subjektiven Sinn gar nicht anders explizieren als im Rekurs auf die charakteristischen Gegenstandsbezüge entsprechender Satz-Typen.

Dies ist intuitiv am deutlichsten für einen nicht-metaphorischen Begriff der Außenwelt, der denjenigen Gegenstandsbezug als Gesamtheit umfaßt, der den assertorischen Sätzen unserer Common sense-Sprache im Verständnis raum-zeitlicher materieller Gegenstände korrespondiert (vgl. oben § 19 und Zimmermann 1981). Da die Rede von einer „Außenwelt" wiederum den klarsten Fall einer Rede von „Welt" darstellt, leuchtet ein, daß auch die Rede von „sozialer" und „subjektiver" Welt in ihrer noch näher zu bestimmenden Bedeutung auf Strukturbedingungen von Sätzen verweist, die nach Habermas von vornherein als Geltungsbedingungen zu verstehen sind. Die Differenzierung von Grundeinstellungen gegenüber Welten ist so eine Differenzierung von Geltungsdimensionen. Dem „Reflexivwerden des Weltbezugs" entspricht folglich ein Reflexivwerden von Geltungsdimensionen und damit die Ausrichtung von kommunikativen Deutungsleistungen an Geltungsansprüchen.

Auf diese Weise haben wir die Voraussetzungen erreicht, die Habermas' Idee der Auszeichnung des kommunikativen Handelns gegenüber anderen Handlungsbegriffen nachvollziehbar und diskutierbar macht. Diese Auszeichnung läßt sich vorerst schematisch folgendermaßen festhalten (vgl. S. 126 ff.):

Handlungsbegriffe	Weltbezüge/Geltungsansprüche		
	objektiv/ wahr	sozial/ richtig	subjektiv/ aufrichtig
teleologisch/ strategisch (S. 126f., 129ff.)	+	–	–
normenreguliert (S. 127, 132ff.)	+	+	–
dramaturgisch (S. 128, 135ff.)	+	–	+
Kommunikativ (S. 128, 141ff.)	+	+	+

Die Zeichen ‚+' und ‚–' sollen einfach ausdrücken, wann ein positiver Bezug vorliegt und wann nicht. Natürlich fällt sofort auf, daß das kommunikative Handeln zu durchgängig positiven Bestimmungen kommt. Woran dies hängt und was diese Hervorhebung des kommunikativen Handelns bedeutet, ergibt sich aus Habermas' Kennzeichnung der übrigen Handlungsbegriffe im Hinblick auf Weltbezüge bzw. Geltungsansprüche. Bei dieser Kennzeichnung geht es Habermas freilich gar nicht so sehr um eine „analytische Explikation", sondern um „Rationalitätsimplikationen" von „Begriffsstrategien" der sozialwissenschaftlichen Theoriebildung (vgl. S. 129). Daher repräsentieren für ihn die „vier soziologischen Handlungsbegriffe" zugleich Handlungsmodelle, an denen sich die Soziologie paradigmatisch orientieren kann. Und indem eine solche Orientierung vollzogen wird, entsteht die Frage nach dem leitenden Begriff von Rationalität:

„Auf den ersten Blick scheint nur der teleologische Handlungsbegriff einen Aspekt der Handlungsrationalität freizugeben. Das als Aspekt der Zweckrationalität vorgestellte Handeln läßt sich unter dem Aspekt der Zweckrationalität betrachten. Dies ist ein Gesichtspunkt, unter dem Handlungen mehr oder weniger rational geplant und ausgeführt oder von einer dritten Person als mehr oder weniger rational beurteilt werden können… Die drei anderen Handlungsmodelle scheinen das Handeln zunächst nicht in den Blickwinkel von Rationalität und möglicher Rationalisierung zu rücken. Daß dieser Anschein täuscht, sieht man, wenn man sich die im weiteren Sinne ‚ontologischen‘ Voraussetzungen vergegenwärtigt, die konzeptuell notwendig mit diesen Handlungsmodellen verknüpft sind. In der Reihenfolge des teleologischen, normativen und dramaturgischen Handlungsmodells werden diese Voraussetzungen nicht nur zunehmend komplexer, sie enthüllen zugleich immer stärkere Rationalitätsimplikationen." (S. 129)

Damit scheint uns die Frage nach dem Begriff des kommunikativen Handelns wie von selbst auf den Schnittpunkt mit dem Begriff der Rationalität zuzuführen. Untersuchen wir also mit Habermas die „Rationalitätsimplikationen" seiner Handlungsbegriffe im Hinblick auf die verschiedenen Weltbezüge, die er hier als „ontologische Voraussetzungen" apostrophiert. Diese Rede von Ontologie können wir reduzieren auf den Zusammenhang von Weltbezug und Geltungsdimension, den wir uns schon klargemacht haben.

Nachdem Habermas den ersten Handlungsbegriff schon mit Zwecktätigkeit und Zweckrationalität umschrieben hat, ist deutlich, daß wir diesen Begriff qua zweckrationales Handeln bereits kennen (vgl. oben § 16). Worum es jetzt geht, ist die Zuordnung von Handlungsbegriff und Weltbezug, die für alle Begriffe strukturanalog verläuft und sich zunächst am teleologischen Handeln festhalten läßt:

„Der Begriff des teleologischen Handelns setzt Beziehungen zwischen einem Aktor und einer Welt existierender Sachverhalte voraus. Diese objektive Welt ist als Gesamtheit der Sachverhalte definiert, die bestehen oder eintreten bzw. durch gezielte Intervention herbeigeführt werden können ... Diese Beziehungen zwischen Aktor und Welt lassen also Äußerungen zu, die nach Kriterien der *Wahrheit* und *Wirksamkeit* beurteilt werden können.
Im Hinblick auf die ontologischen Voraussetzungen können wir *teleologisches Handeln* als einen Begriff klassifi-

zieren, der *eine*, und zwar die objektive Welt voraussetzt." (S. 129 ff.)

Dieselbe Voraussetzung gilt für das strategische Handeln, dessen Begriff eine Komplexität ins Spiel bringt, die wir hier übergehen können (vgl. S. 131 f. und oben § 16). In unserem Schema kommt der soweit umschriebene Sachverhalt darin zum Ausdruck daß der „Ein-Welt-Begriff" (S. 132) des teleologischen Handelns nur unter den Bewertungen „objektiv/wahr" eine positive Kennzeichnung erfährt, während im Hinblick auf die übrigen Weltbezüge und Geltungsansprüche Fehlanzeige zu melden ist.

Damit wird bereits evident, mit welchen weiteren Schritten wir zu rechnen haben, um das Schema im Sinne von Habermas vervollständigen zu können. Das normenregulierte Handeln bringt den Bezug zur sozialen Welt, das dramaturgische Handeln den Bezug zur subjektiven Welt hervor.

Was das normenregulierte Handeln angeht, so registrieren wir beiläufig, daß es am ehesten Habermas' früherem Begriff des kommunikativen Handelns entspricht (vgl. oben § 16).[2] Es bezieht sich auf die reziproke Anerkennung von sozialen Normen, zu denen sich die Handelnden in der Rolle von „Normadressanten" verhalten (vgl. S. 132 ff.). Dem korreliert, daß das normenregulierte Handeln neben der objektiven Welt eine soziale Welt der „Gesamtheit berechtigter interpersonaler Beziehungen" (S. 132) voraussetzt. Es enthält also einen Zwei-Welten-Bezug, der in den Kennzeichnungen unseres Schemas zum Ausdruck kommt.

In der Perspektive einer sukzessiven Aufstufung von Welten, die der zuvor beschriebenen Ausdifferenzierung von Weltbezügen entspräche, würde man nun erwarten, daß mit dem Begriff des dramaturgischen Handelns ein Drei-Welten-Bezug einhergeht, einfach deshalb, weil mit der zusätzlichen Voraussetzung einer subjektiven Welt ein weiterer Weltbezug hinzugewonnen wird. Dies würde auch der Art und Weise entsprechen, in der Haber-

---

[2] Insofern liegt Giddens 1982a, pp. 158 ff. nicht ganz schief, auch wenn dies inzwischen systematisch nicht mehr von Belang ist. Vgl. entsprechend Habermas 1982, pp. 265 ff.

mas die Bestimmung des Begriffs des dramaturgischen Handelns mit dem Geltungsanspruch der Wahrhaftigkeit in Analogie zu den übrigen Geltungsansprüchen verbindet:

> „Unter dem Gesichtspunkt dramaturgischen Handelns verstehen wir eine soziale Interaktion als Begegnung, in der die Beteiligten ein füreinander sichtbares Publikum bilden und sich gegenseitig etwas vorführen... Im dramaturgischen Handeln muß sich der Aktor, indem er einen Anblick von sich präsentiert, zu seiner eigenen subjektiven Welt verhalten... Dieser Bereich der Subjektivität verdient den Namen eine ‚Welt‘ freilich nur, wenn die Bedeutung der subjektiven Welt in ähnlicher Weise expliziert werden kann, wie ich die Bedeutung der sozialen Welt durch Bezugnahme auf ein zum Existieren von Sachverhalten analoges Bestehen von Normen erläutert habe. Vielleicht kann man sagen, daß Subjektives so durch wahrhaft geäußerte Erlebnissätze repräsentiert wird wie existierende Sachverhalte durch wahre Aussagen und gültige Normen durch gerechtfertigte Sollsätze." (S. 136 f.)

Hieran bestätigt sich unsere Diagnose, daß die Rede über „Welten" im Grunde völlig abhängig ist von der Orientierung an Geltungsansprüchen verschiedener Satzarten und daß wir daher dem Wort „Ontologie" in diesem Zusammenhang keine allzu große Bedeutung geben sollten. Da nun aber das dramaturgische Handeln komplementär zu einer Abgrenzung von Geltungsbereichen zu verstehen ist, müßte mit ihm wie von selbst der dritte Weltbezug in Differenzierung zu den schon vorhandenen beiden anderen zum Tragen kommen. Dies tut er nach Habermas auch, aber so, daß zugleich der zweite Weltbezug entfällt. Daher entsteht in unserem Schema bei der sozialen Welt eine Leerstelle. Doch ist dies wirklich nachvollziehbar, da doch in der Abgrenzung zur sozialen Welt genauso wie in der Abgrenzung zur objektiven der entsprechende Weltbezug vorausgesetzt werden müßte? Darauf antwortet Habermas wenig überzeugend:

> „... der Aktor... zieht legitim geregelte interpersonale Beziehungen nur als soziale Tatsachen in Betracht. Daher

scheint es mir richtig zu sein, auch *dramaturgisches Handeln* als einen Begriff zu klassifizieren, *der zwei Welten* voraussetzt, nämlich Innen- und Außenwelt." (S. 140)

Die „objektivierende Einstellung" (S. 140) zur sozialen Welt im Sinne „sozialer Tatsachen" setzt voraus, daß soziale Tatsachen von anderen unterscheidbar sind. Der Bezug zur sozialen Welt ist also immer schon gegeben, insofern überhaupt soziale Tatsachen als solche in den Blick kommen sollen. Ein Bezug zur sozialen Welt würde nur dann entfallen, wenn der „Aktor" zu ihr prinzipiell keinen Zugang hätte, was gleichbedeutend damit wäre, daß er nicht wüßte, was ein normativer Geltungsanspruch ist. Dann freilich wäre es irreführend, überhaupt davon zu sprechen, daß er sich zur sozialen Welt in „objektivierender Einstellung" befindet. Er würde sich zu ihr in überhaupt keiner Einstellung befinden, weil sie ihm nicht zugänglich wäre.

Diese Schwierigkeit in Habermas' Gedankengang muß uns aber darauf stoßen, daß auch in den übrigen Fällen die jeweilige Ausblendung von Weltbezügen nicht überzeugt. Da nämlich Habermas die Handlungsbegriffe nach Maßgabe von Weltbezügen unterscheidet, die Einführung von Weltbezügen sich jedoch allein der Orientierung an Geltungsansprüchen verdankt und diese wiederum, so jedenfalls müssen wir meinen, auf der Voraussetzung bereits ausdifferenzierter Geltungsdimensionen ruht, folgt, daß *jeder* Handlungsbegriff einen Bezug zu *allen* drei Weltbezügen hat, einfach deshalb, weil sich aus der Ausdifferenzierung von Geltungsdimensionen die Unterscheidbarkeit und Handhabbarkeit von Weltbezügen ergibt.

Was sich demgegenüber ohne weiteres sagen läßt und was auch die Intention zu sein scheint, der Habermas bei seiner Ontologisierung von Weltbezügen nachgeht, ist, daß die solcherart vorausgesetzten Weltbezüge in unterschiedlicher Weise *aktualisiert* werden, je nachdem, ob es um teleologisches, normenreguliertes oder dramaturgisches Handeln geht. Gemessen an dieser Aktualisierung werden die jeweils anderen beiden Weltbezüge sozusagen eingeklammert, wenngleich sie vorausgesetzt sind. Im Verständnis von Aktualisierung („+") und Einklammerung („−") können wir daher unser Schema folgendermaßen modifizieren:

Handlungen	Weltbezüge/Geltung		
	objektiv/ wahr	sozial/ richtig	subjektiv/ wahrhaftig
teleologisch	+	–	–
normenreguliert	–	+	–
dramaturgisch	–	–	+
kommunikativ	+	+	+

Wie wirkt sich nun diese Klarstellung auf die Auszeichnung des kommunikativen Handelns aus, auf deren Verdeutlichung wir immer noch warten? Lassen wir zunächst Habermas zu Wort kommen:

> „Mit dem Begriff des kommunikativen Handelns kommt die weitere Voraussetzung eines *sprachlichen Mediums* zum Zuge, in dem sich die Weltbezüge des Aktors *als solche* spiegeln... Wir müssen klären, in welchem Sinne damit sprachliche Verständigung als ein Mechanismus der Handlungskoordinierung eingeführt wird... Allein das kommunikative Handlungsmodell setzt Sprache als Medium unverkürzter Verständigung voraus, wobei sich Sprecher und Hörer aus dem Horizont ihrer vorinterpretierten Lebenswelt gleichzeitig auf etwas in der objektiven, sozialen und subjektiven Welt beziehen, um gemeinsame Situationsdefinitionen auszuhandeln." (S. 141 f.)

Diese Auskunft verweist uns ganz offenkundig auf die obigen Überlegungen zum „Reflexivwerden des Weltbezugs" zurück. Denn daß die Weltbezüge als solche ausdifferenziert werden, ist nichts anderes als die Beschreibung dieses Reflexivwerdens, das sich in der Möglichkeit der gleichzeitigen Bezugnahme zur objektiven, sozialen und subjektiven Welt zeigt. Für diese gleichzeitige Bezugnahme, die sich bereits als kommunikative Deutungsaufgabe dargestellt hat, setzt Habermas nun in expliziter Weise den Begriff des kommunikativen Handelns ein. Doch warum ergibt sich daraus ein Handlungsmodell, das die Sprache als „Medium unverkürzter Verständigung" gesondert herauszuheben verlangt?

„Unverkürzte Verständigung" heißt für das kommunikative Handeln ja vorerst nur, daß eine gleichzeitige Bezugnahme auf Welten bzw. Geltungsdimensionen möglich sein muß, was eine Beschränkung auf bestimmte Weltbezüge ausschließt. Da andererseits die übrigen Handlungsbegriffe und -modelle dadurch gekennzeichnet sind, daß sie jeweils einen spezifischen Weltbezug aktualisieren und daher auch in diesem Weltbezug die für sie relevante sprachliche Verständigung orientieren, ist es sicher richtig, wenn Habermas meint, das kommunikative Handlungsmodell berücksichtige „alle Sprachfunktionen gleichermaßen" (S. 143). Dies ist deshalb so, weil die gleichzeitige Bezugnahme auf Welten sich auf die gleichzeitige Bezugnahme zu Geltungsdimensionen und also Sprachfunktionen (konstativ, normativ, expressiv) stützt.

Doch diese Feststellung bietet noch keinen Anlaß, die über Sprache vollzogene Handlungskoordinierung in ihrer *sprachlichen* Natur gegenüber sprachlichen Koordinationsleistungen in anderen Handlungsmodellen besonders auszuzeichnen. Was das kommunikative Handeln bislang auszeichnet, scheint weniger seine Sprachlichkeit zu sein, sondern vielmehr seine komplexe Funktion im Sinne der gleichzeitigen Thematisierung von Weltbezügen zur Herstellung von „gemeinsamen Situationsdefinitionen". Diese Funktion ist zwar sprachlich vermittelt (wie bei anderen Handlungen auch), doch meint kommunikatives Handeln primär eine Art Aktualisierung von Weltbezügen zum Zwecke der Handlungskoordinierung (vgl. insbes. auch Bd. 2, S. 45 ff., 185 ff.). Da diese gleichzeitige Aktualisierung ein Widerspruch in sich wäre, wenn wir sie auf der Handlungsebene der übrigen Begriffe verstehen würden, denn da schließen sich Aktualisierungen gegenseitig aus, kommt dem kommunikativen Handeln ein reflexiver Modus zu, der den anderen Handlungsbegriffen fehlt. In diesem Sinn läßt sich also die positive Auszeichnung verstehen, die unser Schema zum Ausdruck bringt.

Die Reflexivität des Handlungsmodus ist es denn auch, aus der Habermas eine systematische Verbindung von kommunikativem Handeln und Sprache zu gewinnen hofft, der wir uns nun zuwenden können:

„Für das kommunikative Handlungsmodell ist Sprache allein unter dem pragmatischen Gesichtspunkt relevant, daß Sprecher, indem sie Sätze verständigungsorientiert verwenden, Weltbezüge aufnehmen, und dies nicht nur wie im teleologischen, normengeleiteten oder dramaturgischen Handeln direkt, sondern auf eine reflexive Weise. Die Sprecher integrieren die drei formalen Weltkonzepte, die in den anderen Handlungsmodellen auftreten, zu einem System und setzen dieses gemeinsam als einen Interpretationsrahmen voraus, innerhalb dessen sie eine Verständigung erzielen können." (S. 148)

In dieser Überlegung begegnet uns zunächst der soeben herausgestellte reflexive Modus des kommunikativen Handelns in der Funktion, die drei Weltbezüge zu einem Interpretationsrahmen zu integrieren. Dies können wir als geltungsreflektierte Koordinierung von Weltbezügen bezeichnen, weil Weltbezüge ja ausdifferenzierte Geltungsdimensionen verkörpern.

Welche spezifische Funktion hat nun aber unter diesem „pragmatischen Gesichtspunkt" die Sprache? Dazu fährt Habermas unmittelbar fort:

„Sie nehmen nicht mehr *geradehin* auf etwas in der objektiven, sozialen oder subjektiven Welt Bezug, sondern relativieren ihre Äußerung an der Möglichkeit, daß deren Geltung von anderen Aktoren bestritten wird. Verständigung funktioniert als handlungskoordinierender Mechanismus nur in der Weise, daß sich die Interaktionsteilnehmer über die beanspruchte *Gültigkeit* ihrer Äußerungen einigen, d. h. *Geltungsansprüche*, die sie reziprok erheben, intersubjektiv anerkennen. Ein Sprecher macht einen kritisierbaren Anspruch geltend, indem er sich mit seiner Äußerung zu mindestens einer ‚Welt' verhält und dabei den Umstand, daß diese Beziehung zwischen Aktor und Welt grundsätzlich einer objektiven Beurteilung zugänglich ist, nutzt, um sein Gegenüber zu einer rational motivierten Stellung aufzufordern. Der Begriff des kommunikativen Handelns setzt Sprache als Medium einer Art von

Verständigungsprozeß voraus, in deren Verlauf die Teilnehmer, indem sie sich auf eine Welt beziehen, gegenseitig Geltungsansprüche erheben, die akzeptiert und bestritten werden können." (S. 148)

In dieser Überlegung geht es nicht mehr nur um die Koordinierung eines Verständigungsrahmens, sondern um geltungsorientierte Kommunikation als solche. Unter welchem Aspekt findet nun aber diese geltungsorientierte Kommunikation statt? Offenbar unter dem Aspekt der reziproken Beurteilung der Aufnahme von Weltbezügen durch die kommunikativ Beteiligten. Dies können wir die geltungsreflektierte Aktualisierung von Weltbezügen nennen. Diese Art der *Aktualisierung*, die „nicht mehr geradehin" erfolgt, läßt sich als Konsequenz aus der geltungsreflektierten *Koordinierung* von Weltbezügen interpretieren, weil einleuchtend ist, daß eine solch kommunikative Koordinierung eo ipso die Kommunikation über die jeweilige Aufnahme eines bestimmten Weltbezugs impliziert.
Einleuchtend ist weiter, daß diese Form der Kommunikation gegenseitige Kritik impliziert, um zu einer begründeten Stellungnahme über die Aktualisierung von Weltbezügen zu kommen. Insofern kann man sagen, daß die Begründungsdimension der Sprache für das kommunikative Handeln in besonderer Weise in Anspruch genommen werden muß. Dies ist jedoch andererseits im Rahmen der von Habermas aufgebauten Gedankenführung nahezu trivial, weil er von Anfang an eine Orientierung an Geltungsdimensionen und entsprechenden Ansprüchen verfolgt. Die kommunikative Begründungsorientierung ergibt sich aus der Notwendigkeit einer kommunikativen Koordinierung von Geltungsdimensionen. Darin liegt zugleich, daß diese Orientierung „rational" im Sinne von begründungsfähig ist.
Wie kaum anders zu erwarten, fügt Habermas nun dem soweit geklärten Begriff des kommunikativen Handelns seinen Konsensgedanken hinzu:

„Kommunikative Handlungen verlangen stets eine im Ansatz rationale Deutung... Beim kommunikativen Handeln wird sogar der Ausgang der Interaktion selbst

davon abhängig gemacht, ob sich die Beteiligten untereinander auf eine *intersubjektiv gültige* Beurteilung ihrer
Weltbezüge einigen können. Diesem Handlungsmodell
zufolge kann eine Interaktion nur in der Weise gelingen,
daß die Beteiligten miteinander zu einem Konsens gelangen, wobei dieser von Ja/Nein-Stellungnahmen zu
Ansprüchen abhängt, die sich potentiell auf Gründe stützen." (S. 157)

Wenn wir uns jedoch daran erinnern, daß der angestrebte Konsens auf eine Einigung im Hinblick auf „gemeinsame Situationsdefinitionen" zielt und diese Situationsdefinitionen im Hinblick
auf mögliches Handeln erfolgen, dann muß auffallen, daß diese
Rede von Konsens zunächst einmal scharf zu unterscheiden ist
von der wahrheitstheoretischen Konsens-Rationalität, mit der
wir schon vertraut sind. Worum es jetzt geht, ist ja ein Konsens
der Handlungskoordinierung, der zwar begründungsorientiert
verläuft, dessen Übereinstimmung aber für eine mögliche Praxis
leitend sein soll.
Im Lichte unserer Schwierigkeiten mit Habermas' wahrheits-
theoretischem Konsensbegriff (vgl. oben §§ 19, 20) ist diese
Unterscheidung wichtig, weil sie die Möglichkeit aufzeigt, den
Begriff des kommunikativen Handelns und seine gesellschaftstheoretische Funktion von allzu fragwürdigen Prämissen freizu-
halten. Das kommunikative Koordinationsproblem in Richtung
auf das Erreichen eines *Handlungskonsens* zwingt uns noch
keineswegs dazu, eine konsensuell-kommunikative Begründungstheorie der Wahrheit zu akzeptieren. Vielmehr scheint die
kommunikative Herstellung von Handlungskonsens sowohl
verträglich mit einer nicht-kommunikativen Wahrheitstheorie
semantisch-verifikationistischer Art (vgl. oben § 19) als auch mit
der Möglichkeit, daß sich ein solcher Konsens *letztlich* auf
faktische Gemeinsamkeiten oder Entscheidungen stützen kann.
Die Abhängigkeit von „Gründen", die Habermas für die kommunikative Handlungskoordinierung anführt, impliziert also
noch keine Abhängigkeit von seiner speziellen wahrheitstheoretischen Begründungstheorie.
Dies bedeutet zugleich, daß wir den Begriff des kommunikativen

Handelns aufgrund der soweit explizierten Momente der geltungsreflektierten Koordinierung und Aktualisierung von Weltbezügen und der damit implizierten Begründungsorientierung kurz als *geltungsorientiertes soziales Handeln* fassen können (vgl. insbes. Bd. 2, S. 115). Mit diesen Klarstellungen gilt es die Frage nach dem besonderen Stellenwert der Sprache für das kommunikative Handeln zu erneuern. Dabei war bereits einsichtig, daß das kommunikative Handlungsmodell die Geltungsdimension der Sprache betont, eine Feststellung, die angesichts des inzwischen erreichten Begriffs des kommunikativen Handelns nur allzu evident ist.

Von daher sollte man eigentlich erwarten, daß Habermas nur noch um den Nachweis bemüht ist, daß die Geltungsdimension der Sprache als hinreichend stark angesehen werden muß, um die ihr zugedachte Funktion für das kommunikative Handeln übernehmen zu können. Es müßte gezeigt werden, wie eine soziale Aktualisierung des Geltungspotentials der Sprache „die Funktion der Handlungskoordinierung übernehmen und ihren *Beitrag zum Aufbau von Interaktionen leisten"* (S. 376) kann. Diesen Nachweis könnte man darin sehen, daß eben noch genauer auf die Grundidee reflektiert wird, die wir schon kennen:

„Mit den *wahrheitsanalogen Geltungsansprüchen* der subjektiven Wahrhaftigkeit und der normativen Richtigkeit werden die Bindungseffekte von Sprechhandlungen über den durch wahrheitsfähige Äußerungen umschriebenen Bereich der Überzeugungen deskriptiven Gehalts hinaus erweitert. Freilich müssen sich die Kommunikationsteilnehmer, wenn sie Erlebnissätze oder normative Sätze äußern bzw. verstehen, auf etwas in einer subjektiven Welt oder in ihrer gemeinsamen sozialen Welt in ähnlicher Weise beziehen können, wie sie mit konstativen Sprechhandlungen auf etwas in der objektiven Welt Bezug nehmen. Erst wenn sich diese Welten konstituiert, mindestens im Ansatz ausdifferenziert haben, funktioniert Sprache als Koordinationsmechanismus." (1981 a, Bd. 2, S. 46)

Auch das Ergebnis einer Ausgrenzung des entsprechenden

Gebrauchs der Sprache überrascht von daher nicht und wird intuitiv leicht nachvollziehbar:

„Für kommunikatives Handeln sind nur solche Sprech-handlungen konstitutiv, mit denen der Sprecher kritisier-bare Geltungsansprüche verbindet." (S. 410)

Im Gegensatz zu dieser Gedankenführung, die gut belegbar ist und nur noch näherer Ausführung bedürfte, steuert Habermas jedoch auf einen viel stärkeren Beweisanspruch zu. Anstatt sich darauf zu beschränken, den „Gesichtspunkten einer soziologi-schen Handlungstheorie" (S. 401) – um die es durchweg geht – dadurch Rechnung zu tragen, daß das Geltungspotential der Sprache die dafür nötige Auszeichnung erfährt, verfolgt Haber-mas die geradezu umgekehrte Strategie. Die Verständigungs-orientierung der Sprache als solche wird als Modell beansprucht, um die von der soziologischen Handlungstheorie insoweit am Begriff des kommunikativen Handelns entwickelte „rationale Binnenstruktur von Verständigungsprozessen" (S. 198) ihrer-seits zu fundieren.

Das kommunikative Handlungsmodell soll als „allgemeingültig" (S. 198) nachgewiesen werden, indem eine „formalpragmatische Ausarbeitung" (S. 199) angestrebt wird, die sozusagen aus der Bedeutungsstruktur der Sprache selbst die Rechtfertigung für das kommunikative Handlungsmodell gewinnt. Damit bürdet sich Habermas eine Beweislast auf, die so unnötig wie uneinlös-bar scheint, um die Intentionen seiner soziologischen Hand-lungstheorie zu verobjektivieren. Denn nun kann Habermas nicht mehr einfach die Geltungsdimension der Sprache für das mit dem Begriff des kommunikativen Handelns entworfene Modell in Anspruch nehmen –, er muß jetzt nachweisen, daß die zunächst im Sinne einer Spezifizierung interpretierbare Konzen-tration auf den Begriff „kritisierbarer Geltungsansprüche" die *allgemeine* Verständigungsorientierung der Sprache abgibt. Die Inanspruchnahme der Geltungsdimension der Sprache, die viel-leicht im einzelnen aber nicht grundsätzlich problematisch ist, muß der These weichen, daß sprachliche Verständigung ihrem Wesen nach Geltungsorientierung bedeutet. Die Sprache als solche wird zum Paradigma der kritischen Geltungsorientierung und damit des kommunikativen Handelns. Natürlich ist auch dies wiederum eine kühne Idee, die wir ganz in Parallele zum schon bekannten Entwurf der Grundlegung kritischer Gesellschaftstheorie aus „Fundamentalnormen möglicher Rede" (vgl. oben § 17) zu yerstehen haben. Hinzukommt das verständliche Motiv, mit Blick auf die „Problematik des Sinnverstehens in den Sozialwissenschaften" (vgl. I,4) dem kommunikativen Handlungsmodell eine objektive Auszeichnung vor anderen grundbegrifflichen Zugangsweisen der Soziologie zu verschaffen und insbesondere einen in Mode gekommenen extremen Kulturrelativismus zu unterlaufen.

Wie früher entbindet uns die Anerkennung solcher Intentionen freilich nicht von einer sachadäquaten Kritik der Argumentationen, die Habermas im einzelnen entwickelt. So fruchtbar der Leitbegriff des kommunikativen Handelns sich im Lichte unserer Marx-Kritik immer noch ausnimmt (vgl. oben §§ 16, 17), so wenig hilfreich wäre es, wenn das Bemühen um seine normative Grundlegung an der falschen Stelle und mit untauglichen Mitteln erfolgen würde.

Auf welche Weise also glaubt Habermas, seine starke These durchbringen zu können? Der erste Schritt besteht darin, daß er den Begriff der sprachlichen Verständigung mit Hilfe von Austins Sprechakttheorie expliziert. Diese Anknüpfung an Austin (1962, insbes. Lecture VIII) und die Weiterführung durch Searle (1969, insbes. Ch. 3) bedeutet im Grund nur, daß sich Habermas der in der Tat wichtigen Unterscheidung zwischen den von Austin so genannten „illocutionary" und „perlocutionary acts" bedient. Die unschöne Eindeutschung einmal dahingestellt, können wir die von Habermas gegebene Beschreibung zunächst aufgreifen.

> „Mit *illokutionären Akten* vollzieht der Sprecher eine Handlung, indem er etwas sagt. Die illokutionäre Rolle legt den Modus eines als Behauptung, Versprechen, Befehl, Geständnis usw. verwendeten Satzes (,M p') fest. Unter Standardbedingungen wird der Modus mit Hilfe eines in der ersten Person Präsens gebrauchten performa-

369

tiven Verbes ausgedrückt, wobei der Aktionssinn insbesondere daran zu erkennen ist, daß der illokutionäre Bestandteil der Sprechhandlung den Zusatz ‚hiermit‘ gestattet: ‚hiermit verspreche ich dir (befehle ich dir, gestehe ich dir), daß p‘. Mit *perlokutionären Akten* erzielt der Sprecher schließlich einen Effekt beim Hörer. Dadurch, daß er eine Sprechhandlung ausführt, bewirkt er etwas in der Welt." (S. 389)

An dieser Art des Bewirkens läßt sich mit Strawson (1964) ein Abgrenzungskriterium zu illokutionären Akten anschließen, dessen Triftigkeit wir mit Habermas unterstellen:

„Perlokutionäre Ziele darf ein Sprecher, wenn er Erfolg haben will, nicht zu erkennen geben, während illokutionäre Ziele allein dadurch zu erreichen sind, daß sie ausgesprochen werden. Illokutionen werden offen geäußert; Perlokutionen dürfen nicht als solche ‚zugegeben‘ werden. Dieser Unterschied zeigt sich auch darin, daß die Prädikate, unter denen perlokutionäre Akte beschrieben werden (in Schrecken versetzen, Beunruhigung auslösen... jemanden verstimmen... demütigen usw.) nicht unter den Prädikaten auftreten können, die verwendet werden, um diejenigen illokutionären Akte auszuführen, mit deren Hilfe entsprechende perlokutionäre Effekte erzielt werden können." (S. 393)

Kurz gesagt, läuft die Beschreibung dieses Unterschieds darauf hinaus, daß die von Austin zunächst an solchen Beispielen wie „Ich taufe dich hiermit..." herausgestellte performative Rolle entsprechender Verben im Fall des illokutionären Aktes explizit hervortreten kann, weil sie den Handlungssinn des Aktes qua Verständigungsfunktion charakterisiert („Ich behaupte hiermit, daß..."), während die Funktion des perlokutionären Aktes, eine Wirkung zu erzielen, durch den expliziten Performativ („Ich überrede dich hiermit zu...") aufgehoben würde (vgl. Austin 1962, p. 103).
Man kann das Verdienst von Austin darin sehen, daß er mit der

Auszeichnung der illokutionären Akte die für die Sprache fundamentale Dimension der Verständigungshandlungen als solcher in ihrer ganzen Breite isoliert und damit den Ausblick eröffnet auf eine umfassende Analyse dessen, was es heißt, sich in einer Sprache zu verständigen. Insofern ist Habermas' Einstieg bei Austins Sprechakttheorie triftig, weil es ihm dadurch möglich wird, die eigentlich mit der Geltungsorientierung des kommunikativen Handelns bereits implizit unterstellte Ausrichtung an illokutionären Akten (konstative, normative, expressive Sprechhandlungen) so in Anspruch zu nehmen, daß er feststellen kann, für kommunikatives Handeln sei die von Austin herausgearbeitete illokutionäre Dimension konstitutiv:

> „Ich rechne also diejenigen sprachlich vermittelten Interaktionen, in denen alle Beteiligten mit ihren Sprechhandlungen illokutionäre Ziele *und nur solche* verfolgen, zum kommunikativen Handeln. Die Interaktionen hingegen, in denen mindestens einer der Beteiligten mit seinen Sprechhandlungen bei einem Gegenüber perlokutionäre Effekte hervorrufen will, betrachte ich als sprachlich vermitteltes strategisches Handeln." (S. 396)

An die so erreichte Bestimmung, daß im kommunikativen Handeln „alle Beteiligten illokutionäre Ziele vorbehaltlos verfolgen" (S. 395/397) schließt sich nun der entscheidende und auch problematische Schritt an. Denn im folgenden geht Habermas am Beispiel einer besonderen Klasse von illokutionären Akten, den Imperativen, dazu über, eine spezifisch pragmatische Interpretation in Angriff zu nehmen, durch die das Beweisziel gesichert werden soll, die durch illokutionäre Akte bezeichnete Verständigungsdimension mit der für das kommunikative Handeln schon unterlegten Geltungsorientierung zusammenzuschließen:

> „(5) Ich fordere Dich (hiermit) auf, das Rauchen einzustellen." (S. 402)
> „In der Tat versteht der Hörer die Aufforderung (5), wenn er die Bedingungen kennt, unter denen ‚p' eintreten würde, und wenn er weiß, was er selbst unter gegebenen

Umständen tun oder lassen müßte, damit die Bedingungen erfüllt werden. Wie man für das Verständnis einer Proposition die Wahrheitsbedingungen kennen muß, so muß man für das Verständnis von Imperativen wissen, unter welchen Bedingungen der Imperativ als erfüllt gilt. Im Rahmen einer pragmatisch ansetzenden Bedeutungstheorie werden diese zunächst semantisch formulierten *Erfüllungsbedingungen* im Sinne interaktionsfolgenrelevanter Verbindlichkeiten gedeutet." (S. 403)

Habermas vergewissert sich also zunächst der Anknüpfung an semantische Regeln für illokutionäre Akte. Analog zu der Kenntnis von Wahrheitsbedingungen für Behauptungen, die wir bei näherem Zusehen als Verifikationsbedingungen interpretieren können (vgl. oben § 19), läßt sich nach den Regeln fragen, denen Sprechhandlungen wie Aufforderungen gehorchen. Und die allgemeine Antwort hierzu verweist darauf, daß der Sinn von Aufforderungen in Bedingungen liegt, durch die sie handelnd erfüllt werden. Diese Bedingungen, so unterstellt auch Habermas offenbar, sind zunächst einmal semantische Bedingungen, die sich aus einer Explikation der Konventionalität ergeben, die unseren intuitiven Sprachgebrauch leitet, insofern wir auch nur in der Lage sind, durch unsere Kenntnis einer Sprache illokutionär zu handeln (vgl. oben § 19). Über diese semantischen Regeln hinaus sollen nun aber zusätzliche Regeln ins Spiel kommen, die ihrerseits die Bedeutung des illokutionären Akts betreffen, jedoch auf eine (interaktions-)pragmatische Weise.

Das Problem dieser Idee liegt nicht darin, daß Habermas zusätzliche Regeln pragmatischer Art entwickeln will, denn selbstverständlich können solche im weitesten Sinn *sozialen* Regeln zu den semantischen hinzutreten, ja sie müssen es im Interesse einer soziologischen Handlungstheorie auch tun. Das Problem liegt darin, daß Habermas beansprucht, seine zusätzlichen Regeln seien aus dem Verständnis der Sprache als solcher zu gewinnen. Anstatt den semantischen Regeln Bedingungen pragmatisch-sozialer Art hinzuzufügen, sollen sich diese Bedingungen ihrerseits aus dem illokutionären Sinn von Sprechhandlungen ergeben:

„Der Hörer versteht einen Imperativ, wenn er weiß, was er tun oder lassen müßte, um den von S erwünschten Zustand ,p' herbeizuführen; damit weiß er auch, wie er seine Handlungen an die Handlungen von S *anschließen* könnte. Sobald wir das Verstehen von Imperativen aus dieser auf den Interaktionszusammenhang erweiterten Perspektive begreifen, wird freilich klar, daß die Kenntnis der ,Erfüllungsbedingungen' nicht hinreicht, um zu wissen, wann die Aufforderung akzeptabel ist. Es fehlt als zweite Komponente die Kenntnis der *Bedingungen für das Einverständnis*, welches die *Einhaltung* der interaktionsfolgenrelevanten Verbindlichkeiten erst *begründet*. Der Hörer versteht den illokutionären Sinn der Aufforderung vollständig erst dann, wenn er weiß, warum der Sprecher erwartet, daß er seinen Willen dem Hörer imponieren kann." (S. 403)

Hiermit erweitert Habermas die Rede vom illokutionären Sinn von Sprechhandlungen so, daß sie das Verständnis ihrer sozialen Funktion mitumgreift. Der im engeren Sinn semantische Verstehens- bzw. Bedeutungsbegriff wird unter demselben Titel „illokutionärer Sinn" einfach ergänzt durch einen Begriff der sozialen Bedeutung von Sprechakten, der auf soziale Akzeptabilitätsbedingungen verweist. Ausdruck dafür ist, daß Habermas die Kenntnis der sozialen Erwartungshaltung des Sprechers zur Bedingung für ein „vollständiges Verstehen" des Sprechakts auf Seiten des Hörers macht.

Dies jedoch zeigt nur, daß der Begriff des illokutionären Sinns seinerseits zweideutig geworden ist. Denn ich kann den illokutionären Akt der Aufforderung, das Rauchen einzustellen, semantisch bereits vollständig verstehen, ohne eine nähere Kenntnis darüber zu haben, warum mein Gesprächspartner an der Erfüllung dieser Aufforderung interessiert ist. Diese Kenntnis gehört nicht zu den formalen Bedingungen, die mein Sprachverständnis als Sprachverständnis tragen, sondern betrifft den sozialen Kontext, in dem ich mich bewege. Wir müssen also die soziale Erwartungshaltung, die mein Gesprächspartner konventionellerweise zu verstehen gibt, indem er eine Aufforderung an mich richtet, unterscheiden von den *nicht*–konventionellen sozialen Umständen, unter denen dies geschieht.

Zu diesen nicht-konventionellen sozialen Umständen müssen wir dann aber sowohl die Fälle rechnen, in denen sich die soziale Erwartungshaltung einer Aufforderung auf einen sozialen Machtanspruch stützt, der – wie Habermas selbst ausführt – „nicht im illokutionären Sinn der Sprechhandlung" (S. 404) liegt, als auch die Fälle, in denen sich die soziale Erwartungshaltung auf bestehende Normen bezieht, die dafür angeführt werden können, warum ich einer Aufforderung Folge leisten soll. Die Einbettung von Aufforderungen in normative Kontexte ändert genauso wenig den illokutionären Sinn wie im Fall eines sozialen Machtkontexts. Was sich ändert, ist der soziale Sinn der Aufforderung.

Diesen Tatbestand ignoriert Habermas, wenn er gegenüber einfachen Imperativen sogenannte „normativ autorisierte Aufforderungen" (S. 404) auszuzeichnen versucht, um die sozialen Akzeptabilitätsbedingungen mit dem illokutionären Sinn der Aufforderung kurzzuschließen:

> „(6) Ich gebe Ihnen (hiermit) die Anweisung, das Rauchen einzustellen.
> Diese Äußerung setzt anerkannte Normen voraus, z. B. die Sicherheitsvorschriften des internationalen Flugverkehrs..." (S. 404) „... Im Unterschied zu (5) beruft sich der Sprecher mit (6) auf die *Geltung* von Sicherheitsvorschriften und erhebt, indem er eine Anweisung gibt, einen Geltungsanspruch.
> Die Anmeldung eines *Geltungsanspruches* ist nicht Ausdruck eines kontingenten Willens... wer die Gültigkeit der zugrundeliegenden Normen anzweifelt, wird *Gründe* anführen müssen... Geltungsansprüche sind *intern* mit Gründen verknüpft. Insofern können die Bedingungen für die Akzeptabilität von Anweisungen dem illokutionären Sinn einer Sprechhandlung *selbst* entnommen werden; sie brauchen nicht durch *hinzutretende* Sanktionsbedingungen vervollständigt werden." (S. 405)

Der Irrtum, der dem zugrundeliegt, läßt sich am besten dadurch beheben, daß wir explizit machen, daß (6) in Wahrheit die Kombination zweier „illokutionärer Sinne" zugrundeliegt:

> (6a) Indem ich mich hiermit auf die richtige Norm berufe, daß bei der Landung das Rauchen einzustellen ist, fordere ich Sie auf, das Rauchen einzustellen.

Der Sprecher erhebt nicht durch die Aufforderung (Anweisung) einen Geltungsanspruch, sondern bezieht sich auf eine Norm, die, *wenn* ihr Geltungsanspruch zur Debatte stünde, nicht mit Hilfe einer Aufforderung, sondern einer normativen Behauptung ins Spiel gebracht würde, die den Geltungsanspruch kraft des *illokutionären Sinns einer normativen Behauptung* ausdrükken müßte. Daher ist es entweder trivial oder falsch, daß der illokutionäre Sinn der infragestehenden Aufforderung konstitutiv mit den Akzeptabilitätsbedingungen für zugrundeliegende Normen verknüpft ist, und diese ihm *„selbst entnommen"* werden. Trivial, insofern es natürlich immer möglich ist, in eine Aufforderung den Hinweis auf die leitende Norm aufzunehmen, falsch, insofern dieser Hinweis auf Normen keinen Geltungsanspruch für die jeweilige Aufforderung konstituiert, sondern allenfalls einen Geltungsanspruch erwähnt, dessen separate Einlösung mit den Erfüllungsbedingungen der Aufforderung als solcher nichts zu tun hat, die, wie eh, die Semantik angehen.[3]
Damit hat sich Habermas in einen illustrativen Selbstwiderspruch verwickelt. Er geht aus von einer allgemeinen Anbindung des kommunikativen Handelns an illokutionäre Akte, um zu zeigen, daß die Verständigungsdimension der Sprache als solche den Vorbegriff des kommunikativen Handelns im Sinne der Geltungsorientierung erfüllt. Bei näherem Zusehen stellt sich jedoch heraus, daß eine wichtige Klasse von illokutionären Akten, Aufforderungen, qua illokutionäre Akte keinen konstitutiven Bezug zu Geltungsansprüchen aufweist. Die Konse-

---

[3] Hieraus folgt die Negation der starken These, daß mit jedem Sprechakt als solchem ein normativer Geltungsanspruch verknüpft ist. Vgl. oben § 19. Vgl. zur Kritik neben Schneider 1982 auch Bartels 1982.

quenz hieraus müßte dann für Habermas eigentlich sein, Aufforderungen aus dem Kreis der illokutionären Akte auszuschließen. Eine solche Konsequenz läßt sich aber nach Habermas' eigenen Voraussetzungen, die Aufforderungen als illokutionäre Akte einschließen (vgl. insbes. S. 402), nur noch als Scheitern des ganzen Gedankengangs interpretieren: wenn illokutionäre Akte die Verständigungsdimension der Sprache als solche charakterisieren, aber zugleich Verständigungsorientierung gleichgesetzt wird mit Geltungsorientierung, dann sind Aufforderungen keine illokutionären Akte (vgl. S. 416)!

Dieses Resultat ist jedoch keineswegs so negativ wie es vielleicht den Anschein hat, wenn man das immer wieder emphatisch betonte Programm einer „Formalpragmatik" für das Wichtigste hält. Sicher, dieses Programm erweist sich bei der Nagelprobe im einzelnen als genauso wenig tragfähig wie die pragmatische Wende in der Wahrheitstheorie (vgl. oben § 19) und ganz sicher entfällt damit der starke Beweisanspruch der Allgemeingültigkeit des kommunikativen Handlungsmodells. Doch gewinnen wir damit nicht andererseits einen viel klareren Blick für die eigentlich interessierende Perspektive der Gesellschaftstheorie, die Habermas mit dem Begriff des kommunikativen Handelns verbindet? Ist es nicht besser, allen unnötigen sprachtheoretischen Ballast abzuwerfen, einfach deshalb, weil er systematisch nur hinderlich ist? Nichts gegen Sprachtheorie, aber alles an seinem wohlverstandenen Ort.[4]

Daß sich die Verluste durchaus in Grenzen halten lassen, sehen wir sofort, wenn wir uns auf den soweit geklärten Begriff des kommunikativen Handelns zurückbesinnen und an dem schwächeren, aber dafür sinnvollen Beweisanspruch orientieren, für das kommunikative Handeln das Geltungspotential der Sprache zu entfalten. Wir können sogar die von Habermas formulierte Verbindung von kommunikativem Handeln und Geltungsansprüchen von Sprechhandlungen übernehmen, wenn wir dabei diese Verbindung im Sinne eines Ausrichtens von Sprechhandlungen an Geltungsfragen verstehen.

---

[4] Hierauf zielt auch letztlich die polemische Kritik von Bar-Hillel 1973/ 1974.

Denn es ist ja evident, daß ich den illokutionären Sinn beliebiger Sprechhandlungen – und gerade auch Aufforderungen – *sozial* so einsetzen kann, daß eine Geltungsorientierung zustandekommt, ohne daß damit der illokutionäre Sinn der jeweiligen Sprechhandlung ein Geltungssinn wäre. Wenn ich z. B. sage „Ich fordere Dich hiermit auf, endlich einen Grund zu nennen", so ist genau das der Fall. Dies zeigt, daß wir die Geltungsdimension der Sprache („Grund") aktivieren können, ohne dafür einen spezifischen Geltungsanspruch den illokutionären Akten qua Akten unterlegen zu müssen, es sei denn, sie hätten ihn – wie etwa Behauptungen – in selbstverständlicher Weise. Daher ist offensichtlich, auf welchem Fehler Habermas seine Überlegungen aufbaut:

> „Weder Imperative noch Ankündigungen treten mit Ansprüchen auf, die auf ein rational motiviertes Einverständnis angelegt sind und auf Kritik oder Begründung verweisen." (Bd. 2, S. 52)

Imperative können in einem sozialen Sinn durchaus auf Begründung und Kritik verweisen, zumal dann, wenn wir mit Habermas die Ausdifferenzierung von Geltungsdimensionen voraussetzen, durch die das sprachliche Medium in der Lage ist, im Sinne von Geltungsansprüchen „den Willen zurechnungsfähiger Aktoren zu binden" (Bd. 2, S. 46) und insofern „rational" zu motivieren. Durch welche Sprechhandlungen kraft welcher „illokutionärer Erfolge" (vgl. S. 398, 416) diese relevante Bindung geschaffen wird (Befehl, Frage, Bitte etc.) ist sozial gesehen beliebig.

Diese Klärung erlaubt es, weiteren Ballast abzuwerfen. In der Folge unserer Kritik leuchtet nämlich weder ein, welche Typologisierungen Habermas anschließt, noch zu welchen Konsequenzen er mit Blick auf den Begriff des kommunikativen Handelns fortschreitet. Zunächst einmal ist es zirkulär, wenn Habermas in Anlehnung an die von ihm unterstellten Geltungsansprüche der Wahrheit, Richtigkeit und Wahrhaftigkeit dazu übergeht, konstative, regulative und expressive *Sprechhandlungen* als „reine Typen" verständigungsorientierten Sprachgebrauchs" (S. 437) auszuzeichnen, denn es ist ihm nicht gelungen, die Verständigungsorientierung der Sprache über eine Interpretation der illokutionären Dimension als solcher an Geltungsorientierung zu binden. Alles, was daher bleibt, ist die Tautologie, daß Sprechhandlungen, die sich an den entsprechenden Geltungsansprüchen wesensmäßig ausrichten, wenn man so will, reine Typen *geltungs*orientierten Sprachgebrauchs darstellen.

Hinzu tritt nun aber eine weitere überraschende Typisierung:

> „... die *reinen Typen verständigungsorientierten Sprachgebrauchs* (eignen sich) als Leitfaden für die Typologisierung sprachlich vermittelter Interaktionen. Im kommunikativen Handeln werden Handlungspläne der individuellen Teilnehmer mit Hilfe illokutionärer Bindungseffekte von Sprechhandlungen koordiniert. Deshalb ist zu vermuten, daß konstative, regulative und expressive Sprechakte auch entsprechende Typen sprachlich vermittelter Interaktion konstituieren. Das gilt offenbar für *regulative* und *expressive Sprechhandlungen*, die jeweils für das *normengeleitete* und das *dramaturgische* Handeln konstitutiv sind. Ein Interaktionstypus, der in ähnlicher Weise konstativen Sprechhandlungen korrespondierte, findet sich auf den ersten Blick nicht. Nun gibt es aber Handlungszusammenhänge, die nicht primär der *Ausführung* kommunikativ abgestimmter *Handlungs*pläne, also *Zwecktätigkeiten* dienen, sondern ihrerseits Kommunikationen ermöglichen und stabilisieren – Unterhaltungen, Argumentationen, überhaupt Gespräche, die in bestimmten Kontexten zum Selbstzweck werden. In diesen Fällen löst sich der Prozeß der Verständigung aus der instrumentellen Rolle eines handlungskoordinierten Mechanismus; und die kommunikative Verhandlung von Themen verselbständigt sich zum Zweck der Kooperation. Ich spreche immer dann von ‚Konversation‘, wenn sich die Gewichte in dieser Weise von der Zwecktätigkeit zur Kommunikation verschieben. Da hier das Interesse an den verhandelten Gegenständen überwiegt, kann man vielleicht sagen, daß *konstative Sprechhandlungen* eine

konstitutive Bedeutung für *Konversationen* haben. Unsere Klassifikation der Sprechakte kann also dazu dienen, drei reine Typen, besser *Grenzfälle* des kommunikativen Handelns einzuführen: die Konversation, das normengeleitete und das dramaturgische Handeln." (S. 437f.)

Angesichts der neuen Probleme, die diese Überlegungen aufwerfen, kann man wahrlich „die Frage stellen, was mit einer solchen formalpragmatisch ansetzenden Theorie für eine brauchbare soziologische Handlungstheorie gewonnen würde" (S. 440). Diese Frage müssen wir selbst aus immanenten Gründen, die sich aus Habermas' eigenem Gedankengang ergeben, mit „wenig" bis „nichts" beantworten.

Es ist schon merkwürdig: nachdem wir mit einiger Sorgfalt Habermas' Unterscheidung der vier Handlungsbegriffe gefolgt sind, die dazu führte, daß wir das kommunikative Handeln in Termini einer Geltungsorientierung auszeichnen konnten, die reflexiv ist und im Gegensatz zu den anderen Handlungsbegriffen eine Aktualisierung von Weltbezügen nicht mehr „geradehin" vollzieht, ergibt sich nun aus einer ihrerseits nicht gerade evidenten „Konstitutionsperspektive" eine Angleichung zwischen dem kommunikativen Handeln und anderen Handlungsbegriffen, mit der den früheren Bestimmungen Gewalt angetan wird.

Paradoxer Ausdruck dafür ist zunächst, daß Habermas in einer schematischen Zuordnung (vgl. S. 439) dem Begriff der Konversation nun seinerseits wieder einen Weltbezug, nämlich den der objektiven Welt, unterlegt, weil ja für ihn konstative Sprechhandlungen konstitutiv sein sollen. Dies ist deshalb paradox, weil der von Habermas soeben eingeführte Begriff der Konversation gewissermaßen die Steigerungsform des reflexiven Handlungsmodus des kommunikativen Handelns darstellt und sich dieser Modus nach seinen eigenen Voraussetzungen von den anderen Handlungsbegriffen systematisch unterscheiden muß.

Der beste Beweis dafür ist, daß Habermas die übrigen Handlungsbegriffe zunächst in Abhängigkeit von verschiedenen Geltungsdimensionen bzw. Weltbezügen einführt, um dann den

Begriff des kommunikativen Handelns als eine durch Differenzierung nötige und mögliche gleichzeitige Bezugnahme auf die so verstandenen Geltungsdimensionen herauszuheben. Dies konnte nur durch einen reflexiven Modus geschehen, da es sonst keinen Sinn machen würde, von einer gleichzeitigen Bezugnahme zu drei Weltbezügen via *Handlungen* zu sprechen (vgl. oben Anfang § 21). Sinn macht dies jedoch unter dem Gesichtspunkt der geltungsreflektierten Koordinierung von Weltbezügen, die uns auch jetzt wieder begegnet.

Diesen Sachverhalt können wir in anderen Worten auch so ausdrücken, daß aus begrifflichen Gründen, die Habermas selbst liefert, dem kommunikativen Handeln als solchem *kein formales Weltkonzept* direkt entsprechen kann. In unserem obigen Schema kommt dies darin zum Ausdruck, daß der reflexive Modus des kommunikativen Handelns eine gleichzeitige positive Bezugnahme zu allen drei Weltbezügen zuläßt, woraus folgt, daß ihm selbst kein Weltbezug direkt zugeordnet werden kann.

Dem entspricht das Erfordernis, im kommunikativen Handeln die drei Geltungsmodi der Wahrheit, Richtigkeit und Wahrhaftigkeit zugleich handhaben zu können. Eine solche reflexive Gleichzeitigkeit – in der je nach Situation allerdings besondere Geltungsansprüche vorwiegend thematisch werden können – läßt es einfach nicht zu, bestimmte Typen des kommunikativen Handelns ihrerseits wiederum in Termini von Geltungsansprüchen oder -dimensionen auszudrücken. Die Auszeichnung des kommunikativen Handelns ist eine *soziale* Auszeichnung reflektierter Geltungsorientierung, die sich nicht aus einer Typologie von Sprechhandlungen und *deren* jeweiliger Geltungsorientierung gewinnen läßt.

So wenig es also Habermas gelingt, die Verständigungsorientierung der Sprache als eine Geltungsorientierung der illokutionären Dimension als solcher nachzuweisen, so wenig gelingt es ihm, den reflexiven Modus des kommunikativen Handelns an der Geltungsorientierung der Sprache als solcher festzumachen. Der Ort des kommunikativen Handelns ist vielmehr die soziale Handhabung von Geltungsansprüchen. Und diese soziale Handhabung kann – wie gezeigt – mit illokutionären Akten erfolgen, die qua illokutionäre Akte gar nicht geltungskonstitutiv sind.

Aus den reinen Typen *geltungs*orientierten *Sprech*handelns folgen also keineswegs reine Typen *verständigungs*orientierten *sozialen* Handelns, sondern allenfalls – wie zunächst auch unterstellt – Weltbezüge für soziales Handeln. Es ist daher falsch, wenn auch irgendwie verstehbar, daß Habermas den Anschein erweckt, als könnten aus Typen von Sprechhandlungen so etwas wie Typen sprachlich *vermittelter sozialer Interaktion* „konstituiert" oder sonstwie abgeleitet werden.

Damit hat uns der Rekurs auf das „Modell der Rede" (vgl. S. 387) zur weiteren Entfaltung des kommunikativen Handelns nicht vorangebracht. Die gewünschte Verobjektivierung des kommunikativen Handlungsmodells aus dem illokutionären Potential der Sprache ist gescheitert. Dies ändert freilich nichts daran, daß es Sinn hat, den Begriff des kommunikativen Handelns als Leitbegriff festzuhalten und ihn auf unproblematische Weise unter Verweis auf die Geltungsdimension der Sprache als Begriff sozialen Handelns fruchtbar zu machen. Was entfällt, ist nur die „formalpragmatische" Begründung.

Zu diesem Resultat kommt eine Konsequenz hinzu, die den Aspekt der Handlungsrationalität betrifft und zugleich die weiterführende gesellschaftstheoretische Perspektive eröffnet. Erinnern wir uns: die Einführung der soziologischen Handlungsbegriffe sollte gleichermaßen die „Rationalitätsimplikationen" entsprechender Weltbezüge freilegen und eine gegenüber der Zweckrationalität umfassendere Orientierung von Rationalität aufzeigen. Dieser Gewinn an Rationalität war jedoch über eine Ausweitung von Weltbezügen gar nicht zu bekommen, weil wir sehen konnten, daß jeder Handlungsbegriff, also auch das teleologische Handeln, einen Bezug zu allen drei Weltkonzepten haben muß.

Der Unterschied bestand nur in einer verschiedenen Aktualisierung dieser Weltbezüge, woraus noch keine Überlegenheit anderer Rationalitätskriterien gegenüber dem zweckrationalen Handeln folgt, sondern eben nur die besagte Unterschiedlichkeit. Aus dieser ist allerdings dann ein Argument zu machen, wenn gezeigt werden kann, daß eine Beschränkung auf den Begriff der

Zweckrationalität zu einer einseitigen Interpretation der sozialen Wirklichkeit führt, weil andere Rationalitätsdimensionen dadurch vernachlässigt werden. Dies ist die kritische Intention gegen Max Weber (vgl. Bd. 1, Kap. II), die in eine Auszeichnung des kommunikativen Handelns umgesetzt werden soll, um das Problem der „gesellschaftlichen Rationalisierung“ unverkürzt bewältigen zu können.
Im Interesse einer klaren Grundlage für diese Problematik, mit der wir unserer Frage nach der interaktiven Rationalisierung wieder begegnen (vgl. oben § 20), sind wir in der Folge der bisherigen kritischen Diskussion gezwungen, den begrifflichen Ausgangspunkt zurechtzurücken, den Habermas mit seinen vermeintlichen „reinen Typen kommunikativen Handelns“ in Ansatz bringt. Hierzu liefert uns Habermas selbst ein Schema, das es zunächst aufzugreifen und dann kritisch zu modifizieren gilt.

Aspekte der Handlungsrationalität

?

	Handlungs typen	Typ des verkörperten Wissens	Form der Argumentation	Muster tradierten Wissens	
	teleologisches Handeln: instrumentell strategisch	technisch u. strategisch verwertbares Wissen	theoretischer Diskurs	Technologien/ Strategien	
?	konstative Sprechhand-lungen (Konversation)	empirisch-theoretisches Wissen	theoretischer Diskurs	Theorien	?
	normen-reguliertes Handeln	moralisch-praktisches Wissen	praktischer Diskurs	Rechts- und Moral-vorstellungen	
	dramaturgisches Handeln	ästhetisch-praktisches Wissen	therapeutische und ästhetische Kritik	Kunstwerke	

Habermas verweist darauf, daß dieses Schema „natürlich durch Webers Vorstellung inspiriert“ (S. 448) sei, daß sich in der

Moderne Wissenschaft, Moral und Kunst als „Bestände expliziten Wissens ausdifferenzieren" und damit einen „Rationalisierungsdruck" gegenüber „traditionalistischen Handlungsorientierungen" erzeugen (S. 449). Tatsächlich kann man sich des Eindrucks nicht erwehren, als habe Habermas seine reinen Typen kommunikativen Handels speziell für die Weber-Diskussion entworfen. Denn vor diesem Hintergrund ist die Absicht, die er verfolgt, klar:

> „Die Aspekte der Handlungsrationalität, die sich am kommunikativen Handeln ablesen lassen, sollen nun erlauben, die Prozesse der gesellschaftlichen Rationalisierung auf ganzer Breite und nicht mehr nur unter dem selektiven Gesichtspunkt der Institutionalisierung zweckrationalen Handelns zu erfassen." (S. 449)

So sinnvoll ein solcher Versuch erscheint, Rationalisierung nicht auf den Gesichtspunkt des zweckrationalen Handelns zu beschränken, so gekünstelt ist die Systematik, die Habermas im Interesse seiner Weber-Kritik den insoweit sprachtheoretisch ausgerichteten Verobjektivierungen zum Begriff des kommunikativen Handelns zuordnet. Nur weil Habermas in der soeben kritisierten fragwürdigen Weise konstative Sprechhandlungen, normenreguliertes und dramaturgisches Handeln als „reine Typen" bzw. „Grenzfälle" kommunikativen Handelns einführt, kann er vorgeben, die „Aspekte der Handlungsrationalität" ließen sich am kommunikativen Handeln ablesen.

In Wahrheit lassen sich jedoch vorerst diese Rationalitätsaspekte nicht am kommunikativen Handeln ablesen, sondern an den verschiedenen Geltungsdimensionen, die in dem jetzigen Schema als Wissenstypen auftreten. Diese hat Habermas zwar in Abhängigkeit von entsprechenden Geltungsansprüchen eingebracht, die auf Satz-Typen zurückgehen, doch ergibt sich daraus noch keine Auszeichnung der Rationalitätsaspekte in Termini des kommunikativen Handelns. Es bleibt zunächst einfach dabei, daß wir das normenregulierte und dramaturgische Handeln vom kommunikativen Handeln systematisch unterscheiden müssen, wenn wir nicht die wesentlichen Überlegungen zu den vier soziologischen Handlungsbegriffen im nachhinein verwischen wollen. Im Gegensatz zu diesen Handlungsbegriffen läßt sich der Begriff der Konversation jedoch als „Grenzfall" im Sinne einer Verselbständigung des kommunikativen Handelns als eines solchen verstehen. Allerdings ist es unmöglich, die Konversation auf einen besonderen Geltungsanspruch festzulegen.

Hieraus folgt, daß wir an den mit „?" gekennzeichneten Stellen des obigen Schemas Korrekturen vornehmen müssen, die uns einerseits vorausblickend, andererseits zusammenfassend weitere Aufklärung bringen:

Weltbezüge/Geltung

Handlungs-typen	objek-tiv/ wahr	sozial/ richtig	subjek-tiv/auf-richtig	Wissens-typus	Diskursiv-kommu-nikative Expansion	Muster tradierten Wissens
teleo-logisch	+			theore-tisch	theoret. Diskurs	Techno-logien/ Strategien
normen-reguliert		+		prak-tisch	prakt. Diskurs	Recht/ Moral
dramatur-gisch			+	ästhe-tisch	ästhet. Kritik	Kunst-werke
kommuni-kativ	+	+	+	geltungs-reflek-tierte Argumen-tation (Konver-sation)	3facher Diskurs (Konver-sation)	soziale Koor-dination

Die linke Hälfte des Schemas greift die entsprechenden Handlungsbegriffe und die Auszeichnung des kommunikativen Handelns auf, die wir schon kennen (vgl. oben Anfang § 21). Die Aufnahme der „konstativen Sprechhandlungen" (Konversation) in die Gruppe der Handlungsbegriffe wurde aus den angeführten Gründen eliminiert. Stattdessen taucht die Konversation da auf, wo sie hingehört, nämlich als Grenzfall des kommunikativen Handelns.

Die Charakterisierung des kommunikativen Handelns stellt sich in Einklang mit den soweit erreichten Ergebnissen folgenderma-ßen dar: Erstens wurde das Stichwort „geltungsreflektierte

Argumentation" dem kommunikativen Handeln als Wissens-Typus zugeordnet, weil dies einerseits seiner sozialen Funktion der Geltungsreflexion, andererseits seiner Ungebundenheit im Hinblick auf besondere Geltungsdimensionen entspricht (Grenzfall: Konversation). Zweitens wurde die Rubrik „Formen der Argumentation" ersetzt durch „Diskursiv-kommunikative Expansion", was der gesellschaftlichen Entfaltung verselbständigter Geltungsdimension entspricht, ohne damit für die Geltungsdimensionen eine spezifische Diskurstheorie der Geltung bzw. der Wahrheit unterstellen zu brauchen. Das kommunikative Handeln ist unter diesem Punkt durch eine 3-fache Diskursivität bestimmt, die ihrerseits wiederum den Grenzfall der Konversation zuläßt. Drittens schließlich erhält das kommunikative Handeln unter dem Titel „Muster tradierten Wissens" die Zuordnung „soziale Koordination", weil diese nach den von Habermas aufgenommenen Bestimmungen seine primäre Funktion ausmacht, die historisch und kritisch den Anknüpfungspunkt für eine gesellschaftlich verstandene „kommunikative Rationalisierung" abgeben müßte. Denn nach allem, was wir bisher wissen, ist kommunikatives Handeln eben hauptsächlich als geltungsorientiertes soziales Koordinationshandeln zu verstehen.

Damit gibt unser kritisches Schema zur Handlungsrationalität zugleich zu erkennen, daß die spezifische Rationalität des kommunikativen Handelns als sozialen Handelns noch der näheren Ausführung harrt. Dies zeigt sich daran, daß wir nun innerhalb des Begriffs des kommunikativen Handelns drei Aspekte an möglicher Rationalität unterscheiden können, und zwar

– die diskursiv-kommunikative Einlösung von Geltungsansprüchen (Wahrheitstheorie),
– die diskursiv-kommunikative Expansion von Geltungsdimensionen (explizite Ausdifferenzierung von Rationalitätsbereichen),
– die geltungsreflektierte Kommunikation als soziale Koordination.

Den ersten Aspekt können wir derzeit vernachlässigen, weil er einmal unter die Kritik der Wahrheitstheorie fällt und sich zum zweiten auf einen allgemeinen Rationalitätsbegriff qua Begründungsfähigkeit reduziert (vgl. oben §§ 19, 20), der überhaupt keine spezifisch soziale Komponente ins Spiel bringt.

Der zweite Aspekt enthält eine solche Komponente, aber in Abhängigkeit von den vorausgesetzten Geltungsdimensionen, relativ zu denen diskursiv-kommunikativ gehandelt wird. Diese Geltungsdimensionen zusammen mit den ihnen beigeordneten anderen Handlungsbegriffen bestimmen gewissermaßen den Rationalitätsauftrag, unter dem das kommunikative Handeln steht, sei es, um innerhalb einer bestimmten Geltungsdimension sozial zu koordinieren oder die entsprechende Geltungsdimension von anderen abzugrenzen. Insofern läßt sich hier das kommunikative Handeln als Entfaltung des Rationalitätspotentials verschiedener Geltungsdimensionen verstehen, die mit Webers „Beständen expliziten Wissens" konvergieren. Das kommunikative Handeln steht im Dienste gesellschaftlicher Geltungsdifferenzierung.

Möglicherweise verbunden damit, doch gleichwohl gesondert unterscheidbar, ist der dritte Aspekt, der unter Voraussetzung der beiden übrigen Aspekte auf die soziale Koordination im Sinne der Herstellung „gemeinsamer Situationsdefinitionen" und sozialer Einverständnisse zielt. Hier steht eine mögliche kommunikative Rationalität sozusagen auf eigenen Füßen, weil sich die Funktion des kommunikativen Handelns nicht einfach an Leitbegriffe anschließen läßt, die bereits einen Terminus von Rationalität vorgeben (Begründung, Geltungsdifferenzierung). Vielmehr muß hierin die Aufklärungsfrage eines besonderen Begriffs von Rationalität gesehen werden.

Auf diese Weise gibt die Unterscheidung der verschiedenen Aspekte des kommunikativen Handelns (Begründungsorientierung, Geltungsdifferenzierung, soziale Koordination) zugleich zu erkennen, daß wir nach wie vor auf eine ausgewiesene Analyse des Begriffs kommunikativer Rationalität warten, da diese an die soziale Koordinationsfunktion des kommunikativen Handelns gebunden scheint und diese ihrerseits der näheren Ausarbeitung bedarf. Die Frage, inwiefern sich aus dem Begriff des kommunikativen Handelns ein konsensueller Begriff kommunikativer Rationalität gewinnen läßt, der sich nicht in den Fallstrikken der Wahrheitstheorie verfängt, ist also noch immer offen. Dieser Tatbestand wiederum unterstreicht, daß sich die Prozesse gesellschaftlicher Rationalisierung keineswegs so einfach am kommunikativen Handeln „ablesen" lassen, sondern daß die Rationalisierung, die in der Ausdifferenzierung von Geltungsdimensionen liegt, noch allererst mit einem spezifisch gesellschaftlichen Beitrag der kommunikativen Rationalität zusammenzubringen wäre. Worin aber kann dieser Beitrag bestehen, wenn nicht in einer Form interaktiver gesellschaftlicher Vermittlung, die uns angesichts des strukturellen Problems der vertikalen interaktiven Rationalisierung (vgl. oben § 18) und den Grenzen konsensrationaler Hoffnungen (vgl. oben §§ 19, 20) erneut auf die Frage nach dem politischen Entscheidungsprimat diskursiver Rationalität führt? Und wäre dann nicht in einer solchen Mischform aus Geltungsorientierung und diskursiv-vermittelter Entscheidung der eigentlich gesellschaftliche Beitrag zu sehen, der aus der sozialen Koordinationsfunktion des kommunikativen Handelns resultiert?

Für die abschließende Beantwortung dieser Frage haben wir nun folgende kritische Voraussetzungen gewonnen:

- gesellschaftstheoretisch ist der Begriff des kommunikativen Handelns unter den Leitbegriff der geltungsreflektierten sozialen Koordination zu stellen,
- die Klärung dieser Funktion des kommunikativen Handelns kann am Modell der Sprache nicht „formalpragmatisch" fundiert werden, wenngleich sich die Geltungsdimension der Sprache normativ in Anspruch nehmen läßt,
- die spezifische Rationalität des kommunikativen Handelns steht noch immer aus und scheint nur durch eine gesellschaftliche Auszeichnung im Rahmen ausdifferenzierter Rationalitätsbereiche gewonnen werden zu können.

Diese kritischen Voraussetzungen erlauben es uns, im folgenden die „normativen Grundlagen einer kritischen Gesellschaftstheorie" unabhängig von der unhaltbaren Idee ihrer Begründung aus „Fundamentalnormen möglicher Rede" zu verfolgen. Wir können nun endgültig allen sprachtheoretischen Dekor beiseite las-

sen und uns nur noch um die Gesellschaftstheorie als solche
kümmern.

§ 22 Kommunikatives Handeln, Vergesellschaftung
und antagonistische Rationalisierung –
die Moderne zwischen Verdinglichung und Emanzipation

Habermas gibt die Frage nach der eigentlich gesellschaftstheoretischen Funktion und Relevanz des Begiffs des kommunikativen
Handelns dadurch selber vor, daß er das kommunikative Handeln bzw. die Sprache in die programmatische Perspektive der
Entwicklung eines „Prinzips der Vergesellschaftung" stellt (vgl.
z. B. Bd. 1, S. 452; Bd. 2, S. 14, 143). Erst durch die Entfaltung
eines solchen Prinzips scheint die gesellschaftstheoretische Tragfähigkeit des kommunikativen Handlungsmodells einlösbar und
auch nur in dieser Blickrichtung können wir erwarten, weitere
Klärungen zu erreichen, die den bereits gewonnenen Distinktionen zwischen kommunikativem Handeln und interaktiver Vergesellschaftung sowie horizontaler und vertikaler interaktiver
Rationalisierung Rechung tragen (vgl. oben § 18). Nachdem wir
inzwischen gelernt haben, den Begriff des kommunikativen
Handelns primär unter dem Aspekt der geltungsreflektierten
sozialen Koordination zu sehen (vgl. soeben § 21), müßten sich
also zunächst Antworten darauf ergeben, wie ein dementsprechend verstandenes Prinzip der kommunikativen Vergesellschaftung zu bestimmen sei.
Hierzu können wir eine erste Auskunft heranziehen, die einerseits die Angemessenheit der Fragestellung bestätigt, andererseits aber eine weitere theoretische Ebene von Habermas' Konzeption zur Kenntnis zu nehmen zwingt:

> „Je mehr das kommunikative Handeln von der Religion
> die Bürde sozialer Integration übernimmt, um so stärker
> muß auch das Ideal einer unbegrenzten und unverzerrten
> Kommunikationsgemeinschaft empirische Wirksamkeit
> in der realen Kommunikationsgemeinschaft gewinnen.
> Das belegt Mead, ähnlich wie Durkheim, mit der Verbrei-

tung demokratischer Ideen, mit einer Umstellung in den Legitimationsgrundlagen des modernen Staates. In dem Maße wie normative Geltungsansprüche auf die Bestätigung durch einen kommunikativ erzielten Konsens angewiesen sind, setzen sich im modernen Staat Grundsätze demokratischer Willensbildung und universalistische Rechtsprinzipien durch." (Bd. 2, S. 147)

Anhand dieser Feststellung können wir uns zunächst vergewissern, daß die Suche nach einem kommunikativen Prinzip der Vergesellschaftung auf die Begrifflichkeit eines politisch-diskursiven Verständigungsschemas zurückführt („demokratische Willensbildung"), mit der wir uns sowohl unter dem Gesichtspunkt einer Fortführung des Marxschen Emanzipationsmodells (vgl. oben §§ 17, 18) als auch dem Problem einer konsensrationalen Ethik (vgl. oben § 20) schon befaßt haben. Ja, es scheint aus dieser Perspektive gerade so, als ließe sich der soweit unter dem Aspekt der geltungsreflektierten sozialen Koordination verstandene Begriff des kommunikativen Handelns nun seinerseits zur Explikationsgrundlage für einen Begriff des politischen Handelns erklären.

Daß die Dinge ganz so einfach nicht sind, ergibt sich aus dem zusätzlichen Programm einer Theorie der sozialen Evolution, das nicht nur den Rahmen für die an Mead und Durkheim orientierten Untersuchungen zur „evolutionären Bedeutung der Demokratie" (Bd. 2, S. 220) abgibt, sondern an dem Habermas' gesamte Diagnose der Moderne ausgerichtet ist, die er an die von Weber entfaltete Problematik der Rationalisierung anknüpft. Habermas geht es nicht nur um die gesellschaftsstrukturelle Erfassung der Moderne unter dem Gesichtspunkt einer einseitig durch den Kapitalismus vorangetriebenen Rationalisierung (vgl. Bd. 1, Kap. II,3), sondern darüber hinaus um so etwas wie eine *„kausale Erklärung"* des Übergangs zur Moderne (Bd. 2, S. 467), die in eine umfassende Theorie der Entwicklung von Gesellschaftsformationen eingebettet werden soll (vgl. Bd. 2, Kap. VI, VIII, und 1976 a). In diesem Zusammenhang wird der Begriff des kommunikativen Handelns nicht nur zu einem Vergesellschaftungsprinzip entwickelt, das nach unseren bisherigen

Kriterien im Sinne eines politischen Prinzips der gesellschaftlichen Vermittlung von einer Emanzipationstheorie normativ in Anspruch genommen werden müßte, vielmehr glaubt Habermas einen sozialen Evolutionsprozeß namhaft machen zu können, der „die unaufhaltsame Ironie des weltgeschichtlichen Aufklärungsprozesses" (Bd. 2, S. 232) an der Entfaltung des „Rationalisierungspotentials" des kommunikativen Handelns abzulesen erlaubt.

Dieses ambitionierte Programm zur Kenntnis nehmen, heißt jedoch auch den provisorischen Charakter betonen, den es nach Habermas' eigenen Ausführungen hat (vgl. insbes. Bd. 2, S. 464 ff.), wenn wir den behaupteten Erklärungsanspruch ernst nehmen. Viel unproblematischer wird die Sachlage freilich dadurch, daß sich zwischen einem Maximalprogramm und einem Minimalprogramm unterscheiden läßt. Letzteres können wir einfach als den Versuch betrachten, in retrospektiver Einstellung die Entwicklungstendenzen der Moderne auf strukturelle Beschreibungen zu bringen. Für diese Beschreibungen ist auch ohne weiteres die für Habermas wichtige Abgrenzung gegen Marx zu akzeptieren, die der Ablehnung eines Basis-Überbau-Reduktionismus gleichkommt und positiv gewendet die Selbständigkeit kognitiver Potentiale bedeutet, die Voraussetzungen für gesellschaftliche Entwicklungen bilden (vgl. 1976 a, Kap. 1, 6). Einen Beweis, der die allgemeine Berechtigung dieser Sichtweise belegt, haben wir ja selbst in der Marx-Diskussion kennengelernt (vgl. oben §§ 12, 13, 14).

Man kann sich demnach der strukturellen Beschreibung der Moderne zuwenden, ohne den skeptischen Vorbehalt preiszugeben, daß Habermas möglicherweise eine pseudo-rationalistische Interpretation verfolgt, die er an einen nicht einlösbaren Begriff umfassender kommunikativer Rationalität bindet. Dieser Vorbehalt ist insofern schon verobjektiviert, als die an Weber orientierte Ausdifferenzierung von Rationalitätsaspekten sich keineswegs direkt an der Rationalität kommunikativen Handels ablesen ließ, sondern viel eher die Frage nach dem Spezifikum kommunikativer Rationalität im Verhältnis zu anderen Aspekten der Rationalität aufwirft (vgl. oben § 21).

Ein Vorbehalt anderer Art besteht darin, daß die Transformation des Historischen Materialismus in eine „umfassende Theorie der sozialen Evolution" (1976 a, S. 41) nicht das primäre Interesse einer Emanzipationstheorie und ihrer politischen Desiderate ausmachen kann. So wie wir schon gegen Marx die politische Dimension der Emanzipation vor einem Hegelschen Geschichtsobjektivismus retten mußten (vgl. Erster Teil, Kap. II), so gilt es gegen Habermas zumindest auf die Gefahr eines evolutionstheoretisch gewendeten Hyper-Rationalismus zu verweisen, der bei aller Vorsicht doch noch so etwas wie die Entbergung des Hegelschen Weltgeistes denken will – und sei es auch nur „ironisch".[5]

Nicht daß eine solche Fragestellung für sich genommen nicht interessant und theoretisch aufregend wäre, doch ihr möglicher Ertrag wird dadurch relativiert, daß sich das Emanzipationsproblem in Termini eines politischen Projekts stellt, das wir *für uns* im Rahmen einer Zeitdiagnose begründet entfalten müssen (vgl. oben § 20). Hierfür ist aber sekundär, wie rational oder irrational die Strukturen sich tatsächlich entwickelt haben mögen, die wir vorfinden. Was primär interessiert, ist, welche ausgebildeten strukturellen Bedingungen der Moderne für ein politisches Projekt der Emanzipation als unüberholbar zu gelten haben und für welche das nicht zutrifft. Und dies ist nicht vorrangig eine Erklärungsfrage der Moderne, sondern eine normative Frage ihrer emanzipatorischen Veränderung, die so gut wie möglich argumentativ behandelt werden sollte.[6]

Sehen wir also zu, ob es nicht angeht, unter den genannten Gesichtspunkten Habermas' Theorie so zu konterkarieren, daß ihre fruchtbaren Seiten frei von problematischen Thesen zu würdigen sind. Dazu können wir zunächst an eine Diagnose der Moderne anknüpfen, die neben der Aufnahme schon bekannter Sachverhalte zur Frage der kommunikativ-interaktiven Vergesellschaftung überleitet:

„Wenn wir davon ausgehen, daß sich die Menschengattung über die gesellschaftlich koordinierten Tätigkeiten

---

[5] Vgl. Schroyer 1974, S. 67f.
[6] Hierzu paßt die Kritik der Evolutionstheorie von Schmid 1982.

ihrer Mitglieder erhält, und daß diese Koordinierung durch Kommunikation, und in zentralen Bereichen durch eine auf Einverständnis zielende Kommunikation hergestellt werden muß, erfordert die Reproduktion der Gattung eben auch die Erfüllung einer dem kommunikativen Handeln innewohnenden Rationalität. Die Bedingungen werden in der Moderne greifbar – mit der Dezentrierung des Weltverständnisses und der Ausdifferenzierung verschiedener universaler Geltungsansprüche. Im selben Maße wie die religiös-metaphysischen Weltbilder an Glaubwürdigkeit einbüßen, verändert sich deshalb der Begriff der Selbsterhaltung... In dem Maße, wie sich die normative Integration des Alltagslebens lockert, erhält der Begriff auch eine zugleich universalistische und individualistische Ausrichtung. Ein Prozeß der Selbsterhaltung, der den Rationalitätsbedingungen kommunikativen Handelns genügen muß, wird von den Interpretationsleistungen der Subjekte abhängig, die ihr Handeln über kritisierbare Geltungsansprüche koordinieren. Für die Stellung des modernen Bewußtseins ist deshalb weniger die Einheit von Selbsterhaltung und Selbstbewußtsein charakteristisch, als vielmehr jenes von der bürgerlichen Sozial- und Geschichtsphilosophie ausgedrückte Verhältnis: daß sich der gesellschaftliche Lebenszusammenhang zugleich über die mediengesteuerten zweckrationalen Handlungen ihrer Mitglieder wie über deren gemeinsamen, in der kommunikativen Praxis aller Einzelnen verankerten Willen reproduziert." (Bd. 1, S. 532)

Bei aller kritischen Reserve, mit der wir das offene Problem der „kommunikativen Rationalität" und die Umsetzung der gesellschaftstheoretischen Funktion des kommunikativen Handelns vorerst noch betrachten müssen, läßt sich die hier von Habermas gegebene strukturelle Diagnose der Moderne in ihrer *Grund*linie ohne weiteres akzeptieren und zugleich erneut als Beleg für die zentrale soziale Koordinierungsfunktion des kommunikativen Handelns lesen.

Nachvollziehbar ist die schon erläuterte Dezentrierung des

Weltverständnisses (vgl. oben § 21), der eine Verselbständigung von Geltungsdimensionen korreliert, die wir schließlich in Webers „Beständen expliziten Wissens" wieder angetroffen haben. Überzeugend ist des weiteren, die mit dieser Ausdifferenzierung einhergehende Erschütterung traditionaler Formen der Sozialintegration (Religion) in Richtung auf ein nun entstehendes Desiderat an posttraditionaler Sozialintegration zu interpretieren. Hierfür läßt sich auch in zwingender Weise der von Durkheim (1977, Buch I, Kap. 3) herausgearbeitete Übergang von der „mechanischen" zur „organischen Solidarität" in Anspruch nehmen, der die normativ herzustellende Sozialintegration von der religiösen Glaubensgemeinschaft ablöst und zur Frage „einer unter Kooperationszwängen stehenden Kommunikationsgemeinschaft" (Bd. 2, S. 139) macht, die komplementär zu universalistischen Prinzipien der Partizipation eine gesellschaftliche Kompetenz der Individuen verlangt, die sie die sozialen Koordinationsaufgaben *selbst* zu vollziehen in die Lage setzt (Individualisierung). Von daher ist gleichfalls akzeptabel, wenn Habermas von einer „rationalisierten Lebenswelt" zunächst in dem Sinne spricht, daß „sie Interaktionen gestattet, die nicht über ein normativ *zugeschriebenes* Einverständnis, sondern – direkt oder indirekt – über eine kommunikativ *erzielte* Verständigung gesteuert werden" (Bd. 1, S. 455).

Auf diese Weise läßt sich auch das kommunikative Handeln aus Gründen gesellschaftsstruktureller Koordination als Prinzip der Vergesellschaftung verstehen. Zugleich wird damit das Problem erkennbar, daß ein solches Prinzip in einem Gegensatz zu den „mediengesteuerten zweckrationalen Handlungen" steht. Und dies ermöglicht eine Diagnose der Moderne, die Webers Rationalisierungsproblematik kritisch aufnehmen kann:

„Freilich eröffnet sich erst mit der Begrifflichkeit des kommunikativen Handelns die Perspektive, aus der der Prozeß der gesellschaftlichen Rationalisierung von Anbeginn als widersprüchlich erscheint. Und zwar ergibt sich ein Widerspruch zwischen der an die Intersubjektivitätsstrukturen der Lebenswelt gebundenen Rationalisierung der Alltagskommunikation, für die Sprache das genuine und nicht ersetzbare Medium der Verständigung darstellt, und der wachsenden Komplexität von Teilsystemen zweckrationalen Handelns, in denen Steuerungsmedien wie Geld und Macht die Handlungen koordinieren. Eine Konkurrenz besteht also nicht zwischen den *Typen des verständigungs- und erfolgsorientierten Handelns*, sondern zwischen *Prinzipien der gesellschaftlichen Integration*: Zwischen dem aus der Rationalisierung der Lebenswelt immer reiner hervorgehenden Mechanismus einer an Geltungsansprüchen orientierten sprachlichen Kommunikation und jenen entsprachlichten Steuerungsmedien, über die Systeme erfolgsorientierten Handelns ausdifferenziert werden." (Bd. 1, S. 458 f.)

In dieser Überlegung gewinnt Habermas eine Einsicht, die sich grundsätzlich mit der systematischen Extrapolation zweier verschiedener Prinzipien der Vergesellschaftung deckt, die sich aus der obigen Marx-Diskussion ergeben hat. Wenn wir nämlich von den Besonderheiten der systemtheoretisch angeleiteten Begriffsbildung absehen, die Habermas in Rückgriff auf Parsons von „Steuerungsmedien wie Geld und Macht" und dementsprechend von „mediengesteuerten Subsystemen zweckrationalen Handelns" sprechen läßt (vgl. insbes. Bd. 2, Kap. VII,2), dann begegnet uns an dem auch von Parsons zum Paradigma der Steuerungsmedien erhobenen Fall des Geldes nichts anderes als der Prototyp eines *gegenständlichen* Vermittlungsschemas der Gesellschaft, das wir in Gestalt des geldgeregelten Tauschs einem *interaktiven* Prinzip der Vergesellschaftung gegenüber gestellt hatten, weil in diesem die entscheidende normative Forderung zu sehen ist, die Marx' Idee der personalen Vergesellschaftung leitet (vgl. oben §§ 7, 8). Und ganz parallel war dann die bürgerlich-kapitalistische Gesellschaft als duale Einheit aus (politischer) Interaktionsform und Tauschschema zu begreifen (vgl. oben § 13). Wir können also feststellen, daß Habermas tatsächlich die Distinktion zwischen kommunikativem Handeln und interaktiver Vergesellschaftung einholt, die wir bereits getroffen haben (vgl. oben § 18).
Der Widerspruch der gesellschaftlichen Rationalisierung, den

Habermas mit Blick auf Weber erreicht, betrifft also ganz allgemein gesprochen den Widerspruch zwischen nicht-interaktiven Vermittlungsschemata der Gesellschaft, deren Charakterisierungen im einzelnen noch nachzugehen sein wird („gegenständlich", „formal", „entsprachlicht") und Schemata der Interaktion, die wir in Einklang mit der Idee der personalen Vergesellschaftung von Marx bei Habermas am Begriff des kommunikativen Handelns entwickelt finden. Insofern kann man auch sagen, daß Marx' optimal-interaktives Modell nichts anderes darstellt als ein Projekt zur vollen Entfaltung eines Prinzips der kommunikativen Vergesellschaftung.

Dieser Sachverhalt beleuchtet in methodologischer Hinsicht den Umstand, daß es nicht nötig ist, einem übertriebenen Objektivismus zu huldigen, der das „kommunikative Handlungsmodell" als „allgemeingültig" nachweisen will (vgl. oben § 21). Denn die wesentliche gesellschaftstheoretische Einsicht in zwei konfligierende Prinzipien der Vergesellschaftung, die zweifellos auch empirisch triftig ist, läßt sich genauso gut mit der erklärtermaßen normativen Konstruktion der Marxschen Utopie erreichen. Von der Entbehrlichkeit einer „formalpragmatischen Fundierung" ganz zu schweigen.

Wir können daher ohne Umwege über die „Methodologie der Sozialwissenschaften" (vgl. Bd. 1, Kap. I,4) den „Paradigmawechsel" zum kommunikativen Handeln in der Perspektive interaktiver Vergesellschaftung (vgl. Bd. 2, Kap. V) direkt aus der Emanzipationsperspektive eines politischen Projekts gewinnen, zu dem der Grundgedanke der Marxschen Utopie motiviert. Denn eine argumentative Entfaltung dieses Gedankens verweist auf den „Hintergrund dessen, was *strukturell möglich gewesen wäre*" (Bd. 1, S. 320), auf den es Habermas in Auseinandersetzung mit Weber ankommt, um zu zeigen,

> „... daß die kapitalistische Entwicklung posttraditionale Handlungsorientierungen nur in eingeschränkter Form zuläßt, nämlich ein Rationalisierungsmuster fördert, demzufolge die kognitiv-instrumentelle Rationalität über Wirtschaft und Staat hinaus in andere Lebensbereiche eindringt und dort auf Kosten moralisch-praktischer und

ästhetisch-praktischer Rationalität Vorrang erhält"
(Bd. 1, S. 320).

Wenn wir auch diese These zunächst in ihrer allgemeinen Stoßrichtung im Sinne einer disproportionalen gesellschaftlichen
Rationalisierung aufnehmen und uns zugleich der genaueren
Interpretation des Warenfetisch-Theorems bei Marx erinnern
(vgl. oben § 6), leuchtet weiter ein, daß Habermas den Versuch
macht, den kritischen Gehalt der Marxschen Bestimmungen
eines „gegenständlichen Scheins" bzw. „sachlicher Verhältnisse
von Personen" in die Begrifflichkeit einer disproportionalen
Rationalisierung zu übersetzen. Hierzu bedient er sich zwar
einer Anknüpfung an Lukacs und der älteren Kritischen Theorie
(Horkheimer, Adorno), weil deren Theorien bereits auf Max
Weber reagieren (vgl. Bd. 1, Kap. IV), doch spricht systematisch
gesehen nichts gegen eine unmittelbare Bezugnahme auf Marx.
Dies ist deshalb so, weil Lukacs' Verdinglichungstheorem und
Adornos kulturell gewendete Fetischisierungskritik in ihren
begrifflichen Grundlagen völlig von Marx abhängig bleiben und
unsere obige Kritik und Rekonstruktion des Fetisch-Theorems
daher zugleich das wiedergibt, was auch an Lukacs und der
älteren Kritischen Theorie haltbar ist und was nicht.[7]
Haltbar ist, so haben wir gesehen, die Kritik der gegenständlich-
sachlichen Vergesellschaftung, zu der Marx aus dem Horizont
des optimal-interaktiven Gegenmodells kommt, das seine Utopie kennzeichnet. Haltbar ist weiter, wenn auch nicht aufregend,
die Aufklärung über den möglichen Naturschein gesellschaftlicher Verhältnisse. Unhaltbar dagegen ist die Theorie des Warenfetisch als substanzmetaphysische Spekulation und als treibendes
Motiv für die dann ihrerseits unhaltbare Theorie vom allumfas-
senden gegenständlichen Determinismus der Warenform in
Gestalt des „Naturgesetzes" der Tausch-Arbeitswert-Gleichung
(vgl. oben §§ 6, 7, 9).

---

[7] Ganz entsprechend greift auch die Habermas-Kritik von Breuer 1982,
S. 137 ff. ins Leere. Das Verhältnis von Habermas zur älteren Kritischen
Theorie interpretieren differenziert: Honneth 1982; Benhabib 1982 b;
Schmidt 1982; Schnädelbach 1982.

Insofern daher Lukacs (1923/1967) und Horkheimer/Adorno (1947) den – freilich verschiedenartigen – Versuch machen, auf dem Hintergrund einer totalisierenden Fetisch-Theorie Webers Rationalisierungprozesse als globalen Entfremdungsvorgang zu begreifen, der sich nun in Gestalt der Ausbreitung kognitiv-instrumenteller Rationalität als solcher vollzieht, müssen sie mit ihren kritischen Absichten über den tatsächlich ausweisbaren Befund hinausschießen.[8]

Details beiseite hat Habermas also Recht, wenn er nicht kognitiv-instrumentelle Rationalität als solche zur Herrschaft schlechthin erklärt (vgl. auch 1968a, S. 48 ff.), sondern die sinnvolle Kritik an der gegenständlich-sachlichen Vergesellschaftung des Kapitalismus derart in die Begrifflichkeit gesellschaftlicher Rationalisierung zu übersetzen versucht, daß die kognitiv-instrumentelle Rationalität gegenüber Formen praktischer Rationalität, die auf kommunikatives Handeln verweisen, ein disproportionales Übergewicht erhält, das als Einschränkung möglicher und wünschenswerter kommunikativer Vergesellschaftung zu sehen ist (vgl. Bd. 1, S. 485 ff., 523 ff.; Bd. 2, S. 489 ff.).

Wir können daher die soweit erreichte grundsätzliche Übereinstimmung mit Habermas in der ihrerseits schon kritisch gegen ihn gesicherten Begrifflichkeit (vgl. oben § 18), folgendermaßen ausdücken: Das gegenständliche Vermittlungsschema des Kapitalismus (geldvermittelter Tausch) erzeugt ein gesellschaftliches Übergewicht der kognitiv-instrumentellen Rationalität, das weder durch eine horizontale kommunikative Rationalisierung noch – und viel weniger – durch eine vertikale kommunikative Rationalisierung ausgeglichen wird, obgleich dies möglich wäre. Daher ist die moderne Gesellschaft durch eine antagonistische Rationalisierung gekennzeichnet, die als Disproportionalität zweier konfligierender Prinzipien der Vergesellschaftung zu verstehen ist.

---

[8] Wie im übrigen auch Bahr 1970. Die auch oben (§ 9) aufgezeigte herrschaftstechnische Einbindung von kognitiv-instrumenteller Rationalität impliziert noch nicht die Kritik des Rationalitätstypus als solchen. Vgl. Whitebook 1979, pp. 63 f.

Wenn wir nun noch hinzunehmen, daß sich der Klassenantagonismus als Spezialfall des Problems der vertikalen interaktiven
(kommunikativen) Rationalisierung dargestellt hat (vgl. oben
§ 18), so ist damit nach der einen Seite eine historisch wesentliche
Schranke für die disproportionale Rationalisierung der Gesellschaft bezeichnet, aber gemessen an der Frage einer optimal-
interaktiven Vergesellschaftung impliziert die Aufhebung des
Klassenantagonismus noch nicht die Lösung des Problems der
vertikalen interaktiven Rationalisierung (vgl. oben ebd.). Dieses
Problem können wir jetzt einfach als Problem der gesellschaftlich richtig proportionierten Rationalisierung erneuern.

Da wir zugleich gesehen haben, daß wir für dieses Problem um
einen Entscheidungsprimat diskursiver Rationalität nicht her-
umkommen, an dem auch Habermas' neuere Ansätze zu einer
„kommunikativen Ethik" nichts ändern (vgl. oben §§ 18, 19, 20
und dazu Bd. 2, Kap. V,2, 3, sowie Habermas 1983), fragt sich,
wie die strukturelle Diagnose der Moderne umzusetzen wäre in
die Interpretation gesellschaftlicher Entwicklungen, die auf Veränderung der disproportionalen Rationalisierung zugunsten
eines Prinzips der interaktiven Vergesellschaftung schließen lassen könnten. Hierin liegt zugleich die Formulierung eines allgemeinen Emanzipationskriteriums, das sich dem Maßstab optimaler interaktiver Vergesellschaftung verdankt.

Nachdem wir an diesem Punkt angelangt sind, der teils kritisch,
teils in Übereinstimmung mit Habermas' Interpretation der
Moderne erreicht wurde, bringt die bereits angesprochene evolutionstheoretische Perspektive (vgl. oben Anfang § 22) einerseits eine zusätzliche Komplikation ins Spiel, andererseits aber
verspricht sie weiterhin Aufschluß über Habermas' Interpretation der Moderne und die letztlich grundlegende gesellschaftliche Funktion des kommunikativen Handelns und eines entsprechenden Begriffs kommunikativer Rationalität.

Die Basis für Habermas' evolutionären Ansatz bildet die Einführung des „Lebensweltkonzepts" als eines Komplementärbegriffs
zum kommunikativen Handeln. Dabei ist die Intention, die
Habermas verfolgt, insofern leicht nachvollziehbar, als sie darauf abhebt, den Begriff des kommunikativen Handelns zu einem
„Prinzip der Vergesellschaftung" (Bd. 1, S. 452) weiterzutrei-

ben. Dies steht in Einklang mit unserer Einsicht, daß die gesellschaftstheoretische Auszeichnung des kommunikativen Handelns das eigentlich zu klärende Problem darstellt (vgl. oben § 21).

Da wir aber inzwischen aus Gründen gesellschaftlicher Koordination bereits auf ein Prinzip kommunikativer Vergesellschaftung und damit auf die Beschreibung der Moderne im Sinne zweier konfligierender Prinzipien der Vergesellschaftung sowie entsprechender disproportionaler Rationalisierung gestoßen sind, fragt sich nun, was über diese strukturellen Bestimmungen hinaus das Lebensweltkonzept leisten soll.

Sicher, es war bereits von „rationalisierter Lebenswelt" die Rede, doch der damit gemeinte Sachverhalt ließ sich ebenso zutreffend als die gesellschaftliche Problemkonstellation posttraditionaler Sozialintegration angeben. Ein spezifischer Lebensweltbegriff war dafür nicht vonnöten. Welche Rolle spielt dann ein solcher Begriff, um ein Prinzip kommunikativer Vergesellschaftung zu entfalten, das wir aus strukturellen Gründen schon haben?

Wenn wir auf diese Weise den Ausgangspunkt für das Lebensweltkonzept problematisieren, wird deutlich, daß innerhalb dieses Konzepts wiederum unterschieden werden kann zwischen denjenigen Überlegungen, die sich als nähere Ausführung in *struktureller* Hinsicht verstehen lassen und dem sichtlich weiter gesteckten Ziel, mit dem Lebensweltkonzept in evolutionärer Hinsicht an „*beliebige* Gesellschaften heranzukommen" (Bd. 2, S. 217). Dies vor Augen gilt es, die zentralen Punkte zu diskutieren, die Habermas zum Begriff der Lebenswelt entwickelt.

In einem ersten Anlauf bezieht sich die Rede von Lebenswelt auf den „kontextbildenden Horizont", vor dem sich die „Kommunikationsteilnehmer über etwas verständigen" (Bd. 1, S. 452). Dieser Horizont besteht aus fraglosen Hintergrundvoraussetzungen, die den Beteiligten gewöhnlich als ganz selbstverständlich gelten. Solche Voraussetzungen kann man als „implizites Wissen" bezeichnen, das den immer schon vorgegebenen Rahmen umgrenzt, relativ zu dem kommunikativ gehandelt wird (vgl. Bd. 1, S. 450 ff.).

Im Sinne eines solchen impliziten Hintergrundwissens könnten wir z. B. die Voraussetzung der Sicherheitsvorschriften des

Flugverkehrs verstehen, die den Kontext für die Aufforderung bildet, das Rauchen einzustellen (vgl. oben § 21). Die Wiederaufnahme dieses Beispiels mag überraschen, wenn man zunächst die von Habermas angegebenen Verweise auf Moore (1939/1969) und Wittgenstein (1970) zur Kenntnis nimmt, denn deren Lebenswelt-Beispiele liegen in der Tat auf einer ganz fundamentalen Ebene des Common sense, wo es kaum noch möglich scheint, Zweifel an bestimmten Gewißheiten zu haben („Hier ist eine Hand", „Dort liegt ein Buch"), so daß sich an solchen Schnittstellen sozusagen Sprache und Wirklichkeit wechselseitig durchdringen.

Dies zeigt jedoch, daß wir es hier mit einer ziemlich beliebigen Anknüpfung zu tun haben, die sich eigentlich nur an der Bestimmung interessiert zeigt, daß das implizite Hintergrundwissen im Sinne eines *„Dogmatismus der alltäglichen Hintergrundannahmen und -fertigkeiten"* (Bd. 1, S. 451) zu verstehen sei. Würde Habermas demgegenüber das (erkenntnistheoretische) Problem ernst nehmen, das Moore und Wittgenstein beschäftigt, könnte er nicht von „Dogmatismus" reden, denn die Pointe von deren Erörterungen besteht gerade darin, daß jene Common sense-Gewißheiten „jenseits von berechtigt und unberechtigt" liegen (vgl. Wittgenstein 1970, § 359) und daher auch jenseits von „dogmatisch" oder „undogmatisch".

Worum es Habermas nur geht, ist der Zusammenhang von sprachlicher Kommunikation und sozialem Kontext, der nach unserer obigen Kritik als *nicht*-konventioneller Rahmen der semantischen Dimension der Sprache zu verstehen war (vgl. oben § 21). Daß Habermas diesen Zusammenhang anders sieht, verwundert natürlich nicht, doch können wir dies umso mehr auf sich beruhen lassen, je klarer die gesellschaftliche Fragestellung hervortritt. Denn was Habermas will, ist,

> „der Frage nachgehen, wie die Lebenswelt als der Horizont, in dem sich die kommunikativ Handelnden ‚immer schon' bewegen, ihrerseits durch den Strukturwandel der Gesellschaft im ganzen begrenzt und verändert wird" (Bd. 2, S. 182).

Bevor dieser Strukturwandel thematisch werden kann, gilt es zu verstehen, warum die Lebenswelt in der Tat den „Komplementärbegriff" zum kommunikativen Handeln abgibt (vgl. Bd. 1, S. 452). Dies fällt nicht schwer, weil Habermas mit einem deutlichen Beispiel aufwartet, das einerseits den soeben angeführten Zusammenhang von sprachlicher Kommunikation und sozialem Kontext so unproblematisch wie möglich aufzufassen und andererseits die Lebenswelt als unreflektiertes Hintergrundgeflecht gegenüber der geltungsreflektierten Funktion des kommunikativen Handelns herauszustellen erlaubt:

> „Das Beispiel eines Befehls, den der Adressat für undurchführbar hält, bringt in Erinnerung, daß sich Interaktionsteilnehmer stets in einer Situation äußern, die sie, soweit sie verständigungsorientiert handeln, *gemeinsam* definieren müssen. Der ältere Bauarbeiter, der einen jüngeren und neu hinzugekommenen Kollegen zum Bierholen schickt und verlangt, er möge sich auf die Socken machen und in ein paar Minuten zurück sein, geht davon aus, daß den Beteiligten, hier dem Adressaten und den in Hörweite befindlichen Kollegen die Situation klar ist: das bevorstehende Frühstück ist das *Thema*, die Versorgung mit Getränken ist ein auf dieses Thema bezogenes *Ziel*; einer der älteren Kollegen faßt den *Plan*, den ‚Neuen' zu schicken, der sich aufgrund seines Status dieser Aufforderung schlecht entziehen kann. Die informelle Gruppenhierarchie der Arbeiter auf der Baustelle ist der *normative Rahmen*, in dem einer den anderen zu etwas auffordern darf. Die Handlungssituation ist *zeitlich* durch die Arbeitspause, *räumlich* durch die Entfernung des nächsten Ausschanks von der Baustelle definiert. Wenn nun die Situation so ist, daß der nächste Ausschank in ein paar Minuten zu Fuß gar nicht erreicht werden kann, daß also der Plan nur *mit Hilfe* eines Autos... *durchgeführt* werden kann, wird der Angesprochene vielleicht antworten: ‚Ich habe aber keinen Wagen.'

Den Hintergrund einer kommunikativen Äußerung bilden also Situationsdefinitionen, die sich, gemessen am aktuellen Verständigungsbedarf, hinreichend überlappen müssen…" (Bd. 2, S. 185)

„Freilich werden Situationen nicht im Sinne einer scharfen Abgrenzung ‚definiert'. Situationen haben stets einen Horizont, der sich mit dem Thema verschiebt. Eine *Situation* ist ein durch Themen herausgehobener, durch Handlungsziele und -pläne artikulierter Ausschnitt aus *lebensweltlichen Verweisungszusammenhängen*, die konzentrisch angeordnet sind und mit wachsender raumzeitlicher und sozialer Entfernung zugleich anonymer und diffuser werden." (Bd. 2, S. 187)

Diese beispielhafte Erläuterung ergänzt die uns schon vertraute Bestimmung des kommunikativen Handelns qua „kooperatives Aushandeln von Situationsdefinitionen" (vgl. oben § 21) durch die Einbeziehung von „gemeinsam als garantiert unterstellten *Hintergrundüberzeugungen*" (Bd. 2, S. 191), die sich ihrerseits als ein Vorrat immer schon bewährter Situationsdefinitionen verstehen lassen, der auf einem bereits vorinterpretierten „Zusammenhang zwischen objektiver, sozialer und subjektiver Welt" (Bd. 2, S. 191) beruht. Der Begriff der Lebenswelt gestattet damit, die bislang gebrauchte Rede vom sozialen Kontext des kommunikativen Handelns insofern zu präzisieren, als wir nun feststellen können, daß mit der Lebenswelt die Struktur einer *unreflektierten* sozialen Hintergrundkoordination relativ zu den drei Weltbezügen sichtbar wird, die sich immer schon in einem impliziten Wissen sedimentiert hat.

Hierzu paßt, wenn Habermas betont, die Lebenswelt habe einen anderen Status als die oben unterschiedenen formalen Weltkonzepte, die an Geltungsdimensionen gewonnen wurden (vgl. Bd. 2, S. 190 ff.). Auch wenn es einleuchten mag, diesen besonderen Status in Anlehnung an den phänomenologischen Lebensweltbegriff von A. Schütz durch die Distanzlosigkeit zu einem kulturell geteilten „transzendentalen Ort" der Begegnung von Sprecher und Hörer zu interpretieren, so läßt sich aufgrund unserer Explikation zum Begriff des kommunikativen Handelns eine systematisch angemessenere Erläuterung geben. Denn wir haben ja bereits gesehen, daß dem Begriff des kommunikativen Handelns qua geltungsreflektierter Koordination von Weltbezügen gar kein formales Weltkonzept direkt zugeordnet werden kann (vgl. oben § 21) und das muß ganz analog auch für die Lebenswelt zutreffen, weil es auch bei ihr um die Koordination bzw. den Zusammenhang von objektiver, sozialer und subjektiver Welt geht, nur eben mit dem wichtigen Unterschied, daß das Geflecht dieser Welten sich in einem unreflektierten Modus immer schon geleisteter Interpretationen hält.

Demzufolge ist der „kommunikationstheoretische Lebensweltbegriff" (Bd. 2, S. 192) auch gar nicht so sehr darin zu sehen, daß die lebensweltlichen Zusammenhänge „auf *grammatisch geregelte* Beziehungen zwischen Elementen eines *sprachlich organisierten Wissensvorrats* zurück(gehen)" (Bd. 2, S. 190). Dies ist nur der allgemeine Aspekt der sprachlichen Repräsentation des Hintergrundwissens, der freilich einer näheren Aufklärung bedürfte, die zu einer echten Parallele mit Wittgenstein (1970) Anlaß geben könnte.[9] Viel spezifischer und daher auch wichtiger erscheint hingegen der Charakter der unreflektierten sozialen Koordination, der dem Lebensweltbegriff komplementär zum Begriff des kommunikativen Handelns zugeschrieben werden kann und damit zugleich das adäquate „kommunikationstheoretische" Verständnis dokumentiert.

Dies bestätigt sich einmal an der Perspektive der kommunikativen Rationalisierung der Lebenswelt im Sinne der Überwindung vorinterpretierter Zusammenhänge zwischen objektiver, sozialer und subjektiver Welt zugunsten eigener Interpretations- und Koordinierungsleistungen der handelnden Personen, kurz, der Perspektive der „rationalisierten Lebenswelt", die wir der Grundidee nach schon kennen (vgl. Bd. 2, S. 203, 219 ff.).

Zum anderen zeigt die zusätzliche Unterscheidung von „*strukturellen Komponenten* der Lebenswelt" (Bd. 2, S. 209) in Gestalt von Kultur, Gesellschaft und Person die Dominanz der Koordinationsfunktion des kommunikativen Handelns, das in der Lebenswelt verschiedene soziale Aufgaben auszufüllen hat:

---

[9] Vgl. z. B. Zimmermann 1975.

„Unter dem funktionalen *Aspekt der Verständigung* dient kommunikatives Handeln der Tradition und der Erneuerung kulturellen Wissens; unter dem Aspekt der *Handlungskoordinierung* dient es der sozialen Integration und der Herstellung von Solidarität; unter dem *Aspekt der Sozialis*ation schließlich dient kommunikatives Handeln der Ausbildung von personalen Identitäten. Die symbolischen Strukturen der Lebenswelt reproduzieren sich auf dem Wege der Koordinierung von gültigem Wissen, der Stabilisierung von Gruppensolidarität und der Heranbildung zurechnungsfähiger Aktoren ...

Kultur nenne ich den Wissensvorrat, aus dem sich die Kommunikationsteilnehmer, indem sie sich über etwas in einer Welt verständigen, mit Interpretationen versorgen. *Gesellschaft* nenne ich die legitimen Ordnungen, über die Kommunikationsteilnehmer ihre Zugehörigkeit zu sozialen Gruppen regeln und damit Solidarität sichern. Unter *Persönlichkeit* verstehe ich die Kompetenzen, die ein Subjekt sprach- und handlungsfähig machen, also instandsetzen, an Verständigungsprozessen teilzunehmen und dabei die eigene Identität zu behaupten."(Bd. 2, S. 208 f.)

Diese Erläuterungen geben zunächst Anlaß, den Begriff der Lebenswelt zu modifizieren. Denn ganz offensichtlich müssen die Angehörigen einer Lebenswelt diese nicht nur im Sinne eines fraglosen Horizonts gewissermaßen hinter sich haben, sondern auch als Orientierungsrahmen zum Zwecke ihrer Reproduktion vor sich bringen können. Dies ändert jedoch grundsätzlich nichts daran, daß wir die Lebenswelt als unreflektierte (unproblematisierte) Vorgabe sozialer Koordination verstehen können. Was nun die Aufschlüsselung der Lebenswelt in die drei Komponenten der Kultur, Gesellschaft und Persönlichkeit angeht, so bestätigt sich hieran in aufschlußreicher Weise die leitende Funktion des kommunikativen Handelns qua sozialer Koordination, wie wir sie insbesondere auch in unser kritisches Schema zur Handlungsrationalität unter der von Habermas angegebenen Rubrik „Muster tradierten Wissens" einzutragen hatten (vgl. oben § 21). Die Lebenswelt verkörpert das für das kommunikative Handeln charakteristische Muster tradierten Wissens, das sich in spezifizierter Weise an den sozialen Funktionen der kulturellen Überlieferung, der gesellschaftlichen Solidarität (im Sinne Durkheims) und der Sozialisation festmachen läßt. Hierbei bringt der Aspekt der Sozialisation eine zusätzliche Ausweitung gegenüber dem bisherigen Verständnis des kommunikativen Handelns, denn die geltungsreflektierte soziale Koordination, von der soweit die Rede war (vgl. oben § 21), beschränkte sich auf erwachsene Personen und ging insofern von einer symmetrischen Interaktion aus. Diese ist bei Sozialisationsprozessen nicht ohne weiteres gegeben und kann nur schrittweise erreicht werden. Hierin können wir einen erneuten Beleg dafür sehen, daß die zunehmende gesellschaftstheoretische Ausformulierung des kommunikativen Handelns immer weniger mit einem wörtlich zu verstehenden sprachlichen Handlungsmodell zu tun hat. Alles, was wir zu brauchen scheinen, ist wiederum nur die normative Inanspruchnahme der Geltungsdimension der Sprache als Orientierung für die kommunikativ vollzogene Sozialisation.

Mit diesen Klarstellungen sind wir in der Lage, den „Strukturwandel der Gesellschaft" als Strukturwandel der sozialen Koordination an die inzwischen herausgehobenen Komponenten der Lebenswelt anzuknüpfen. Was wir damit gewinnen, sind nähere Bestimmungen einer Rationalisierung der Lebenswelt. Diese Rationalisierung kann zunächst in einer „strukturellen Differenzierung" der Lebenswelt als solcher gesehen werden:

> „Im Verhältnis von *Kultur und Gesellschaft* zeigt sich die strukturelle Differenzierung an einer zunehmenden Entkoppelung des Institutionensystems von den Weltbildern; im Verhältnis von Persönlichkeit und Gesellschaft an der Erweiterung des Kontingenzspielraums für die Herstellung interpersonaler Beziehungen; und im Verhältnis von *Kultur und Persönlichkeit* zeigt sie sich daran, daß die Erneuerung von Traditionen immer stärker von der Kritikbereitschaft und Innovationsfähigkeit der Individuen abhängig wird. Als Fluchtpunkte dieser evolutionären Trends ergeben sich für die Kultur ein Zustand der

Dauerrevision verflüssigter, reflexiv gewordener Traditionen; für die Gesellschaft ein Zustand der Abhängigkeit legitimer Ordnungen von formalen Verfahren der Normsetzung und der Normbegründung; und für die Persönlichkeit ein Zustand kontinuierlich selbstgesteuerter Stabilisierung einer hochabstrakten Ich-Identität." (Bd. 2, S. 219 f.)

In diesen Kennzeichnungen erkennen wir den an strukturellen Komponenten der Lebenswelt explizierten Gedanken der posttraditionalen Sozialintegration wieder. Die strukturelle Differenzierung der Lebenswelt verlangt zunehmend kommunikative Deutungsleistungen von seiten der handelnden Personen, um soziale Koordination zu bewerkstelligen (vgl. Bd. 2, S. 220). Dem entspricht, daß sich die angeführten „evolutionären Trends" in funktional spezifizierten Bereichen der Kultur (Wissenschaft, Recht, Moral, Kunst), Gesellschaft (demokratische Willensbildung) und Persönlichkeit (Pädagogik) niederschlagen, die als Zeichen einer „*reflexiven Brechung* der symbolischen Reproduktion der Lebenswelt" gewertet werden können (vgl. Bd. 2, S. 220 f.).

Wie früher erscheinen diese Überlegungen zur Rationalisierung der Lebenswelt nicht nur akzeptabel, sondern stellen eine fruchtbare Systematisierung von Tendenzen dar, die sich den Analysen von M. Weber, Durkheim und Mead entnehmen lassen (vgl. Bd. 1, Kap. II; Bd. 2, Kap. V). Ganz Analoges gilt für die mit Parsons übereinstimmende Differenzierung von Kultur, Gesellschaft und Persönlichkeit (vgl. Bd. 2, Kap. VII).[10]

Um so mehr können wir uns daher auf die Frage nach der gesellschaftstheoretischen Funktion des Lebensweltkonzeptes konzentrieren. Diese ist nun einmal darin zu sehen, daß die rationalisierte Lebenswelt die gesellschaftsstrukturelle Bedingung dafür darstellt, daß ein kommunikatives *Prinzip der Vergesellschaftung* überhaupt greifen kann. Das dem kommunikativen Handeln entsprechende „Muster tradierten Wissens" in Gestalt

---

[10] Habermas' Verhältnis zu den „soziologischen Klassikern" problematisieren in erhellender Weise Giddens 1982 b; Münch 1982.

der zunächst unreflektierten Vorgabe sozialer Koordination qua Lebenswelt erfährt eine reflexive Brechung, die der beschriebenen Rationalisierung der Lebenswelt entspricht. Erst so kann die geltungsorientierte soziale Koordination, auf die der Begriff des kommunikativen Handelns zielt, eine gesamtgesellschaftliche zentrale Bedeutung bekommen. Zugleich stellt der somit umschriebene Zusammenhang den evolutionären Trend von der traditionalen zur posttraditionalen Sozialintegration dar, der historisch belegbar ist.

Darüber hinaus jedoch verfolgt Habermas in Anknüpfung an Mead den Gedanken einer idealisierten Lebenswelt. Dieser Gedanke läßt sich zum einen als Reformulierung der schon bekannten Idee einer „kommunikativen Lebensform" im Anschluß an den Begriff der idealen Sprechsituation verstehen (vgl. oben § 20):

> „Je weiter die strukturellen Komponenten der Lebenswelt und die Prozesse, die zu deren Erhaltung beitragen, ausdifferenziert werden, um so mehr treten die Interaktionszusammenhänge unter Bedingungen einer rational motivierten Verständigung, also einer Konsensbildung, die sich *letztlich* auf die Autorität des besseren Arguments stützt. Meads utopischen Entwurf des universellen Diskurses haben wir bisher in den speziellen Spielarten einer Kommunikationsgemeinschaft, die auf der einen Seite Selbstverwirklichung, auf der anderen moralische Argumentation gestattet, kenngelernt. Dahinter steht aber die allgemeinere Idee eines Zustandes, wo die Reproduktion der Lebenswelt nicht mehr nur durch das Medium verständigungsorientierten Handelns *hindurchgeleitet*, sondern den Interpretationsleistungen der Aktoren selber *aufgebürdet* wird. Der universelle Diskurs verweist auf eine idealisierte Lebenswelt, die sich kraft eines von normativen Kontexten weitgehend entbundenen, auf rational motivierte Ja/Nein-Stellungnahmen umgestellten Mechanismus der Verständigung reproduziert ... Eine in diesem Sinne *rationalisierte Lebenswelt* würde sich keineswegs in konfliktfreien Formen reproduzieren, aber die Konflikte

träten unter ihrem *eigenen* Namen auf, würden nicht länger durch Überzeugungen kaschiert, die einer diskursiven Nachprüfung nicht standhalten können. Allerdings würde diese Lebenswelt insofern eine eigentümliche Transparenz gewinnen, als sie nur Situationen zuließe, in denen die erwachsenen Aktoren erfolgs- und verständigungsorientierte Handlungen ebenso klar unterscheiden würden wie empirisch motivierte Einstellungen von rational motivierten Ja/Nein-Stellungnahmen."(Bd. 2, S. 218 f.)

Diese Utopie der idealisierten Lebenswelt entspricht der früher am Leitbegriff der herrschaftsfreien Diskussion entfalteten Konzeption von Emanzipation. Nachdem wir diese Konzeption bereits in ihre verschiedenen Momente eines radikaldemokratischen Prinzips, einer konsensuellen Emanzipationsnorm sowie deren konsensrationale Fundierung auseinandergelegt haben (vgl. oben §§ 17, 19, 20) und das durch die Marxsche Utopie motivierte Problem der vertikalen interaktiven Rationalisierung als Orientierung besitzen (vgl. oben § 18), fällt es nicht schwer, auch die hier entworfene Kommunikationsgemeinschaft einer kritischen Einschätzung zu unterziehen.

Diese können wir einfach dadurch vornehmen, daß wir den inzwischen erreichten Strukturbegriff einer rationalisierten Lebenswelt unterscheiden von der jetzt im Sinne eines neuen Transparenzideals vorgelegten Steigerungsform zu einer idealiter rationalisierten Lebenswelt. Denn im Lichte der Skepsis gegenüber Habermas' starken konsensrationalen Überzeugungen, ist es grundsätzlich fraglich, ob der Strukturbegriff der rationalisierten Lebenswelt auf eine korrespondierende umfassende Konsens-Rationalität überhaupt verweist (vgl. oben §§ 19, 20). Entsprechend unserer früheren Einsichten können wir also differenzieren zwischen einer begrifflichen Reihe, die auf der einen Seite aus dem radikaldemokratischen Prinzip der herrschaftsfreien Diskussion, dem Entscheidungsprimat diskursiver Rationalität und dem strukturellen Begriff einer rationalisierten Lebenswelt besteht. Auf der anderen Seite hingegen stehen das Utopie-Prinzip des herrschaftsfreien Dialogs (vgl. oben § 17), die Konsens-Rationalität (Wahrheit) und die idealisierte Lebenswelt. Daran wird erneut deutlich, wie uns das frühere Problem zweier Varianten einer kommunikativen Lebensform in veränderter Gestalt erhalten bleibt (vgl. oben § 20).

Im Bewußtsein des Doppelsinns, den die Rede von rationalisierter Lebenswelt annehmen kann, gilt es jedoch zu sehen, daß Habermas mit dieser Konzeption auf ein Problem zusteuert, das wir als Frage nach der möglichen prinzipiellen Grenze für ein kommunikatives Prinzip der Vergesellschaftung verstehen können, wie es sich in seiner Begrifflichkeit stellt, eine Frage, die für uns bislang den Kern des Problems der vertikalen interaktiven Rationalisierung bildete (vgl. oben § 18). Habermas bewegt sich nämlich auf dieses Problem zu, indem er eine Distinktion zwischen Gesellschaft als Lebenswelt und Gesellschaft als System trifft, die er evolutionstheoretisch fruchtbar machen will.

Gesellschaft als Lebenswelt konzipieren heißt „annehmen, daß sich die Integration der Gesellschaft *allein* unter den Prämissen verständigungsorientierten Handelns vollzieht" (Bd. 2, S. 225). Diese Voraussetzung ergibt unter der Perspektive der rationalisierten Lebenswelt „das Bild eines Vergesellschaftungsprozesses, der sich mit Willen und Bewußtsein ihrer erwachsenen Mitglieder vollzieht", hinter dem sich keine „*fremde* Autorität" und „keine Gewalt" festsetzen kann, weil die Art der Verständigung „grundsätzlich transparent" ist (Bd. 2, S. 224f.). Indem Habermas diese – natürlich an Marx erinnernden (vgl. oben § 1) – Unterstellungen als „Fiktionen" bezeichnet, wendet er sich dem Problem zu, an welche Grenzen denn eine solcherart konzipierte Identifikation von Gesellschaft und Lebenswelt stoßen könnte. Dies ist zugleich als prüfende Selbstreflektion der soeben entworfenen Utopie der idealisierten Lebenswelt zu werten. Denn beide Varianten der rationalisierten Lebenswelt umgreifend, läßt sich fragen, welchen Einschränkungen eine in Form optimalkommunikativer Vermittlungen konzipierte Gesellschaft gleichwohl unterworfen bleiben müßte.

Diese Einschränkungen ergeben sich aus „systemischen Mechanismen" in Gestalt nicht-interaktiver Vermittlungsschemata der Gesellschaft, denen die Distinktion in System- und Sozialintegration korrespondiert. Die Handlungen der Menschen

„... werden... nicht nur über Prozesse der Verständigung koordiniert, sondern über funktionale Zusammenhänge, die von ihnen nicht intendiert sind und innerhalb des Horizonts der Alltagspraxis meistens auch nicht wahrgenommen werden. In kapitalistischen Gesellschaften ist der Markt das wichtigste Beispiel für eine normfreie Regelung von Kooperationszusammenhängen. Der Markt gehört zu den systemischen Mechanismen, die nicht-intendierte Handlungszusammenhänge über die funktionale Vernetzung von Handlungs*folgen* stabilisieren, während der Mechanismus der Verständigung die Handlungs*orientierungen* der Beteiligten aufeinander abstimmt." (Bd. 2, S. 225 f.)

Demzufolge bezieht sich die *Sozial*integration auf einen „normativ gesicherten oder kommunikativ erzielten Konsens", die *System*integration hingegen auf „die nicht-normative Steuerung von subjektiv unkoordinierten Einzelentscheidungen" (Bd. 2, S. 226, vgl. 179, 301, 341 ff.).

Auf den ersten Blick wirft die Rede vom Markt als einer „normfreien Regelung" von Kooperationszusammenhängen eine Schwierigkeit auf. Denn wissen wir nicht bereits aus der Marx-Diskussion, daß die Struktur des geldvermittelten Tauschs als Schema des Marktes und die dabei relevante formal-symmetrische Beziehung der Kooperation rückgebunden ist auf die im bürgerlichen Privatrecht enthaltenen Normen der Eigentumsordnung (vgl. oben § 12)?

Habermas behebt diese Schwierigkeit selbst, indem er die „Art normfreier Sozialität", um die es ihm bei den systemischen Mechanismen geht, im Hinblick auf *„formal organisierte Handlungsbereiche"* bestimmt, die sich in Wirtschaft und Staat herausgebildet haben. Die von M. Weber für diese Bereiche analysierte Bürokratisierung läßt sich in den Rahmen einer Autonomisierung von Organisationen stellen, die darin besteht, daß eine *„neutralisierende Abgrenzung gegen die symbolischen Strukturen der Lebenswelt"* stattfindet, die sie „gegen Kultur, Gesellschaft und Persönlichkeit *indifferent*" macht (Bd. 2, S. 455).

Diese Charakterisierungen erlauben insofern einen erhellenden

Anschluß an unsere Interpretationen zu Marx, als die Unterscheidung des geldvermittelten Tauschs im Sinne eines *a-personalen*, weil gegenständlichen und gleichwohl formalsymmetrischen Schemas, gegenüber einem *personal-orientierten*, kommunikativen Schema der Verständigung jetzt in der Unterscheidung von System- und Sozialintegration wiederkehrt. Die Neutralisierung und Indifferenz in Abgrenzung zur Lebenswelt entspricht genau dem Gesichtspunkt einer a-personal geregelten Sozialbeziehung, die am Paradigma des geldvermittelten Tauschs studiert werden kann und der bereits Marx die Alternative einer personalen Vergesellschaftung entgegenstellt (vgl. oben §§ 6, 7).

Die „normfreie Sozialität", um die es sich handelt, betrifft daher primär den Sachverhalt von a-personal geregelten Sozialbeziehungen, die sich über verschiedene „Steuerungsmedien" ausbilden können, wobei dem Geld Modellcharakter zukommt. Parsons' „Medien", an denen sich Habermas' Analyse der systemischen Mechanismen ausrichtet (vgl. Bd. 2, S. 384 f.), sind also allgemein gesehen als a-personale gesellschaftliche Vermittlungsschemata zu verstehen. Dieses Verständnis von „normfreier Sozialität" schließt dann andererseits nicht aus, daß wir es jeweils mit einer Rückbeziehung von systemischen Mechanismen auf rechtliche Normen (z. B. Eigentum) zu tun haben, die ihren Rahmen abgeben. Da a-personale Vermittlungen sowohl auf Handlungserfolgen als auch auf -orientierungen beziehbar sind, sollten wir aus diesem Unterschied nicht allzu viel machen.

Mit der Distinktion zwischen System- und Sozialintegration wird außerdem evident, wie wir die an Weber geknüpfte Rationalisierungsproblematik neu fassen können. Diese besteht nun darin, daß die kapitalistische Moderne das Problem der disproportionalen Gewichtung von Systemmechanismen gegenüber Formen der Sozialintegration aufwirft, die sich nur aus der Perspektive der Lebenswelt zu konstituieren vermögen. Das aber heißt wiederum, daß wir in einer System-Lebenswelt-Begrifflichkeit das Problem der vertikalen interaktiven Rationalisierung erreicht haben, für das bislang bei Habermas keine expliziten Aufschlüsse zu finden waren. Denn dieses Problem ist nun darin zu sehen, daß wir über die eh schon kapitalistisch beschränkten Verhältnisse hinaus *auch* die Frage aufwerfen müssen, wie denn eine optimal-interaktive Vergesellschaftung im Sinne einer richtigen Proportionalität zwischen systemischen Mechanismen und Lebenswelt aussehen könnte.

Diese Frage repräsentiert jedoch nichts anderes als das Analogon zu den ungelösten Schwierigkeiten der Marxschen Utopie. Denn indem wir diese beim Namen genannt haben, konnten wir einerseits die Leitidee der interaktiven Vergesellschaftung bewahren und andererseits das Problem der vertikalen interaktiven Rationalisierung zum Testfall dafür machen, ob Habermas eine bessere Lösung gelingt (vgl. oben § 18 und auch § 14). Diese Verbesserung besteht insofern, als wir das Problem der interaktiven Vergesellschaftung in der von Habermas entwickelten Begrifflichkeit überhaupt explizit machen können und uns der Weg zu dieser Begrifflichkeit über Max Weber und Parsons zugleich an die Wirklichkeit des 20. Jahrhunderts heranführt.

Doch das damit bezeichnete systematische Problem bleibt in der Schwebe. So wie wir nämlich schon bei Marx einsehen mußten, daß letztlich nur der *gesellschaftsstrukturelle* Gegenentwurf eines alternativen Modells eine überzeugende Grundlage zur Auflösung des „falschen Scheins der Freiheit" an die Hand zu geben erlaubt (vgl. oben §§ 6, 7), so müßten eigentlich auch die normativen Grundlagen von Habermas' kritischer Theorie in diese Richtung vorangetrieben werden, um so etwas wie eine richtige Proportionalität zwischen System- und Sozialintegration ausformulieren zu können. Natürlich ist dies viel verlangt, wenn wir etwa an das aus der Marx-Disskussion völlig offene Problem einer politischen Begrenzung ökonomischer Mechanismen im einzelnen denken (vgl. oben §§ 15, 18) und doch scheint nichts an solchen Fragen vorbeizuführen. Dies heißt freilich auch, daß an diesem Punkt weniger eine Kritik „ad personam" geboten ist, sondern eher die kritische Bezeichnung eines objektiven gesellschaftstheoretischen Problems im Vordergrund stehen muß, das sich an Habermas exemplifiziert.

Dieses Problem können wir dadurch in seiner Relevanz unterstreichen, daß wir es gegenüber dem theoretischen Ertrag abwägen, der sich aus Habermas' Konzentration auf ein Erklärungsmodell gesellschaftlicher Pathologien ergibt, das die strukturelle

Beschreibung der Moderne ergänzt. Hierzu drängt sich als Ausgangspunkt wie von selbst eine Parallele zu Marx' „Naturschein" gesellschaftlicher Verhältnisse auf (vgl. oben § 6):

> „Diese von normativen Kontexten abgelösten, zu Subsystemen verselbständigten systemischen Zusammenhänge fordern die Assimilationskraft der Lebenswelt heraus. Sie gerinnen zur zweiten Natur einer normfreien Sozialität, die als etwas in der objektiven Welt, als ein *versachlichter* Lebenszusammenhang begegnen kann. Die Entkoppelung von System und Lebenswelt spiegelt sich innerhalb moderner Lebenswelten zunächst als Versachlichung..." (Bd. 2, S. 258)

So wie Marx von „gesellschaftlichen Natureigenschaften" im Hinblick auf die Tausch-Arbeit-Beziehung spricht, so charakterisiert Habermas die systemischen Zusammenhänge ganz entsprechend als quasi-natürliche Verselbständigungen. Die a-personale Eigenart der Systemmechanismen wird dadurch weiter unterstrichen und der Rede von „normfreier Sozialität" der plausible Sinn einer Gegebenheit unterlegt, die wie ein Stück Natur erscheint. Im Gegensatz zu Marx ist jedoch für Habermas dieser „gegenständliche Schein" nicht bereits als solcher der Ansatzpunkt der Kritik. Der neutrale Terminus „Versachlichung" ist zunächst einmal scharf von „Verdinglichung" oder „Entfremdung" zu unterscheiden. Und dies zurecht, wie wir aufgrund der Klarstellungen zu Marx sagen müssen.
Denn sowohl der kritische Gehalt der Marxschen Utopie wie deren ungelöste Fragen lassen in ihrer ausweisbaren Substanz nicht mehr zu als die Formulierung des Postulats der interaktiven Vergesellschaftung in dem Sinne, daß wir nach dem gesellschaftlich optimalen *Verhältnis* von System- und Sozialintegration (Lebenswelt) suchen. Dies ist zugleich die Wiederaufnahme des Problems der dualen Einheit nicht-interaktiver und interaktiver Vermittlungsschemata der Gesellschaft (vgl. oben § 14).
So allgemein, so gut. Eine andere Frage ist aber, wie das Verhältnis von System und Lebenswelt in seiner historischen Ausprägung diagnostiziert wird und welche Schlüsse daraus für das

normative Problem einer angemessenen Proportionalität von systemischen Mechanismen und interaktiver Vergesellschaftung zu ziehen sind.

Hierzu entwickelt Habermas die spezifischere Konzeption einer „Entkoppelung von System und Lebenswelt", die einerseits die Rationalisierung der Lebenswelt als treibende Kraft der sozialen Evolution auszeichnet und andererseits den Rahmen für eine Interpretation der Pathologien der Moderne abgibt, die Webers

> „...Frage nach der Paradoxie der gesellschaftlichen Rationalisierung... in der Form (stellt), ob nicht die Rationalisierung der Lebenswelt mit dem Übergang zur modernen Gesellschaft paradox wird: – die rationalisierte Lebenswelt ermöglicht die Entstehung und das Wachstum der Subsysteme, deren verselbständigte Imperative auf sie selbst destruktiv zurückschlagen" (Bd. 2, S. 277, vgl. 554, 593).

Nicht die „Versachlichung" in Gestalt der Herausbildung systemischer Mechanismen als solcher kennzeichnet somit die Verdinglichung, sondern die „einseitige Rationalisierung" zugunsten systemischer Imperative auf Kosten der Lebenswelt führt zu „systemisch induzierter Verdinglichung" (vgl. Bd. 2, S. 293, 481 ff.). Dabei ist freilich von Bedeutung, was wir unter der Entkoppelung von System und Lebenswelt genauer verstehen.

Das betrifft zunächst die evolutionstheoretische Frage, inwiefern diese Entkoppelung als eine solche zu betrachten ist, die sich aus der Rationalisierung der Lebenswelt ergibt. Im Lichte der schon geläufigen Bestimmungen zur posttraditionalen Sozialintegration und dem entsprechend ausgeführten Strukturbegriff der rationalisierten Lebenswelt gilt es, diese These an einer aufschlußreichen Darstellung näher zu beleuchten, die sich bei Habermas findet:

> „,Wertgeneralisierung' nennt Parsons die Tendenz, daß die Wertorientierungen, die den Handelnden institutionell angesonnen werden, im Lauf der Evolution immer allgemeiner und formaler werden. Dieser Trend ergibt

sich mit struktureller Notwendigkeit aus einer Rechts- und Moralentwicklung, die eine für den Konfliktfall vorgesehene Konsenssicherung... auf immer abstraktere Ebenen verschiebt... Der Trend zur Wertgeneralisierung löst... zwei gegenläufige Tendenzen aus. Je weiter Motiv- und Wertgeneralisierung fortschreiten, um so mehr löst sich das kommunikative Handeln von konkreten und überlieferten normativen Verhaltensmustern. Mit dieser Entkoppelung geht die Bürde sozialer Integration immer stärker von einem religiös verankerten Konsens auf die sprachlichen Konsensbildungsprozesse über... Insofern ist Wertgeneralisierung eine notwendige Bedingung für die Entbindung des im kommunikativen Handeln angelegten Rationalitätspotentials... Auf der anderen Seite bedeutet die Freisetzung kommunikativen Handelns von partikularen Wertorientierungen zugleich die Trennung von erfolgs- und verständigungsorientiertem Handeln. Mit der Motiv- und Wertgeneralisierung entsteht der Spielraum für Subsysteme zweckrationalen Handelns. Die Handlungskoordinierung kann erst auf entsprachlichte Kommunikationsmedien umgestellt werden, wenn sich Zusammenhänge strategischen Handelns ausdifferenzieren. Während eine entinstitutionalisierte und verinnerlichte Moral die Regelung von Handlungskonflikten schließlich nur noch an die Idee der diskursiven Einlösung von normativen Geltungsansprüchen, in Prozeduren und Voraussetzungen moralischer Argumentation bindet, erzwingt das entmoralisierte Zwangsrecht einen Legitimationsaufschub, der die Steuerung sozialen Handelns über Medien ermöglicht. In dieser Polarisierung spiegelt sich die Entkoppelung von System- und Sozialintegration." (Bd. 2, S. 267 ff.)

Anhand dieser Überlegungen können wir als einen ersten Schritt der „Entkoppelung" den Übergang von der traditionalen zur posttraditionalen Sozialintegration festhalten, mit dem wir schon vertraut sind. Die Beschreibung der „Wertgeneralisierung" läßt sich zunächst als zusätzliche Erläuterung für den

Übergang zu einer diskursiv-kommunikativen sozialen Koordination heranziehen. In diesem Kontext wird dann auch klar, daß die „Entbindung des im kommunikativen Handeln angelegten Rationalitätspotentials" *nicht mehr meint* als die gesamtgesellschaftliche Inaugurierung der an den Begriff des kommunikativen Handelns geknüpften geltungs*orientierten* sozialen Koordination zu einem Prinzip der Vergesellschaftung.

Die Frage ist nun, wie mit diesem Vorgang die eigentliche Entkoppelung von System und Lebenswelt zusammenhängt. Um eine wirklich evolutionstheoretische These zu bekommen, die bereits ausgesprochen wurde, müßte Habermas zeigen, wie das retrospektiv konstatierbare Ergebnis einer Polarisierung in System und Lebenswelt in seiner „Entstehung" durch die Rationalisierung der Lebenswelt so zustandegebracht wird, daß *nicht zugleich* die Entfaltung von systemischen Mechanismen als notwendige Bedingung für die gesellschaftliche Freisetzung des kommunikativen Handelns interpretiert werden kann. Die „Umstellung" der Handlungskoordinierung auf „entsprachlichte Kommunikationsmedien" ist eine triviale Feststellung, wenn dafür vorausgesetzt werden muß, daß sich schon „Zusammenhänge strategischen Handelns" so ausdifferenziert haben, daß sie in ihrer gesellschaftlichen Entfaltung von a-personalen systemischen Mechanismen gar nicht mehr abtrennbar sind. Entsprechend wäre die „Ersetzung" von sprachlich koordinierter Sozialintegration genauso eine schiefe Beschreibung wie die Rede von Entlastung der Kommunikation durch Steuerungsmedien (vgl. Bd. 2, S. 269 ff., 393 f.), weil dadurch eine Art zielgerichteter Entwicklung suggeriert würde, die sich aus einer lediglich strukturell beschreibbaren Differenzierung unterschiedlicher Formen gesellschaftlicher Integration nicht stützen ließe.[11]

Tatsächlich kann Habermas auch nicht mehr zeigen als die strukturelle Differenzierung von System- und Sozialintegration, obwohl er ganz offensichtlich auf die Ausbildung von Systemintegration bzw. Systemkomplexität in einseitiger Abhängigkeit

---

[11] Vgl. zur Problematisierung im Lichte konkurrierender evolutionstheoretischer Ansätze Grießinger 1981, Kap. I.

von der Rationalisierung der Lebenswelt hinaus will (vgl. insbes. Bd. 2, S. 258).

Der beste Beweis dafür ist aus einer Betrachtung des paradigmatischen Falls des geldvermittelten Tauschs zu gewinnen. Denn das positiv gesetzte „Zwangsrecht" hat hier keineswegs die Funktion, die dabei zugrundeliegende Sozialbeziehung zu „ermöglichen", sondern dient nur dazu, deren gesamtgesellschaftliche Funktion zu stabilisieren. Habermas behauptet zuviel, wenn er die folgenden Feststellungen trifft:

> „Formal organisiert nenne ich alle in mediengesteuerten Subsystemen auftretenden Sozialbeziehungen, soweit diese *durch positives Recht erst erzeugt* werden. Sie erstrecken sich auch auf die über Organisationsgrenzen hinausreichenden privat- und öffentlich-rechtlich konstituierten Tausch- und Machtbeziehungen." (Bd. 2, S. 458)

Die a-personale, formal-symmetrische Sozialbeziehung des über Geld vermittelten Tauschs ist zunächst einmal eine Form sozialen Handelns sui generis, die nicht durch positives Recht erzeugt oder konstituiert wird. Dies zeigt sich daran, daß wir in ganz analoger Weise zu einer kommunikativ geregelten sozialen Koordination beim Geld davon sprechen können, daß das soziale Koordinationsproblem des Tauschs durch die Einführung eines allgemeinen Tauschäquivalents gelöst wird, das ein Grundschema der gesellschaftlich verallgemeinerungsfähigen a-personalen Koordination darstellt, die im Kapitalismus auch die Arbeitskraft umgreift. Soviel immerhin war bei Marx nachvollziehbar und darf an dieser Stelle in Erinnerung gerufen werden (vgl. oben §§ 5, 9).

Die „Entmoralisierung", die Habermas der Funktion des positiven Rechts zuschreibt, liegt somit bereits der a-personalen Sozialbeziehung des geldvermittelten Tauschs als solcher zugrunde. Hieraus ergibt sich die Konsequenz, daß wir parallel zur Generalisierung von Wertorientierungen beim kommunikativen Handeln von einer generalisierten Zielorientierung beim teleologischen Handeln sprechen können, die ihrerseits als notwendige Bedingung für die Entbindung eines gesamtgesellschaftlich relevanten Potentials an Zweckrationalität angesehen werden müßte.[12]

Auf diese Weise kommen wir aufgrund einer *doppelten* Handlungsgeneralisierung in a-personaler und personaler Hinsicht zu einer funktional komplementären gesellschaftlichen Trennung in erfolgs- und verständigungsorientiertes Handeln. Diese Trennung läßt sich ihrerseits noch unter den ganz abstrakten Gesichtspunkt subsumieren, daß es sich in beiden Fällen um formal gesehen symmetrische Sozialbeziehungen handelt, einmal um eine personale, das andere Mal um eine a-personale.

Da wir nun aber die Entkoppelung von System- und Lebenswelt als die „Polarisierung" von a-personaler und personaler gesellschaftlicher Integration zu verstehen haben, läßt sich dieser Vorgang gar nicht anders als ein Wechselverhältnis beschreiben, in dem die jeweilige gesellschaftliche Absonderung des einen Typus von Sozialbeziehung zur notwendigen Bedingung für die gesellschaftliche Absonderung des anderen wird. Daher ist nicht mehr erkennbar, wie dieser Vorgang in der einen oder anderen Richtung noch evolutionär zu gewichten sein sollte. Bezogen auf den Modellfall des geldvermittelten Tauschs auf der einen und die kommunikativ vermittelte Sozialintegration auf der anderen Seite beschränkt sich somit die Konstatierung des „evolutionären Trends" auf den Tatbestand der für die Moderne charakteristischen gesamtgesellschaftlichen Institutionalisierung zweier kategorial verschiedener Typen von Sozialbeziehungen.

Zugleich gibt diese kritische Feststellung Anlaß, den unterschiedlichen Charakter der „Steuerungsmedien" Geld und Macht zu explizieren. Gemeinsam ist ihnen als Medien die A-Personalität. „Macht" ist in dem hier relevanten Verständnis das Pendant zum Subsystem der bürokratisierten Staatsverwaltung so wie dem Geld das Wirtschaftssystem korrespondiert (vgl. Bd. 2, S. 458). Das Charakteristikum von Macht besteht nach einer treffenden Formulierung von Luhmann (1974, S. 160, 162) in der „Übertragung von Entscheidungsleistungen", durch die den jeweiligen Adressaten Handlungsanweisungen in Form

---

[12] Soweit ich sehe, würde hierzu die „Gläubiger-Schuldner"-Beziehung des Geldes von Heinsohn/Steiger 1981 passen.

von „Entscheidungsprämissen" vorgegeben werden. Das Medium Macht transportiert vorselegierte Entscheidungen, die auf eine personal-orientierte Vermittlung nicht angewiesen sind.[13] Insofern besteht die Parallele zum Geld. Andererseits aber ist damit bereits eine strukturelle Asymmetrie bezeichnet, der über Macht geregelte Sozialbeziehungen unterliegen. Habermas trägt dieser Rechnung, indem er im Anschluß an Parsons auf die Institutionalisierung von Macht in hierarchisierten Ämterorganisationen abhebt und damit die gesellschaftliche Angewiesenheit von Macht auf Macht*organisation* betont. Daher läßt sich im Fall von Macht auch am besten mit der oben angegebenen Bestimmung formal organisierter Bereiche operieren, die durch positives Recht gesetzt werden. Dies zeigt auch der Vergleich zum Geld, den Habermas selbst vornimmt. Weil nämlich Macht im Unterschied zum Geld eine a-personale *a-symmetrische* Beziehung repräsentiert, bedarf sie einer Legitimationsgrundlage, die für das Geld als a-personales symmetrisches Medium nicht nötig ist:

> „Erst der Bezug auf legitimationsfähige kollektive Ziele stellt in der Machtbeziehung das Gleichgewicht her, das in der idealtypischen Tauschbeziehung von vornherein angelegt ist." (Bd. 2, S. 406)

Indem Habermas diesen Unterschied feststellt, der bedeutet, daß Geld „keiner Legitimation bedarf" (ebd.), erkennt er den Tatbestand an, den wir gegen seine eigene evolutionstheoretische Auffassung der Entkoppelung von System und Lebenswelt zur Geltung bringen mußten: daß nämlich im Fall des geldvermittelten Tauschs eine Sozialbeziehung sui generis vorliegt, die eine schon per se legitimationsfreie Dimension der Systemintegration darstellt und daher zu ihrer Ausbildung auch keines „Legitimationsaufschubs" bedarf. Deshalb tritt beim Geld die „Polarisierung" zwischen System und Lebenswelt sozusagen lupenrein hervor. Gemessen an der Möglichkeit, gesellschaftliche Prozesse

---

[13] Vgl. demgegenüber den ganz anderen Machtbegriff im Anschluß an Hannah Arendt: Habermas 1978 c, S. 107 ff.

a-personal abzuwickeln, ist daher das Geld der Macht überlegen, weil es durch seine symmetrische Vermittlungsstruktur keiner legitimatorischen Rückbindung bedarf.

Hieran ändert auch nichts die rechtliche Seite der Einbettung des geldvermittelten Tauschs durch Eigentums- und Vertragsregelungen, die Habermas als *„Rückkoppelung* des Mediums *an die Lebenswelt"* (Bd. 2, S. 398) betont. Denn dieser normative Rahmen, auf den der geldvermittelte Tausch rückbezogen bleibt, muß nun seinerseits in zweifacher Hinsicht gesehen werden. Einerseits stellen die bürgerlichen Rechtsregelungen nur die Stabilisierung eines durch den geldvermittelten Tausch ermöglichten gesamtgesellschaftlichen Schemas der a-personalen Koordination dar. Denn *wenn* ein solches Schema gesellschaftlich greifen können soll, dann folgt rein analytisch, daß die ständige Disposition zum geldvermittelten Tausch über Eigentums- und Vertragsregelungen aufrecht erhalten werden muß, ganz so wie es den formalen Bedingungen von Gleichheit und Freiheit entspricht, die wir schon bei Marx herausgearbeitet haben (vgl. oben § 12). Idealtypisch betrachtet setzt so das bürgerliche Privatrecht die historische Innovation der a-personalen Vermittlung durch Geld lediglich institutionell um. Insofern ist auch zu bezweifeln, daß Rechtsinstitutionen prinzipiell der Etablierung höherer „Integrationsniveaus" der Gesellschaft vorangehen müssen (vgl. Bd. 2, S. 261, und 1976 a, Kap. 1, 6).

Andererseits aber ist realgeschichtlich die gesamtgesellschaftliche Ausbreitung des geldvermittelten Tauschs auf die soziale Asymmetrie des Lohnarbeit-Kapital-Verhältnisses gestützt. Diese Asymmetrie gibt der privatrechtlichen Absicherung des Geldverkehrs zugleich den Status einer Herrschaftsinstitution, die auf den Staat und die ihm eigentümlichen Funktionen des Gewaltmonopols und der Rechtsgewalt verweisen (vgl. oben § 12). Über diese Rückbindung erhält daher auch die Institutionalisierung des geldvermittelten Tauschs ihre legitimatorische Dimension und ist gesamtgesellschaftlich auf eine komplementäre Institutionalisierung durch Macht angewiesen.

Mit diesen Klarstellungen im Gefolge der Entkoppelung von System- und Sozialintegration haben wir die Voraussetzungen für Habermas' Kennzeichnung der Pathologien der Moderne

erreicht, die eine Übersetzung von Webers Paradoxie der gesellschaftlichen Rationalisierung liefert. Denn die Probleme der
disproportionalen Rationalisierung

> „... gelten jetzt als *Effekte einer Entkoppelung von*
> *System und Lebenswelt.* Eine paradoxe Beziehung
> besteht ... zwischen verschiedenen Prinzipien der Verge-
> sellschaftung. Die Rationalisierung der Lebenswelt
> ermöglicht die Umpolung der gesellschaftlichen Integra-
> tion auf sprachunabhängige Steuerungsmedien und damit
> eine Ausgliederung formal organisierter Handlungsberei-
> che, die nun ihrerseits als versachlichte Realität auf die
> Zusammenhänge kommunikativen Handelns zurückwir-
> ken, der marginalisierten Lebenswelt eigene Imperative
> entgegensetzen." (Bd. 2, S. 470)

Wenn wir aus inzwischen guten Gründen den evolutionären
Gehalt dieser Aussage beiseite lassen, dann verbleibt uns
zunächst die in einer System-Lebenswelt-Begrifflichkeit näher
nachvollziehbare Konstatierung zweier Prinzipien der Vergesellschaftung, die wir bereits in allgemeiner Weise als triftige
Einsicht würdigen konnten. Die Verteilung dieser Prinzipien in
Gestalt systemischer Mechanismen auf der einen und der kommunikativen Vergesellschaftung auf der anderen Seite ermöglicht
die Diagnose einseitiger Rationalisierung im Sinne einer Verdinglichung der Lebenswelt durch das System: die a-personalen,
versachlichten Zusammenhänge dringen gegen die personal-
orientierte Lebenswelt vor und führen zu Deformationen.
Durch diese *begriffliche* Möglichkeit zu einer akzeptablen Verdinglichungstheorie, die sich im Geiste von Marx, aber ohne
dessen Fehler verstehen läßt, wäre an sich noch nicht präjudiziert, wie sie gesellschaftstheoretisch weiter ausgeführt werden
sollte. Insbesondere dann nicht, wenn wir an das Problem der
vertikalen interaktiven Rationalisierung denken, das in anderen
Worten die Frage nach einer optimalen Reduktion von Verdinglichung aufwirft und eine Art Test für Habermas' eigene Utopie
abgeben könnte.
Anstelle einer solchen Fragerichtung, die dem Emanzipations-

problem Vorrang einräumen würde, schlägt Habermas den Weg zu einer empirisch orientierten Erklärung gesellschaftlicher Pathologien ein. Damit begibt er sich wieder eines Teils der kritischen Möglichkeiten, die er auf begrifflicher Ebene gewonnen hat. Denn es ist ein Unterschied, ob wir uns der empirischen Relevanz zweier Prinzipien der Vergesellschaftung vergewissern, um für die normative Frage nach der richtigen Proportionalität zwischen System und Lebenswelt angemessenen Kontakt mit der bestehenden Realität zu halten – oder ob wir das faktisch ausgeprägte Verhältnis von System und Lebenswelt als vorgegebenen Rahmen zugrundelegen und dann immanent nach Strukturproblemen und Pathologien fragen.

Dieser Unterschied läßt sich z. B. daran konkretisieren, daß wir die von Habermas gegebene Beschreibung rechtlich geregelter Interaktionsbereiche in Betrieben und Verwaltungen empirisch akzeptieren können, ohne sie normativ zu übernehmen:

> „...das klassische Bürokratiemodell (behält) insoweit recht, als das Organisationshandeln *unter den Prämissen* eines formell geregelten Interaktionsbereichs steht. Weil dieser durch rechtsförmige Organisation sittlich neutralisiert ist, *verliert kommunikatives Handeln im Binnenraum von Organisationen seine Geltungsgrundlage*" (Bd. 2, S. 460).

Bei aller Schwierigkeit, sich eine kommunikative Vergesellschaftung mindestens zum Teil oder in gewissen Teilbereichen etwa auf Betriebsebene vorzustellen, die sich anhand von Marx' optimal-interaktivem Modell für den unmittelbaren Produktionsprozeß problematisieren ließe (vgl. oben §§ 7, 8), brauchen wir doch andererseits die bestehende Realität nicht als schon hinreichend vollzogene Negation einer solchen Möglichkeit zu lesen. Dies ist jedoch die Voraussetzung, mit der Habermas arbeiten muß, wenn er „die relative Gewichtung zwischen Sozial- und Systemintegration" als eine „allein empirisch zu entscheidende Frage" (Bd. 2, S. 462) ansieht und die interne Verfaßtheit der Systemkomplexe wie sie faktisch vorliegen zur Grundlage der gleichfalls als „empirisch" angesehenen Frage macht,

„… wann das Wachstum des monetär-bürokratischen Komplexes Handlungsbereiche berührt, die nicht ohne pathologische Nebenwirkungen auf systemintegrative Mechanismen umgestellt werden können" (Bd. 2, S. 548).

Diese Handlungsbereiche bestehen in den strukturellen Komponenten der Lebenswelt, die in ihrer Reproduktion durch die Systemmechanismen Geld und Macht gefährdet werden (vgl. Bd. 2, S. 420 ff., 548). Die Pathologien, die dadurch entstehen, lassen sich als „innere Kolonisierung" der Lebenswelt durch das System verstehen (Bd. 2, S. 452, 476, 522).

Die damit angesprochene Problematik ist natürlich für sich genommen sinnvoll und ganz sicher ein wichtiges Feld für die Anwendung des begrifflichen Rahmens der soweit konzipierten Verdinglichungstheorie. Sie wird auf fragwürdige Weise zu einer Vereinseitigung getrieben, wenn als ihre Kehrseite die Feststellung auftritt, daß die Funktionen der „materiellen Reproduktion" von der Lebenswelt eher „schmerzlos" auf mediengesteuerte Handlungssysteme übertragbar sind (Bd. 2, S. 476 f., 549), wobei dann der Kapitalismus als „Subsystem" neutralisiert wird (Bd. 2, S. 471). Auf diese Weise schlägt Habermas das gesellschaftliche Kapitel zu, das einst für Marx' „industrielle Pathologie" leitend war (vgl. oben §§ 8, 14).

So wenig in diesem Hinweis auf Marx schon ein Argument liegt, so leicht wird ein solches formulierbar, wenn wir uns daran erinnern, daß es in der von Habermas selbst entwickelten Begrifflichkeit möglich ist, das gesellschaftsstrukturelle Problem der vertikalen interaktiven Rationalisierung zu fassen, das wir an Marx' Utopie gewonnen hatten. Die begriffliche Möglichkeit, die aus der Erkenntnis zweier Prinzipien der Vergesellschaftung resultiert, verweist eigentlich von selbst auf die Frage, ob denn die durch den Kapitalismus faktisch hervorgebrachte Dominanz systemischer Mechanismen nicht z. B. *auch* innerhalb des Wirtschaftssystems selbst ständig die Frage nach Möglichkeiten interaktiver Vergesellschaftung am Leben erhält, einfach deshalb, weil dieses Subsystem seinerseits durchzogen wird von einem sozialen Herrschaftsverhältnis, das sich bis in die hierarchische Arbeitsteilung und technische Organisation der Produktion durchhält (vgl. oben § 9). Hier liegen über das Medium Geld hinausreichende quasi-systemische Mechanismen vor, die nicht einfach der Ausdifferenzierung des Wirtschaftssystems als solcher zugeschlagen werden dürfen.

Die strukturelle Pathologie, die darin liegt, kann freilich nur konstatiert werden, wenn man sich eines Lebenswelt-Begriffs von Arbeit bedient, den wir paradigmatisch an Marx' optimalinteraktivem Modell festmachen konnten. Habermas steht diese Möglichkeit systematisch nicht mehr zur Verfügung, weil er von seiner früheren Gleichsetzung zwischen Arbeit und instrumentalem Handeln nicht mehr loskommt, obwohl sich die Intentionen seiner Marx-Kritik unabhängig von dieser Gleichsetzung nachvollziehen lassen (vgl. oben §§ 16, 17).

Es ist daher nicht überraschend, wenn er dort, wo er wieder auf den Lebenswelt-Begriff der Arbeit bei Marx stößt, nichts Positives mit ihm anfangen kann (vgl. Bd. 2, S. 493 ff.). Daher verbleibt nur noch der empirische Einwand gegen eine qualitative Veränderung der Arbeitsstruktur, die Habermas mit Weber darin sieht, daß die Abschaffung des Privatkapitalismus nichts an der modernen Struktur der Arbeit geändert hat (Bd. 2, S. 500). Dieser Einwand ist jedoch insofern nicht stichhaltig, als das empirische Anschauungsmaterial, das die RGW-Staaten bieten, nur dafür spricht, daß sie es nicht weiter als bis zu einem Staatskapitalismus mit totalitärer politischer Struktur gebracht haben (vgl. insbes. Wildt 1979), der den kapitalistischen Gesellschaften des Westens Legitimationen frei Haus liefert, weil es immer noch besser ist, ein Spannungsverhältnis zwischen Kapitalismus und Demokratie als gar keine Demokratie auszuhalten.[14]

So zutreffend Habermas dieses Spannungsverhältnis kennzeichnet (Bd. 2, S. 507), das unserer kritischen Analyse zu Marx entspricht (vgl. Erster Teil, Kap. II), so wenig sollte man sich vom östlichen Staatskapitalismus empirisch über die Möglichkeiten der Umsetzung eines an Marx gewonnenen optimal-

---

[14] Abgesehen von der berechtigten Kritik empirischer Verhältnisse im Westen und speziell der BRD hat daher auch die Demokratie-Kritik der APO mit schiefen Proportionen gearbeitet. Vgl. z. B. Agnoli 1968.

interaktiven Modells belehren lassen. Hier sprechen ja auch die immer wieder stalinistisch gekonterten Revolutionen des RGW-Bereichs eine deutliche Sprache.[15]

Anstelle eines Arguments gegen die Möglichkeit zur interaktiven Vergesellschaftung in Orientierung am Lebenswelt-Begriff der Arbeit bekommen wir so nur die erneute Bestätigung dafür, daß Habermas' Entwicklung eines Prinzips der interaktiv-kommunikativen Vergesellschaftung vor dem Handlungsbereich Arbeit nicht eigentlich haltmachen müßte (vgl. oben § 18). Im Lichte unserer Marx-Diskussion bestätigt dies die unfruchtbare Dichotomie zwischen einem Reich der Notwendigkeit und einem Reich der Freiheit (vgl. oben § 8), auf die Habermas nicht zufällig rekurriert, wenn es gilt, Skepsis gegen einen lebensweltlichen Arbeitsbegriff anzumelden. Denn eine solche Grenzziehung könnte sich erst aus dem *Vollzug* eines interaktiven Modells ergeben, das seine eigenen Reduktionen in Form systemischer Begrenzungen selbst produzieren würde, eigentlich ganz so, wie es auch die Blickrichtung von Habermas' Utopie nahelegt.[16]

Wenn wir auf diese Weise Habermas' begriffliches Potential vor dem Hintergrund der Marxschen Utopie von unnötigen Einschränkungen befreien, unterstreichen wir einerseits erneut das objektive Problem einer gesellschaftsstrukturellen Alternative, das nun zugleich im Horizont einer Kritik des östlichen Staatskapitalismus gesehen werden muß.[17] Andererseits ist es dann auch

---

[15] Die auch für manche „undogmatische Linke" blasphemisch klingende Rede vom „totalitären Staatskapitalismus" verliert schnell an Skandalträchtigkeit, wenn man die in der vorliegenden Untersuchung entfaltete Konzeption des eigentlich emanzipatorischen Modells bei Marx als begrifflichen Rahmen nimmt (vgl. oben §§ 7, 8) und bereit ist, das Material vorbehaltlos zur Kenntnis zu nehmen, das Wildt 1979 ausbreitet. Im übrigen wird es immer ein Verdienst der Gruppe „Socialisme ou Barbarie" bleiben, das damit angeschnittene weltgeschichtliche Problem schon in den fünfziger Jahren benannt zu haben. Vgl. z. B. Castoriadis 1980, S. 92 ff.

[16] Dies ist zugleich eine Kritik an Gorz 1980.

[17] Diese Kritik kommt bei Habermas auf theoretischer Ebene viel zu kurz, wenn er dazu tendiert, „Staatssozialismus" und „Spätkapitalismus" als „Varianten derselben Entwicklungsstufe" (1981 c, S. 474) zu betrachten oder gar auf Interpretationen Rücksicht zu nehmen, die den

möglich, die Verbesserungen der Verdinglichungstheorie zu sehen, die Habermas gegenüber Marx erreicht.

In Einklang mit der obigen kritischen Diskussion zu Marx bestehen diese zunächst darin, daß sich Habermas von den unhaltbaren Annahmen eines gegenständlichen Determinismus, Geschichtsobjektivismus und Basis-Überbau-Reduktionismus gelöst hat (vgl. oben §§ 9, 12 ff.) und daher den Rahmen für Verdinglichungsphänomene unbelastet von fragwürdigen Globalprämissen erst einmal strukturell angemessen thematisieren kann. So wie aus unserer Marx-Diskussion bereits stellvertretend das Spannungsverhältnis zwischen Kapitalismus und Demokratie steht, so versucht Habermas in weit umfassenderer Weise eine Strukturbestimmung der kapitalistischen Moderne zu geben, die neben den funktionalen Charakterisierungen von Wirtschaft und Staatsverwaltung auf der Systemseite vor allem die Komponenten einer rationalisierten Lebenswelt und ihre spezifischen Besonderheiten zu bestimmen erlaubt (Kultur [Wissenschaft – Recht/Moral – Kunst] – Gesellschaft [kommunikative Sozialintegration – demokratische Willensbildung] – Persönlichkeit [Pädagogik – Ich-Entwicklung]).

Gegen Marx ermöglicht dies die zutreffende Feststellung, daß zum einen die strukturellen Ausdifferenzierungen der Lebenswelt als solche nicht schon Verdinglichung bedeuten und daß zum anderen Verdinglichung auch über den Handlungsbereich Arbeit hinaus in dem Maße eintreten kann, in dem die Systemmechanismen Geld *und* Macht die Reproduktion der Lebenswelt, d. h. die gesellschaftliche Funktion kommunikativen Handelns, bedrohen (vgl. Bd. 2, S. 502 f.).

„Gesellschaften des bürokratisch-sozialistischen Typs" eine „höhere evolutionäre Stufe" (1976 a, S. 43) zubilligen wollen. Auch die neueren Kennzeichnungen zum „bürokratischen Sozialismus" verdanken sich eher dem evolutionstheoretischen Interesse, diese Art „postliberaler Gesellschaft" in Parallele zum Spätkapitalismus deuten zu können. Das Konstatieren der „Vorspiegelung kommunikativer Beziehungen" ist zwar richtig, doch zu wenig, um eine adäquate ökonomisch-politische Interpretation der Gesellschaften sowjetischen Typs anleiten zu können (vgl. 1981 a, Bd. 2, S. 563 ff.). Daß hier eine Lücke besteht, bestätigt Habermas 1982 in seiner Antwort auf Arato 1982.

Wie immer wir diese strukturellen Gegebenheiten evolutionstheoretisch interpretieren und wie immer hoch oder niedrig wir den „evolutionären Eigenwert der mediengesteuerten Subsysteme" (Bd. 2, S. 499) einschätzen mögen – der Sache nach liegt Habermas mit dieser differenzierten Erfassung der modernen Gesellschaftsstrukturen insofern richtig, als wir einfach die Frage stellen können und müssen, ob eine sinnvolle Emanzipationsperspektive möglich ist, die, abgesehen von ihrer faktischen Ausprägung, auf solche Strukturen im Prinzip verzichten kann. *Wenn* jedoch das emanzipatorische Kriterium der interaktiven Vergesellschaftung, das auch Marx beansprucht, erst unter den angegebenen strukturellen Bedingungen rein hervortreten kann *und wenn* die durch den Kapitalismus vorangetriebene einseitige Rationalisierung als Spezialfall des Problems der vertikalen interaktiven Rationalisierung verstanden werden muß (vgl. oben § 18), dann folgt aus Habermas und Marx zusammen, daß nur durch die soweit ausdifferenzierten Strukturen der Moderne hindurch eine Emanzipationsperspektive gewonnen werden kann.

Solange wir eine solche Perspektive gesamtgesellschaftlich im Auge behalten wollen, stellt sich freilich nach wie vor das Problem einer optimalen Balance von System- und Sozialintegration. Wir werden daher die Spanne zwischen Normativität und Empirie auch dann nicht los, wenn wir Habermas bei der Ausführung seiner Verdinglichungstheorie an die „Nahtstellen zwischen System- und Lebenswelt" folgen (Bd. 2, S. 581), so wie sie faktisch vorliegen, um dort auf *„klassenunspezifische Verdinglichungseffekte"* (Bd. 2, S. 513) zu stoßen, die Habermas für die Richtigkeit seiner Theorie der Entkoppelung von System- und Lebenswelt in Anspruch nehmen kann:

„In den entwickelten Gesellschaften des Westens haben sich in den letzten ein bis zwei Jahrzehnten Konflikte entwickelt, die in mehreren Hinsichten vom sozialstaatlichen Muster des institutionalisierten Verteilungskonflikts abweichen. Sie entzünden sich nicht mehr in Bereichen der materiellen Reproduktion ... sie sind auch nicht mehr in Form systemkonformer Entschädigungen zu beschwichtigen. Die neuen Konflikte entstehen vielmehr in Bereichen der kulturellen Reproduktion, der sozialen Integration und der Sozialisation, ... in den zugrundeliegenden Defiziten spiegelt sich eine Verdinglichung kommunikativ strukturierter Handlungsbereiche, der über die Medien Geld und Macht nicht beizukommen ist. Es geht nicht primär um Entschädigungen, die der Sozialstaat gewähren kann, sondern um Verteidigung und Restituierung gefährdeter, oder um die Durchsetzung reformierter Lebensweisen. Kurz, die neuen Konflikte entzünden sich nicht an *Verteilunsproblemen*, sondern an Fragen der *Grammatik von Lebensformen* ... Diese Phänomene passen zur These der inneren Kolonisierung." (Bd. 2, S. 576 f.)

Kein Zweifel, daß diese Phänomene passen und daß Habermas hier bestimmte Tendenzen gut akzentuiert (vgl. auch Habermas 1970 b, S. 39 ff.). Doch es gibt auch eine andere Empirie, die Alternativbewegungen stärker auf einen lebensweltlichen Begriff von Arbeit beziehbar macht und damit jene „Verteilungsprobleme" berührt, die über den Handlungsbereich Arbeit abgewickelt werden (vgl. Honneth/Knödler-Bunte/Widmann 1981, S. 143 ff.).[18]

Ganz unabhängig von empirischen Fragen müßten sich jedoch diese Probleme für Habermas normativ auf der Ebene einer politischen Theorie stellen. Dies ergibt sich aus seiner eigenen utopischen Perspektive, wie das „Projekt der Moderne" (vgl. Bd. 2, S. 482, und 1980) zur Geltung gebracht werden könnte. Denn wenn wir die „idealisierte" oder auch nur strukturell rationalisierte Lebenswelt in eine „posttraditionale Alltagskommunikation" überführen können sollen, „die der Eigendynamik verselbständigter Subsysteme Schranken setzt, die die eingekapselten Expertenkulturen aufsprengt und damit den kombinierten Gefahren der Verdinglichung und Verödung entgeht" (Bd. 2, S. 486, vgl. 522, 586), dann bedeutet dies eben u. a. eine *politische*

---

[18] Vgl. in diesem Zusammenhang insbes. auch Löw-Beer 1981.

Begrenzung „des Wirtschaftssystems und administrativen Handlungssystems" (1980, S. 48), die sich ohne Beziehung zu Verteilungsproblemen weder vorstellen noch vertreten läßt. Um diese Probleme politisch zu lösen, könnte jedoch nicht nur eine Begrenzung von außen in Frage kommen (Öffentlichkeit, Wahl, Parlament [vgl. Habermas 1981 c, S. 479]), sondern eben *auch* eine Begrenzung von innen, die sich, womöglich, an einem lebensweltlichen Begriff von selbstbestimmter Arbeit ausrichten würde, der Anleitungen zu internen Schranken von systemischen oder quasi-systemischen Mechanismen böte, die nicht auf eine Suspendierung funktional unvermeidlicher Geld- und Machtprozesse hinausliefe, aber auf jene gesellschaftlich richtige Proportionalität zielte, die wir nach wie vor als ungelöstes Problem zu diagnostizieren haben.[19]

Gerade wenn wir das strukturelle Problem nicht vergessen, das sich zwischen „Ökonomisten", „Technokraten" und „Interaktionisten" auch in einem radikaldemokratischen Modell durch den – wie wir jetzt sagen können – Konflikt zwischen System- und Sozialintegration immer wieder stellt (vgl. oben § 18), gerade dann müssen wir an allen Möglichkeiten der interaktiven Vergesellschaftung interessiert sein.[20] Insofern wiederholt sich Marx' Konstitutionsproblem des „enormen Bewußtseins" in *allen* relevanten Bereichen der Gesellschaft (vgl. oben § 14).

Das „Projekt der Moderne" wartet daher immer noch auf eine politische Konkretisierung. Auch nach unserem langen Weg durch die „Theorie des kommunikativen Handelns" bestätigt sich daher die These, daß interaktive Vergesellschaftung wesentlich als politisch vermittelte Vergesellschaftung zu denken sei (vgl. oben § 17). Die gesellschaftlich *primäre* Funktion des kommunikativen Handelns und kommunikativer Rationalität ist politisch.

Auch die „posttraditionale Alltagskommunikation" und „kom-

---

[19] Vgl. jedoch zur Reflexion auf dieses Problem Habermas 1981 c, S. 503 f.
[20] Dies – und nicht eine Arbeitsromantik, die Habermas 1982, S. 223 ff. gegen Heller 1982 zurückweist – ist der triftige Grund für die bleibende Frage nach selbstbestimmter Arbeit.

munikative Verflüssigung" (1967, S. 117, 292 f.) sollten wir somit weniger unter konsensrationale Erwartungen als vielmehr die Norm diskursiver Verständigungsbereitschaft für eine gemeinsame Praxis stellen, deren Grundlage aus prinzipiellen Erwägungen auch Entscheidungen sein können und müssen.

Das objektive Problem, wie eine angemessene Proportionalität von System- und Sozialintegration innerhalb der Grundstrukturen der Moderne zu konkretisieren sei, bleibt bestehen.[21] Wir können es nur noch einmal dadurch betonen, daß der Hinweis darauf, was „strukturell möglich gewesen wäre" nur dann zu überzeugen scheint, wenn real mögliche Alternativen greifbar werden oder sich schon umgesetzt haben.

Dies verweist zugleich auf einen besonderen Beitrag, den eine politische Theorie der Emanzipation jenseits der von Habermas verfolgten empirischen Fragestellung normativ in Angriff nehmen müßte. Sie hätte sich, so rational und utopisch unbefangen wie möglich darum zu kümmern, das objektive Problem, das wir benannt haben, spezifischer zu entfalten.[22] In aller Bescheidenheit, aber mit der Legitimation des Interesses an Freiheit könnte sie dazu beitragen, das „Wozu" verobjektivierbarer zu machen, hinter dem engagierte Menschen in ihren Aktionen gegen systemische Grenzen immer schon her sind.

Das Verdienst von Habermas kann so darin gesehen werden, daß er für dieses Problem eine gute Diskussionsgrundlage liefert, die Marx' utopischen Horizont mit den Realitäten unserer Zeit zusammenzudenken erlaubt.

---

[21] Vgl. z. B. Offe 1979, S. 313 ff. In die aufgezeigte Fragerichtung zielt auch Howard 1977, Ch. 6. Ebenso Kallscheuer 1981. In dieser Fragestellung ist auch die Kritik von Willms 1973, der insbesondere das Problem „Institution" betont, im Hegelschen Sinne „aufgehoben".

[22] In diesem Zusammenhang wirkt daher eine sich auf Marx berufende Abwehr des „Utopismus" schwach. Vgl. Habermas 1982, S. 235, 251. Das hier angesprochene Problem betont überzeugend auch Held 1982, pp. 194 f.

Literaturverzeichnis

Bei Zitaten und Quellenangaben im Text ist jeweils die zuletzt angeführte Jahreszahl maßgebend, z. B. Marx 1867/1980.

Agnoli, J.	1968	Die Transformation der Demokratie, in: J. Agnoli/P. Brückner: Die Transformation der Demokratie. Frankfurt a. M.
Alexy, R.	1978	Theorie der juristischen Argumentation. Frankfurt a. M.
Althusser, L.	1968	Für Marx. Frankfurt a. M.
	1972	Das Kapital lesen, Bd. 1. Hamburg.
Apel, K.-O.	1973	Transformation der Philosophie, 2 Bde. Frankfurt a. M.
Arato, A.	1982	Critical Sociology and Autoritarian State Socialism, in: Habermas 1982.
Arendt, H.	1981	Vita activa oder Vom tätigen Leben. München.
Arnason, J. P.	1976	Zwischen Natur und Gesellschaft. Studien zu einer kritischen Theorie des Subjekts. Frankfurt a. M.
	1980	Marx und Habermas, in: A. Honneth/U. Jaeggi (Hrsg.): Arbeit, Handlung, Normativität. Theorien des Historischen Materialismus 2. Frankfurt a. M.
Austin, J. L.	1962	How to do things with words. Oxford.
Backhaus, H.-G.	1978	Materialien zur Rekonstruktion der Marxschen Werttheorie III, in: Gesellschaft. Beiträge zur Marxschen Theorie, Bd. 11. Frankfurt a. M.
Backhaus, J. / Eger, T. /Nutzinger, H. G. (Hrsg.)	1978	Partizipation in Betrieb und Gesellschaft. Frankfurt a. M./New York.
Bader, V.-M. u. a.	1975	Krise und Kapitalismus bei Marx, Bd. 1. Köln.
Bahr, H. D.	1970	Kritik der ‚Politischen Technolo-

		gie'. Eine Auseinandersetzung mit Herbert Marcuse und Jürgen Habermas. Frankfurt a. M.
Bahro, R.	1977	Die Alternative. Frankfurt a. M.
Baier, H.	1966	Soziologie und Geschichte. Überlegungen zur Kontroverse zwischen dialektischer und neupositivistischer Soziologie, in: Archiv für Rechts- und Sozialphilosophie, Bd. 52.
Bar-Hillel, Y.	1973/1974	On Habermas' hermeneutic philosophy of language, in: Synthese, Vol. 26.
Barley, D.	1980	Wissenschaft und Lebenswahrheit. Stuttgart.
Bartels, M.	1982	Sprache und soziales Handeln. Eine Auseinandersetzung mit Habermas' Sprachbegriff, in: Zeitschrift für philosophische Forschung, Bd. 36, H. 2.
Baumeister, R.	1976	Die Konzeption der Zukunftgesellschaft bei Karl Marx, Friedrich Engels und bei neueren westeuropäischen Marxisten – eine ordnungspolitische Analyse. Köln.
Becker, W.	1972	Kritik der Marxschen Wertlehre. Hamburg.
Beckermann, A.	1972	Die realistischen Voraussetzungen der Konsenstheorie von J. Habermas, in: Zeitschrift für allgemeine Wissenschaftstheorie, Bd. 3, H. 1.
Benhabib, S.	1982 a	The methodological illusions of modern political theory: The case of Rawls and Habermas, in: Neue Hefte für Philosophie, Nr. 21.
	1982 b	Die Moderne und die Aporien der Kritischen Theorie, in: W. Bonß/A. Honneth (Hrsg.): Sozialforschung als Kritik. Frankfurt a. M.
Berlin, I.	1969	Two Concepts of Liberty, in: ders.: Four Essays on Liberty. Oxford.
Bischoff, J.	1973	Gesellschaftliche Arbeit als Systembegriff. Berlin.
Bloch, E.	1963	Tübinger Einleitung in die Philosophie I. Frankfurt a. M.
Böckenförde, E. W.	1973	Die verfassungstheoretische Unter-

		scheidung von Staat und Gesellschaft als Bedingung der individuellen Freiheit. Opladen.
Böhler, D.	1971	Metakritik der Marxschen Ideologiekritik. Frankfurt a. M.
Böhm-Bawerk, E. v.	1896/1973	Zum Abschluß des Marxschen Systems, in: F. Eberle (Hrsg.): Aspekte der Marxschen Theorie 1. Zur methodischen Bedeutung des 3. Bandes des ‚Kapital'. Frankfurt a. M.
Breuer, S.	1982	Die Depotenzierung der kritischen Theorie. Über Jürgen Habermas' ‚Theorie des kommunikativen Handelns', in: Leviathan, H. 1.
Bubner, R.	1971	Was ist kritische Theorie?, in: Hermeneutik und Ideologiekritik. Theorie-Diskussion mit Beiträgen von K.-O. Apel u. a. Frankfurt a. M.
	1976	Handlung, Sprache und Vernunft. Grundbegriffe praktischer Philosophie. Frankfurt a. M.
Buchanan, A. E.	1982	Marx and Justice. The Radical Critique of Liberalism. Totowa/New Jersey.
Castoriadis, C.	1973	La société bureaucratique, vol. 1. Paris.
	1974	(P. Cardan) Postskript zur Neudefinition der Revolution. MAD-Flugschrift, No. 6. Berlin.
	1975 a	L'institution imaginaire de la société. Paris.
	1975 b	An Interview with C. Castoriadis, in: Telos, Vol. 23.
	1980	Sozialismus oder Barbarei. Berlin.
	1981	Durchs Labyrinth. Frankfurt a. M.
Cohen, G. A.	1978	Karl Marx' theory of history. A defence. Princeton.
	1980	The Labor Theory of Value and the Concept of Exploitation, in: M. Cohen/Th. Nagel/Th. Scanlon (eds.): Marx, Justice and History. Princeton.
Cohen, J. L.	1978	System and Class. The Subversion

of Emancipation, in: Social Research, Vol. 45.

Conze, W.	1958	Staat und Gesellschaft in der frührevolutionären Epoche Deutschlands, in: Historische Zeitschrift, Bd. 186.
Dahrendorf, R.	1971	Die Idee des Gerechten im Denken von Karl Marx. 2. Aufl. Hannover.
Draper, H.	1977	Marx' Theory of Revolution. Vol. I, State and Bureaucracy, 2 Books. London/New York.
Dummett, M.	1973	Frege. London.
	1976	What is a theory of meaning? Part II, in: G. Evans/J. McDowell (eds.): Truth and Meaning. Oxford.
Durkheim, E.	1977	Über die Teilung der sozialen Arbeit. Frankfurt a. M.
Erckenbrecht, U.	1976	Das Geheimnis des Fetischismus. Frankfurt a. M.
Esser, J.	1975	Einführung in die materialistische Staatsanalyse. Frankfurt a. M.
Fetscher, I.	1970	Arbeit, in: H. Bussiek (Hrsg.): Veränderung der Gesellschaft. Sechs konkrete Utopien. Frankfurt a. M./ Hamburg.
Foot, Ph.	1972	Morality as a System of Hypothetical Imperatives, in: Philosophical Review, Vol. 81.
Freundlieb, D.	1975	Zur Problematik einer Diskurstheorie der Wahrheit, in: Zeitschrift für allgemeine Wissenschaftstheorie, Bd. 6.
Fritsch, B.	1968	Die Geld- und Kredittheorie von Karl Marx. Frankfurt a. M.
Fulda, F.	1978	Dialektik als Darstellungsmethode im ‚Kapital' von Marx, in: Ajatus, Vol. 37.
Furth, P.	1979	Interaktion als ein Grundbegriff des historischen Idealismus – Argumente gegen Habermas' Versuch, Gesellschaftstheorie als ‚Kritik' zu begründen, in: B. Heidtmann/R. Katzenstein (Hrsg.): Soziologie und Praxis. Köln.
Gerber, M.	1976	Zur Korrespondenz- und Konsenstheorie der Wahrheit, in: Zeitschrift

		für allgemeine Wissenschaftstheorie, Bd. 7.
Giddens, A.	1979	Die Klassenstruktur fortgeschrittener Gesellschaften. Frankfurt am Main.
	1982 a	Labour and Interaction, in: Habermas 1982.
	1982 b	Reason without Revolution? Habermas' Theorie des kommunikativen Handelns, in: Praxis International, Vol. 2.
Glaser, W. R.	1972	Soziales und instrumentales Handeln. Probleme der Technologie bei A. Gehlen und J. Habermas. Stuttgart.
Godelier, M.	1973	Ökonomische Anthropologie. Hamburg.
Gorz, A.	1972	Technologie, Techniker und Klassenkampf, in: ders. (Hrsg.): Schule und Fabrik. Internationale Marxistische Diskussion, Bd. 30. Berlin.
	1980	Adieux au prolétariat. Paris.
Grießinger, A.	1981	Das symbolische Kapital der Ehre. Frankfurt a. M.
Habermas, J.	1962	Strukturwandel der Öffentlichkeit. Neuwied.
	1963	Theorie und Praxis. Sozialphilosophische Studien. Neuwied.
	1967	Zur Logik der Sozialwissenschaften. Philosophische Rundschau, Beiheft 5.
	1968 a	Erkenntnis und Interesse. Frankfurt a. M.
	1968 b	Technik und Wissenschaft als ‚Ideologie'. Frankfurt a. M.
	1969	Gegen einen positivistisch halbierten Rationalismus, in: Th. W. Adorno u. a.: Der Positivismusstreit in der deutschen Soziologie. Neuwied.
	1970 a	Arbeit, Erkenntnis, Fortschritt. Aufsätze 1954–1970. Schwarze Reihe, Nr. 10. Amsterdam.
	1970 b	Bedingungen für eine Revolutionierung spätkapitalistischer Gesellschaftssysteme, in: E. Bloch u. a.:

435

Marx und die Revolution. Frankfurt a. M.

1971 a Theorie der Gesellschaft oder Sozialtechnologie. Was leistet die Systemforschung? Koautor: N. Luhmann. Frankfurt a. M.

1971 b Der Universalitätsanspruch der Hermeneutik, in: K.-O. Apel u. a.: Hermeneutik und Ideologiekritik. Frankfurt a. M.

1972 Einige Bemerkungen zum Problem der Begründung von Werturteilen, in: L. Landgrebe (Hrsg.): Philosophie und Wissenschaft. 9. Deutscher Kongreß für Philosophie. Meisenheim, Gl.

1973 a Wahrheitstheorien, in: H. Fahrenbach (Hrsg.): Wirklichkeit und Reflexion. Festschrift für W. Schulz. Pfullingen.

1973 b Legitimationsprobleme im Spätkapitalismus. Frankfurt a. M.

1973 c Nachwort zur Wiederauflage von Habermas 1968 a. Frankfurt a. M.

1975 Sprachspiel, Intention und Bedeutung. Zu Motiven bei Sellars und Wittgenstein, in: R. Wiggershaus (Hrsg.): Sprachanalsyse und Soziologie. Frankfurt a. M.

1976 a Zur Rekonstruktion des Historischen Materialismus. Frankfurt a. M.

1976 b Was heißt Universalpragmatik?, in: K.-O. Apel (Hrsg.): Sprachpragmatik und Philosophie. Frankfurt a. M.

1977 Die Utopie des guten Herrschers. Antwort und Brief an R. Spaemann, in: Spaemann 1977.

1978 a Einleitung zur Neuausgabe von Habermas 1963. Frankfurt a. M.

1978 b Der Ansatz von Habermas. Diskussionsprotokoll und Abschlußstatement, in: W. Oelmüller (Hrsg.): Transzendentalphilosophische Normenbegründungen. Paderborn.

	1978 c	Politik, Kunst, Religion. Stuttgart.
	1980	Die Moderne – ein unvollendetes Projekt, in: Die Zeit, 19. September, Nr. 39.
	1981 a	Theorie des kommunikativen Handelns, 2 Bde. Frankfurt a. M.
	1981 b	Interview mit A. Honneth u. a., in: Ästhetik und Kommunikation, H. 45/46.
	1981 c	Kleine politische Schriften. Frankfurt a. M.
	1981 d	Interview mit Information Philosophie, H. 3, 4.
	1982	Habermas. Critical Debates. Ed. by J. B. Thompson/D. Held incl. A Reply to my Critics. London/Basingstoke.
	1983	Diskursethik – Notizen zu einem Begründungsprogramm, in: ders.: Moralbewußtsein und kommunikatives Handeln. Frankfurt a. M.
Hahn, E.	1974	Die theoretischen Grundlagen der Soziologie von Jürgen Habermas, in: W. Dallmayr (Hrsg.): Materialien zu Habermas' ‚Erkenntnis und Interesse'. Frankfurt a. M.
Hare, R. M.	1962	Freedom and Reason. Oxford.
	1981	Moral thinking. Oxford.
Harsanyi, J. C.	1976	Ethics in Terms of Hypothetical Imperatives, in: ders.: Essays on Ethics, Social Behavior, and Scientific Explanation. Dordrecht/Boston.
Hartmann, K.	1970	Die Marxsche Theorie. Berlin.
Harvey, Ph.	1983	Marx's Theory of the Value of Labor: An Assessment, in: Social Research, Vol. 50.
Haug, W. F.	1972	Die Bedeutung von Standpunkt und sozialistischer Perspektive für die Kritik der politischen Ökonomie, in: Das Argument, Nr. 74.
	1974	Vorlesungen zur Einführung ins ‚Kapital'. Köln.
Hegel, G. W. F.	1812/1978	Logik I. Ges. Werke, Bd. 11. Hamburg.
	1821/1955	Grundlinien der Philosophie des Rechts. Hamburg.

	1831/1967	Logik I. Hamburg.
Heidegger, M.	1962	Die Technik und die Kehre. Pful-lingen.
Heinsohn, G./ Steiger, O.	1981	Geld, Produktivität und Unsicher-heit im Kapitalismus und Sozialis-mus, in: Leviathan, H. 2.
Helberger, Ch.	1974	Marxismus als Methode. Frankfurt a. M.
Held, D.	1980	Introduction to Critical Theory. Horkheimer to Habermas. Berke-ley/Los Angeles.
	1982	Crisis Tendencies, Legitimation and the State, in: Habermas 1982.
Held, K.	1973	Kommunikationsforschung – Wis-senschaft oder Ideologie? Materia-lien zur Kritik einer neuen Wissen-schaft. München.
Heller, A.	1976	Theorie der Bedürfnisse bei Marx. Berlin.
	1978	Philosophie des linken Radikalis-mus. Hamburg.
	1982	Habermas and Marxism, in: Haber-mas 1982.
Hermand, J.	1981	Orte. Irgendwo. Formen utopi-schen Denkens. Königstein, Ts.
Hesse, M.	1980	Habermas' Consensus Theory of Truth, in: dies.: Revolutions and Reconstructions in the Philosophy of Science. Brighton.
	1982	Science and Objectivity, in: Haber-mas 1982.
Hinrichsen, D.	1971	Zum Problem der Reduktion kom-plizierter auf einfache Arbeit, in: E. Altvater/F. Huisken (Hrsg.): Mate-rialien zur politischen Ökonomie des Ausbildungssektors. Erlangen.
Höffe, O.	1979	Ethik und Politik. Frankfurt a. M.
Hollis, M.	1970	Reason and Ritual, in: B. R. Wilson (ed.): Rationality. Oxford.
	1979	The Epistemological Unity of Man-kind, in: S. C. Brown (ed.): Philo-sophical Disputes in the Social Sciences. Sussex.
Honneth, A.	1980	Arbeit und instrumentales Handeln – kategoriale Probleme einer kriti-schen Gesellschaftstheorie, in: A.

Honneth/U. Jaeggi (Hrsg.): Arbeit, Handlung, Normativität. Theorien des Historischen Materialismus 2. Frankfurt a. M.

1982   Von Adorno zu Habermas. Zum Gestaltwandel kritischer Gesellschaftstheorie, in: W. Bonß/A. Honneth (Hrsg.): Sozialforschung als Kritik. Frankfurt a. M.

Honneth, A. /   1981   ‚Dialektik der Rationalisierung'.
Knödler-Bunte, E.   Jürgen Habermas im Gespräch mit
/ Widmann, A.   dens., in: Ästhetik und Kommunikation, H. 45/46.

Horkheimer, M. /   1947   Dialektik der Aufklärung. Am-
Adorno, Th. W.   sterdam.

Howard, D.   1977   The Marxian Legacy. London.

„Il manifesto"   1971   Arbeitsteilung und Herrschaftstechnik, in: W. Dreßen (Hrsg.): Sozialistisches Jahrbuch 3. Intellektuelle: Konterrevolutionäre oder Proleten? Berlin.

1972   Thesen zur Schul- und Hochschulpolitik. Internationale Marxistische Diskussion, Bd. 25. Berlin.

Ilting, K. H.   1976   Geltung als Konsens, in: Neue Hefte für Philosophie, Nr. 10.

Jäger, W.   1973   Öffentlichkeit und Parlamentarismus. Eine Kritik an Jürgen Habermas. Stuttgart.

1975   Repräsentative Demokratie oder Gelehrtenrepublik?, in: D. Oberndörfer/W. Jäger (Hrsg.): Die neue Elite. Eine Kritik der kritischen Demokratietheorie. Freiburg i. Br.

Kallscheuer, O.   1981   Auf der Suche nach einer politischen Theorie bei Jürgen Habermas, in: Ästhetik und Kommunikation, H. 45/46.

Kambartel, F.   1974   Moralisches Argumentieren. Methodische Analysen zur Ethik, in: ders. (Hrsg.): Praktische Philosophie und konstruktive Wissenschaftstheorie. Frankfurt a. M.

Keuth, H.   1979   Erkenntnis oder Entscheidung? Die Konsenstheorie der Wahrheit und der Richtigkeit von Jürgen Haber-

		mas, in: Zeitschrift für allgemeine Wissenschaftstheorie, Bd. 10.
Klages, H.	1964	Technischer Humanismus. Philosophie und Soziologie der Arbeit bei Karl Marx. Stuttgart.
Kosta, J. / Meyer, J. / Weber, S.	1973	Warenproduktion im Sozialismus. Frankfurt a. M.
Kostede, N.	1976	Die neuere Marxistische Diskussion über den bürgerlichen Staat. Einführung – Kritik – Resultate, in: Gesellschaft. Beiträge zur Marxschen Theorie, Nr. 8/9. Frankfurt a. M.
Krahl, H.-J.	1971	Konstitution und Klassenkampf. Zur historischen Dialektik von bürgerlicher Emanzipation und proletarischer Revolution. Frankfurt a. M.
Krause, U	1978	Über Gleichgültigkeit, in: H. D. Dombrowski/U. Krause/P. Roos (Hrsg.): Symposium Warenform – Denkform. Zur Erkenntnistheorie Sohn-Rethels. Frankfurt a. M.
	1979 a	Geld und abstrakte Arbeit. Über die analytischen Grundlagen der Politischen Ökonomie. Frankfurt a. M./ New York.
	1979 b	Elemente einer multisektorialen Analyse der Arbeit, in: Gesellschaft. Beiträge zur Marxschen Theorie, Bd. 13. Frankfurt a. M.
Krüger, L.	1974	Überlegungen zum Verhältnis wissenschaftlicher Erkenntnis und gesellschaftlicher Interessen, in: W. Dallmayr (Hrsg.): Materialien zu Habermas',Erkenntnis und Interesse'. Frankfurt a. M.
Lange, E. M.	1978	Wertformanalyse, Geldkritik und die Konstruktion des Fetischismus bei Marx, in: Neue Hefte für Philosophie, Nr. 13.
	1980	Das Prinzip Arbeit. Frankfurt a. M.
Löw-Beer, P.	1981	Industrie und Glück. Der Alternativplan von Lucas Aerospace. Berlin.
Lohmann, G.	1980	Gesellschaftskritik und normativer

		Maßstab. Überlegungen zu Marx, in: A. Honneth/U. Jaeggi (Hrsg.): Arbeit, Handlung, Normativität. Theorien des Historischen Materialismus 2. Frankfurt a. M.
Ludes, P.	1979	Der Begriff der klassenlosen Gesellschaft bei Marx. Frankfurt a. M.
Lübbe, H.	1978	Dezisionismus – eine kompromittierte politische Theorie, in: ders.: Praxis der Philosophie, Praktische Philosophie, Geschichtstheorie. Stuttgart.
Luhmann, N.	1974	Soziologische Aufklärung, Bd. 1. Opladen.
	1982	Autopoiesis, Handlung und kommunikative Verständigung, in: Zeitschrift für Soziologie, Bd. 11.
Lukacs, G.	1923/1967	Geschichte und Klassenbewußtsein. Schwarze Reihe, Nr. 2. Amsterdam.
Lukes, S.	1982	Of Gods and Demons: Habermas and Practical Reason, in: Habermas 1982.
Magnis, F. v.	1975	Normative Voraussetzungen im Denken des jungen Marx. Freiburg/München.
Maguire, J. M.	1978	Marx' Theory of Politics. London.
Maihofer, W.	1968	Demokratie im Sozialismus. Recht und Staat im Denken des jungen Marx. Frankfurt a. M.
Mannheim, K.	1972	Das utopische Bewußtsein, in: Neusüss 1972.
Marcuse, H.	1979	Triebstruktur und Gesellschaft. Schriften, Bd. 5. Frankfurt a. M.
Markovic, M.	1971	Entfremdung und Selbstverwaltung, in: Folgen einer Theorie. Essays über ‚Das Kapital‘ von Karl Marx. Mit Beiträgen von E. Th. Mohl u. a. Frankfurt a. M.
	1974	From Affluence to Praxis. Philosophy and Social Criticism. Ann Arbor.
Markus, G.	1979/1980	Practical-social Rationality in Marx: A dialectical Critique, Part 1, 2, in: Dialectical Anthropology, Vols. 4, 5.

Marx, K.	1867/1980	Das Kapital, Bd. 1. Urausgabe. Hildesheim.
	1939	Grundrisse der Kritik der politischen Ökonomie. Nachdruck. Frankfurt a. M. Zitiert als Gr.
	1969	Resultate des unmittelbaren Produktionsprozesses. Frankfurt a. M.
Marx, K. / Engels, F.	1956 ff.	Werke. 39 Bde., 2 Erg. Bde. Berlin/O. Zitiert als MEW.
Maurer, R. C.	1977	Jürgen Habermas' Aufhebung der Philosophie, in: Philosophische Rundschau, Beiheft 8.
McCarthy, Th.	1980	Kritik der Verständigungsverhältnisse. Zur Theorie von Jürgen Habermas. Frankfurt a. M.
Meyer, Th.	1973	Der Zwiespalt in der Marxschen Emanzipationstheorie. Kronberg, Ts.
Miliband, R.	1971	Marx und der Staat. Berlin.
Moore, G. E.	1939/1969	Proof of an External World, deutsch in: ders.: Eine Verteidigung des Common Sense. Frankfurt a. M.
Mosca, G.	1950	Die herrschende Klasse. Bern.
Münch, R.	1982	Über Jürgen Habermas' Theorie des kommunikativen Handelns. Von der Rationalisierung zur Verdinglichung der Lebenswelt?, in: Soziologische Revue, Bd. 5.
Nagl, L.	1983	Gesellschaft und Autonomie. Historisch-systematische Studien zur Entwicklung der Sozialtheorie von Hegel bis Habermas. Österreichische Akademie der Wissenschaften, Philosophisch-historische Klasse, Sitzungsberichte, 419. Bd. Wien.
Nanninga, J.	1975	Tauschwert und Wert. Diss. Hamburg.
	1979	Mit Marx auf der Suche nach dem Dritten, in: J. Mittelstraß (Hrsg.): Methodenprobleme der Wissenschaften vom gesellschaftlichen Handeln. Frankfurt a. M.
Negt, O.	1976	Keine Demokratie ohne Sozialismus, kein Sozialismus ohne Demokratie, in: Das Argument, Nr. 98.
Neusüss, A.	1972	Utopie. Begriff und Phänomen des

		Utopischen. Hrsg. und eingeleitet von A. N. Neuwied/Berlin.
Nielsen, K.	1976/1977	Rationality, Needs and Politics: Remarks on Rationality and Enlightenment, in: Cultural Hermeneutics, Vol. 4.
Offe, C.	1972	Strukturprobleme des kapitalistischen Staates. Frankfurt a. M.
	1979	‚Unregierbarkeit'. Zur Renaissance konservativer Krisentheorien, in: J. Habermas (Hrsg.): Stichworte zur geistigen Situation der Zeit, Bd. 1. Frankfurt a. M.
Oppolzer, A. A.	1974	Entfremdung und Industriearbeit. Die Kategorie der Entfremdung bei Karl Marx. Köln.
Pareto, W.	1963	I sistemi socialisti. Torino.
Paris, R.	1976	Schwierigkeiten einer marxistischen Interaktionstheorie, in: Gesellschaft. Beiträge zur Marxschen Theorie, Bd. 7. Frankfurt a. M.
Petry, F.	1915	Der soziale Gehalt der Marxschen Werttheorie. Jena.
Picard, R.	1975	Zum quantitativen Wertproblem, in: Gesellschaft. Beiträge zur Marxschen Theorie, Bd. 3. Frankfurt a. M.
	1979	Gibt es ein Transformationsproblem?, in: Gesellschaft. Beiträge zur Marxschen Theorie, Bd. 13. Frankfurt a. M.
Pieper, A.	1979	Pragmatische und ethische Normenbegründung. Zum Defizit an ethischer Letztbegründung in zeitgenössischen Beiträgen zur Moralphilosophie. Freiburg/München.
Pietsch, A. J.	1979	Das Reduktionsproblem und die Kategorien produktive und unproduktive Arbeit. Frankfurt a. M.
Poulantzas, N.	1978	Staatstheorie. Hamburg.
Puntel, L. B.	1978	Wahrheitstheorien in der neueren Philosophie. Darmstadt.
Quine, W. V.	1960	Word and Object. Cambridge, Mass.
	1963	From a logical point of view. New York.

Ramm, Th.   1957   Die künftige Gesellschaftsordnung
                            nach der Theorie von Marx und En-
                            gels, in: Marxismusstudien, 2. Fol-
                            ge. Tübingen.
Rancière, J.   1972   Der Begriff der Kritik und die Kritik
                            der politischen Ökonomie. Interna-
                            tionale Marxistische Diskussion,
                            Bd. 28. Berlin.
Reichelt, H.   1973   Zur logischen Struktur des Kapital-
                            begriffs bei Karl Marx. Frankfurt
                            a. M.
Rhonheimer, M.   1979   Politisierung und Legitimitätsent-
                            zug. Totalitäre Kritik der parlamen-
                            tarischen Demokratie in Deutsch-
                            land. Freiburg/München.
Ritsert, J.   1973   Probleme politisch-ökonomischer
                            Theoriebildung. Frankfurt a. M.
Röder, P.   1982   Utopische Romantik. Die verdräng-
                            te Tradition im Marxismus. Würz-
                            burg.
Roemer, J. E.   1982   New Directions in the Marxian
                            Theory of Exploitation and Class,
                            in: Politics and Society, Vol. 11.
Rosdolsky, R.   1972   Zur Entstehungsgeschichte des
                            Marxschen ‚Kapital‘. Der Rohent-
                            wurf des Kapital 1857–1858, 3 Bde.
                            Frankfurt a. M.
Rothschild, K. W.   1968   Bemerkungen zum Thema Sozialis-
                            mus und Planung, in: W. Euchner/
                            A. Schmidt (Hrsg.): Kritik der poli-
                            tischen Ökonomie heute. 100 Jahre
                            ‚Kapital‘. Frankfurt a. M.
Rubin, I. I.   1973   Studien zur Marxschen Werttheo-
                            rie. Frankfurt a. M.
Rüddenklau, E.   1982   Gesellschaftliche Arbeit oder Arbeit
                            und Interaktion? Frankfurt a. M.
Schaupel, J.   1982   Das Warenmärchen. Über den Sym-
                            bolcharakter der Ware im ‚Kapital‘
                            von Karl Marx. Königstein, Ts.
Schmid, M.   1982   Habermas’ Theory of Social Evolu-
                            tion, in: Habermas 1982.
Schmidt, A.   1968   Zum Erkenntnisbegriff der Kritik
                            der politischen Ökonomie, in: W.
                            Euchner/A. Schmidt (Hrsg.): Kritik
                            der politischen Ökonomie heute.
                            100 Jahre ‚Kapital‘. Frankfurt a. M.

	1971	Der Begriff der Natur in der Lehre von Marx. Frankfurt a. M.
Schmidt, J.	1982	Jürgen Habermas and the Difficulties of Enlightenment, in: Social Research, Vol. 49.
Schmitt, C.	1957	Verfassungslehre. Berlin.
	1961	Die geistesgeschichtliche Lage des heutigen Parlamentarismus. Berlin.
Schnädelbach, H.	1977	Reflexion und Diskurs. Fragen einer Logik der Philosophie. Frankfurt a. M.
	1982	Transformation der Kritischen Theorie, in: Philosophische Rundschau, Bd. 29.
Schneider, H. J.	1974	Der theoretische und der praktische Begründungsbegriff, in: F. Kambartel (Hrsg.): Praktische Philosophie und konstruktive Wissenschaftstheorie. Frankfurt a. M.
	1982	Gibt es eine ‚Transzendental-‘ bzw. ‚Universalpragmatik‘?, in: Zeitschrift für philosophische Forschung, Bd. 36.
Schonfeld, W. R.	1971	The Classical Marxist Conception of Liberal Democracy, in: The Review of Politics, Vol. 33.
Schroyer, T.	1974	Die dialektischen Grundlagen der kritischen Theorie, in: W. Dallmayr (Hrsg.): Materialien zu Habermas’ ‚Erkenntnis und Interesse‘. Frankfurt a. M.
Schumpeter, J.	1950	Kapitalismus, Sozialismus, Demokratie. Bern.
Searle, J.	1969	Speech acts. Cambridge.
Sensat, J.	1979	Habermas and Marxism. An Appraisal. Beverly Hills/London.
Sieferle, R. P.	1979	Die Revolution in der Theorie von Karl Marx. Frankfurt a. M.
Sohn-Rethel, A.	1970	Geistige und körperliche Arbeit. Frankfurt a. M.
Spaemann, R.	1977	Zur Kritik der politischen Utopie. Stuttgart.
Steinvorth, U.	1977	Eine analytische Interpretation der Marxschen Dialektik. Meisenheim, Gl.

445

Sternberger, D.	1971	Nicht alle Staatsgewalt geht vom Volke aus. Stuttgart.
Strawson, P. F.	1964	Intention and Convention in Speech Acts, in: Philosophical Review, Vol. 73.
Sweezy, P. M.	1970	Theorie der kapitalistischen Entwicklung. Frankfurt a. M.
Taylor, Ch.	1975	Erklärung und Interpretation in den Wissenschaften vom Menschen. Frankfurt a. M.
Thompson, J. B.	1982	Universal Pragmatics, in: Habermas 1982.
Tugendhat, E.	1976	Vorlesungen zur Einführung in die sprachanalytische Philosophie. Frankfurt a. M.
	1980	Zur Entwicklung von moralischen Begründungsstrukturen im modernen Recht, in: Archiv für Rechts- und Sozialphilosophie, Beiheft 14, Neue Folge.
	1981	Langage et éthique, in: Critique, Vol. 37.
	1984	Probleme der Ethik. Stuttgart.
Tuschling, B.	1978	Die ‚offene‘ und die ‚abstrakte‘ Gesellschaft. Habermas und die Konzeption von Vergesellschaftung der klassisch-bürgerlichen Rechts- und Staatsphilosophie. Berlin.
Vogt, A.	1980	Die Kontamination verschiedener Theorietypen im ‚Kapital‘ von Karl Marx. Frankfurt a. M.
Vogt, W.	1979	Politische Ökonomie 1979, in: J. Habermas (Hrsg.): Stichworte zur geistigen Situation der Zeit, Bd. 1. Frankfurt a. M.
Wagner, W.	1976	Verelendungstheorie – die hilflose Kapitalismuskritik. Frankfurt a. M.
Weber, M.	1973	Gesammelte Aufsätze zur Wissenschaftslehre. Tübingen.
Weinrich, H.	1973	System, Diskurs, Didaktik und die Diktatur des Sitzfleisches, in: F. Maciejewski (Hrsg.): Theorie der Gesellschaft oder Sozialtechnologie, Supplement 1. Frankfurt a. M.
Weizsäcker, C. F. v.	1974	Notizen zur Marxschen Wertlehre, in: H. G. Nutzinger/E. Wolfstetter

		(Hrsg.): Die Marxsche Theorie und ihre Kritik, Bd. II. Frankfurt a. M.
Wellmer, A.	1969	Kritische Gesellschaftstheorie und Positivismus. Frankfurt a. M.
	1977	Kommunikation und Emanzipation. Überlegungen zur ‚sprachanalytischen Wende‘ der Kritischen Theorie, in: A. Honneth/U. Jaeggi (Hrsg.): Theorien des Historischen Materialismus. Frankfurt a. M.
	1979 a	Praktische Philosophie und Theorie der Gesellschaft. Zum Problem der normativen Grundlagen einer kritischen Sozialwissenschaft. Konstanz.
	1979 b	Thesen über Vernunft, Emanzipation, Utopie. Ms. Konstanz.
	1981	Reason and the Limits of Rational Discourse. Ms. Konstanz.
	1983	Reason, Utopia and the Dialectic of Enlightenment, in: Praxis International, Vol. 3.
Whitebook, J.	1979	The Problem of Nature in Habermas, in: Telos, Vol. 40.
Wildermuth, A.	1970	Marx und die Verwirklichung der Philosophie, Bd. 1. Den Haag.
Wildt, A.	1977	Produktivkräfte und soziale Umwälzung. Ein Versuch zur Transformation des Historischen Materialismus, in: A. Honneth/U. Jaeggi (Hrsg.): Theorien des Historischen Materialismus. Frankfurt a. M.
	1979	Totalitarian State Capitalism: On the Structure and Historical Function of Soviet-Type Societies, in: Telos, Vol. 41.
Willms, B.	1973	Kritik und Politik. Jürgen Habermas oder das politische Defizit der ‚Kritischen Theorie‘. Frankfurt a. M.
Wittgenstein, L.	1970	Über Gewißheit. Frankfurt a. M.
Wohlrapp, H.	1975	Materialistische Erkenntniskritik? – Kritik an Alfred Sohn-Rethels Ableitung des abstrakten Denkens und Erörterung einiger grundlegender Gesichtspunkte für eine mögliche

		materialistische Erkenntnistheorie, in: J. Mittelstraß (Hrsg.): Methodologische Probleme einer normativ-kritischen Gesellschaftstheorie. Frankfurt a. M.
Wolf, U.	1984	Das Problem des moralischen Sollens. Berlin.
Wolfstetter, E.	1973	Wert, Mehrwert und Produktionspreis, in: Jahrbuch für Sozialwissenschaft, Bd. 24.
	1974	Mehrarbeit, synchronisierte Arbeitskosten und die Marxsche Arbeitswertlehre, in: H. G. Nutzinger/E. Wolfstetter (Hrsg.): Die Marxsche Theorie und ihre Kritik, Bd. II. Frankfurt a. M.
Zech, R.	1978	Die Reduktion komplizierter auf einfache Arbeit, in: Gesellschaft. Beiträge zur Marxschen Theorie, Bd. 11. Frankfurt a. M.
Zeleny, J.	1968	Die Wissenschaftslogik und das ‚Kapital‘. Frankfurt a. M.
Zimmermann, R.	1975	Sprache und Praxis. Der späte Wittgenstein und die Frage nach einer materialistischen Sprachtheorie, in: A. Leist (Hrsg.): Ansätze zur materialistischen Sprachtheorie. Kronberg, Ts.
	1981	Der „Skandal der Philosophie" und die Semantik. Kritische und systematische Untersuchungen zur analytischen Ontologie und Erfahrungstheorie. Freiburg/München.

Personenregister

Sachregister

458

Alber-Broschur Philosophie

Karl Acham: Analytische Geschichtsphilosophie
Arno Baruzzi: Alternative Lebensform?
Gellért Béky: Die Welt des Tao
Günther Bien: Grundlegung der Politik bei Aristoteles
Otto Friedrich Bollnow: Studien zur Hermeneutik. I, II
Otto Friedrich Bollnow im Gespräch
Hartmut Brands: „Cogito ergo sum". Interpretationen seit Kant
Bernhard Casper (Hrsg.): Gott nennen
Bernhard Casper (Hrsg.): Phänomenologie des Idols
Ingrid Craemer-Ruegenberg (Hrsg.): Pathos, Affekt, Gefühl
Hans Czuma: Autonomie
Hans Ebeling: Die ideale Sinndimension
Hans Ebeling: Gelegentlich Subjekt. Gesetz: Gestell: Gerüst
Ferdinand Fellmann: Das Vico-Axiom
Eugen Fink: Grundphänomene des menschlichen Daseins
Eugen Fink: Nähe und Distanz
Eugen Fink: Sein und Mensch
Winfried Franzen: Die Bedeutung von ‚wahr' und ‚Wahrheit'
Gerhard Frey: Theorie des Bewußtseins
H.-G. Gadamer, W. Marx, C. F. v. Weizsäcker: Heidegger
Gerd-Günther Grau (Hrsg.): Probleme der Ethik
Werner Habermehl: Historizismus und Kritischer Rationalismus
Rudolf Haller: Urteile und Ereignisse
Hubert Hendrichs: Modell und Erfahrung
Jürgen Hengelbrock: Albert Camus
Hans-Ulrich Hoche: Handlung, Bewußtsein und Leib
Norbert Hoerster: Utilitaristische Ethik und Verallgemeinerung
Wolfram Hogrebe: Archäologische Bedeutungspostulate
Wolfram Hogrebe: Kant und das Problem transzendentaler Semantik
Harald Holz: Die Idee der Philosophie bei Schelling
Harald Holz: Philosophie humaner Praxis
Kurt Hübner: Kritik der wissenschaftlichen Vernunft
Fernando Inciarte: Eindeutigkeit und Variation
Japanische Beiträge zur Phänomenologie. Hrsg. von Yoshihiro Nitta
Holger Jergius: Subjektive Allgemeinheit (Kant)
Hartmut Kliemt: Moralische Institutionen
Wolfgang Kluxen (Hrsg.): Thomas von Aquin im Gespräch
Hans Georg Knapp: Logik der Prognose
Josef König: Vorträge und Aufsätze
Wolfgang Kuhlmann: Reflexive Letztbegründung